Heinrich Adolf Köstlin

Geschichte der Musik im Umriss

Heinrich Adolf Köstlin

Geschichte der Musik im Umriss

ISBN/EAN: 9783743660083

Hergestellt in Europa, USA, Kanada, Australien, Japan

Cover: Foto ©Thomas Meinert / pixelio.de

Weitere Bücher finden Sie auf **www.hansebooks.com**

Geschichte der Musik

im Umriß

von

Dr. Heinrich Adolf Köstlin.

Zweite umgearbeitete Auflage.

Tübingen, 1880.
Verlag der H. Laupp'schen Buchhandlung.

Seiner

getreuen Mutter, der liederreichen

Josefine Lang-Köstlin

dankbar zugeeignet

vom Verfasser.

Vorwort.

Das vorliegende Buch ist aus Vorlesungen entstanden, welche der Verfasser im Winterhalbjahr 1872/3 an der Universität Tübingen gehalten hat. Die freundliche Theilnahme, mit welcher diese Vorlesungen aufgenommen wurden, sowie mehrfache Aufforderung veranlaßten den Verfasser, dieselben zu einem Handbuche umzuarbeiten, das, wie er hofft, einem vielfach empfundenen Bedürfnisse entgegenkommt.

Die Musik hat in der Gegenwart eine an Wichtigkeit stets zunehmende Bedeutung. Dies gilt besonders auch für das Leben auf der Universität. Gerade hier aber macht sich das Bedürfniß geltend, Musikübung und Musikverständniß in Zusammenhang mit dem Ganzen der Bildung zu bringen und die Tonkunst mit dem gesammten Wissen in nähere Beziehung zu setzen. Daß diesem Bedürfnisse in erster Linie durch das Studium der Geschichte unsrer Kunst entsprochen werden kann, bedarf wohl keines Nachweises. Der Umstand, daß von den zur Zeit vorliegenden, zum Theil vortrefflichen Handbüchern über diese Disciplin sich noch keines die ungetheilte Sympathie derjenigen Kreise hat erringen können, welche der Verfasser im Auge hat, rechtfertigt einen neuen Versuch.

Bei diesem stellt sich der Verfasser hauptsächlich die Aufgabe, die rein historische und biographische Darstellungsweise mit der kritisch-ästhetischen in der Weise zu verbinden, daß wenn möglich ein deutliches Bild von der künstlerischen Individualität entstehe, welche in den Werken eines Künstlers oder einer Kunstepoche zum Ausdruck gekommen ist. Denn es sollte sich dem Leser die Musikgeschichte in erster Linie als die Entstehungsgeschichte der bedeutendsten Musikstyle und Musikformen darstellen und ihn lehren, diese aus dem geistigen Boden ihrer Zeit zu begreifen und zu würdigen. Mit Rücksicht auf diesen Zweck mußte sich das Buch enge Grenzen setzen und insbesondre auf eingehendere technische Analysen verzichten, indem es galt, sich auf dasjenige zu beschränken, was zum geistigen Verständniß der Kunstepochen und Kunstwerke dient und auf das Verständniß nicht bloß der fachmännisch Gebildeten, sondern der Gebildeten überhaupt rechnen kann. Denjenigen, welche durch dies Buch zu eingehenderen Studien ermuntert werden, mag die jedem Abschnitt vorausgehende Angabe der wichtigsten und zugänglichsten Quellen genügenden Fingerzeig geben. Die Auswahl und die Behandlung des Stoffes im Einzelnen war in erster Linie durch das Interesse geschichtlicher Objectivität bestimmt, welches die Verläugnung persönlicher Vorliebe für einzelne Künstler und eine gewisse gemessene Zurückhaltung der Gegenwart gegenüber gebot.

Wiewohl das beschreibende Wort nie ein völlig treues Bild von der so flüchtigen Erscheinung eines Tonbildes geben kann, glaubte der Verfasser doch auf die Beigabe einer Sammlung von musikalischen Beispielen verzichten und in Bezug auf die ältere Zeit auf Sammlungen wie die von Rochlitz ("Sammlung vorzüglicher Musikstücke vom Ursprunge der Harmonie an" Mainz, Schott), in Bezug auf die neuere Zeit auf das eigene Studium verweisen zu sollen.

Hiemit sei das Buch den Freunden der Tonkunst bescheidentlich empfohlen.

Sulz a. N., 1874.

Dr. Heinrich Adolf Köstlin.

Vorwort

zur zweiten Auflage.

Die überaus freundliche Aufnahme, welche dem vorliegenden Handbuche sowohl von Seiten der Kritik als von Seiten der musikalischen Leserwelt zu Theil geworden ist, gab dem Verfasser früher, als er zu hoffen gewagt hätte, Gelegenheit, mancherlei Mängel und Lücken seiner Arbeit zu verbessern, die niemanden besser bewußt waren als ihm selbst und auf die eine wohlwollende Kritik ihn freundlich aufmerksam machte. Demgemäß erfuhren einzelne Partieen (so die Geschichte der griechischen Musik und des Mittelalters) eine neue Bearbeitung; das ganze Buch wurde einer sorgfältigen Durchsicht unterworfen, insbesondre wurde auch auf die Bedürfnisse der Lehrerwelt Rücksicht genommen, welche das Buch, das ursprünglich mehr auf die akademischen Kreise berechnet war, in freundlicher Weise aufgenommen und sich zu Nutz gemacht hat.

In der Erwägung, daß dem Musikfreund ein den Stoff in übersichtlicher Gruppirung darbietendes, bei möglichster Vollständigkeit doch gedrängtes Handbuch sollte geboten werden, wurden sämmtliche Notenbeispiele weggelassen, da dieselben, wenn sie einigermaßen von Wert sein und eine Uebersicht über die Entwicklung der Musikformen darbieten sollten, nicht bloß den Umfang des Werkes verdoppelt, sondern auch den Preis zu sehr in die Höhe getrieben haben würden.

Der Verfasser geht damit um, eine Sammlung bezeichnender Musikbeispiele, Facsimilés, Portraits ꝛc. in genauem

Anschluß an das vorliegende Handbuch herzustellen, eine Art von musikhistorischem Atlas, welcher einerseits das vorliegende Buch illustriren, andrerseits jeder anderen Darstellung der Musikgeschichte zur Ergänzung dienen kann. Ein solches Werk will schon um der Schwierigkeiten willen, die sich ihm in den Weg stellen, Zeit haben. Der Leser möge sich daher vorläufig aus Sammlungen wie der von Franz von Commer (»Musica sacra«), Rochlitz u. a., sowie — was die neuere Zeit betrifft, aus den zahlreichen Classiker=Ausgaben die nöthige Anschauung holen.

Plan und Richtung des Buches sind im Uebrigen gleich geblieben, so daß es in derselben Gestalt vor den Leser tritt, in welcher es sich auf seinem ersten Gange Freunde gemacht hat.

Friedrichshafen, September 1879.

Dr. Heinrich Adolf Köstlin.

Inhalt.

	Seite
Vorwort.	
Einleitende Vorbemerkungen	1

I. Die Musik des Altertum's.

Musik der Naturvölker	12
Musik der Culturvölker	14
Chinesen	14
Hebräer	15
Inder	16
Griechen	17
A. Allgemeiner Charakter der griechischen Musik	19
1. Der Boden	19
2. Stellung der Musik unter den übrigen Künsten	20
3. Grundzüge der Musiklehre	25
Klang	27
Intervalle	28
Consonanz und Dissonanz	29
Systeme	30
Octaven-Systeme (Tonleiter) (εἴδη)	31
Transpositions-Scalen (τόνοι)	35
Tonregionen (τόποι)	36
Tongeschlechter (γένη)	37
Intonationsnuancen (χροαί)	38
Composition	38
Begleitung	39
Rhythmik	40
Periodik	41

	Seite
B. Ueberblick über die Geschichte der griechischen Musik	42
I. Epoche	43
A. Mythische Anfänge	43
B. Ausbildung der griechischen Musik	45
C. Classische Periode	48
D. Beginn des Verfall's	54
II. Epoche. Reproduction und Zerfall	55

II. Geschichte der modernen Musik.

Ueberblick	57

I. Hauptabschnitt.

Die Geschichte der christlichen Musik von den Anfängen bis zur erstmaligen classischen Vollendung durch Palestrina. (von den Anfängen bis 1565.) 60

1. Periode.

Geschichte des einstimmigen Gesanges. Von den Anfängen christlicher Musik bis auf Hucbald	60
a. Der urchristliche Volksgesang	60
b. Der christliche Kunstgesang	62
α. Das Werk des Ambrosius	64
β. Das Werk Gregor's des Großen (590—604)	67
γ. Die Verbreitung und Fortbildung des römischen Kirchengesangs durch Karl den Großen (c. 800)	72
c. Das christlich-kirchliche Volkslied	74

2. Periode.

Die Entdeckung und Ausbildung der technischen Mittel (900—1565)	76

1. Abschnitt.

Die Geschichte der Harmonie und Polyphonie (900—1380)	77
1. Die Anfänge der Polyphonie und Harmonie	78
Das Organum Hucbalds	78
2. Die Ausbildung des Notensystem's. Guido von Arezzo	81
3. Systematische Begründung und Ausbildung der musikalischen Grammatik	84

2. Abschnitt.

Die Geschichte der Melodie (des einstimmigen weltlichen Gesangs) 89
1. Kapitel: Der ritterliche Gesang 93
    1) Das Lied der Troubadours . . . 94
    2) Das deutsche ritterliche Minnelied . . 96
2. Kapitel: Der Meistergesang 99
3. Kapitel: Das freie Volkslied 103

3. Periode.

Die Vorclassiker oder die Schulen der Niederländer.

Ueberblick 111

1. Epoche.

Die erste niederländische Schule (die Schule des einfachen Contrapuncts (1380—1480).
1. Die Vorschule des Contrapuncts in Frankreich (Discantus und Faurbourdons) 113
2. Dufay und seine Zeit 116

2. Epoche.

Die zweite niederländische Schule (der künstliche Contrapunct 1480—1565).

Ueberblick 119
1. Abschnitt: Ockenheim und die von ihm beherrschte Schule . 125
2. Abschnitt: Josquin de Prés (Venetianische und erste römische Schule) 126
3. Abschnitt: Orlandus Lassus 130

II. Hauptabschnitt.

Die Geschichte der classischen Musik.

Ueberblick 133

Erste Form.

Die Entwicklung und Auflösung des classischen katholischen Kirchenstyls (italienische Entwicklung).

I. Epoche.

Der strenge katholische Kirchenstyl (römische Schule).
1. Abschnitt: Palestrinas Leben und Werke . . . 139
2. Abschnitt: Die Schule Palestrina's 147

II. Epoche.

Der declamatorische Styl. Die Reaction gegen den strengen Kirchenstyl, oder die weltliche Musik in Italien bis auf Scarlatti.

	Seite
1. Abschnitt: Die monodische Musik Italien's bis zum Jahr 1600	151
2. Abschnitt: Die Entstehung der Oper in Florenz	154
3. Abschnitt: Die Entstehung des Oratorium's	157

III. Epoche.

Der pathetische Styl.

(Geschichte der Auflösung des strengen Kirchenstyls in Opernstyl.)

(Die neapolitanische Schule.)

Ueberblick	160
1. Abschnitt: Die Formen des Uebergang's 1600—1650	162
1. Das Kirchenconcert Biabana's (1597)	162
2. Die Kammercantate Carissimi's (1635)	163
2. Abschnitt: Die neapolitanische Schule	164
1. Blütezeit	165
2. Verfall	169
1. Abschn.: Geschichte des Virtuosentum's	170
2. Abschn.: Geschichte der italienischen Oper bis in's 18. Jahrhundert	174
3. Abschnitt: die venetianische Schule	177

Zweite Form.

Die Entwicklung und Auflösung des classischen protestantischen Kirchenstyls.

Ueberblick	180

I. Epoche.

Die Musik des unmittelbaren protestantisch-religiösen Bewußtsein's (das Kirchenlied)	183
1. Abschnitt: Das religiöse Volkslied der Reformation	184
1. Luthers Bedeutung für die Geschichte der deutschen Musik	187
2. Die Tonsetzer Deutschlands im Reformationszeitalter	193
3. Die Quellen des reformatorischen Kirchengesangs	197
4. Charakter der neuen Singweise	199
2. Abschnitt: Das stylisirte Kirchenlied	202

II. Epoche.

Die Entkirchlichung der Musik 205
1. Abschnitt: Die Kirchenmusik unter italienischem Einfluß . . 206
2. Abschnitt: Die Opernmusik in Deutschland 210
   Anhang: Die Instrumentalmusik in Deutschland . . 216

III. Epoche.

Der classische protestantische Kirchenstyl . . 219
1. Abschnitt: Die epische Form (Oratorium), G. F. Händel . 220
2. Abschnitt: Die lyrische Form (Choral), J. S. Bach . . 232
3. Abschnitt: Die Auflösung des reinen protestantischen Kirchenstyls 249
   1. Das Oratorium bis auf die Zeit Mendelssohn's 252
   2. Das Kirchenlied bis auf 1817 253

Dritte Form.
Der freie schöne Styl (1750—1817).

Geistiger Boden 255
1. Abschnitt: Das antikisirende musikalische Drama . . 260
   1. Vorgeschichte und Anknüpfungspunkte . . 260
   2. Das lyrische Drama Gluck's 266
2. Abschnitt: Die Classiker der Instrumentalmusik . . 277
   Ueberblick 277
    a. Vorgeschichte. Bachs Söhne . . . 279
    b. Geistiger Boden 283
   1. Joseph Haydn 285
    Anhang: Haydns Schule 294
   2. Mozart 296
    Anhang. Die Schule Mozarts . . . 312
   3. Beethoven 314

III. Hauptabschnitt.

Die Geschichte der nachclassischen Musik.
(Von Beethoven bis zur Gegenwart.)

1. Allgemeine Charakteristik 340
2. Darstellung im Einzelnen 345

1. Abschnitt.

Die Formen und Style der reinen Musik.

I. Die Richtungen des feinen Formgefühls . . 345
   1. Rossini. Cherubini. Die Wiener Schule . . 347

	Seite
2. Die Schule der älteren Romantiker	353
a. Franz Peter Schubert	356
b. Ludwig Spohr	361
c. Karl Maria von Weber	365
3. Der Classicismus	372
a. Felix Mendelssohn Bartholdy . . .	372
b. Die Schule Mendelssohn's	382
II. Die Richtung der kritischen Reflexion . . .	385
1. Robert Schumann und seine Schule . .	389
a. Robert Schumann	389
b. Schumann's Schule	394
2. Die Neuromantiker (Manieristen) . .	396
a. Hector Berlioz	397
b. F. Liszt und seine Schule	400

2. Abschnitt.

Die Formen und Style der angewandten Musik.

A. Die Geschichte der Oper im neunzehnten Jahrhundert.

1. Abtheilung.

Die Oper des Kosmopolitismus.

1. Die heroische Oper französischen Styls	406
2. Die Genußoper italienischen Styls	408
3. Die deutsche Oper der Schablone	411

2. Abtheilung:

Die nationale Oper.

1) Idealistische Richtung: Die älteren Romantiker	
a. in Deutschland	414
b. in Frankreich	417
2) Realistische Richtung	
a. in Frankreich die historische Situationsoper .	419
b. in Deutschland das Musikdrama Richard Wagner's	421
Anhang: Oratorium und Cantate	436
B. Geschichte des Liedes	438
1. Des Kunstlieds	440
2. Des Volkslieds	448
a. Des weltlichen Volkslieds	448
1. Der Volksweise	448
2. Des kunstmäßigen Volksgesangs . . .	452
b. Des kirchlichen Volksliedes	457

Einleitende Vorbemerkungen.

[Näheres in: Hand, Ästhetik der Tonkunst. Leipzig u. Jena 1837—41. — Vischer, Ästhetik, III. 2. Abschn. 4. H. Stuttgart 1857. — Hanslick, Vom musikalisch-Schönen. 4. Aufl. Leipzig 1874. — H. A. Köstlin, Die Tonkunst. Einführung in die Ästhetik der Musik. Stuttgart 1878.]

1. Die Tonkunst ist die Darstellung des Schönen in Tönen. Inhalt und Gegenstand der Tonkunst ist also zunächst das Musikalisch-Schöne. Dieses kann in seinem Wesen nicht weiter erklärt oder definirt werden; es gibt sich dem menschlichen Geiste als das Schöne unmittelbar kund, indem es in der tönenden Form, durch das Gehör vermittelt, in das Centrum des Geistes eindringt. Die Erkenntniß des Schönen ebenso wie die des Wahren ist in letzter Instanz ein Urdatum des menschlichen Geistes. Sie kann erzogen, gebildet und verfeinert werden, aber sie muß gegeben sein.

2. Was das auffassende Bewußtsein am musikalischen Kunstwerke zunächst wahrnimmt, das ist die wohlgefällige, rhythmisch wohlgeordnete, tönend bewegte Form. Das Wesen der Form besteht darin, daß sie das an sich ungeordnete Viele zur Einheit zusammenfaßt.

Die Reihe gemessener Töne, welche durch die Zahl der Schwingungen ihres Schallkörpers nach Höhe und Tiefe, durch das von der materiellen Beschaffenheit des Schallkörpers bedingte Verhältniß der harmonischen Töne nach der Klangfarbe individualisirt sind, wird zur einheitlichen Tonleiter, beziehungsweise zur geformten Tonreihe durch die Bezogenheit auf Einen Ton, als den Grundton. Die Einheit verschiedener tönender Formen oder geformter Tonreihen besteht darin, daß letztere alle bezogen werden auf Eine, welche als Grundform erscheint, zu welcher sich die andern als Umbildungen, Gegensätze, Verkürzungen, Dehnungen ꝛc. verhalten. Wie das Tonmaterial zur einheitlichen künstlerischen Form werde, lehrt die musikalische Formenlehre, deren Gegenstand die Gesetze und Regeln des Tonsatzes, der Melodiebildung und Harmonieverbindung sind.

3. Die Form als das unter einem bestimmten Gesichtspunkt, einer bestimmten Idee, einem bestimmten Gedanken das viele Einende ist ebendamit schon Organ des Geistes, der seinem Begriffe nach die lebendige Einheit des Vielen ist; und was in der Musik dem Geiste sich kundgibt, ist also zuletzt er selbst. Das Schöne ist nichts andres als der im Sinnlichen erscheinende Geist. Somit ist es in der tönend bewegten Form ein geistiges Etwas, das den auffassenden Geist unmittelbar berührt, das ist der Gedanke, die Idee dieser bestimmten, gewordenen Form. Der Gedanke der bestimmten Form aber ist unmittelbar aus dem schöpferischen Geist dessen entsprungen, der das Tonbild erfunden hat. Weil aber nichts von ungefähr, nichts auf zufällige Weise von dem Geiste sich ablöst, so steht diese bestimmte Form in einem bestimmten Verhältnisse zu der schöpferischen Individualität des Komponisten: je enger und inniger dieses Verhältniß ist, desto originaler, individueller, geistiger ist das Tonbild. Das musikalische Kunstwerk oder die tönend bewegte Form drückt also zunächst allerdings an sich nichts aus als den Gedanken der schönen Form selbst, die für sich Selbstzweck ist; die Musik drückt weder eine Stimmung, noch einen Gedanken, noch eine Vorstellung aus; aber es drückt sich in ihr etwas aus, und zwar ein geistiges Etwas, und zwar das Größte, das es gibt, das Ich, die geistige Individualität des Komponisten. Es trägt das Kunstwerk die Physiognomie seines Schöpfers und

mittelbar die Physiognomie seiner Zeit. In den Tönen und durch die Töne berührt sich Geist mit Geist; das ist die letzte Ursache der Erhebung, des idealen Lebenszuflusses, der freudigen Kräftigung, welche das musikalische Kunstwerk uns gewährt.

Eine musikalische Form, welche keine geistige Physiognomie trägt, gewährt keinen künstlerischen Genuß: darin liegt das Geheimniß der großen Gewalt, die der Genius auf unser Gemüt ausübt, und der Gleichgültigkeit, mit der wir uns gegen die Schablone — die äußerlich angesehen in formeller und technischer Hinsicht tadellos sein kann — verhalten. Im rechten Kunstwerk fühlen wir uns von einer großen, einzigartigen Individualität berührt: in jeder Note tritt uns der ganze Mensch mit seiner eigensten Art entgegen, und das ist ein Mensch wie er nur Einmal erscheint. Des Menschen inneres Wesen offenbart sich unmittelbar in der Art und Weise, wie er die Töne anfaßt, die Formen bildet. Diese unmittelbare Berührung mit dem schöpferischen Geiste in individueller Ausprägung ist's, wodurch wir uns im Centrum des Geistes emporgehoben und gekräftigt fühlen.

Hieraus, aus der Geistigkeit und Idealität des musikalischen Kunstwerks, ergibt sich das Recht des rastlosen Fortschrittes: keine einzige traditionell gewordene Tonform darf als die allein gültige usurpirt werden: so wenig als zwei Individualitäten von ganz gleicher Art je wiederkehren, so sicher hat der Genius das Recht, neue Formen zu erzeugen, wenn sie seinem originalen Leben entsprechen. Mit der großen Künstlerindividualität entstehen neue Ideale; da ist nirgends Halt noch Stillstand, denn der Geist ist Kraft und Leben.

4. Das Tonbild trägt nicht bloß die allgemeine Physiognomie des Komponisten. Kein Mensch vermag „an sich" zu sein, er ist vielmehr immer in bestimmter Gemütslage, in bestimmten Verhältnissen, in bestimmten Umständen; wie er in der Bestimmtheit sich hält, daraus abstrahiren wir erst seine Individualität. Auch der Komponist ist immer in einer bestimmten Richtung thätig; daß er gerade diese Richtung einschlägt, daß gerade

diese Form ihm augenblicklich sympathisch wird, das ist das Resultat seiner Stimmung oder hängt doch nahe mit ihr zusammen. Auch wenn er ein größeres Werk vornimmt, das den Launen der Aufgelegtheit oder Unaufgelegtheit entnommen ist, wird sich gleichwohl die Stimmung, von der er beherrscht ist, darin ausprägen. Gerade die **musikalische** Phantasie empfängt ja den Anstoß zum Schaffen aus dem innersten Kern, der ursprünglichsten Bestimmtheit des Individuums, die irgendwie angeregt ist und im Ton sich äußert, weil dieser gleichsam auch die innere Bestimmtheit seines Schallkörpers ausdrückt, und so zum Symbol oder Widerhall der innen erklingenden Stimmung sich am leichtesten eignet, aber auch **unwillkührlich** die Farbe der den Schaffenden beherrschenden Stimmung annimmt.

So ist das Tonbild nicht bloß ein Bild der Individualität überhaupt, sondern es steht auch im engsten Zusammenhang mit dem Leben derselben. Die Reihe von Kunstwerken, die ein Künstler vollendet, wird nicht begriffen allein unter dem Gesichtspunkt des technischen Fortschreitens desselben, sondern wird verstanden und im Einzelnen erklärt erst durch das Leben desselben, welches auf den Charakter und die Wahl der Formen nicht bloß eingewirkt, sondern seine Stimmungen ihnen aufgeprägt und in ihnen zum Abdruck gebracht hat.

5. Die **Geschichte der Musik** ist der Beweis dafür; daß die Musik Trägerin eines geistigen Etwas, eines bestimmten **geistigen Gehalts** in dem angedeuteten Sinne ist. Ihre Aufgabe besteht darin, daß sie die Entstehung der einzelnen herrschend gewordenen Musikformen und Musikstyle aus dem Leben der Individuen und Völker nachweist, und so den stufenmäßigen Fortschritt der Tonkunst aus der stufenmäßig fortschreitenden Geistesentwicklung zu erklären sucht. Sie lehrt so das Alte verstehen und das Neue schaffen.

Geschichte der Musik.

Literatur:

Sethus Calvisius, Exercitationes musicae duae. Quarum prior est de modis musicis, quos vulgo tonos vocant, recte cognoscendis et dijudicandis. Quarum posterior de initio et progressu Musices, aliisque rebus eo spectantibus. Lipsiae 1600.

Prätorius, Michael, Syntagma musicum. Wolfenbüttel u. Wittenberg 1614.

— organographia.

Bannus, Joan. Albertus, Dissertatio epistolica de Musicae natura, origine, progressu et denique studio bene instituendo. Harlem. 1636.

Ebeling, Joh. Georg, Archaeologiae orphicae sive antiquitates musicae. Stettin 1657.

Prinz, Wolfgang Caspar, Historische Beschreibung der edlen Sing- und Klingkunst u. f. w. Dresden 1690.

Bontempi, Gio. Andr. Angel., Historia Musica etc. Perugia 1695.

Ouvrard, René, Historia Musices apud Hebraeos, Graecos et Romanos.

Wallerius, De antiqua et mediis aevi Musica. Upsala 1706.

Bonnet, Pierre, Histoire de la Musique et de ses effets depuis son origine jusqu'à present. Paris. 1715.

Legipontius, Oliv., De Musica ejusque proprietatibus origine progressu cultoribus et studio bene instituendo. Norimbergae 1747.

Caffiat, Histoire de la Musique. Paris. 1757.

Martini, Giambattista, Storia della musica. Bologna I. 1757. II. 1770. III. 1781.

Marpurg, Kritische Einleitung in die Geschichte und Lehrsätze der alten und neuen Musik. Berlin 1759.

Blainville, Histoire générale critique et philologique de la Musique. Paris 1767.

Roussier, mémoire sur la Musique des Anciens. Paris. 1770.

Eximeno, D. Antonio, Dell' origine e delle regolo della Musica, colla Storia del suo progresso, decadenza e rinnovazione. Rom 1774.

Hawkins, John, A general History of the Science, and Practice of Music. 5 Bde. London 1776.

Burney, A general History of Music, from the earliest ages to the present Period. London 1776.

De la Borde, Essai sur la musique ancienne et moderne. Paris. 1780. 4 Bde.

Forkel, Joh. Nicolaus, Allgemeine Geschichte der Musik. Leipzig 1788—1801.

Kallbrenner, Abriß der Geschichte der Tonkunst. Berlin 1794.

M. Gerbert, De cantu et musica sacra a prima ecclesiae aetate usque ad praesens tempus. S. Blas. 1774.

Kiesewetter, R. G., Geschichte der abendländisch europ. Musik. Leipzig 1804. 1846.

Ambros, Geschichte der Musik. Breslau 1862—1878.

Brendel, F., Dr., Geschichte der Musik in Italien, Deutschland und Frankreich ꝛc. ꝛc. Leipzig 1851. 6. Aufl. 1879

Busby, Geschichte der Musik. Leipzig 1821.

Reißmann, Allgemeine Geschichte der Musik. Leipzig 1863—66.

Schlüter, Dr. Josef, Allgemeine Geschichte der Musik in übersichtlicher Darstellung. Leipzig 1863.

A. v. Dommer, Handbuch der Musikgeschichte von den Anfängen bis zum Tode Beethovens. Leipzig 1867. 2. Aufl. 1878.

Fétis, Histoire générale de la musique. Paris. 1869.

Fröhlich, Beiträge zur Geschichte der Musik, auf musikal. Dokumente gegründet. Würzburg 1874.

F. Marcillac, Histoire de la Musique moderne et des Musiciens célèbres en Italie, en Allemagne et en France. Paris. 1876.

Reißmann, Leichtfaßliche Musikgeschichte in Vorlesungen. Berlin 1877.

Wangemann, Grundriß der Musikgeschichte. Magdeburg 1878.

I.
Die Musik des Altertums.

Quellen:

Chinesen.

Abhandlung von der Musik der Chinesen von Ly-Ro-ang-ty. Peking 1727. Ueberf. von P. Amiot. (Madrid 1780.)

Amiot, P., Mémoires sur la Musique des Chinois tant anciens que modernes. Paris. 1780.

Hebräer.

Tractatus de Musica veterum Hebraeorum excerptus ex Schilte Haggiborim nunc primum a Blasio Ugolino ex Hebraico latine redditus. Bd. 32 des »Thesaurus antiquitatum sacrarum etc.« Venedig 1744—69.

Otho, Joan. Henric., Specimen Musicae ex Lexico rabbinico excerptum. In Ugolini thesaur. Bd. 32.

Huerga, Cyprianus de, De ratione Musicae et instrumentorum usu apud veteres Hebraeos. Alcala (1560?).

Kircher, Athanasius, Musurgia universalis. Romae 1650.

Salomon van Til, Dight- Sang- en Speelkunst, soo der Ouden als bysonder der Hebreen u. j. f. Dordrecht 1692. (Deutsch: 1719.)

Bartoloccius, De Hebraeorum musica. Rom. 1693.

Mirus, Adam Erdmann. Kurze Fragen aus der musica sacra, worinnen den Liebhabern bei Lesung der bibl. Historien eine sonderbare Nachricht gegeben wird. Görlitz 1707. Dresden 1715. (9½ Bogen).

Schröter, Christoph Gottlieb, Epistola gratulatoria de Musica Davidica et Salomonica. Dresden 1716.

Calmet, Dissertation sur la Musique des Anciens et en particulier des Hebreux. Amsterdam 1713.

Speibel, Joh. Christof, Unverwerfliche Spuren von der alten davidischen Sing-Kunst, nach ihren deutlich unterschiedenen Stimmen, Tönen, Noten, Tact und Repetitionen, mit einem Exempel ꝛc. Stuttgart 1740.

Pfeifer, A. F., Ueber die Musik der alten Hebräer. Erlangen 1779.

De la Motte du Contant, Traité sur la poesie et la musique des Hebreux. Paris. 1781.

Herder, J. G., Vom Geist der hebräischen Poesie. Dessau 1782—83. in Bd. II. —

Haupt, Leopold, 6 alttest. Psalmen, aus den Accenten entziffert und modernisirt. Leipzig 1854.

M. Engel, The Music of the most anciens nations particularly of the Assyrians, Egyptians and Hebrews. Londres 1864.

Inder.

William Jones, Ueber die Musik der Inder, übers. von Dalberg.

Lassen, Indische Altertumskunde.

Araber und Perser.

Kiesewetter, R. G., Die Musik der Araber nach Originalquellen dargestellt. Mit einem Vorwort von dem Freiherrn von Hammer-Burgstall. Leipzig 1842.

J. G. L. Kosegarten, Alii Ispahanensis liber cantilenarum p. 76—86.

vrgl. bes. Helmholtz, Die Lehre von den Tonempfindungen. 4. Aufl. Berlin 1877. S. 452 ff.

Griechen.

Antiquae musicae auctores septem. Vol. I. II. ed. Meibom. Amsterdam 1652; gibt

    Aristoxenos, στοιχεῖα ἁρμονικά (elementorum harmonicorum libri III.) (320 vor Chr.)

    Euklides, εἰσαγωγή ἁρμονική (Introductio harmonica) (c. 300 v. Chr.).

    Nicomachus de Gerasia, ἐγχειρίδιον ἁρμονικῆς (Harmonices Manuale. (133—161 p. Chr.)

    Alypius, Introductio musica (εἰσαγωγή μουσική).

    Gaudentius, Ἁρμονική εἰσαγωγή.

    Bacchius senior, εἰσαγωγή τέχνης μουσικῆς (introductio artis Musices).

    Aristidis Quintiliani de Musica libri III.

John Wallis, Opera mathematica, vol. III. Oxford 1699. gibt:
  Claudii Ptolemaei harmonicorum libri tres. (160—180 p. Chr.)
  Porphyrii in Harmonica Ptolemaei commentarius. (c. 260 p. Chr.)
  Bryennii Manuelis Harmonica. (1300 n. Chr.)
Vincent, Notice sur trois manuscrits grecs relatifs à la musique. Paris 1847:
  Traité de musique de l'Anonyme (Anonymi tractatus de musica).
  Manuel de l'art musical théorique et pratique.
  Bacchius senior, Introductio artis Musices.
  Georgios Pachymerus, Tractatus harmonicorum.
Aristogenos, Grundzüge der Rhythmik. Hanau 1850. (100—117 p. Chr.)
Plutarch, Ueber die Musik, übers. v. Westphal. Breslau 1865. (118—138 p. Chr.)
Theonis Smyrnaei platonici eorum quae in mathematices lectionem utilia sunt expositio, de Bouillaud. Paris 1644.

Aristoteles, Problemata cap. 19.
— Politia, lib. VIII.
J. Pollucis, Onomasticum. Amsterdam 1708. lib. IV.
Athenaeus, Deipnosophistarum libri XV. (Lib. 1. 4. 14. 15.) (z. Zeit des Commodus.)
Michael Psellos (XI. Jahrh.), De quatuor mathematicis scientiis. Basel 1556.

Martianus Capella, De nuptiis Philologiae et Mercurii lib. IX. (ed. Eyssenhardt.) Leipzig 1866.
Boetii, De institutione musica libri V. (ed. Friedlein.) Leipzig 1867. Deutsch von Oscar Paul. Leipzig, Leuckart.

Vitruvius, De architectura. V, 4. 5. X, 8.
Censorinus, De die natali c. 10—13.
Makrobius, Comm. in somn. Scip. II, 1—4.

Fabius Paulinus (Ende des 16. sec.), Hebdomades de numero septenario libri VII. Venedig 1589. (Lib. II—IV.)
Raphael Volaterranus, Commentarii urbani libri XXXVIII. Frankof. 1603. (Lib. 13. 15. 16. 18. 19. 20. 35.)
Aquaviva, Commentarius in Plutarchii de virtute morali. Lib. I. Neapel 1526. (Helenopoli 1609.)
Textor (Ravisius), Theatrum poeticum et historicum sive officina. Basel 1592. Lib. IV. cap. 34—39.

Feithius, Antiquitatum Homericarum. Libr. IV. Lugd. Bat. 1677. (Argentorat. 1743.) (bef. lib. IV. c. 4.)
Alardus, De veterum musica liber singularis. Schleusingae 1636.
Scaliger (Jul. Cäsar), poetices libri VII. 1617. (Lib. I.)
Vossius, Gerh. Joh., De quatuor artibus popularibus, Grammatice, Gymnastice, Musice et Graphice. Amsterdam 1650.
— De universae Mathesios natura et constitutione liber. Amsterdam 1650. c. 9. 20. 21. 22. 59. 60.
— De artis poeticae natura et constitutione liber. Ibid. 1647.
— Poeticarum institutionum libri III. Amsterd. 1647. Lib. II u. III.
Rhodiginus, Lectionum antiquarum libri XXX. lib. IX. Lips. 1666. V. XXIX (11—15). XXVII.
Chilmead, Edm., De musica antiqua graeca. 1672.
Nicaise, Claude, De veterum musica. Wo?
Fraguier, Examen d'un passage de Platon sur la Musique (Mémoires de Litt. de l'Acad. des Inscript. III. 118. 1723). (Bei Marpurg, Hist.-krit. Beiträge. B. 2. p. 45.)
Burette, Dissertation sur la Symphonie des Anciens (Hist. de l'Acad. royale etc. IV. 6.) Derf. sur le rhythme (u. f. B. V. VIII. berf. Hist.)
Chateauneuf, de, Dialogue sur la Musique des Anciens. Paris. 1725.
Bibliothèque française, B. V.: Observations sur la Musique, la flûte et la Lyre des anciens.
Bougeant, Nouvelles conjectures sur la Musique des Grecs et des Latins. 1725.
Barthélémy, Entretiens sur l'état de la Musique grecque vers le milieu du quatrième siècle avant l'ère vulgaire. Paris. 1777.

Müller, Otfried, Geschichte der griech. Literatur. Berlin 1841.
Fortlage, Das musik. System der Griechen. Leipzig 1847.
Bellermann, Die Tonleitern und Musiknoten der Griechen. Berlin 1847.
A. Roßbach und Westphal, Metrik der griechischen Dramatiker und Lyriker. Leipzig 1863 ff. 2. Aufl. 1868.
Weißmann, Geschichte der griech. Musik. Berlin 1855.
Carl Lang, Ueberblick über die altgriech. Harmonik. Heidelberg 1871.
Gevaert, Histoire et théorie de la Musique de l'Antiquité. Gand. 1875.

Die Musik des Altertums im Großen und Ganzen liegt dem heutigen, musikalischen Verständniß so ferne, daß wir uns über dieselbe trotz aller Forschungen eine lebendige, der Sache wirklich entsprechende Vorstellung kaum bilden können.

Wenn wir daher dem Musikwesen der Alten unsere Aufmerksamkeit zuwenden, so kann es sich nicht darum handeln, von demselben ein vollständiges Bild zu gewinnen, die alte Musik gleichsam vor dem Geiste wieder erstehen und wieder erklingen zu lassen — das wäre, so wie die Sachen stehen, rein unmöglich.

Dagegen ist die Erforschung der ersten Anfänge der Musik, ganz abgesehen von dem culturgeschichtlichen Interesse, das sie bietet, von bedeutendem Gewicht für die Beantwortung der Frage: ob die Tonkunst nur das Spiel der Laune und Willkühr, nur ein Luxusartikel der civilisirten Völker, oder eine in der Organisation des menschlichen Wesens begründete und durch dieselbe bestimmte Kunst sei; denn ist sie das, so müssen Begabung, Empfänglichkeit und Verständniß für Musik, sowie das Bedürfniß nach musikalischer Aeußerung und musikalischem Genusse allgemein sein und überall, wo Menschen sind, sich vorfinden. Unter diesem Gesichtspunkt bietet auch für eine gedrängte Darstellung der Musikgeschichte der Blick auf die Musik der rohen Naturvölker erhebliches Interesse.

Zu zweiter Linie bietet die Kenntniß der Musikverhältnisse des Altertums ein hohes Interesse wegen des Zusammenhangs, in welchem das jeweilige Musikwesen eines Volks mit dem Charakter und mit den wesentlichen Eigentümlichkeiten desselben steht. Es handelt sich daher bei unsrer Betrachtung hauptsächlich darum, zu bestimmen, ob und welchen Einfluß die gesammte übrige Lebens- und Weltanschauung eines Volkes auf die Auffassung, Wertschätzung und Ausbildung seiner Musik ausgeübt hat.

Die Frage nach dem Maß und Gewicht dieses Einflusses hat einen Sinn erst bei denjenigen Völkern, welche eine ausgesprochene Volksindividualität darstellen, demgemäß überhaupt eine gewisse Cultur entwickeln und damit auch eine musikalische Kunst schaffen.

Bei den Völkern der mehr oder weniger stagnirenden asiatischen Cultur kann von einer Geschichte der Tonkunst kaum die Rede sein.

Erst bei den Völkern der europäisch=griechischen Cultur findet sich eine Geschichte unsrer Kunst, jedoch auch hier nur in beschränktem Maße, so daß man ohne Gefahr der Uebertreibung sagen kann: es sei eben dies ein charakteristisches Merkmal der modernen Tonkunst, daß sie eine Geschichte habe, eine in kunstgeschichtlichen Gegensätzen verlaufende Entwicklung zeige, während die antike Musik im Großen und Ganzen ihre Physiognomie im Lauf der Jahrhunderte nur wenig verändert hat.

———

Die Anfänge musikalischer Aeußerung in Gesang und Instrumentenspiel finden sich bei allen Völkern der Erde. Zwar dient die Musik bei den am tiefsten stehenden Naturvölkern nur dem rohen Ausdruck der Stimmungen sei's der Freude, sei's der Trauer. Aber nicht nur beweist der Gebrauch von Instrumenten, wenn auch der rohesten Art, daß es sich um eine absichtsvolle, nicht etwa instinctmäßige oder unwillkürliche, Kundgebung handelt, also um Kunst auf der niedersten Stufe, sondern die Melodieen, die Melodieansätze, die Melismen, die Tongänge, deren sich die Sänger und Instrumentenspieler bedienen, verrathen schon ein Hinstreben auf Rhythmik und Symmetrie, die Grundformen aller Musik. Ja, wenn man die Producte der musikalischen Phantasie der verschiedensten Völkerschaften genauer ansieht, so zeigt sich eine überraschende Uebereinstimmung aller darin, daß ihnen eine fünfstufige Tonleiter zu Grunde liegt, welche aus 3 Ganztonschritten und einem $1^1/_2$=Tonschritt besteht (also z. B. die Leiter c d e g a; oder eine Leiter, welche sich aus den Obertasten des Claviers bildet: des es ges as b). Aus den Tönen der so beschaffenen fünfstufigen Scala sind nicht bloß die ältesten Weisen der Schotten und Gälen, der Chinesen und Griechen gebildet, sondern alle Melodieen und Melismen, welche von zuverlässigen Reisenden solchen Naturvölkern abgelauscht worden sind, welche sich noch in den Anfängen der Cultur befinden. Will man nicht an die Ueberlieferung einer „Ur=Tonkunst" glauben, um diese Uebereinstimmung in den Anfängen der Musik zu erklären, so beweist dieselbe, daß nicht nur der Sinn für musikalische Aeußerung überall vorhanden, sondern auch die Organisation dafür bei allen Menschen dieselbe ist; daß die Tonkunst, so sehr sie durch das Belieben und durch die Eigentümlichkeiten der Völker und Individuen, welche sie pflegen und ausbilden, beeinflußt wird, doch in letzter Linie auf Grundgesetzen des menschlichen Wesens beruht, durch diese bestimmt wird, sowie daß in diesen Grundgesetzen die Willkühr und das subjective Belieben seine natürliche Grenze und Schranke findet.

In dem Maße, als die Tonkunst ausgebildet wird, wächst der Einfluß, welchen gewisse Neigungen und Besonderheiten des Volkes, welches zu ihrer Entwicklung jeweils beiträgt, auf sie ausüben.

So interessant es wäre, den Gang zu verfolgen, welchen die früheste Entwicklung unsrer Kunst genommen hat; zu beobachten, wie von derselben Grundlage ausgehend, die verschiedenen Völker ihrer Eigentümlichkeit gemäß, die Kunst in verschiedener Weise fortbildeten und zu den verschiedensten Tonsystemen gelangten, wie aber andrerseits überall die natürlichen, in der Organisation des Musiksinns begründeten Forderungen sich geltend machen; so interessant es ferner wäre, die Entstehung, Ausbildung und Wanderung der wichtigsten Instrumente zu verfolgen, so müssen wir, da die Grenzen, welche sich unser Handbuch gesteckt hat, ein weiteres Eingehen auf das musik=archäologische Interesse nicht gestatten, uns dar=

auf beschränken, in kürzestem Ausdruck zu bestimmen, welche Physiognomie dem Musikwesen durch die bekanntesten Kulturvölker aufgeprägt worden ist.

Musik der Kulturvölker.

Die ältesten Kulturvölker sind die asiatischen; die asiatische Kultur läßt drei scharf von einander abstechende Typen unterscheiden: den mongolischen, den semitischen und arischen. Der mongolische Kulturtypus ist klassisch repräsentirt durch China (Kultur des Sinismus); der semitische durch das Judenthum (Hebraismus), der arische durch die Inder und Perser.

Chinesen.

Die Kultur des Sinismus ist der Cultus der Pedanterie, die vollendete Herrschaft des Gesetzes und der Regel; dem völligen Mangel an Phantasie steht ein scharfer Verstand zur Seite, welcher in all dem, was Fleiß und Emsigkeit zu leisten vermögen, Bedeutendes erzielt.

Demgemäß haben die Chinesen, was die musikalische Theorie betrifft, Bedeutendes geleistet. Sie schufen das Octaven-System, hatten schon frühe einen Normalton, besaßen den Quintencirkel; ihre wissenschaftlichen Werke über die Musik bieten hohes Interesse, denn es verräth sich in denselben ein scharf beobachtender Verstand.

Das gesammte Musikwesen steht unter der Aufsicht des Staats. Die Zahl der Instrumente, der zu verwendenden Töne und Tonreihen (deren es 84 sind) ist, wie das Ceremoniell des Hofes, genau bestimmt und für jede einzelne Gelegenheit vorgeschrieben. Ueberhaupt genießt die Musik in China hohe Verehrung; es wird ihr bei allen feierlichen Handlungen eine hohe Stellung eingeräumt; selbst der Kaiser muß bei gewissen Gelegenheiten ausübend mitwirken.

Dagegen scheint nun die praktische Musik die hochtrabenden

Aussprüche der Theorie Lügen zu strafen. Was in China erklingt, ist für ein an europäische Musik gewöhntes Ohr unerträglich, und verdient kaum mehr zu heißen, als ein kindisches Geklimper, welches den Europäer unwiderstehlich zum Lachen reizt.

Eine bedeutende Rolle spielt bei den Chinesen die Symbolik der Töne, Tonarten und Instrumente; so scheint denn auch ihr Musikgenuß mehr in der verstandesmäßigen Verfolgung dieser Symbolik zu bestehen, als in der empfänglichen Hingabe an den Eindruck des Schönen, das in Tönen uns nahetritt.

Hebräer.

Den jüdischen Charakter, so wie er uns aus dem Schriftthum des alten Testaments entgegentritt, kennzeichnet eine seltsame Verbindung von klarem, dialektischem Verstande mit einer Energie und Innigkeit des Gefühls, die sich ebensosehr in der Energie des National- und Heimatbewußtseins, wie in dem Vorwalten des religiösen Empfindens ausprägt; es charakterisirt ferner den Juden eine peinliche Gewissenhaftigkeit dem Gesetz, der Tradition, der herkömmlichen Form gegenüber.

In künstlerischer Beziehung gestaltet sich dieser Grundzug naturgemäß so, daß es dem Volke an eigentlicher künstlerischer Begabung (Productionsvermögen) fehlt, daß aber allem, was sie künstlerisch zu gestalten suchen z. B. in der Poesie, die Kraft und Tiefe der Empfindung den specifisch jüdischen Stempel aufdrückt. Vermöge dessen wird in letzter Beziehung alles auf Gott zurückbezogen als das Eine und alles im Bewußtsein Beherrschende. Das charakteristische Wesen der hebräischen Kunst (welche fast ausschließlich in didaktischer Poesie besteht, in folge des Mangels an künstlerischer Erfindungs- und Gestaltungskraft) besteht darin, daß sie ausschließlich religiöse Kunst ist, die nur in und mit der Religion Bedeutung hat.

So ist auch die Musik eine heilige Kunst, eine wesentliche Form des Gebets und Gottesdiensts. Der ideale Gehalt, ben sie ausdrücken will, ist das Gottesbewußtsein selbst. Die Klänge heiliger Tonkunst bahnen dem Geiste Gottes den Weg zum Herzen; in den Schulen der Propheten wird sie darum mit Eifer gepflegt. Davids Harfenspiel verscheucht den finsteren Geist von Sauls umnachtetem Gemüte; unter den Klängen der Harfe senkt sich der Geist Gottes auf den Propheten Elisa hernieder. Als die Macht, die das Herz für höhere Offenbarung empfänglich macht, bildet Gesang und Saitenspiel den herrlichsten Schmuck der schönen Gottesdienste des Herrn.

Wie die Musik geklungen haben mag, welche dieser hohen Auffassung entsprach, und wie die Musik des näheren beschaffen gewesen sein mag, darüber lassen sich, da alle positiven Anhaltspunkte fehlen, nur Vermuthungen aufstellen. Das Wahrscheinlichste ist, daß der Gesang im wesentlichen einstimmiger rhythmisch-melodischer Sprechgesang war, die Instrumentenchöre aber sich darauf beschränkten, den Gesang mitzuspielen, die rhythmischen Accente und Einschnitte zu markiren und dem Vortrag des Gesangs das Element rauschender Pracht zu verleihen durch Verstärkung der Tonkraft und Verschärfung des Rhythmus. — Die Schilderung der Instrumente 2c. müssen wir billig der biblischen Archäologie überlassen.

Inder.

Die arischen Inder, welche unter den Völkern Indiens allein als Kulturvolk in Betracht kommen können, fielen unter dem Einfluß des entnervenden Klimas und einer alle Selbstständigkeit und Entfaltung hemmenden Religion einem passiven, träumerischen Gefühls- und Phantasieleben anheim. Die holde Kunst der Töne, deren poetische Seite dem Inder besonders verständlich ist, erscheint als Kind der Götter, dem Menschen zur Freude und zum Troste geschenkt. Göttliche Kräfte ruhen in den Tönen, ja der Gesang ist zaubermächtig, götterzwingend, wie das Gebet.

Die dichtende Phantasie hat bei den Indern gemütvolle,

den starken Blütenduft des sonnigen Landes athmende Weisen geschaffen, aber auch auf die Theorie so einseitig eingewirkt, daß diese vielfach den Eindruck phantastischer Spielerei macht.

Wenn wir hier noch die Araber erwähnen, so geschieht es nur, weil die moderne europäische Musik diesem Volke die wichtigsten Musikinstrumente verdankt, nemlich die Bogen=Instrumente. Die arabische Musik selbst mag sich im Altertum kaum von der Musik der übrigen asiatischen Völker unterschieden haben. Erst in der Zeit der Chalifen nahm das arabische Musikwesen einen hohen Aufschwung, freilich ganz im Widerspruch gegen die Lehre Muhameds, welche der Tonkunst abhold ist. Das in jener Zeit ausgebildete arabisch=persische Musiksystem bietet ein hohes Interesse dar. Es kann jedoch mit Rücksicht auf die engen Grenzen unsrer Aufgabe hier um so weniger auf die Entwicklung dieses Systems, so viel des Eigentümlichen es auch darbietet, eingegangen werden, als es verhältnißmäßig neueren Datums und jedenfalls wesentlich vom griechischen Musiksystem beeinflußt ist; auf die Entwicklung der modernen, abendländischen Musik hat das arabisch=persische Musiksystem nicht wesentlich eingewirkt, so manches die moderne Musik dem arabischen Musikwesen im übrigen zu verdanken hat.

Griechen.

Anders verhält es sich mit der Musik desjenigen Volkes, welches auf allen Gebieten die Errungenschaften der asiatischen Cultur in sich zusammengefaßt, zu einer völlig neuen, der classischen Cultur umgebildet und dem Abendlande vererbt hat, des Volkes der Griechen[1]).

So sehr sich auch die moderne Tonkunst von der antiken, durch die Griechen ausgebildeten Musik unterscheiden mag,

---

1) Vergl. besonders Gevaert, Histoire de la musique de l'antiquité. Gand. 1875.

ihre Wurzeln liegen doch in Hellas; ja die moderne Musik hat viel unmittelbarer an die griechische Musik angeknüpft, als irgend eine andre Kunst an ihre Vorgängerin in der Antike. Die altkirchliche Musik ist nicht bloß unter dem Einfluß des antik geschulten und gewöhnten musikalischen Ohres entstanden, sondern sie ist, weil in ausdrücklicher Opposition gegen die damalige modern-weltlich gehaltene Musik des Heidentums ausgebildet, bis auf einen gewissen Grad die zur alten Einfachheit zurückgeführte, alt-griechische Musik, freilich mit neuem Idealgehalt erfüllt und auf neue Ziele gerichtet.

Aber auch abgesehen von diesem unmittelbaren Zusammenhang der griechischen Musik mit der modern-europäischen bietet die erstere der Geschichtsbetrachtung, auch wenn dieselbe nur zusammenfassender Art ist, hohes Interesse nicht bloß deßhalb, weil die griechische Musik für das Culturleben der Alten von derselben Bedeutung ist, wie irgend eine der andren Künste, weil also die Kenntniß des antiken Musikwesens das Verständniß des classischen Altertums wesentlich ergänzt; sondern weil die griechische Musik eine Geschichte gehabt hat, und weil diese Geschichte in auffallendem Zusammenhang steht mit der Geschichte und Entwicklung des griechischen Culturlebens überhaupt, also zeigt, wie groß der Einfluß ist, welchen der Zeitgeist, das allgemeine Bewußtsein auf unsre Kunst ausübt, selbst wenn deren Charakter und Theorie im Großen und Ganzen so fest begründet, klar bestimmt und scharf begrenzt erscheint, wie dies bei der antiken Musik der Fall ist.

Die griechische Musik läßt die Züge des griechischen Wesens deutlich erkennen. Auch in ihr ist die Physiognomie des hellenischen Kunstgeistes zu scharfem, plastischem Ausdruck gekommen.

A. Allgemeiner Charakter der griechischen Musik.

1. Der Boden.

Wohl stammten die Hellenen aus dem Orient; dorther brachten sie mit asiatischen Sitten und asiatischen Culturelementen auch die Anfänge der Kunst. Aber unter dem Himmel Griechenlands wurde die Kunst etwas völlig Neues.

Die Beschaffenheit des vielfach vom Gebirg durchzogenen rauhen Bodens nöthigte zu strenger Arbeit und gestattete nicht jenes Hinträumen, jenes Schwelgen in üppiger Phantasie, wie es unter den Palmen am Ganges möglich war. Auf der andern Seite hielt der wunderbare Zauber des Südens, der reiche Wechsel der Gegend zwischen grotesken Gebirgsmassen und der majestätischen tiefblauen See sowie der Glanz einer in südlichen Sonnenschein getauchten, satten Beleuchtung die Phantasie wach, übte den Schönheitssinn und bewahrte vor jener flachen, verstandesmäßigen, praktischen und berechnenden Nüchternheit, die der Tod aller Kunst ist. Das Mährchen, in dessen Genuß das Leben des indischen Ariers beschaulich hinfloß, wich bei dem europäischen Arier der kräftigen, die Lebensenergie stählenden That; die Thatkräftigkeit wurde ihrerseits immer wieder durch die idealen Lebenszuflüsse einer künstlerischen Lebens- und Weltanschauung geweckt und genährt.

Die verschiedenartige Beschaffenheit des Bodens zwang das Volk zur Individualisirung je nach der verschiedenen Berufsthätigkeit: im Gebirge gedieh nur die Viehzucht, im Thal wuchs die goldene Aehre, an den Küsten blühte die Schiffahrt — jeder einzelne Kreis war zu klein, um für sich bestehen zu können: so waren alle auf einander angewiesen und die natürliche Form des Volkslebens war die der freien Vereinigung der Gaue; die einzig mögliche Form des politischen Lebens aber war diejenige, welche die Einheit in der Vielheit in lebendigem Wettkampf und frischem, thätigem Spiel darstellt: die Republik.

Die individuell gesonderten Stämme hielt die freie Conföderation zusammen, die **Einheit** der Nation war nur eine ideale; das Band derselben war naturgemäß **das Element**, in welchem der **ideale Lebensgehalt** der Nation zu anschaulich plastischem Ausdruck kommt: die **Kunst**. So erklärt es sich, daß hier die Kunst zur Angelegenheit der Nation wird, ja daß der Cultus der Nation in letzter Hinsicht ein Cultus der Kunst ist. Sie ist es, welche die gesonderten Stämme von Hellas immer wieder zusammenführt und bei aller Zersplitterung und Zerrissenheit der Stammesinteressen das Bewußtsein eines gemeinsamen Lebens weckt und selbst in den trübsten Zeiten, da Griechenland längst aufgehört hatte, eine Nation zu bilden, noch wach erhält.

Hier muß die Kunst zur Angelegenheit der Nation werden. In hohem Maße wendet sich die Aufmerksamkeit der Staatsmänner und der Denker dem Kunstleben zu, dessen hohe Bedeutung für das gesammte Geistesleben der Nation unmittelbar einleuchtet.

Demgemäß spielt auch die Musik eine wichtige Rolle im socialen Leben der Griechen. Musikalische Bildung ist ein wesentliches Erforderniß edler Bildung überhaupt. Der Staat, der sonst wenig für das geistige Leben der Jugend that, achtete sorgfältig auf deren Ausbildung in den musischen Künsten, zumal in der Musik im engeren Sinne. Daher war in der gebildeten Gesellschaft Griechenlands der Sinn und das Verständniß für die Musik viel allgemeiner und viel feiner geschult, als es in der modernen Gesellschaft der Fall ist. Nicht musikalisch zu sein, gesteht der gebildete Hellene nicht; „ein unmusikalisches Ungeheuer" darf sich in bessere Kreise nicht wagen (nach Aristophanes).

2. **Stellung der Musik unter den übrigen Künsten.** Die ästhetische Grundanschauung der Griechen theilt die Künste zunächst in zwei Gruppen, zu welcher je drei derselben gehören: einmal in solche Künste, deren Werke ein

absolut Fertiges darstellen, durch sich selbst sprechen und einer weiteren Vermittlung nicht bedürfen (daher ἀποτελεστικαι); sodann in solche Künste, deren Werke, um zu voller, sinnlicher Erscheinung zu kommen, der Ausführung, der Vermittlung durch darstellende Künstler bedürfen (daher πρακτικαι). Die ersteren, die plastischen oder bildenden Künste — Architektur, Plastik, Malerei — stellen das Schöne als ein im Raume Ruhendes dar und wenden sich an das Auge; es sind Künste des Raumes und der Ruhe; die letzteren, die musischen Künste — Musik, Poesie, Orchestik — bringen das Schöne in der Zeit als ein Bewegtes zur Darstellung und wenden sich theils an das Ohr, theils an die Phantasie, theils an das Auge — es sind Künste der Zeit oder der Bewegung. Das Material der plastischen Künste ist der träge Stoff: Metall, Stein, Holz, Farbe; das der musischen Künste ist ein beseeltes, lebendiges, der Klang, das Wort, die Gebärde.

In beiden Gruppen entsprechen sich wieder je zwei der betreffenden Künste, welche deßhalb eine gewisse Verwandtschaft mit einander zeigen.

Es kann nemlich der Künstler das Ideal, welches er verwirklichen will, rein aus seinem Geiste hervorholen, oder aus der Natur, als dem Kunstwerk des ewigen Schöpfergeistes entlehnen. Das erstere ist der Fall bei der Architektur und bei der Musik: was jener Stein und Erz, das ist dieser der Klang: nemlich der bloße Stoff, mit welchem sie und in welchem sie das in der künstlerischen Phantasie entsprungene Bild realisirt; wie die Architektur das Ideale in Stein oder Erz im Raume und für's Auge verwirklicht, so versinnlicht es die Musik mittelst der Klänge in der Zeit für's Ohr, so daß erhellt, welch' eine nahe Beziehung zwischen Architektur und Musik besteht, was bekanntlich Schlegel mit dem Worte ausgedrückt hat: die Architektur sei gefrorene Musik.

Anders ist es bei der Plastik und der Orchestik: diesen beiden Künsten ist ihr Schönes gegeben in der menschlichen

Gestalt, ist also ein objectives. Die Orchestik erscheint unter diesem Gesichtspunkt als die bewegte Plastik.

Zwischen beiden Gruppen stehen die Poesie und die Malerei, welche beide zwar ihr Modell von außen erhalten, an die Bedingungen des wirklichen Seins gebunden sind, gleichwohl aber in der Hervorbringung ihrer Werke der Eingebung des Genius folgen, also ebenso subjectiver als objectiver Natur sind.

Das wesentliche, allen Künsten gemeinsame Merkmal ist das **Maß**: in Form der Symmetrie bei den Künsten des Raumes oder der Ruhe, als Rhythmus bei den Künsten der Bewegung oder der Zeit [1]). Mehr als dies in der modernen Kunstanschauung der Fall ist, bildet bei den Griechen Symmetrie und Rhythmus die Seele aller Kunst; die Musik erscheint dem antiken Geiste geradezu als die Kunst der schönen Bewegung [2]), gewiß eine das eigentümliche Wesen des Musikalisch-Schönen viel schärfer treffende Auffassung, als die modernsentimentale, welcher die Tonbewegung immer nur Mittel zum Zweck des Ausdrucks von Gefühlen und Stimmungen ist. Der griechische Geist ist in der Kunst vorwiegend plastisch gestimmt; daher wendet er sich mit Vorliebe auch in der Tonkunst deren plastischer Seite zu: der schönen, klar und charaktervoll hinfließenden Tonbewegungslinie, der **Melodie**; während das Element der Farbe, der Harmonie, zurücktritt und selbst heute noch für den Griechen etwas Fremdes und Beunruhigendes hat. Ebenso entspricht dem plastischen, das Ueberschauliche und Faßliche liebenden Sinne die **Einstimmigkeit**; denn die Mehrstimmigkeit stört die Klarheit der Auffassung und erschwert die Leichtigkeit des Verständnisses. Wird mehrstimmig gesungen, so geschieht es in der Weise, daß die beiden Stimmen einander verstärken, also in Octaven; wird eine Gesangstimme

---

1) Aristot. Probl. XIX, 38.
2) Augustin. De Mus. I, 3 »musica est scientia bene movendi«.

von Instrumenten begleitet, so geschieht es wieder der Regel nach im Einklang oder in der Octave, oder, wenn die begleitende Stimme eine Art von zweiter Stimme bildet, so, daß die letztere die erste nur leise umspielt und immer wieder auf sie zurückkommt, sich mit ihr eint, da wo sie sich von ihr trennt, nur die Eigentümlichkeit ihres Tongangs in's Licht stellend. Immer dient die Mehrstimmigkeit, wo sie überhaupt auftritt, dazu, die Melodie mit Klang zu sättigen, die Bewegungslinie derselben zu verstärken, schärfer und nachdrücklicher ihren Bewegungscharakter hervortreten zu lassen, nie aber dazu, eine Melodie harmonisch zu bestimmen, in ihrer Tonart zu charakterisiren, die ihr zu Grund liegende und in ihr verborgene Harmonie herauszustellen. Noch im Mittelalter, da man schon vielfach verflochtene Stimmencombinationen kannte und übte, beurteilte man die Tonart eines solchen contrapunktisch verflochtenen Satzes nicht, wie wir das thun würden, nach der Harmonie, welche die Vielstimmigkeit erzeugt, nach den Accorden, welche die Stimmen bilden, sondern — was noch ächt antik gedacht war — nach der Tonart, welcher die einzelne Melodie angehörte.

Die Schönheit der Musik bestand also dem Griechen ausschließlich in der Klarheit, Reinheit und Bestimmtheit des Klanges und in der Schönheit der rhythmisch wohlgefügten und klanglich wohlgefälligen Aufeinanderfolge der Klänge, der Melodie. Das Gefallen an polyphoner Musik setzt schon eine gewisse Raum-Anschauung in der musikalischen Phantasie voraus; für die Griechen aber ist die Musik ausschließlich eine Kunst der Bewegung in der Zeit: ihre Schönheit beruht ausschließlich im schönen Maß der klingenden Bewegung.

Daher ist auch das Verständniß für die minutiösesten Feinheiten und Unterschiede der melodiösen Tonbewegung in einer Weise ausgebildet, von der wir uns kaum mehr eine Vorstellung machen können. Die Beziehungen der Töne zu einander werden sorgfältig beobachtet, die Bedeutung dieser

Beziehungen für die Aneinanderreihung der Töne zur künst=
lerisch wohlgefälligen Tonfolge wird aufs genaueste bestimmt
und abgewogen; den Bedingungen schöner Melodie wird die
eingehendste Aufmerksamkeit geschenkt und so die Kunst der
Melodiebildung zu einem Grade ausgebildet, welchen dieselbe
in unsrer Zeit entschieden nicht erreicht. Ebenso ist es der
Fall mit der **Rhythmik**: die ganze Erfindungsgabe des
griechischen Musikers wendete sich, neben der Erfindung schöner
Tonfolgen, der Erfindung und Gestaltung mannigfaltiger und
charaktervoller Bewegungsformen oder Rhythmen zu: und es
zeigt die griechische Chormusik darin einen Reichtum, an den
die moderne Rhythmik wiederum nicht hinanreicht.

Zugleich liegt in dieser Plastik der griechischen Tonan=
schauung die Beschränkung der griechischen Tonkunst.

Die Herrlichkeit harmonischen Vollklangs, die Kraft und
Gewalt polyphon aufgebauter Tonmassen, die packende Wirkung
der Modulation im modernen Sinne — das alles blieb dem
griechischen Ohr verborgen: die Musik sollte nicht παϑος erregen,
sondern zum Maße stimmen; sie sollte beruhigen, nicht aufregen,
daher es als Regel galt, **absteigende** Melodieen zu bilden.

Wo die Mehrstimmigkeit Ausnahme war, da konnte auch
die Instrumentalmusik, dieses Schoßkind der modernen Ton=
kunst, nur eine untergeordnete Rolle spielen und nur mäßige
Ausbildung finden. Die beiden Hauptgattungen der In=
strumentalmusik der Griechen, die **Kitharodik** und **Aule=
tik** dienten nur der Vocalmusik: was sie aufführten, war vocal
gedacht und gesetzt, nur Arrangement, nur Gesang auf den
betreffenden Instrumenten. Zur Erfindung von selbständigen
Musikformen hat die Instrumentalmusik weder geführt, noch
beigetragen.

Die griechische Musik ist also ihrem Wesen nach — selbst
dann, wenn sie von Instrumenten selbständig ausgeführt wird
— Vocalmusik, **Gesang**.

Sie ist dies schon nach der ganzen Musikanschauung der

Hellenen. Aristoteles sagt: „Die Musik ist nichts als ein verstärkter Genuß der Poesie; sie hat die Aufgabe, in der Seele des Zuhörers das Gefühl und die Ideen zu wecken, welche geeignet sind, das vollständige Verständniß des poetischen Werkes zu erleichtern. Doch dieses bleibt der Mittelpunkt, um welchen sich alle Elemente der Ausführung gruppiren müssen." Daher ist die Geschichte der antiken Musik mit der Geschichte der antiken Poesie auf's engste verknüpft: der Dichter ist meist zugleich Musiker und Componist; jedenfalls muß der Dichter die genaueste Kenntniß von den Regeln musikalischer Hervorbringung und von den Bedingungen musikalischer Schönheit haben, wie umgekehrt der Musiker mit den Formen der Dichtung auf's genaueste vertraut sein muß. Denn so innig, dem Ephen gleich, der sich um das Gemäuer schlingt, war die Musik mit der Dichtung verbunden, daß die letztere den Rythmus bestimmte. Das antike Versmaß, an welches der Componist schlechthin gebunden war, geht von der Quantität der Silben aus, von deren relativer Dauer; die Beziehungen der Dauer zwischen Längen und Kürzen, die Wahl des Maßes wird durch die Regeln der Metrik bestimmt: die rhythmische Form ist mit den Worten der Dichtung gegeben; der Componist hat nur die rhythmische Form mit Klang zu erfüllen, in melodischem Fluß darzustellen.

Diese enge Verbindung der Musik mit der Poesie, so großartige Wirkungen sie hervorbrachte, hinderte die selbständige Entfaltung der Tonkunst. Die letztere schritt nicht hinaus und konnte nicht hinausschreiten über die Form der nüchternen, rhythmisch charakteristisch bestimmten Liedmelodie.

3. **Grundzüge der Musiklehre.** Gemäß der ganzen musikalischen Anschauung der Griechen fehlt im System der Musiklehre das, was wir „Harmonielehre" nennen, die Lehre von den Accorden, von den Regeln der Stimmführung u. s. w. Die Lehre beschränkt sich auf die Kunst der Melodiebildung. Dieser wird die sorgfältigste Aufmerksamkeit geschenkt,

sie bildet den Mittelpunkt und Schwerpunkt aller theoretischen Betrachtungen: letztere werden nur in Absicht auf sie angestellt; alle, auch die physikalischen Untersuchungen auf dem Gebiet der Klänge werden stets nur auf das Verhältniß der Töne zu einander bei melodischer Tonfolge bezogen: die Lehre vom Klang, vom Intervall, von den Tongeschlechtern, Tonarten, Tongattungen u. s. f. wird somit unter einen ganz anderen Gesichtspunkt gestellt, als heutzutage. Dies ist von vornherein scharf im Auge zu behalten.

Die volle, ausgebildete Musiklehre des Altertums zerfiel in einen theoretischen und in einen praktischen Theil.

Der erstere (θεωρητικόν) gibt die Lehre von den Elementen, welche eine schöne, charaktervolle Melodie zusammensetzen; der letztere (πρακτικόν oder παιδευτικόν) gibt die Anweisung, wie aus diesen Elementen die wirkliche Musik geschaffen werden soll.

Die theoretische Betrachtung faßt die Klänge zunächst nach ihrer natürlichen Beschaffenheit in's Auge, sie erörtert in der ersten Unterabtheilung (als φυσικόν) die mathematischen und physikalischen Verhältnisse der Töne und Klänge (ἀριθμητική und φυσική).

Die zweite Unterabtheilung (τεχνικόν) beschäftigt sich mit den Tonverhältnissen nach deren Höhe (ἁρμονία, Lehre von der Tonfolge?) und Dauer (ῥυθμική), sowie mit der Lehre von den prosodischen Maßen (μετρική).

Der praktische Theil (nach unsern Begriffen die Anleitung zur Composition und Ausübung) behandelt als Compositionslehre d. i. Lehre von der Verwendung der im theoretischen Theil dargestellten Elemente der Melodie die melodische Composition (μελοποιία), die rhythmische Composition (ῥυθμοποιία) und die metrische Composition d. h. die Dichtung (ποίησις) — endlich, als Kunst der Ausführung (ἐξαγγελτικόν) die Kunst des Instrumentenspiels (ὀργανική), des Gesangs (ᾠδική) und der Dramatik (ὑποκριτική).

Schon dieser flüchtige Ueberblick über die Zweige des musikalischen Wissens und die Bedingungen des musikalischen Könnens zeigt, daß die hellenische Kunst, auf dem beschränkten Gebiete, das sie beherrschte, die gründlichste und vielseitigste Forschung und Bildung forderte. Die Erfindung der Melodie war nicht bloß dem freien Ermessen des Musikers anheimgestellt, nicht der zufälligen Eingebung des Genius überlassen, sondern genauen Bedingungen unterworfen, welche sich aus der Aufgabe der Musik ergaben, die Poesie musikalisch zu stylisiren, deren Rhythmus in Klang zu gießen, eine Aufgabe, welche alles zügellose, launenhafte Spiel mit Tönen von vornherein abschnitt und den Musiker anwies, in der engsten Beschränkung den Meister zu zeigen.

Die Natur des Klanges (φθόγγος) ist nach der mathematisch-physikalischen Seite von P y t h a g o r a s festgestellt worden, welcher als der Vater der griechischen Musikwissenschaft bezeichnet werden muß.

Die spätere Theorie, welche von A r i s t o x e n o s vertreten ist, verläßt die rein physikalisch-mathematische Betrachtung und erklärt die Töne als die ein für alle Male gegebenen Stufen, Stationen, auf welchen die auf- oder abwärtsgleitende Tonbewegung Halt mache.

Den theoretischen Betrachtungen wurde folgende (von der christlichen Kirche später übernommene) Tonreihe zu Grunde gelegt: (s. S. 28).

Die Namen sind von den Saiten der Lyra auf die denselben entsprechenden Töne übertragen worden und bezeichnen nicht die absolute Höhe derselben, sondern ihre Stellung in der Leiter (bezw. nach unsren Begriffen Doppelleiter).

Letztere wird gleichfalls anders aufgefaßt, als wir es gewöhnt sind: sie wird nicht als Doppel-Octave angesehen, sondern — gemäß der ganzen Tonanschauung der Griechen — in 4 Tetrachorde zerlegt, wie sie auch geschichtlich durch fortgesetzte Erweiterung der Viertonreihe (bezw. der fünfstufigen

Tonleiter) entstanden ist. Je zwei der Tetrachorde sind in einem Tone „verbunden" d. h. sie haben diesen gemeinschaftlich (e); die beiden verbundenen Doppel-Tetrachorde aber stehen unverbunden nebeneinander. Zu beachten ist, daß dem Griechen unsre „höchsten" Töne die scharfen, unsre „tiefen" „die oberen" sind, gemäß der Anschauung, welche der ganze Orient hatte.

Genaue Untersuchungen wurden den Abständen, den **Intervallen**, gewidmet, welche je zwei Töne der Reihe miteinander bilden (διαστήματα). Dieselben zerfallen nach der Größe (κατὰ μέγεθος) in kleine und in große Intervalle. Zu den ersteren werden gezählt:

der Halbton (ἡμιτόνιον, bei Ptolemäus auch δίεσις),

der Ganzton (τόνος, bei Ptolem. ἐπόγδοος),

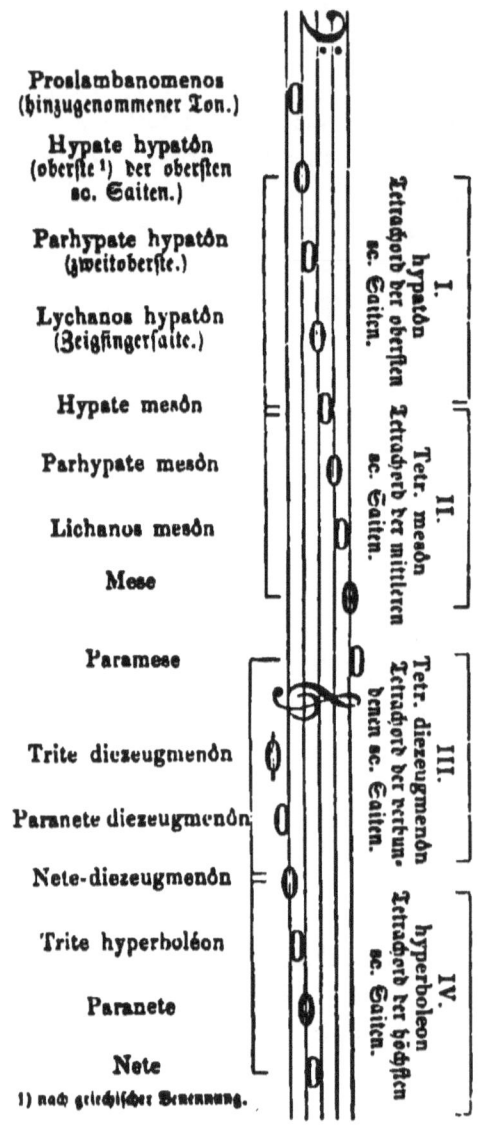

Proslambanomenos (hinzugenommener Ton.)

Hypate hypatôn (oberste[1]) der obersten sc. Saiten.)

Parhypate hypatôn (zweitoberste.)

Lychanos hypatôn (Zeigfingersaite.)

Hypate mesôn

Parhypate mesôn

Lichanos mesôn

Mese

Paramese

Trite diezeugmenôn

Paranete diezeugmenôn

Nete-diezeugmenôn

Trite hyperboléon

Paranete

Nete

I. hypatôn Tetrachord der obersten sc. Saiten.

II. Tetr. mesôn Tetrachord der mittleren sc. Saiten.

III. Tetr. diezeugmenôn Tetrachord der verbundenen sc. Saiten.

IV. hyperboleon Tetrachord der höchsten sc. Saiten.

1) nach griechischer Benennung.

die kleine Terz (τριημιτόνιον),
die große Terz (δίτονον);
zu den großen Intervallen werden gerechnet:
die Quarte (διὰ τεσσάρων, bei Ptolemäus: συλλαβά),
die Quinte (διὰ πέντε   „   „   διοξεῖα),
die Octave (διὰ πασῶν   „   „   ἁρμονία),
die Undecime (διὰ πασῶν cum διὰ τεσσάρων),
die Duodecime (διὰ πασῶν „ διὰ πέντε),
die Doppeloctave (διὰ πασῶν),
kleine Sexte (τετράτονον),
große Sexte („   cum ἡμιτόνιον),
kleine Septime (πεντάτονον),
große Septime („   cum ἡμιτόνιον).

Stellt man zwei Töne verschiedener Höhe zusammen, so können sie entweder eine Mischung (κρᾶσις) eingehen, sich zu Einem Tone verschmelzen, wie Honig und Wein sich zu Einem Getränk mischen läßt; oder sie verhalten sich spröde zu einander, nehmen einander nicht an, gehen keine Mischung ein, so wie Wasser und Oel. Im ersteren Falle bilden sie eine συμφωνία, eine Consonanz, im letzteren Falle bilden sie eine διαφωνία, eine Dissonanz. Der erstere Fall tritt nur ein bei Einklang, Octave, Quinte und Quarte. Demgemäß gelten allein diese Zusammenklänge bei den Griechen als Consonanzen: wir begreifen es; denn sie allein lassen sich zu einer Stimme fügen, ohne die Einheit derselben zu zerstören, die Klarheit ihrer Bewegung zu beeinträchtigen: der Grieche will in der Consonanz die Einheit hören, der moderne Musiker die Zweiheit der Töne, welche durch das schöne Verhältniß zur Einheit verbunden sind, aber doch zwei verschiedene Töne bleiben.

Daß bei der Bestimmung der Verhältnisse von Consonanz und Dissonanz wesentlich nur die Rücksicht auf die melodische Verwendung der Töne maßgebend war, das mag der Umstand beweisen, daß im pythagoräischen System, welches Ptolemäus vertritt, noch innerhalb der σύμφωνοι unterschieden werden ὁμόφωνα, wie Einklang und Octave, und σύμφωνα, wie Quinte und Quarte; innerhalb der διάφωνοι solche, welche sich zu melodischen Schritten eignen (Secunde und Terz) und solche welche sich nicht dazu eignen — ἐμμελῆ und ἐκμελῆ.

Werden mehrere Intervalle zu einer Reihe vereinigt, so bilden sie ein System (σύστημα). Die Systeme oder Tonreihen unterscheiden sich nach dem äußeren Umfang, den sie begrenzen, wie nach der Ordnung der Intervalle, aus welchen sie sich zusammensetzen. An und für sich können eine Unzahl Systeme oder Tonreihen gebildet werden, sofern bei jedem beliebigen Ton der Reihe geschlossen werden kann und die Intervalle in jeder beliebigen Weise geordnet werden können. Die griechische Theorie bildet jedoch nur Quart-, Quint- und Octav-Reihen, gemäß der geschichtlichen Entwicklung der Scala. Es werden nach der Stellung, welche der Halbton unter den Ganztönen einnimmt, zu unterscheiden sein

3 Gattungen (griech. σχήματα) von Quartreihen,
4 " " " " Quintreihen,
7 " " " " Octavreihen.

Dasjenige System, welches aus sämmtlichen Arten oder Gattungen von Systemen zusammengesetzt ist, die oben angeführte, aus 15 Stufen bestehende Tonreihe durch 2 Octaven, nennt die pythagoräische Schule und mit ihr die ganze Theorie das große vollkommene System, nach der Art seiner Zusammensetzung das System der unverbundenen (διεζευγμένων) Saiten genannt.

Von ihm wird das „kleine vollkommene System" unterschieden (σύστημα τέλειον ἔλαττον), in welchem 3 Tetrachorde mit einander verbunden sind, weßhalb es das System der verbundenen (συνημμένων) Saiten heißt. Sofern es in der

unteren Reihe h, in der oberen aber b hat, gestattet es der Melodie, die sich aus seinen Tönen aufbaut, die Modulation ¹).
Aus diesem Grunde wird es auch das Modulationssystem (μεταβολικόν) genannt.

Nimmt man dem großen vollkommenen System das oberste Tetrachord, so entsteht eine 12=Tonreihe ohne besondere auffällige Eigentümlichkeiten (σύστημα διὰ πασῶν καὶ διαπέντε).

Wird das große vollkommene System noch durch Hinzunahme des dem System der verbundenen (συνημμένων) eigentümlichen obersten Tetrachords (b c d) erweitert, oder werden dem verbundenen System die 2 oberen Tetrachorde des unverbundenen angesetzt, so entsteht eine 18=Tonreihe, das σύστημα ἀμετάβολον, welches somit die Verbindung beider Hauptsysteme darstellt.

Von der größten Bedeutung sowohl für die griechische, wie für die moderne abendländische Musik sind die Octaven=systeme: die ἁρμονίαι (nach Heraklitus, Platon, Aristoteles), die εἴδη διὰ πασῶν (nach Ptolemäus und Aristoxenus), nur uneigentlich und mißbräuchlich τόνοι genannt, welcher Ausdruck die später zu nennenden Transpositionsscalen bezeichnet.

Die erste derselben, welche als die national hellenische Octavengattung galt, die dorische, entspricht unsrer abwärts (diatonisch) gesungenen e=moll=Tonleiter:

    1. e f g a h c d e.

Der zweite Typus ist die phrygische Gattung, unserem Ohr wohl die fremdeste, etwa ein dur mit kleiner Septime:

    2. d e f g a h c d.

Die dritte, lydische Octavengattung, entspricht unsrem Dur vollständig:

    3. c d e f g a h c.

Die griechische Anschauung zerlegte die Octave in zwei Tetrachorde oder nach Gaudentius in je eine Quarte und eine Quinte.

---

1) Ptol. II, 6.

In den angeführten Stamm-Harmonieen liegt nach griechischer Anschauung die Quarte unten, die Quinte oben, also

```
e f g a h c d e
  d e f g a h c d
    c d e f g a h c
```

Legt man die Quinte nach unten, die Quarte nach oben, so erhält man folgende drei weitere Gattungen:

4. a h c d e f g a

hypodorisch oder äolisch, ὑποδωριστί oder αἰολιστί.

5. g a h c d e f g

hypophrygisch oder jastisch (jonisch), ἁρμονία ὑποφρυγιστί oder ἰαστί.

6. f g a h c d e f

hypolydisch oder syntonolydisch (ἁ. ὑπυλυδιστί, χαλαρά λυδιστί oder ἀνειμένη λυδιστί).

Hiezu kommt noch als 7te Leiter

7. die mixolydische oder syntono-jastische (μιξολυστί oder συντονο-ἰαστί)

h c d e f g a h

Die Lokrische Octavengattung lautet gleich mit der hypoborischen oder äolischen:

a h c d e f g a

wird aber anders eingetheilt, indem die Quarte unten, die Quinte oben liegt.

Das charakteristische Wesen dieser Octavengattungen liegt in der einer jeden eigentümlichen Ordnung der Intervalle, insbesondere in der Stellung, welche der Halbton im Tetrachord unter den Ganztönen desselben einnimmt.

Der specifisch-melodische Charakter der aus diesen Tonreihen gebildeten Weisen wird ferner dadurch bestimmt, daß die Tonbewegung im Finalton der Tonart zur Ruhe kommen mußte, so daß einer jeden dieser Weisen Tonschlüsse und Tonfälle von bestimmter Physiognomie eigentümlich waren.

Die melodische Eigentümlichkeit wird noch schärfer gekennzeichnet und noch individueller ausgeprägt durch die tonische und harmonische Bedeutung, welche jedesmal der Finalton der Reihe und der ihr zugehörigen Melodie hat. Bei einem so feinsinnigen Volke, wie die Griechen waren, darf zum Voraus angenommen werden, daß sie, trotzdem sie eine ausgebildete Harmonielehre nicht besaßen, dennoch ein feines Gefühl hatten für die harmonische Bestimmtheit ihrer Tonarten. Die Bedeutung der eigentlichen Tonica, wie der Dominante machte sich denn auch wirklich geltend bei der Bildung der Melodien aus den betreffenden Tonarten und es ist speciell das Verhältniß, in welchem der jeweilige Finalton der Weise (man könnte sagen: die melodische Tonica) zu der eigentlichen (der die Leiter harmonisch beherrschenden) Tonica steht, was den Weisen einen bestimmten, individuellen Charakter gibt.

Der Finalton der dorischen Tonart ist e, derjenige der hypodorischen ist a. Durch die dorische, wie durch die hypodorische oder äolische Tonleiter schlägt der Mollaccord a-c-e als der die Leiter bestimmende durch: wenn die Griechen diesen Accord nun auch nicht als Accord gebrauchten, so kehrt er in den dorischen Melodien in gebrochener Form oft wieder, woraus hervorgeht, daß das Gefühl für die centrale Bedeutung der Töne des Grundaccords vorhanden war und instinctmäßig mit feinem Tacte beachtet wurde. Es muß nun der Melodie ein eigentümliches Gepräge des verschwebenden, nicht völlig geschlossenen, geben, wenn sie, wie bei der dorischen Tonart, auf der Dominante (a) zum Schlusse kommt; während in der äolischen oder hypodorischen Tonart der Finalton mit der Tonica zusammenfällt, die Tonbewegung also einen festen, klaren Abschluß bekommt.

In der phrygischen, hypophrygischen und mixolydischen Tonart schlägt der Dur-Charakter durch, und zwar herrscht in allen dreien g als Tonica; wieder begründet die verschiedene

Beziehung des Finaltons zur eigentlichen Tonica (deren Bedeutung sich dem Ohre von selbst ankündigt) den verschiedenen Charakter der drei Weisen, sofern die phrygische die Dominante d, die mixolydische gar die Terz h, nur die hypophrygische die Tonica g zum Finalton hat.

In der lydischen, hypolydischen und syntonolydischen Tonart schlägt F dur durch: die Finaltöne sind wieder in der lydischen die Dominante (c), in der syntonolydischen die Terze (e), in der hypolydischen die Tonica c. — Nach der (allerdings modernen) harmonischen Bestimmtheit angesehen würden die phrygische und lydische (sammt den 4 weiteren Gattungen des hypophrygischen, mixolydischen, hypolydischen und syntonolydischen) zusammenfallen in ein Dur-Geschlecht. Daß den Griechen die harmonische Verwandtschaft, somit also die harmonische Bestimmtheit der Tonarten nicht entgangen ist, bezeugt eine Stelle des Aristoteles, wo berichtet wird, es gebe Musiker, welche nur zwei Tonarten gelten lassen, die dorische (hellenische) und die phrygische (eingeführte), indem sie alle übrigen unter diese beiden subsumiren.

Zur schärferen Ausprägung der eigentümlichen melodisch-harmonischen Physiognomie der Tonart trug die instrumentale Begleitung bei, welche den Finalton, das charakteristisch Unterscheidende in der Richtung der jeweiligen Tonbewegung, dadurch noch hervorhebt, daß sie stets im Finalton mit der Singstimme, sei's im Unisono sei's in der Octave, zusammentreffen muß.

Auf der Wahrnehmung der bestimmten Physiognomie, welche durch die genannten Unterschiede der aus den verschiedenen Octavengattungen gebildeten Weisen bedingt ist, und auf der Wahrnehmung gewisser, dem betreffenden Stamme, dem die Tonart zugeschrieben wurde, eigentümlicher Charakterzüge beruht das, was die Alten über das ἦθος der Tonarten lehrten. Sicherlich trifft das, was von Plato, von Aristoteles über dieses ἦθος, den Charakter, gesagt wird, ebenso, wenn nicht mehr, die thatsächlich den betreffenden Tonarten zugehörigen Weisen und Gattungen, als die Tonarten selbst.

So gilt dorisch für ernst, männlich, würdevoll, kriegerisch, vornehm, beruhigend — ganz entsprechend dem hervorstechenden Wesen des dorischen Stammes; phrygisch gilt für bachantisch, aufregend, leidenschaftlich, ekstatisch; lydisch für anmutig, jugendfrisch, beweglich und sanft anschmiegend; dem Hypodorischen wird der Charakter des Stolzes und des Hochmuts, aber ebenso der des Freien und Geraden, Kernfesten (Aristoteles) zugeschrieben, dem Hypophrygischen der Charakter des trocken Nüchternen, aber auch des Eleganten; in dem Hypolydischen wird ein wollüstiges, berauschendes Wesen, im Mixolydischen wird der Ausdruck des Klagenden und Zärtlichen, des Tiefleidenschaftlichen und Gepreßten, aber auch des Gedrungenen, Markigen gefunden. —

Stellen die ἁρμονίαι die verschiedenen Tonarten dar, ganz abgesehen von der absoluten Tonhöhe, so beziehen sich die „τόνοι", wie schon der Name anzeigt, auf die Tonhöhe, sie bezeichnen die Transpositions-Scalen; entsprechen die ἁρμονίαι unsrem Dur und Moll, so entsprechen die τόνοι unserem Cdur, Desdur, Ddur, Disdur u. s. f. Cmoll, Desmoll, Dmoll, Dissmoll etc. Dies ist trotz der Verwirrung, welche die späteren Musikschriftsteller durch den willkührlichen Gebrauch des Wortes τόνος angerichtet haben, immer festzuhalten. Ursprünglich gab es nur 3 τόνοι, den dorischen, phrygischen, lydischen, später 5, dann 7 (seit Damon)[1]; noch später 13 (seit Aristoxenos), endlich 15 (seit Aristides)[1].

Die Tonarten, beließ man sie auf ihren Stammtönen, giengen durch verschiedene Tonregionen. Nun aber ist der Umfang der menschlichen Stimme ein ziemlich beschränkter; die den beiden Timbres der Männerstimme, dem Tenor und Baß gemeinsame, leicht zugängliche, die Anmut der Stimme

---

[1] s. u.

zur Geltung bringende Tonlage ist etwa f — f'. Da nun alle Chöre von Männerstimmen ausgeführt wurden, so lag das Bedürfniß vor, alle Tonarten, zunächst diejenigen, die man am häufigsten gebrauchte (dorisch, phrygisch, lydisch), in die für den Gesang günstige Tonlage zu versetzen, also etwa nach f als Ausgangspunkt. Die dorische Leiter in Stammtönen ist
$$e\ \tfrac{1}{2}\ f\ {}^1g\ {}^1a\ {}^1h\ \tfrac{1}{2}\ c\ {}^1d\ {}^1e;$$
diese nach f versetzt lautet:
$$f\ \tfrac{1}{2}\ ges\ {}^1as\ {}^1b\ {}^1c\ \tfrac{1}{2}\ des\ \tfrac{1}{2}\ es\ f.$$
Diese Leiter aber fällt zusammen mit dem dorischen τόνος, d. h. der auf b mit der Vorzeichnung von ♭♭♭♭♭ aufgebauten Scala

b c des es f ges as b c des es f ges as b.

So erklärt es sich, daß derjenige τόνος der dorische, phrygische, lydische u. s. f. genannt wird, welcher diejenige Vorzeichnung hat, die der von f ausgehenden Scala gegeben werden muß, damit sie die dorische, phrygische oder lydische Tonart darstelle; oder: im dorischen, phrygischen, lydischen u. s. f. τόνος muß sich je die gleichnamige Tonart (ἁρμονία) von f aus finden. — Für den Chorgesang genügten die sieben τόνοι; erst die selbständige Ausbildung der Instrumentalvirtuosität und die Consequenz der Theorie führten dazu, auf **jedem Halbton** der chromatisch getheilten Octave die Tonleiter des oben angegebenen vollkommenen Systems zu errichten (S. 28). —

Das ganze Gebiet der Töne zerfiel den Griechen in 3 **Regionen** (τόποι) von je einer Octave.

Der Umfang der menschlichen Stimme wurde nemlich auf 2 Octaven berechnet (B—b') und in 3, beziehungsweise 4 Regionen eingetheilt:

1) τ. ὑπατοειδής, unsrem Baß (B_1—a) entsprechend,
2) τ. μεσοειδής, „ Bariton (G—d) „
3) τ. νητοειδής, „ Tenor (es—b) „
4) bei einzelnen noch τ. ὑπερβολαιοειδής, was über b hinausragt, also unser Discant, bezw. Sopran. —

Allen bisherigen Betrachtungen liegt das **diatonische** Tetrachord zu Grunde. Es kann nun aber der Raum zwischen Grundton und Quarte auch anders ausgefüllt werden als durch die Stufen des Halbtons und der 2 Ganztöne. Die Verschiedenheit in der Ausfüllung des Quartraums bei feststehendem Grundton und Quartton (welche deßhalb die ἑστῶτες heißen) begründet den Unterschied der „**Geschlechter**" (γένη). Haben die zwischenliegenden (beweglichen, κινούμενοι) Töne die normale, die Maximalspannung, so ist das Tetrachord das **diatonische** (gespannte, von διατείνω), z. B.

    h c d e.

Stimmt man aber den Ton d um einen halben Ton nach der Tiefe (cis oder des), so daß er mit dem vierten Ton das Intervall einer kleinen Terz bildet, so erhalten wir das Tetrachord

    h c cis — e

das **chromatische**.

Stimmt man den Ton d nach c, so daß er mit e eine große Terz bildet, so ergibt sich das ältere Tetrachord des Olympos

    h . $\tfrac{1}{4}$. $\tfrac{1}{4}$ c — e

welches zum **enarmonischen** wird, indem der halbe Ton h c noch einmal in zwei Viertelstöne getheilt wird.

Auch diesen Geschlechtern, die wir uns wohl als melodische Vortragsweisen denken müssen, die mitten in einer und derselben Composition, also als Schattirung der Haupttonart, gebraucht wurden, schrieb man einen bestimmten Charakter zu. Theon von Smyrna nennt das diatonische Geschlecht männlich, das chromatische klagend und pathetisch, das enarmonische mystisch und künstlich; dies letztere schloß sich nur an die phrygische Tonart, das chromatische an die phrygische und lydische an. Beide Geschlechter, das chromatische und enarmonische, waren von der älteren Tragödie ausgeschlossen.

Einen Beweis von der Feinheit des griechischen Gehörs, welches auch die kleinsten Nuancen der Tonfortschreitung beachtet, bietet die Unterscheidung der sogenannten χροαί oder Farben d. i. Intonationsnuancen, welche auf der Unterscheidung des großen Ganztons ($\frac{8}{9}$), des kleinen Ganztons ($\frac{9}{10}$) und des übermäßigen Ganztons ($\frac{7}{8}$) innerhalb des diatonischen Geschlechts, und auf noch minutiöseren Unterscheidungen beim chromatischen Geschlecht beruhen, während das enarmonische Geschlecht keine χροαί mehr zuläßt. Stimmt man nemlich im diatonischen Geschlecht die Terz nach dem Verhältniß von $\frac{4}{5}$, so besteht sie aus den Intervallen des großen und des kleinen Ganztons: dies ist die regelmäßige Gestalt des diatonischen Geschlechts, das Syntonon diatonos (praktisch freilich selten oder nie gebraucht); enthält die Aufeinanderfolge der drei Ganztöne das Intervall eines übermäßigen Ganztons (ἐκβολή), so entsteht, wenn zuerst das Intervall des übermäßigen, dann das des entsprechend kleineren Ganztons genommen wird, das Diatonon tonaion (die bei den Griechen beliebteste Nuance der Tonfolge innerhalb der Terz), im umgekehrten Falle das Diatonon malakon. —

Auf die Lehre von den Elementen der Musik folgt die Lehre von der musikalischen Composition, die μελοποιία, d. h. die Kunst, das μέλος zusammenzufügen, die Klänge in eine wohlgefällige Folge zu ordnen. Die μελοποιία zerfällt wieder in drei Theile, die λέψις (Wahl der Tonregion, des τόπος), durch welche der Styl, die Haltung des Tonstücks bestimmt wird; die μίξις d. h. die Mischung oder kunstmäßige Vereinigung der Klänge, Geschlechter, Harmonien, Tonoi und Topoi, und endlich die χρῆσις d. i. die Kunst der Stimmführung. Bei der letzteren ist festzuhalten, daß es sich in der hellenischen Tonkunst ausschließlich um Homophonie handelt, und daß die Lehre von der Stimmführung alle erdenklichen Arten und Formen der melodischen Bewegung erörtert und charakterisirt. Ebenso ist bei der Modulation (μεταβολή) nicht an das zu denken, was wir unter Modulation verstehen, sofern ja der Begriff der Tonalität, d. h. der einem Musikstück zu Grunde

liegenden, dasselbe beherrschenden, durch die Formel des Grund=
accords bestimmbaren tonalen Einheit bei den Griechen nicht
ausgebildet war und jedenfalls in ihrer Theorie keine Rolle
spielte. Es handelt sich bei der Metabole um den Uebergang
entweder aus einem System in's andre, also z. B. aus dem
dorischen in's lydische; oder aus einem Geschlecht in's andre,
z. B. aus dem chromatischen in's enarmonische u. s. f., oder
von einem τόνος in den andern oder von einem τόπος in den
andern.

Die Melodie war, jedenfalls was den Gesang betrifft,
einstimmig, beziehungsweise durch die Octave verstärkt.

Die Instrumentalbegleitung dagegen konnte entweder die
Melodie mitspielen, dieselbe mit Klang sättigend und ihre
Tonkraft verstärkend (πρόςχορδα κρούειν), oder sie konnte zu
der Singstimme eine Gegenstimme bilden (freilich nur in be=
schränktem Maße) (ὑπὸ τὴν ᾠδὴν κρούειν). Männer wie
Plato wollten beim Unterricht der Jugend nur die erste Art
die zweite, das Princip der Homophonie durchbrechende, nur
den Künstlern gestatten. Bei der zweiten Art der Beglei=
tung durfte, wie auch im reinen Instrumentalvortrag, also
etwa im Vorspiel zum Gesang (προαύλιον oder προνόμιον)
oder im Zwischenspiel (κρούμα), nicht bloß die Consonanz,
sondern auch die Dissonanz zur Verwendung kommen (nach=
weislich die Octave, Quinte, Quarte, Terz, Secunde). Mehr
als zweistimmig war die griechische Musik nie; mögen wir
uns die begleitende Stimme also auch als eine wirkliche (reale),
vielleicht durch Figuration bereicherte und belebte Stimme
denken, mögen wir annehmen, daß jede Tonart ihre charakte=
ristischen Cadenzen und Lieblingswendungen in der Stimmen=
bewegung besaß — so war und blieb die griechische Poly=
phonie doch immer nur accentuirte Melodie — die griechische
Musik war und blieb Homophonie: die Hauptsache war die
melodische Zeichnung — die harmonischen Accente sollten die=
selbe nur beleben und mit Klang sättigen.

Eben darum wurde nun auch dem anderen Elemente, welches neben der Tonbewegung einer Melodie die bezeichnende und sprechende Physiognomie verleiht, dem Elemente des Rhythmus, eine ungleich größere Aufmerksamkeit geschenkt, als der Harmonielehre, welche bei der Lehre von den Consonanzen und Dissonanzen stehen blieb.

Die musikalische Rhythmik war schlechthin an die Metrik (Prosodie) gebunden. Erst die spätere Schule (die Schule des Aristoxenos) trennte die musikalische Rhythmik von der Metrik. Alle Musik war ja bei den Griechen wesentlich Vocalmusik: die Instrumentalformen (Nomen) waren für die betreffenden Instrumente arrangirte Gesänge, oder, wenn sie auch für die Instrumente ausdrücklich componirt waren, im Geist der Vocalmusik erfunden. Die Poesie gab den Rhythmus her: die Notenwerte hatten sich nach den prosodischen Maßen zu richten. Der Rhythmus ist das männlich-active, die Melodie (ἁρμονία) das weiblich-passive Element: der Rhythmus ist es, welcher Wortmaß, Ton und Gebärde zu Einem vereint: alle drei haben ihm sich zu unterwerfen.

Demgemäß ist die Gliederung des einzelnen Tactes eine viel weniger mannigfaltige, als bei uns: die Prosodie kennt ja im allgemeinen nur die zweizeitige Länge und die einzeitige Kürze. So setzen sich alle Combinationen des Tacts aus der Kürze und Länge zusammen; nur selten sind drei- und vierzeitige Längen; das nach dem Tempo (ἀγωγή) verschiedene, also kein absolutes Zeitmaß darstellende Tactmaß, die allen Tactcombinationen zu Grund liegende Einheit ist die Kürze (χρόνος πρῶτος), nach unsrem System etwa die Achtelnote; — zwei solcher bilden den χρόνος δίσημος, drei den χρόνος τρίσημος; vier den χρόνος τετράσημος; außerdem gibt es irrationale Notenwerte, welche sich aus einer Kürze und einem Bruchtheil derselben bilden. Die Pausen (χρόνοι κενοί) gliedern sich wie die Noten.

Mehrere Zeiten bilden ein Tactgeschlecht, wenn ihre

Reihe ein rhythmisches Bild, eine rhythmische Figur darstellt, welche sich dem Gehör leicht faßlich aufdrängt: sie müssen aus Gruppen von 2, 3 oder 5 Kürzen bestehen, oder sich auf solche zurückführen lassen; der Tact muß aus Thesis und Arsis bestehen, wodurch er eine rhythmische Einheit bildet: im gerabtheiligen Tact entspricht die Thesis unsrem guten, die Arsis unsrem schlechten Tacttheil; im dreitheiligen Tact fällt der Accent der Thesis auf die erste und dritte, so daß der $\frac{3}{4}$Tact nicht, wie bei uns, mit 3, sondern mit 2 Schlägen tactirt wird.

Es erhält demnach

der $\frac{2}{4}$-Tact (= 4 Kürzen) 2 Auf- 2 Niederschläge,
  „ $\frac{3}{8}$ „ (= 3 „ 2 „ 1 „
  „ $\frac{3}{4}$ „ (= 6 „ 4 „ 2 „
  „ $\frac{5}{8}$ „ (= 5 „ 3 „ 2 „

Nicht nothwendig muß die Thesis auf die guten Tacttheile fallen, z. B. im Jambus, im Anapäst beginnt der Tact mit dem Auftact.

Die Gebundenheit an die Fesseln der Prosodie bewahrte der griechischen Melodie eine relative Einfachheit und Plastik in der Gliederung des Tactes: aber um so reicher und mannigfaltiger war die Tactgruppirung, nach unsrer Benennung die Satz- und Periodengliederung, sofern die in sich selbst einfachen Tacte die mannigfaltigste Combination zuließen. Eine geordnete Reihe von Tacten hieß Kolon (entsprechend unsrem Satz): die Kola werden zu Perioden erweitert, entweder, indem zwei Sätze von gleichem Umfang aneinandergefügt werden (stichische Periode); oder indem derselbe Satz wiederholt (palinodische Periode), oder dem ersten Satz dessen rhythmische Umkehrung gegenübergestellt (antithetische Periode) oder zwischen die umgekehrten Sätze ein Zwischenspiel gestellt wird (mesodische Periode).

Die Perioden bilden sich weiter zu Systemen. Die Systeme sind strophische, wenn derselbe Rhythmus mit anderen Worten sich wiederholt (wie bei unsrem strophischen

Liebe) oder kommatische, wenn der Text durchcomponirt ist, wie dies in dem dramatischen Einzelvortrag (Monodie) der Fall war, während der Chorgesang des Dramas dem System der strophischen Form angehört, welches wiederum entweder **monostrophisch** war d. h. wie unser Strophenlied nur Eine rhythmische Strophe enthielt, oder aber **perikopisch**, d. h. ganze Systemgruppen als Strophe behandelte und wiederholte. Die Perikope ist eine **syzygische**, wenn sie aus Paaren von Strophen desselben Schema's besteht, also z. B. je einer Strophe einer Antistrophe entspricht; sie heißt eine **epodische** Perikope, wenn unter drei Strophen sich je zwei entsprechen, also z. B. in dem Schema:

I. A.   A.   B.   II. A.   A.   B.
Strophe. Antistrophe. Epodos.   Strophe. Antistrophe. Epodos.

Der enge Anschluß des musikalischen an den poetischen Rhythmus verschmolz Text und Melodie aufs innigste mit einander: das Ganze war weder bloß Musik, noch bloß Poesie: es war Gesang, es war musikalisch stylisirte Poesie: in dieser Einheit und Verbundenheit des sprachlichen und des musikalischen Elements liegt das Geheimniß der packenden Energie und des hinnehmenden Zaubers der griechischen Tonkunst; alles, was die Griechen von der wunderbaren Wirkung derselben auf das Gemüt rühmen, bezieht sich ja nicht auf die Musik an sich, das Kind der Romantik, sondern auf die in plastisch wohlgefälliger, rhythmisch charaktervoller Melodie einherschwebende Poesie. Der Grieche wollte nicht „in Tönen dichten", sondern durch Klang den Vortrag der Poesie idealisiren; er wollte nicht die Worte „in Tönen auflösen", sondern durch die Wirkung des μέλος den Eindruck der Dichtung verstärken.

4) **Ueberblick über die Geschichte der griechischen Musik.** — Die Geschichte der griechischen Musik zerfällt in zwei Epochen, eine Epoche der musikalischen Production und eine Epoche der Reproduction; die erstere umfaßt die in das

Dunkel des Mythus gehüllten Anfänge der griechischen Musik (etwa bis auf 676 v. Chr.); sodann die Zeit der Entstehung und Entwicklung der Hauptgattungen und Hauptstyle nationaler hellenischer Tonkunst von Terpander bis auf Pindar; ferner die classische Periode der griechischen Musik, eingeleitet mit Pindar, dem Palestrina der Griechen, beherrscht von den großen Tragikern; endlich die Periode der Virtuosität, welche den Nachlaß der musikalischen Erfindungskraft darin verräth, daß der Technik einseitige Ausbildung zu Theil wird, etwa vom Beginn des peloponnesischen Kriegs bis zum Untergang der hellenischen Freiheit in der Schlacht bei Chäronda (330—338).

Die zweite Epoche — die Zeit der Reflexion — zeigt neben einseitiger Pflege der Theorie den zunehmenden Zerfall der musikalischen Praxis. Am Eingang der Periode steht Aristoxenos, der große Theoretiker, der, wiewohl von Heimweh nach der alten classischen Kunst erfüllt, selbst schon den Verfall einleitet.

Mit dem Beginn des römischen Kaiserthums wird die Musik der Griechen die Modekunst Roms; mit dem Untergang des weströmischen Reiches geht ihre Praxis, soweit nicht die Kirche sie fortgepflanzt hat, vollends verloren.

I. Epoche.

A. Mythische Anfänge.

Die älteste Epoche der griechischen Geschichte, die Zeit der pelasgischen Cultur, weiß von Musik nichts, wie überhaupt die Pelasger noch kein Kunstleben entfalteten.

Die Anfänge eines solchen finden sich erst in dem Heroenzeitalter. Doch trägt die Kunstübung vorherrschend naiven Charakter. Der Sänger, dessen Instrument die Kithara ist, preist im Heldenliede die Thaten der Götter und Heroen: hochwillkommen ist er in den Hallen der Könige. Die Heimat der antiken Troubadours ist Thracien, woher die **pierischen Aöden** stammen. Freilich spielte bei ihnen die Musik eine untergeordnete Rolle; ihr Vortrag war eine zwischen Rede und Gesang schwebende, durch die Klänge der Kithara nur eingeleitete und nur leicht accentuirte Recitation.

Die älteste Kunst knüpfte an die Religion an. Die ältesten Formen stellen ohne Zweifel jene Lieder dar, welche sich auf die Jahreszeiten und ihre Phänomene beziehen und die durch dieselben angeregten Empfindungen in schlichter Weise aussprechen: **Schnitterlieder** (so der phrygische Lityerses), **Winzerlieder** (so der Linos, das Trauerlied des Herbstes). Die Mittelpunkte für die musikalische Production wie für die Tradition der Weisen bildeten die **Heiligtümer**. So ist Delphi, das Heiligtum des Apollocults, die Heimat der Jungfrauenchöre (Parthenien), deren Erfindung dem **Philammon** zugeschrieben wird. Mit dem Cultus der Demeter verknüpft die Sage die Namen der **Eumolpiden**, des **Pamphos**, des Erfinders des Linosgesangs, sowie der sagenumsponnenen Sänger **Orpheus** und **Musäus**; mit dem Cult der Cybele, der Corybanten die Namen des **Marsias, Olympos, Hyagnis** u. a. Tragen doch die zwei Hauptgattungen griechischer Musik, die apollinische und die dionysische, die Namen der Götter Apollo und Dionysos. Nur die erstere gilt für die ächt griechische, wahrhaft edle, den Geist zu Ruhe und Maß stimmende Tonkunst; die dionysische Gattung entbehrt der Ruhe und des Maßes; sie ist aufregend und wirkt erschlaffend, sie stammt, wie das Instrument, das sie vertritt, die Flöte, von den Barbaren und steht in der Schätzung der Griechen weit hinter der apollinischen Musik, deren Instrument die κιθάρα ist, zurück.

Die alte Zeit kennt **Päane** (theils Lieder der Hoffnung und des Vertrauens, theils Lieder des Dankes für Sieg und Errettung), **Hymenäen** (Hochzeitlieder), **Trinklieder** (κῶμοι), **Serenaden** (παρακλαυσίθυραι) und die **Todtenklage** (θρῆνος).

Beim Tanze sang der Chor das Tanzlied („χορός"), ohne selbst mitzutanzen. Die Melodie wurde von den begleitenden Instrumenten (beim κῶμος der Flöte, sonst der Kithara) entweder mitgespielt, oder nur durch einzelne Saitentöne accentuirt.

B. Die Ausbildung der griechischen Musik.

Das Jahr 1000 bezeichnet im Leben der griechischen Nation einen Wendepunkt. Die Stämme, in der dorischen Wanderung durcheinander geschüttelt, consolidiren sich; an ihre Spitze tritt der dorische Stamm, der zuerst auch in der Musik die Führung übernimmt, und derselben die Eigentümlichkeit dorischen Wesens aufprägt, das hauptsächlich in gemessenem, fast rauhem Ernst, strenger Zusammengefaßtheit und würdevoller Haltung, und, was die Kunst betrifft, in einem starken Hängen am Einmal Gegebenen, in einem starken Conservatismus besteht. Schon die Wirren der dorischen Wanderung hatten die Sänger genöthigt, in Gilden zusammenzutreten, sollten anders die gottesdienstlichen Hymnen erhalten und der nationale Cultus nicht alterirt werden (Kreophyliden auf Samos, Eunomiden in Athen, Homeriden auf Chios). So erhält die Tonkunst, im engsten Zusammenhange mit der Dichtung, kunstmäßige Pflege und eine gesicherte Tradition.

Den vollsten Ausdruck und die belebendste Kräftigung fand das Nationalbewußtsein in den Festspielen. Die Stellung und Bedeutung, welche dabei der Tonkunst eingeräumt wurde, verlieh dieser den Adel einer nationalen, das Geistesleben der Nation mitconstituirenden Kunst. Zwar war es mehr der ethische und politische Gesichtspunkt, welcher den Wert der Musik bestimmte: (so trat sie in Olympia wesentlich als Element des Gottesdiensts oder der kriegerischen Uebung auf und auch bei den pythischen Spielen, ebenso bei den delischen, den Panathenäen ꝛc., welche den musischen Wettkämpfen in erster Linie galten, entschied doch weniger der ästhetisch-musikalische, als der poetische Gesichtspunkt), aber sofern dem hellenischen Bewußtsein das ethisch Gute, welches die Musik in ihrer Weise realisiren soll, identisch ist mit dem Schönen, ist das der Tonkunst eigenste Gesetz des Maßes und der reinen Schönheit zum allgemeinen Gesetz des Guten gemacht und in den Mittelpunkt des geistigen Lebens gestellt.

Die durch die Spiele geweihten Instrumente sind die als das heilige Instrument Apollo's geltende Lyra, und die im engsten Zusammenhang mit den kriegerischen Uebungen stehenden Flöten- und Trompeten-Instrumente. Daher bildete die griechische Musik zwei Hauptgattungen von Instrumentalmusik aus: die der Kitharodie und Aulodie. Die Kitharodie war Gegenstand des Wettkampfes bei den karnäischen Spielen zu Sparta, die Aulodie bei den pythischen Spielen zu Delphi.

Als der Begründer des spartanischen Musikwesens und damit der griechischen Musik als einer eigentlichen Kunst gilt Terpander von Lesbos, welcher etwa um 676 zu Sparta wirkte als der „Gesetzgeber und Begründer der Musik", wie ihn Plutarch nennt. Er faßte die überall zerstreut liegenden Elemente zuerst zu einem Ganzen zusammen, das nunmehr auf lange hinaus seines Geistes Züge bewahrte.

Nach Plutarch stellte er für den kitharodischen Nomos die wesentliche Form fest; er sammelte und sichtete die alten Cultusgesänge und suchte durch eine Art Notation dieselben vor den Entstellungen durch die bloße mündliche Tradition zu sichern. Außerdem sammelte er eine Reihe äolischer Weisen (Nomen), die sein Geschlecht, das seine Anfänge aus der Heimat des Gesanges, aus Böotien ableitete, bewahrt hatte.

Die 5stufige Scala, welche den Volksweisen der Griechen, wie denen aller Völker zu Grunde lag, erweiterte er zur 7stufigen,

   e f g b c d e
(Terpander's Heptachord).

Die dorische Lyrik ist wesentlich Chorlyrik, ernsten, ob=

jectiven Charakters; in unsrer Weise ausgedrückt vertritt also Terpander den strengen, religiösen Styl.

Terpander's Zeitgenosse ist Archilochus, der dem bisher der Volksweise zugehörigen jambischen Rhythmus künstlerische Geltung verschaffte; außerdem nennt die Geschichte Klonas von Tegea, den Componisten aulobischer Nomen von strengem, ernstem Rythmus und Charakter.

Den bedeutendsten Einfluß auf das griechische Musikwesen gewann außer Terpander der Phrygier Olympos. Mit ihm erhielt die phrygische Weise, welcher ein leidenschaftlich schwärmerischer Charakter eignete, in der Musikwelt Geltung. Wie Terpander die Kitharodie vertrat, so vertrat Olympos das Flötenspiel, mit welchem die Melodik größere Freiheit gewann. Olympos brachte die phrygische Tonart nach Sparta, führte das überaus schwierige, aber den Ausdruck des Leidenschaftlichen steigernde enarmonische Geschlecht ein; in rhythmischer Hinsicht gilt er als der Erfinder des päonischen und jonischen Rhythmus ($5/4$ und $3/4$). Außerdem wirkte er durch Erfindung von rhythmisch reichgegliederten Nomen (so des Harmatios-Nomos) und endlich durch Schüler, unter denen besonders Hierax und Krates genannt werden.

Vertritt so Olympos mehr den pathetischen Styl, so tritt Thaletas, aus Kreta gebürtig, halb Priester, halb Künstler, wieder mehr in die Spuren Terpander's. Er war nach Sparta gerufen worden, um das durch Unruhen zerrüttete Gemeinwesen zum Frieden und zu heiterer Ruhe zurückzuführen. Sein Werk ist die Vervollkommnung der von Terpander eingerichteten Musikordnung. Er führte in den Chorgesang den Kretikus ein, bildete das Hyporchem (Tanzlied) kunstmäßig aus, wie er schon von Kreta aus, der Cultusstätte des kretischen Zeus, die Liebe zu lebhafterer Orchestik mitbrachte; ihm wird die Einrichtung der Gymnopädieen zugeschrieben.

Um Thaletas (c. 670—640 v. Chr.) gruppiren sich die Namen von Xenodamos, Xenokritos, Polymnastos,

Sakadas und Tyrtäos, des kriegerischen Sängers der lakedämonischen Jugend, dem die Erfindung des anapästischen Rhythmus zugeschrieben wird.

An Archilochus' leichtbeschwingte Weise schließen sich die Namen des Alkäus und der Sappho, der Schöpfer des graciösen lesbischen Liedes, an.

Die dorische Chorlyrik führen Alkman (der Erfinder der entwickelten Strophe) und Stesichorus, welcher die perikopische Form von 3 Systemen schuf, der classischen Vollendung entgegen, in welcher sie zunächst von Pindar, geb. 532 v. Chr., vertreten ist.

Neben der ernsten Chorlyrik und dem graziösen weltlichen Lied der äolischen Sänger entwickelte sich in dieser Zeit noch eine dritte Gattung: der Dithyramb; Arion von Lesbos, der größte Kitharöde seiner Zeit und Schüler Alkman's, übertrug das schöne Lied des Dionysus, das ursprünglich ein die freudige Begeisterung des Dionysoscults feiernder Rundgesang war, einem geübten Chore: er drückte der Gattung das Gepräge künstlerischen Ernstes und hoher Würde auf, indem er den „τραγικὸς τρόπος" einführte, an die Stelle der leidenschaftlich rauschenden Flötenbegleitung die der Kitharen setzte und so das Genre zur förmlichen Kunstgattung erhob. Von Korinth, wo Arion unter Periander's Herrschaft blühte, kam diese Gattung nach Sycione und Athen.

C. Classische Periode.

Mit dem Sturz der Pissistratiten wird Athen der Mittelpunkt des griechischen Kunstlebens und insbesondere der Musik.

Die dorische Chorlyrik, bisher das mit Vorliebe gepflegte Genre, von Pindar und Simonides zu classischer Vollendung gebracht, tritt nach den Perserkriegen hinter der schwungvolleren Gattung des Dithyrambus zurück, welche überdies dem beweglichen und allem Neuen zugewandten Sinne der Athener besser entsprach, als die objective dorische Weise und Form.

Der musikalischen Praxis geht nunmehr die Ausbildung der Theorie zur Seite. Schon **Pythagoras** (geb. 680) hatte die Tonverhältnisse zum Gegenstand wissenschaftlicher Forschung gemacht und so der Musiklehre eine feste, wissenschaftliche Grundlage gegeben; zugleich hatte er Terpander's Heptachord zum Octochord, die 7stufige Scala zur Octave vervollständigt, die Notenschrift verbessert und noch andre Fortschritte angebahnt. Unter dem Einfluß der pythagoräischen Schule entfaltete **Lasus** von Hermione seine umfassende theoretische Wirksamkeit: er gilt geradezu als der Begründer der musikalischen Theorie im engeren Sinne. Schon vor ihm wird als Theoretiker **Pythokles** (c. 520), neben ihm (c. 500) **Agathokles** und **Midas** genannt; beide letzteren waren die Lehrer von **Lamprokles**, dem Lehrer des **Sophokles** und **Damon** (c. 450). Letzterer wurde wieder der Lehrer **Drakon**'s (c. 425), von welchem **Plato** in die Tonkunst eingeführt wurde. Rühmlich genannt wird der Lehrer des Alkibiades **Pronomos** von Theben und der zweite Lehrer Plato's **Metellus** von Agrigent. Es charakterisirt diese ganze Periode, daß die Kitharodie — wie die dorische Chorlyrik — zurücktrat und die Aulodie in der Vorliebe des Volkes den Vorrang gewann.

Die Weiterentwicklung der Kunst schloß sich an die Form des Dithyrambus an und zwar in doppelter Richtung.

Einerseits wurde das musikalisch-lyrische Element der Gattung entwickelt von **Lasus** von Hermione (c. 500); er bereicherte die Instrumentation der Chöre, ordnete die rhythmische Gliederung und war selbst als Componist gefeiert. Mit ihm wetteiferte in der Composition und Dichtung von (Chor-)Dithyramben **Pratinas** von Phlius; ebenso vertraten diese Gattung **Lamprokles**, **Simonides** und Lasus' Schüler

Pindar (geb. 522 v. Chr.); zugleich der classische Vertreter der dorischen Lyrik.

Auf der andern Seite werden die in der dithyrambischen Gattung liegenden dramatischen Elemente entwickelt und ihnen der Chor allmählich untergeordnet. Schon vor Thespis war es Sitte, daß bei den Lenäen ein Einzelner die Ereignisse vom Altar herab recitirte, welche den Chor zur Aeußerung anregten. Thespis übertrug den Vortrag ausdrücklich an einen Schauspieler, den ὑποκριτής (536), welcher sich mit den Chorführern in Beziehung setzte, unter verschiedenen Masken auftrat und so schon dramatisches Leben in das Ganze brachte. Phrynichos (476) begünstigte vorwiegend das lyrische Element und machte sich hauptsächlich um die Ausbildung der Orchestik verdient. Seine lieblichen Melodien waren noch während des peloponnesischen Krieges bei den älteren Leuten beliebt. Chorilos (c. 524) ist der Schöpfer des Satyrspiels („παίζουσα τραγῳδία"), das etwa unsrem Singspiel analog sein dürfte. Mit Aeschylus (526—456) steht die griechische Tragödie als das großartige Kunstwerk fertig da, welches alle bisherigen Elemente: Chorgesang und Monodie, Dichtung, Poesie und Orchestik zu einheitlicher Wirkung verband. Er fügte den zweiten Schauspieler, Sophokles den dritten hinzu.

Das Wesen der griechischen Tragödie, welche dem Ideal des modernen lyrischen Dramas in mehr als Einer Hinsicht verwandt ist, bestimmt in concifer Weise Aristoteles: „Die Tragödie ist die Darstellung einer ernsten, abgeschlossenen Handlung, von einer gewissen Großartigkeit, welche durch Mitleid und Furcht die Reinigung dieser und ähnlicher Affecte vollbringt." Gemäß ihrem Ursprung als dramatisirter Dionysoscultus trägt die Tragödie von Anfang an das Gepräge hohen Ernstes, hoher Idealität. Es ist daher begreiflich, daß nicht die individuellen Leidenschaften und Erlebnisse des bunten wirklichen Lebens ihren Gegenstand bilden konnten, sondern daß es in ihr sich nur um die höchsten und heiligsten Probleme handeln durfte, deren Lösung in dem Cultus gesucht oder dargestellt wird. Die Doppelseitigkeit des Dionysos-Mythus, in welchem höchste Freude und tiefstes Leiden sich räthselvoll vereinte, gab dem Chor Anlaß genug zum Aussprechen der tiefsten Gedanken. War es doch nicht die äußere Begebenheit des Mythus selbst, was den Hörer im innersten ergriff, sondern der geistige Kern; nicht eine objective Göttergeschichte, welche etwa zur Unterhaltung vorgespielt wird, bildete den Inhalt, sondern das in dem Rahmen der mythischen Begebenheit ausgesprochene tragische Geschick, in welchem der Hörer ahnend das Räthsel erkennt, das dem Menschenleben selbst zu Grunde liegt. In der Göttersage wird der allgemein menschliche Gehalt ergriffen und festgehalten. Daher werden außer dem Gott Dionysos auch die Heroen zum Gegenstand der Tragödie gemacht, wenn ihr Leben und Geschick dieselben tiefen Räthsel darbietet. Auf die Sage, den Mythus, muß jedoch die Darstellung beschränkt bleiben, weil ja nur die Helden der Sage dem alltäglichen Leben von vornherein entrückt, über das Gewöhnliche hinausgehoben und der localen und individuellen Beschränkung entnommen sind, so daß in ihnen das typisch Menschliche sich darstellt.

So bildet das Höchste und Heiligste, was dem griechischen Bewußtsein sich aufdrängen konnte, den Gegenstand der Tragödie: das große Welt- und Schicksalsräthsel, welches die griechische Religion ungelöst ließ, vor dem die griechische Philosophie zuletzt Halt machen mußte, und über welches auch die Mysterien den ersehnten Aufschluß nicht geben konnten.

Daraus erklärt sich die centrale Bedeutung, welche die Tragödie für das gesammte geistige Leben der Nation hatte; die großen Tragödien des Aeschylos, Sophokles und Euripides stellen geradezu die stufenmäßig fortschreitende Entwicklung des griechischen Gottesbewußtseins dar, das in dem Götterglauben die Lösung des Schicksalsräthsels nicht mehr finden konnte und zuletzt ausklang in der kalten Resignation. —

Aus dem Bisherigen ist es ersichtlich, daß die Aufführung der Tragödie Gottesdienst im höchsten Sinne war. Das prägte sich denn auch in der hohen Weihe aus, welche von vornherein über die ganze Darstellung ausgegossen war. Auch wurde die Erinnerung an den Cultus, aus welchem die Tragödie hervorgewachsen war, bis in die späteste Zeit festgehalten. Der Altar, den der Chor in ernstem Gesang umschritt, die Absingung des Dionysosliedes, welche in jeder Aufführung stattfand (vgl. den Bacchuschor z. B. in der Antigone) mahnte die Zuhörerschaft, daß es sich um die höchsten Interessen und nicht bloß um eine spannende Unterhaltung handle.

Auch die Handlung selbst trug den Stempel der hohen Idealität und einfachen Würde, der sie von vornherein streng von dem „modernen Schauspiel" unterschied. Die Größe des Theaters, durch welche der Schauspieler dem Publikum ferne gerückt war, die hieburch nöthig gewordene Ausstattung des Schauspielers mit künstlichen Händen, einer Maske ꝛc. brachte es mit sich, daß die Action und Geberde auf das schlechthin Nothwendige beschränkt war, und ließ ein lebhaftes Spiel nicht aufkommen.

Die Worte des Dialogs sind sorgfältig gewählt und gewogen; der Gedanke ist kurz und plastisch ausgedrückt.

Der Gesangston war schon durch den weiten Raum bedingt, welchen die Stimme des Recitirenden zu beherrschen hatte. Im Dialog glich der Vortrag einer sich in dem Gebiet von fünf Tönen bewegenden ausdrucksvollen Recitation, die mehr an melodisches Sprechen streifte, als an eigentlichen Gesang, wiewohl sie sich an besonders leidenschaftlichen Stellen auch zum ariosen erhoben haben mag.

Dagen kam das musikalische Element in den Chören zu reicher Entfaltung. Es ist gar keine Frage, daß die rhythmisch so lebendigen und reichen Chorgesänge von einer schwungvoll kräftigen, plastisch geschlossenen Melodie getragen waren, welche sich dem Sprachrhythmus aufs engste anschloß, ja sogar den eigenen Rhythmus erst von den Sylbenmaßen erhielt. Dies anzunehmen gebietet schon die Metrik, selbst wenn wir den feinen Sinn der Griechen für das einfach Schöne gar nicht in Rechnung ziehen, der doch sicherlich auch in der gesanglichen Ausstattung der Chöre Geschlossenheit und Ebenmaß der Melodie forderte.

Die Theilung und Gliederung des Stasimons (Chorsatzes) in Strophe und Gegenstrophe brachte, da jedesmal der Rhythmus und die Tonart wechselte, Mannigfaltigkeit und Abwechselung auch in das musikalische Element. Der Gesang war genau syllabisch, er war deßhalb mehr eine schwungvoll bewegte, musikalisch erfüllte Rede.

Der Schwerpunkt lag ganz entschieden im Worte und in dem Gedanken, den das Wort aussprach; die Schönheit der Musik speciell beruhte in der Fülle und Plastik des Tons und in der klar und würdevoll dahinströmenden, rhythmisch bewegten, ausdrucksvollen Melodie, deren eindringende Kraft durch die völlige Einheit des musikalischen Rhythmus und des sprachlichen auf's wunderbarste gesteigert wurde.

Alle der griechischen Musik zu Gebot stehenden Mittel des Ausdrucks, insbesondere die Modulation in Tonart und Rhythmus (μεταβολή), fanden ausgiebige Verwendung in dem Drama.

So ist das Vermächtniß der Alten das Ideal eines alle einzelnen Künste zur einheitlichen, monumentalen Gesammtwirkung zusammenfassenden Kunstwerks, eines das Höchste, was den Menschengeist bewegt, plastisch und ergreifend darstellenden Drama's, dessen Vortrag durch die weithintragende, die Rede über die nüchterne Alltäglichkeit hinaushebende, das Wort idealisirende Macht des musikalischen Klanges und Rhythmus geadelt ist. Es ist das Ideal der durch Aeschylos (526—456 v. Chr.), Sophokles (495—412 v. Chr.) und Euripides (480—407 v. Chr.) vertretenen classischen Tragödie, welches auf die Entwicklung der modernen Musik tief eingreifenden Einfluß ausgeübt hat.

D. Zeit des Verfalls.

Der Verfall der griechischen Musik setzt an derjenigen Gattung an, in welcher der griechische Geist zur herrlichsten und vollsten Blüte gekommen war und in welcher die von der Musik entwickelten Formen und Ausdrucksmittel zur allseitigen Geltung gekommen waren, an der Tragödie. Das dramatische und ethische Interesse mußte mit der Zeit mehr und mehr dem Interesse des feineren Sinnengenusses weichen: die Tragödie wurde immer opernhafter im übeln Sinn: man wollte einseitig musikalischen Genuß haben.

Schon bei Euripides wurde das Band zwischen der dramatischen Handlung und dem Chorgesang ein loseres, als bei Aeschylus und Sophokles. Die späteren Tragiker nahmen keinen Anstand, mitten in die Handlung Chöre und Tänze einzustreuen, welche mit der Handlung selbst in gar keinem engeren Zusammenhang stehen, sondern die Einheit der dramatischen Entwicklung zerstören. Während die Tragödie sich der modernen Oper näherte und dem einseitig musikalischen Interesse verfiel, gieng die Komödie den umgekehrten Weg: die volkstümlichen Lieder, welche dort in die Handlung gemischt waren, verschwanden mehr und mehr und schon in Aristophanes' (425—388) Händen hatte die Komödie den Charakter des Singspiels allmählich abgelegt und den des recitirten Lustspiels angenommen.

In dem Maße, als die Musik sich von der Poesie loszulösen versucht, kommt sie in die Hände der Virtuosität. Die Gattung, welche mehr und mehr in Uebung kommt, ist der Dithyramb. Aber die Sänger, welche in dieser Gattung glänzten, die sogenannten Dithyrambographen, machten aus dem schwungvollen Chorlied ein Bravourstück für den Solosänger. An die Stelle kraftvoller Rhythmik und schlichter, aber eindringender Melodik tritt eine den Laien blendende und bupirende Coloratur und Ornamentik. Als berühmte Dithyrambographen werden uns genannt: Kinesias, Melanippides der jüngere, Philoxenos, Telestes u. a.

Mit der Ausbildung der Gesangsvirtuosität hielt die Entwicklung der Technik im Instrumentenspiel gleichen Schritt; im Kitharaspiel glänzten Dionysius von Theben, der Lehrer des Epaminondas und Stratonikos; im Flötenspiel Antagenides, Dorion, Telephanes u. a.

Die Theorie fand in Philolaus von Kroton und Archytas von Tarent bedeutende Vertreter.

II. Epoche.

Mit der Schlacht bei Chäronäa, die der griechischen Freiheit ein Ende machte, scheint auch die griechische Kunst den Todesstoß erhalten zu haben. Das originale nationale Eigenleben der Hellenen wich dem Kosmopolitismus des Weltreich's. Zwar fand die Kunst und so namentlich auch die Musik eifrige Pflege in den Mittelpunkten griechischer Bildung, wie in Alexandrien; aber die Productionskraft war dahin: es fehlte der fruchtbare geistige Boden, auf welchem die ideale Kunst allein gedeihen kann — die ganze Zeit trägt den Charakter der Reproduction.

Dazu kam, daß die Ausübung immer mehr eine Sache der Profession und des Handwerks wurde: die Kunst, einst das schöne Vorrecht der Priester und gottbegnadigten Sänger konnte nicht gewinnen unter den Händen von geld- und gewinnsüchtigen Musikanten, denen die Kunst Mittel des Erwerbes war, oder gar unter den Händen der Courtisanen, welchen die Kunst nur dazu diente, den sinnlichen Reiz und Glanz ihrer Persönlichkeit zu erhöhen.

Mit tiefem Heimweh blickt daher der größte Theoretiker dieser Zeit, Aristoxenos von Tarent (c. 320) auf die alte Zeit der classischen Musik zurück: sie wieder aufleben zu lassen, war das Bestreben ernster Dilettantenkreise in Athen, Tarent, Alexandrien. Mit Aristoxenos aber kam zugleich der fatale Grundsatz auf, nur das Gehör in musikalischen Dingen entscheiden zu lassen, womit gerade dem subjectiven Belieben und damit der Willkühr der Virtuosität der weiteste Spielraum eröffnet wird. Von nun an zerfallen die Theoretiker in die zwei einander entgegenstehenden Schulen der Pythagoräer, welche in der musikalischen Theorie von der physikalischen Grundlage ausgehen, und der Aristoxenianer, welche in musikalischen Dingen allein das Gehör, den Eindruck und die Praxis entscheiden lassen.

Ein Mittelpunkt regen musikalischen Leben's blieb Alexandria auch dann noch, als Rom der Mittelpunkt der politischen Welt wurde. Mit den übrigen Elementen der griechischen Bildung zog auch die griechische Musik in Rom ein und wurde daselbst mehr und mehr die Kunst der Mode, welche enorm bezahlt wurde und in allen Kreisen, bis zum Kaiserhofe hinauf Eingang fand. Freilich, die Kunst selber gewann dabei nichts: sie sank tiefer und tiefer. Wie sich in Rom mit griechischen Elementen orientalischer Luxus und rohe Prachtentfaltung in widerlicher Weise vermischte, so verband sich in Rom auch mit der griechischen Musik das orientalische Element des bloßen Klang= und Sinnenreizes. In Bezug auf Klangverstärkung, Massenwirkung und rohen Effect leisteten die Monstre=Aufführungen Rom's das Größte. Die Tonkunst wurde hier ein Luxusartikel, ein bloßes Mittel, den üppigsten Lebensgenuß zu steigern und zu verschönern.

Gewiß hatten unter diesen Umständen die Ernsteren in Rom völlig recht, wenn sie auf's Tiefste beklagten, daß der musikalische Dilettantismus in allen Kreisen, zumal in denen der Frauen und Mädchen zu einseitiger Herrschaft kam, daß frivoler Sinnengenuß alle ernstere Beschäftigung, alle strengere Bildung verdränge. So klagt Ammianus Marcellinus: „daß die Paläste Rom's, die einst durch die wissenschaftliche

Pflege berühmt waren, nun von der Kurzweil schlaffen Müssiggangs erfüllt seien, von Gesang und Saitenspiel wiederhallen. Statt des Philosophen gehe der Sänger, statt des Lehrers der Beredsamkeit die der Musik aus und ein; man sehe musikalische Instrumente aller Art, während die Bibliotheken gleich Grüften verschlossen seien".

Die Stürme, welche dem römischen Weltreich ein Ende machten, haben auch die antike Kunst hinweggefegt. Was von griechischer und römischer Musik geblieben ist, wurde, wie die antike Bildung und Wissenschaft überhaupt, das Erbe der christlichen Kirche.

II.

Geschichte der modernen Musik.

Ueberblick.

Im Altertum hat das menschliche Individuum erst durch die Stellung, welche es im physischen und moralischen Kosmos einnahm, Bedeutung erhalten; der Bürger war das erste, der Mensch kam erst in zweiter Linie. Das Christentum löst den einzelnen aus der nationalen und politischen Beschränkung los, indem es sich mit seinen Forderungen und Verheißungen unmittelbar an den Menschen wendet. An die Stelle der Staatsgötter, die mit Liebe und Haß particularistisch verfahren, tritt der Eine Gott und Vater Aller; an die Stelle der nationalen Vorurteile und nationalen Befangenheit tritt die allgemeine Menschenliebe.

Damit ist das Recht und der Wert der menschlichen Individualität ausgesprochen. Was den Menschen als solchen ganz abgesehen von seiner nationalen und socialen Bestimmtheit bewegt und angeht, erhält jetzt Bedeutung. Indem ferner das

Christentum von allem Aeußeren in dem Leben und Thun der Menschen auf den inneren, bewegenden Grund, auf den Kern der Gesinnung zurückgeht, gewinnt alles das, was irgend bewußt und unbewußt bildend, bestimmend, erhebend und reinigend auf das Innere einwirkt, Interesse. Die Herzensstimmung als solche, welche dem objectiv gerichteten Hellenen etwas Bängliches hatte, erhält nun Berücksichtigung und zieht die Aufmerksamkeit auf sich: das Gefühl nimmt im ganzen inneren Leben als Grund der That eine bedeutungsvolle Stelle ein und wird der Betrachtung wert gehalten.

So wird das Interesse an der Tonkunst, die so vielfach aus der inneren Seelenstimmung heraus ihre Anregungen empfängt und deren wundersam schwebendes und zitterndes Wesen sich dem Menschen so gerne als Symbol der ihn bewegenden Stimmungen darbietet und auf diese einwirkt, ein gesteigertes und neues: die Kirche selbst nimmt die Pflege und Ausbildung der Tonkunst in die Hand; der Kirche verdanken wir, was etwa von dem musikalischen Besitztum der antiken Welt auf uns vererbt worden ist: sie rettete die Tonkunst und gab ihr ein völlig neues Gepräge und eine neue Richtung. Insofern ist die Musik das Kind des Evangeliums und eine spezifisch **christliche** Kunst.

Ihre Entwicklung steht denn auch in engem Zusammenhang mit der Entwicklung und Entfaltung des christlichen Bewußtseins.

Das reine, natürliche, ungemischte und unverdorbene christliche Bewußtsein, dessen Inhalt die Seligkeit der Erlösten und die sehnsuchtsvolle Erwartung der Wiederkunft Christi bildete, fand seinen Ausdruck in den naturalistischen Hymnen der ersten Christen.

Das Christentum verengerte sich mehr und mehr zum römischen Kirchentum; in das christliche Bewußtsein trat mit besondrer Schärfe der Gegensatz des Christlichen und des Nichtchristlichen, der in Wahrheit schon der des Kirchlichen und Weltlichen war, ein. So scheidet auch die musikalische Kunst mit Bewußtsein und voller Absicht die naturalistischen Elemente aus (Volkslied ꝛc.) und wird die ausschließliche Kunst der Kirche.

Die Reformation befreit principiell das Christentum aus den Schranken einer kirchen=politischen Hierarchie und stellt die Reinheit des Christenbewußtseins wieder her. Dieses fand unmittelbar seinen Ausdruck im reformatorischen Volksgesang. Aber auch das Christentum der Reformation verengerte sich wieder zum Kirchentum und mit ihm der Volksgesang zum kirchlichen Kunstliede.

Erst das Zeitalter, welches in gährendem Unmuth mit allen Schranken brach und das freie, natürliche Menschentum herstellen wollte, schuf eine rein weltliche, selbständige Kunstmusik.

Der kunstmäßigen Vollendung geht jedesmal eine lange Entwickelung voran, deren Aufgabe es ist, die Mittel zu schaffen und das Tonmaterial biegsam zu machen. Diesen Charakter der mühsamen Arbeit und strebsamen Forschung trägt die ganze Entwickelung bis auf Palestrina. Erst in s e i n e n Werken decken sich völlig Idee und Ausführung, Gedanke und Darstellung, Wollen und Können. Er ist der erste Classiker der Tonkunst, sofern seine Meisterwerke die Spuren der Arbeit völlig abgestreift haben, den Eindruck des schlechthin Natürlichen, Selbstverständlichen, innerlich Notwendigen machen und wie aus Einem Guß geworden, wie als wären sie mühelos aus der schöpferischen Phantasie hervorgequollen, in Anmuth verklärt, vor den Hörer treten.

So erhalten wir zunächst zwei Hauptabschnitte, deren erster die Entwicklung der vorclassischen Musik, deren zweiter die Entwicklung der classischen Musik, ihrer Style und Formen zum Gegenstand hat. Diesen zwei Hauptabschnitten schließen wir in einem dritten Hauptabschnitt die Geschichte der nachclassischen, modernen Musik an.

I. Haupt-Abschnitt.

Die Geschichte der christlichen Musik von den Anfängen bis zur erstmaligen classischen Vollendung durch Palestrina.

Von den Anfängen bis 1565 (Missa papae Marcelli).

Die Entwicklung, welche in diesem ersten Abschnitt darzustellen ist, gliedert sich in drei Perioden. Die erste Periode, welche die 9 ersten Jahrhunderte der christlichen Zeitrechnung umfaßt, weiß nur von einstimmigem Gesang, der nach seiner Beschaffenheit und nach seiner Entstehung mit dem griechisch-römischen Gesang zusammenhängt, aber diesen Zusammenhang mit Absicht verläugnet und löst. Die zweite Periode, die man in der Regel mit dem Organum des Mönches Hucbald (c. 900) beginnen läßt, ist für unsre Kunst die Periode des Suchens und der Entdeckungen. Die Harmonie wird gefunden und im Anschluß daran das gesammte Gebiet der technischen Mittel bereichert und erweitert. Die dritte Periode, gemeinhin durch die Werke der Niederländer bezeichnet, ist eine Periode relativer Vollendung: die bis dahin gefundenen Formen und Mittel werden zum ersten Male in den Dienst der musikalisch-künstlerischen Idee gestellt. Ihre Werke bilden den Abschluß und Höhepunkt der bisherigen vorclassischen und den Uebergang zur classischen Entwicklung. Sie stellen den Prozeß des künstlerischen Reifens dar, während Palestrina's Missa papae Marcelli die reife Frucht ist.

1. Periode.

Geschichte des einstimmigen Gesanges.
Von den Anfängen christlicher Musik bis auf Hucbald.

a) Der urchristliche Volksgesang.

Die christliche Musik, aus der die ganze europäisch-abendländische Tonkunst hervorgegangen ist, verdankt ihren Ursprung dem unmittelbaren Bedürfniß der ersten Christen, ihrer religiösen Begeisterung und Ergriffenheit auch im Gesang Ausdruck zu geben; es ist wesentlich Volksgesang, nicht absichtsvoller Kirchengesang, was wir als den Anfang der christlichen Musik anzusehen haben. Aus dem praktischen Bedürfniß der gemeinschaftlichen Erbauung ist dieselbe frei hervorgewachsen, unmittelbar geworden — erst später ist sie von der Kirche zur absichtsvollen Schulmusik erhoben worden. Die Erfindung von Gesängen wurde, wie das Reden in Zungen, das Sprechen in den Versammlungen u. a. auf die unmittelbare Eingebung des hl. Geistes zurückgeführt und als pneumatische Gabe angesehen. Dies gilt jedenfalls von derjenigen Art erbaulichen Gesanges, von welcher Tertullian († 220) berichtet: „beim heiligen Abendmahl wenn das Wasser herumgereicht und Licht gebracht worden ist, wird ein jeder aufgefordert, Gott mitten unter den andern mit Gesang zu preisen entweder nach Worten der heiligen Schrift oder nach eigener Erfindung, wie er es vermag". Die Spuren einer eigenen christlichen Hymnendichtung finden sich schon in der apostolischen Zeit vgl. Ephes. 5, 19. Col. 3, 16. 1 Tim. 3, 16. Ephes. 2, 14. 2 Tim. 2, 11—13. Offb. 1, 4 ff. 4, 11. 5, 9. 11, 15 ff. 15, 3. 21, 1 ff. 22, 10 ff. In musikalischer Hinsicht darf man nicht zu hoch von diesem kunstlos und naiv aus der Stimmung quellenden pneumatischen Gesange denken; derselbe wird sich in Tonfall und Melodie ganz an den Psalmengesang der Hebräer angeschlossen haben. Darauf weist auch die Form des Wechselgesang's hin, welche sich in der christlichen Gemeinde schon früh einbürgerte. Plinius berichtete an Kaiser Trajan (98—117), daß die Christen an gewissen Tagen vor Sonnenaufgang zusammenkommen und Christo gleich einem Gott einen Wechselgesang anstimmen (carmen Christo quasi Deo dicere secum invicem). Allem nach handelt es sich um psalmodirende Recitation, wobei der Hauptnachdruck nicht auf die Töne, sondern auf die Worte fiel. Würde, Ernst, Innigkeit und eindringende Kraft waren nach den Zeugnissen der Kirchenväter die Charakterzüge dieses Gesanges. Inwieweit derselbe, was das musikalische Gefüge betrifft, der gleichzeitigen Musik gegenüber selbständigen Wert behauptete, vermögen wir nicht mehr zu erkennen.

b) Der christliche Kunstgesang.

Die Glut der ersten Liebe, welche das jugendliche Christentum auszeichnete und dem christlichen Leben jene hinreißende Kraft und innige Wärme verlieh, welcher kein ernsteres Gemüt widerstehen konnte, ließ mit der Zeit nach. Das frische Geistesleben, in welchem sich Herz und Gemüt immer neu verjüngte, verflachte und erkaltete nach und nach. An die Stelle der ersten freien Geistesgemeinschaft, in welcher die Brüder durch die gemeinsame Liebe zum Erlöser frei untereinander verbunden waren, rückte die Kirche mit festen Normen und Ordnungen, in welchen sie gleich als in Gefässen den ersten Geist festzuhalten strebte. Aber die Kirche hatte, zumal seit sie mit Kaiser Constantin Staatskirche geworden war, eine Menge Menschen in ihren Schooß aufgenommen, die dem Evangelium fremd gegenüberstanden; die Formen, Bräuche und Ceremonien, die ihrer Entstehung nach der unmittelbare Erguß wirklich vorhandener Stimmungen waren, wurden allmählich die geschichtlichen Dolmetscher eines der Kirche im Großen entschwundenen Geistes; der Kreis derer, welche im engeren Sinne das Verständniß hatten für die Geheimnisse des Evangeliums, wird enger gezogen: der Kleriker als der Christ im höchsten Sinne unterscheidet sich vom Bekenner des Christentums überhaupt. Was ursprünglich der freie Erguß der individuellen Geistesbegabung war, wird jetzt zur Funktion eines besonderen Amtes, das von seinem Träger die zur richtigen Ausübung nothwendige Kenntniß der Tradition und das Verständniß der in ihrer ursprünglichen Bedeutung dem Geist der Gegenwart fremd gewordenen Formen fordert. So wird denn auch der Kirchengesang, ursprünglich **freier** Gemeindegesang, die Sache kirchlicher Observanz und die Aufgabe besondrer Schulen; mit dem Klerus überhaupt entstand auch ein musikalischer Klerus; so verordnet denn das Concil von Laodicäa 367: non oportere praeter *canonicos cantores* qui suggestum ascendunt et ex membrana legunt, aliquot alios canere in ecclesia („außer den canonischen Sängern, welche die Stufen betreten und aus dem Lectionsbuch singen, soll Niemand singen in der Kirche"). Die Gründe, welche diese Einschränkung des Gemeindegesangs auf das Singen schulmäßig gebildeter, mit Geist, Wesen und Regel des christlichen Hymnengesangs vertrauter Sänger veranlaßten, liegen auf der Hand; es genügt, auf den Umstand hinzuweisen, daß die Ueberlieferung der Gesänge von Geschlecht zu Geschlecht noch eine mündliche, durch keine festen Zeichen fixirte war; die so stark angewachsene Gemeinde im Großen und Ganzen konnte an dieser unmöglich mehr Theil nehmen.

Die Musik wird so die Sache der Kirche; aus einer naiven Uebung des religiösen Dranges wird sie — und zwar als **Musik, als Kunst der Töne** — zur kirchlichen Kunst, die absichtsvoll und wissenschaftlich begründet und geübt wird. Es werden zu diesem Zwecke eigene Singschulen gegründet, in welchen die heiligen Gesänge geübt werden.

Die erste Regelung und Fixirung des christlichen Kirchengesanges knüpft sich an den Namen des Bischofs **Ambrosius** von Mailand; den Abschluß dieser ersten Entwicklung vollzog **Gregor der Große**; die auf ihn folgenden Zeiten sind ausgefüllt mit der Arbeit der Einbürgerung und Verbreitung des gregorianischen Werkes; es galt, durch die Kirchenweise die nationale zu verdrängen, die fremden, individuellen Volksweisen kirchlich umzubilden und so eine gemeinsame Gefühls- und Sangesweise aller Nationen und Stämme jener sich erst gebärenden Zeit zu schaffen.

α) Das Werk des Ambrosius.

Quellen: Dr. A. Thierfelder, de christianorum psalmis et hymnis usque ad Ambrosii tempora. Leipzig, B. G. Teubner, 1869.

Der ursprüngliche Sitz des kirchlich geordneten und geregelten Kirchengesang's ist, wenn wir der Tradition folgen dürfen, die syrische Kirche. Wenigstens wird dem Bischof Ignatius von Antiochien die förmliche Einführung der Wechselgesänge in den Gottesdienst zugeschrieben. Die syrischen Mönche Flavian und Diodor sollen diese Art des Gesanges von der national=syrischen Kirche auf die griechisch=syrische verpflanzt haben.

Es waren besonders die Gnostiker Harmonius und Bardesanes, welche sich durch die Dichtung schwungvoller Hymnen hervorthaten; wie die Gnostiker überhaupt dem Einfluß des griechischen Geistes und Wesens unterlagen, so waren ihre Hymnen sicherlich von antikem Gepräge in poetischer und musikalischer Hinsicht. Gegen das Eindringen des heidnischen Elementes richtete sich dann die Opposition der Kirche. Die großen Hymnendichter der syrischen Kirche stellten den gnostischen Hymnen kirchliche entgegen (Ephräm der Syrer, Isaac b. G. und Jacob von Sarug); schon die Rivalität der Ketzer zwang die Kirche, der Musik, beziehungsweise dem Gesang mehr Spielraum zu gewähren. Um so mehr wurde darauf gesehen, daß es kirchlich würdiger Gesang sei, der in der Kirche ertöne und daß dem Gesange in der Erbauung die rechte Stelle angewiesen bleibe.

In Beziehung auf die erste Forderung wehrte sich die Kirche gegen alle Instrumental=Musik, da dieselbe zu eng mit den zuchtlosen Schauspielen der Heidenwelt verknüpft war, um nicht das Zartgefühl des Christen auf's ärgerlichste zu berühren. „Eine christliche Jungfrau soll gar nicht wissen, was eine Lyra oder Flöte sei", äußert sich Hieronymus (331 bis 420). Ueberdies soll aus dem Gesange in der Kirche alles Theatralische und Süßliche verbannt sein. Derselbe Hieronymus mahnt, man solle Gott mit dem Herzen singen, nicht mit der Stimme; der Kirchensänger solle nicht nach Art der Tragöden Hals und Kehle mit Süßigkeiten schmeidigen, damit in der Kirche theatralische Melodieen und Arien gehört würden. — Aus demselben Grunde nahm man am Gesang der Frauen Anstoß.

In Bezug auf den zweiten Punkt wurde immer wieder betont, daß dem Gesang in der Erbauung nur eine dienende Stellung zukomme. Wenn der Inhalt der geistlichen Lieder und Gesänge nur um der schmeichelnden Töne willen Eingang in den Herzen finde, dann wäre es besser, allen Gesang aus der Kirche zu verbannen.

Demgemäß wird man sich des Unterschiedes zwischen dem „weltlichen" und dem „kirchlichen" Gesange bewußt. Die Christen sollten nicht die todbringenden Gesänge theatralischer Coloraturen (chromata) ergötzen, die das Herz für die sinnliche Liebe empfänglich machen; der Kirchengesang soll wahrhaft erbauend wirken.

Im Morgenland war es Basilius der Große († 379), welcher den Gesang der Kirche normirte und, wenn wir so sagen dürfen, kirchlich stylisirte. Im Abendland war es Ambrosius, Bischof von Mailand († 397), welcher den kirchlichen Gesang regelte. Er schloß sich an die morgenländische Liturgie an, und sicherlich sind es die dort üblichen Gesänge, welche er in die mailändische Kirche eingeführt hat.

Ist es gestattet, auf Grund der wenigen Anhaltspunkte, die uns vorliegen, Vermuthungen aufzustellen über die Beschaffenheit des ambrosianischen Kirchengesang's, so dürften wir die Sache treffen, wenn wir denselben als den auf die alte Einfachheit zurückgeführten, aller modernen Elemente, wie der Enarmonik und Chromatik, entkleideten griechischen Chorgesang bezeichnen. Es war nicht eine ganz neue Musik, welche er einführte, sondern die reformirte griechische, reformirt nehmlich im Interesse kirchlichen Ernstes und kirchlicher Würde.

Neben dem responsorischen und antiphonischen Psalmengesang, den Ambrosius in der occidentalischen Kirche eingebürgert hat, pflegte er metrischen Hymnengesang: strophische Hymnen, die sich durch rhythmischen Schwung und ohne Zweifel auch durch melodische Kraft auszeichneten. Rhythmische Lebendigkeit erschien ihm also nicht unkirchlich.

Dagegen wird ausdrücklich die Enarmonik und Chromatik der Griechen als unkirchlich ausgeschlossen und als kirchlich würdig nur die Diatonik anerkannt. Ambrosius fixirte das Material für die kirchlichen Melodien in 4 (authentischen) Octavengattungen, deren Identität mit den alten griechischen sofort in die Augen springt:

I. D E F G A H c d   (die phrygische Octavengattung).
II.   E F G A H c d e   (die dorische Octavengattung).
III.   F G A H c d e f   (die hypolydische Octavengattung).
IV.   G A H c d e f g   (die hypophrygische Octavengattung).

An den ambrosianischen Weisen rühmen die Zeitgenossen die Frische, Lebendigkeit und Kraft. Augustin schildert den Eindruck, den er von denselben empfangen, mit den Worten: „die Stimmen flossen in meine Ohren, Wahrheit ward in mein Herz geträufelt und das Gefühl der Andacht strömte in süße Thränen über". „Mit dem lieblichen Gesange zieht das Wort Gottes in das Herz; die Seele wird mit emporgeschwungen und empfindet Wahrheit und Leben".

Die Weisen, welche dem Ambrosius zugeschrieben werden, sind das »Te deum laudamus«, das Adventlied »Veni redemtor gentium«; ebenso die Hymnen: »Aeterne rerum conditor«, »Jam surgit hora tertia«, »Deus creator omnium«. —

β) Das Werk Gregor's des Großen.
(590—604.)

Vgl. Josef Antony, Archäologisch-Liturgisches Lehrbuch des Gregorianischen Kirchengesanges. Münster 1820.

Die Idee, welche das gesammte Wirken des Papst's Gregor I. leitete, war die der Freiheit und Selbständigkeit der Kirche. Inmitten einer von Stürmen bewegten Zeit, inmitten einer zusammenbrechenden Cultur sollte die Kirche als ein festgegliederter, starker Organismus den Hort der Bildung und Menschlichkeit gegenüber der von allen Seiten eindringenden Barbarei bilden. Dazu bedurfte die Kirche vor allem der Einheit in Bekenntniß und Cultus. Gregors Werk ist die Organisation der römischen Kirche zur einheitlichen Weltkirche oder von der anderen Seite angesehen die Romanisirung sämmtlicher europäischen Kirchen. Dem nationalen Element ließ er etwas mehr Spielraum, um desto fester alle nationalen Kirchen in die römische Hierarchie einzukeilen. Zu diesem Werke war Gregor mehr als andre befähigt; seine Größe bestand eben in dem wunderbarsten Organisationstalent und in einem feinen diplomatischen Geschick, welches der Welt, dem Nicht-römischen und Nicht-kirchlichen scheinbar liberale Concessionen machte, um alles in die römische Kirche aufzunehmen, was lebensfähig und entwicklungskräftig war; welches der römischen Kirche universales Gepräge gab, um allen andern desto leichter das römische Wesen aufzwingen zu können.

Mit scharfem Blick erkannte Gregor die große Wichtigkeit, welche dem Kirchengesang bei diesem Werke zukam. Dieser war vor allem andern ein mächtiger Hebel und Träger römisch-kirchlicher Art und Weise. Kein Wunder also, daß der Papst der Organisation und Fixirung des Kirchengesangs alle seine Aufmerksamkeit zuwandte und sie für eine Hauptaufgabe seines Lebens hielt.

Der Kirchengesang, wie ihn Ambrosius hinterlassen hatte, war immer noch zu specifisch antik d. h. die Noten richteten sich noch zu sehr nach den prosodischen Maßen der Worte. Für diese konnten die fremden barbarischen Völker, welche allmählich in die römische Kirche eintraten, kein Verständniß haben. Es galt daher, die Melodie aus den Fesseln der Prosodie zu befreien. Dies erreichte Gregor durch Verzicht auf eigentliche Rhythmik und durch Einführung des einfachen Choraltons, der höchstens die Länge oder Kürze der vorletzten Sylbe berücksichtigte, sonst aber jeder Sylbe, gleichviel ob sie kurz oder lang war, ihre Note gab. Hiedurch war die Melodie und mit ihr die Sprache allen Zungen zugänglich, allen Völkern mundgerecht gemacht. Dafür aber durften nun keine anderen Hymnen beim Gottesdienst gesungen werden, als die von Gregor gesammelten; ein Exemplar des Antiphonars, welches die gottesdienstlichen Gesänge enthielt, wurde an einem der Altäre in der Peterskirche mit einer Kette befestigt, damit in Zukunft der Kirchengesang darnach geregelt werde. So hatte Gregor den römischen Kirchengesang zwar eines wesentlichen Elements (der lateinisch-griechischen Prosodie) entkleidet, aber dadurch zum allgemeinen, für immer festgestellten Kirchengesang der gesammten Kirche erhoben (Cantus planus, cantus firmus).

Damit für alle Zeit bei dem römischen Gesang geblieben werde, mußte dieser auch in seinem musikalischen Theile schriftlich fixirt werden. Gregor bediente sich dazu der Neumenschrift. Neuma (πνεῦμα) hieß ursprünglich das Zeichen, welches dem Sänger andeutete, daß er Athem holen solle, später wurde der Name für alle Zeichen gewählt, welche sich auf den Gesang, auf Vortrag und Modulation bezogen. Die Neumen waren deßhalb eine sehr unvollkommene Notenschrift, weil dem einzelnen Zeichen gleich eine bestimmte melodische Figur entsprach, ferner die Zeichen äußerst vieldeutig waren und dem Sänger verschiedene Möglichkeiten der Ausführung zuließen; es waren gleichsam in der Luft schwebende Zeichen, deren Ort immer erst errathen werden mußte. Daher mußte die mündliche Ueberlieferung ebenso wesentlich zur Erhaltung des ächten Kirchengesangs beitragen, wie die Schrift. Die ächte, kirchliche Vortragsweise wurde somit durch Sängerschulen fortgepflanzt und gepflegt. Gregor selbst gründete solche Schulen in Rom (pueri symphoniaci) und betheiligte sich selbst mit regem Interesse an dem Unterricht.

Ebenso wesentlich wie die Auswahl und Sammlung der Hymnen war für Gregor die Bestimmung und Begrenzung des Begriffs „Kirchengesang" d. h. dessen, was kirchlicher Gesang sei im Gegensatz zu dem weichlichen (enarmonisch- und chromatisch gebildeten) weltlichen Gesang der Theater u. s. w. Die 4 Tonreihen des Ambrosius reichten jetzt nicht mehr aus. Gesänge, die thatsächlich in der Kirche gesungen wurden und auch bischöflich gebilligt waren, gehörten nicht den 4 authentischen Kirchentonarten an. Daher erweiterte Gregor auch hier das Gebiet: er fügte den 4 ambrosianischen Tonreihen als den authentischen Kirchentönen 4 weitere (die Versetzungen der 4 authentischen Tonreihen je in die Unterquarte oder Oberdominante) hinzu, die plagalischen d. i. abgeleiteten Tonleitern: so daß folgende 8 Kirchentöne entstanden:

		Später auch:
Tonus I, Protus (πρῶτος)	D E F G a h c d,	Tonus I
Plagis Proti	A H C D E F G a	„ II
Tonus II, Deuterus	E F G a h c d e	„ III
Plagis Deuteri	H C D E F G a h	„ IV
Tonus III, Tritus	F G a h c d e f	„ V
Plagis Triti	C D E F G a h c	„ VI
Tonus IV, Tetrartus	G a h c d e f g	„ VII
Plagis Tetrarti	D E F G a h c d	„ VIII

Dies sind die 8 gregorianischen toni oder modi, deren Identität mit den 7 antiken Octavgattungen sofort einleuchtet, der 8te ist nur die Wiederholung des ersten, mit dem Unterschiede, daß der Hauptton und Finalton, in welchem die Melodie zu schließen hat, beim ersten Tonus D, beim 8ten aber G ist, während der Umfang beider Toni von D—d reicht.

Die Melodie sollte sich der Regel nach auf die Töne und den Umfang der Leiter beschränken, welcher sie angehört. Später freilich, als die Melodiebildung aus den Fesseln der kirchlichen Theorie hinauswuchs, gestattete man die Ueberschreitung des Umfangs (ambitus) um 1 oder 2 Töne. Die authentisch geführten Melodien streben beim Beginn aufwärts der Quinte zu, die plagalischen abwärts dem ersten Ton der Reihe (also der Unterdominant der Tonica) zu.

Das Erkennen der Tonart, welcher eine Melodie angehört, wird dadurch etwas erschwert, daß neben dem cantus regularis, welcher sich an die ursprüngliche Tonhöhe der Octavengattung hielt, noch der cantus transpositus geübt, d. h. die betreffende Melodie eine Quarte oder Quinte höher oder tiefer gelegt wurde — ganz so, wie ja das praktische Bedürfniß es schon bei den Griechen (s. das Verhältniß der είδη zu den τόνοι) in Uebung gebracht hatte; dem Bedürfniß, sich bei der Melodiebildung freier bewegen zu können, ist auch die Vermehrung der 8 Kirchentöne auf 16 in späterer Zeit zuzuschreiben; maßgebend für die Tonart ist in erster Linie immer die Stellung der Halbtonschritte, ob die Tonart auf dem ursprünglichen Stammton aufgebaut oder transponirt wird. —

So war nun kanonisch bestimmt, was und wie in der Kirche gesungen werden müsse. Gregor sorgte für die Verbreitung der Gesänge. Unter den Missionären, die er mit Augustin nach England schikte, waren auch tüchtige Sänger; der römische Kirchengesang fand in den geistlichen Schulen zu Kent, Worcester, Westminster und York eifrige Pflege, die Synode von Cloveshaven 747 erklärte den unveränderten gregorianischen Gesang für den allein gültigen und kirchlich zulässigen. In Frankreich bürgerte sich der römische Kirchengesang rasch ein, ohne daß jedoch dadurch der »cantus gallicanus«, (die erste der „gallicanischen Freiheiten"), der sich freier bewegte, ganz verdrängt wurde. In Deutschland gelang die Einführung erst unter Karl dem Großen.

Der einheitliche Kirchengesang war ein wesentliches Band der Einheit der Kirche. War letztere damals berechtigt im Interesse der Solidarität der Cultur, welche in der großen Völkerbewegung aufs äußerste gefährdet war, so war es ihrerseits auch die Einheit, die feste Regelung und Einschränkung der Tonkunst. Der gregorianische Gesang legte den Grund für die Gleichartigkeit des musikalischen Denkens und Empfindens in der christlichen Welt, und es ist dadurch allein die Möglichkeit für die Entstehung einer universell-europäischen Musik gegeben, die bei aller Verschiedenheit und nationalen Färbung der Entwicklung doch einen Allen verständlichen Grundcharakter hat, weil sie auf gemeinsamer Grundlage, nemlich auf der römischen Kirchenmusik, ruht.

Was den musikalischen Wert der gregorianischen Gesänge betrifft, so ist an denselben vor allem die hohe Kraft und Würde hervorzuheben; die Auswahl ist eine so überaus glückliche, daß das ganze Mittelalter in Gregors Sammlung das Werk des heiligen Geistes sah, ja daß diese Gesänge alle anderen, auch die weltlichen Lieder verdrängten und auf das Volkslied einen bestimmenden Einfluß übten. Auch da, wo man sonst nicht eben kirchliche Musik liebt, z. B. bei Tische, bei Gelagen ic., erfreute man sich an diesen kraftvollen Melodiegängen. Wenn unser Ohr für die einfache Schönheit derselben weniger empfänglich ist, so ist daran die Gewöhnung an reichere, gefülltere Musik schuld. Hört man aber diese altchristlichen Choräle nur in der rechten Umgebung und Beleuchtung, im Dämmer des gothischen Domes, unter Weihrauchwolken und in ernster Stimmung, so üben sie noch heute gewaltige Macht über unser Gemüt aus.

Ueber den Vortrag und den musikalischen Charakter ist nur wenig zu sagen. Man unterschied bei demselben den accentus oder den nach den grammaticalischen Distinctionen sich richtenden kirchlichen Lesevortrag (modus legendi choraliter), welcher den Vortrag der Collecten, des Evangelium's, der Epistel u. s. f. regelte, von dem concentus oder dem eigentlichen Gesang der Antiphonen, Hymnen u. s. f. Der erstere accentuirte die Einschnitte der Rede durch gewisse Tonfälle, der letztere bestand in geschlossener Melodie und erhielt Abwechslung und Mannigfaltigkeit durch Gesangsfiguren (Quilismen, vinnulae, grupetti d. i. Vorschläge, Doppelvorschläge, Triller ꝛc.); insbesondere war es das Allelujah, an welches sich die Gesangskunst machte, indem es mit Figurationen, langathmigen Vocalisen, umrankt wurde. Das Allelujah erhielt das πνεῦμα d. i. hier athmete der Sänger und erging sich in melodischen Gängen. „Es ist aber das πνεῦμα oder Jubellaut eine unaussprechliche Freude des Gemüts über das Ewige, und es wird das Neuma einzig über dieser letzten Sylbe der Antiphon gemacht, um anzudeuten, daß Gottes Lob unaussprechlich und unbegreiflich ist; — es bedeutet die Freude des ewigen Lebens, die kein Wort auszudrücken vermag". — So erklärt uns Durandus. Die Töne erscheinen ihm ausdrücklich als der adäquate Ausdruck einer in Worten unausdrückbaren Stimmung.

Der Gesang zerfiel in Distinctionen, diese in Neumen, diese in Töne; es herrschte somit eine gewisse Periodik, die aber mit der modernen sich nicht vergleichen läßt, sofern die letztere ihre Gliederung auf rein musikalische Gesetze gründet, während die gregorianischen Abschnitte durch Zufälligkeiten (Text, Athemholen ꝛc.) bestimmt waren.

γ) Die Verbreitung und Fortbildung des römischen Kirchengesangs durch Karl den Großen (c. 800).

Die Verbreitung und Einbürgerung des gregorianischen Gesangs im Abendlande ist nächst Gregor dem Großen das Werk Karls des Großen. Dieser gewaltige Geist steht auf der Schwelle zwischen der sich auslebenden altchristlichen und der sich mächtig regenden romantischen Zeit. Sein Beruf war, den aus den Fluthen der Völkerwanderung entstandenen Völkern und Reichen eine gemeinsame Organisation und Cultur zu schaffen; darum rettete er von der antiken Cultur ebensoviel als zur Begründung einer neuen, gleichartigen Cultur nothwendig war und als seine Völker ertragen konnten. Dem unbändigen Individualismus der germanischen Stämme setzte er mit eiserner Energie den Gedanken des römischen Imperiums entgegen; dem Geistesleben, das in Gefahr war, in individualistisch gesonderte Ströme auszulaufen und zu verlaufen, gab er einen gemeinsamen Typus durch die römische Kirche, deren Suprematie er daher bis auf einen gewissen Grad begünstigte. Im gemeinsamen Ritus und vor allem in der Gleichheit des gottesdienstlichen Gesangs erblickte er ein wesentliches Culturband für seine Völker. Er war daher auf Fortsetzung und Vollendung des gregorianischen Werkes eifrig bedacht.

Alle Abweichungen vom authentischen d. i. römischen Gesang (so die »melodiae francigenae«) wurden verboten (zu Aachen 803, zu Thionville 805); der römische Gesang wurde ein obligates Fach für den Cleriker; dabei ging der Kaiser selbst, wie Gregor der Große, mit gutem Beispiel voran. An seinem Hofe hielt er eine Hofgesangschule, die er häufig selbst leitete; in seiner Familie hielt er fleißig auf den Gesangunterricht (seine Töchter erhielten täglich drei Stunden Musikunterricht); sein Eifer war so groß, daß ihm die Erfindung der Weise »veni creator spiritus« zugeschrieben wird.

Außer der von Sulpicius geleiteten Hofschule blühten an allen Punkten Gesangschulen, so zu Metz, Soissons, Orleans, Sens, Toul, Cambrai, Lyon; es herrschte durch Karls Einfluß und Beispiel ein überaus reger Eifer für den Gesang zumal in vornehmen Kreisen: singen können gehörte zur Bildung; ja sogar productiv aufzutreten, war Ehrensache.

Unter den Sängerschulen ragen hervor die von Metz und St. Gallen; die erstere stand in so hohem Ansehen, daß Mettengesang und Kirchengesang gleichbedeutend wurde. In St. Gallen, der friedlichen Zufluchtsstätte der Cultur in einer finsteren, sturmbewegten Zeit, war das musikalische Schaffen ganz besonders zu Hause. Die in St. Gallen geübte Art und Weise, die dort geschaffene Form der „Sequenzen" wirkte beherrschend nicht nur auf den Kirchengesang, sondern auch auf die volkstümliche Liedbildung ein und ist daher für die Art und den Geist der gesammten **deutschen** Musik von nicht zu unterschätzender Bedeutung gewesen. Gregors Hymnen waren durch den Mönch Romanus nach St. Gallen gebracht worden. Das Antiphonar wurde am Altar der Apostel befestigt. Romanus lehrte selbst den Gesang und die Musik fand bei den Mönchen begeisterte Pflege, so daß der Ruhm der St. Gallener Sängerschule, wie uns Ekkehard erzählt, „von Meer zu Meer" reichte; überallhin wurden die Schüler von St. Gallen als Lehrer des Gesangs verschrieben. Unter den Meistern der Sequenz ragen hervor **Ratpert** † 900 („Gallusslied"), **Notker Labeo**, der das erste theoretische Werk über Musik in deutscher Sprache schrieb; **Tuotilo der Tausendkünstler, Notker der Stammler** (»media vita in morte sumus«); der letztere ist der fruchtbarste und empfänglichste gewesen, von welchem 44 Melodien aufbewahrt sind.

Was die musikalische Form betrifft, welche von St. Gallen aus herrschend wurde, die Sequenz, so ist sie das erweiterte Pneuma; die Reihe der auf die letzte Sylbe des Allelujah gesungenen Töne (Vocalisen) wuchs fort und fort, so daß man sie schließlich als besonderes Ganzes ablösen und ihr einen besonderen Text unterlegen mußte (sequentia, quod sequebatur Neuma). Das Verhältniß von Wort und Ton ist dem Altertum gegenüber nun umgekehrt, indem hier zuerst die Töne entstanden und die Worte erst dazu erfunden wurden.

So sehr die Sequenzencomposition in Geist und Charakter von den Hymnen des römischen Kirchengesangs beherrscht war, so läßt sich doch darin etwas Ureigentümlich-Germanisches und Selbständiges nicht verkennen, welches sich in dem wenn auch

höchst primitiven Streben nach Naturwahrheit und Geschlossen=
heit zeigt. Aus diesem Grunde sind die Sequenzen viel volks=
tümlicher geworden, als die Hymnen selbst. Sequenzen zu
dichten, zu singen, ja zu componiren gehörte in jener Zeit zum
guten Ton und war ein Erforderniß feinerer Bildung.

c) **Das christlich=kirchliche Volkslied.**

Wohl waren die Völker, welche die Seele und ihr ge=
sammtes Geistesleben unter die römische Tiare gebeugt hatten,
nicht arm an eigenen, nationalen Gesängen; England hatte
seine Bardenlieder und Balladen zur Harfe, Frankreich sein
chanson, so schon 623 ein Lied auf den Sieg Clotar's II.
über die Sachsen, das Rolandslied u. a.; insbesondere hatte
das deutsche Volk eine Reihe, das reale Leben und seine Vor=
kommnisse verherrlichender Volkslieder (Liebes=, Spott=, Zauber=,
Trinklieder). Aber je mehr die schwere Zeit, deren eiserner
Druck auf allen Völkern lastete, den Zusammenschluß Aller im
mütterlichen Schooß der römischen Kirche begünstigte, desto mehr
siegte der gemeinsame römisch=kirchliche Geist auch auf unserem
Gebiete über die trennenden nationalen Elemente: der gregoria=
nische Gesang begann die Volksliedbichtung zu beherrschen und
umzubilden. Mönche und talentvolle Priester waren mit be=
wußter Tendenz in dieser Richtung thätig (Otfried von Weißen=
burg, Ratpert); aber auch die in dringender Not dem be=
drängten Herzen entsprungenen ächten Volksweisen athmen nach
Geist, Wort und Ton die Luft der Kirche, die allen Bedrängten
ein festes Asyl, eine wohlgeordnete Geistesheimat bot und über
der zerfallenden alten Welt eine neue Welt lichtgoldner Hoff=
nung erschloß. Die Weise, die im Dome, wie in der ver=
lorenen Waldkapelle, in den Wiesgründen wie auf der einsamen
Halde erklangen, so beruhigend, so milde tröstend, beherrschte
freundlich die Gemüter und erweckte im Herzen des Volks
verwandte Klänge. Als solche Volkssequenzen, die durch den
Kirchengesang angeregt und berührt sind, haben wir z. B. an=

zusehen: »Dies irae«, »Stabat mater«, das auf die Slaven=
apostel Cyrill und Methodus zurückgeführte „Adalbertuslied".
Das harmlose Spiel der Töne wurde in jener dunkeln, sturm=
bewegten und zerrissenen Zeit zum einenden Bande für die ge=
trennten Geister und Nationen.

2. Periode.
Die Entdeckung und Ausbildung der technischen Mittel.
(900—1380.)

Die altchristliche Cultur war durch die romantische abge=
löst worden; diese ist vorzüglich durch die Schärfe der Gegen=
sätze gekennzeichnet: rauhe Grausamkeit und schwärmerische
Weichmüthigkeit, trotziges Aufbrausen und stilles Entsagen, wilde
rohe Sinnlichkeit und hochherzige Hingebung für ein fernes
Ideales — das Alles ist in dieser jugendlich schönen, starken,
gährenden Zeit hart nebeneinander. Denn noch ist das recken=
hafte, individualistische Wesen der germanischen Völkerschaften
nicht durchdrungen, sondern nur äußerlich gebunden durch den
die Humanität und die sänftigende Sitte vertretenden Romanis=
mus. Beides, der ursprüngliche individualistische Naturalis=
mus und der diesen in's einheitliche Band der Form zwängende
römische Formalismus stehen sich bei aller äußerlichen Ver=
einigung noch als strenge Gegensätze gegenüber.

So treten auch auf dem Gebiete der Musik das natura=
listische volkstümliche und das formalistische (römisch=kirchliche)
Element wieder völlig auseinander. Letzteres wird Gegenstand
der strengen schulmäßigen Arbeit und Forschung seitens der
Kirche und ihrer Organe. Aber wie ja auch sonst alles frische
Leben in der dumpfen Mönchszelle erstarb, so gieng es auch
der Tonkunst in der Hand der Mönche völlig verloren und die
Errungenschaften der musikalischen Arbeit der Mönche waren
leere, öde, triste Formen, die technischen Mittel, gleichsam die
Gefässe, die des Inhalts warteten, der sie erfüllen sollte.

Dafür klang das reiche, blühende Leben der Romantik, jener Zeit, in welcher das „Leben Poesie und die Poesie Leben war", fröhlich wider in dem naturalistischen Volkslied; was in der dunklen Zelle des Mönches nicht konnte gedeihen: Liebeslust und Liebesweh, Rittersinn, Reiterslust, Trinkerfreude — das alles schuf sich selber die freie, volltönende Weise, darin es sich aussprach. Der Zauber der leichtfließenden, vollquellenden Schönheit, der lebendigen, ausdrucksvollen Melodie war dem Volksliede allein eigentümlich; dieses bedurfte nur der kunstmäßigen Fügung und Ausfüllung, wie die Kunstmusik ihrerseits nur des inhaltreichen (naturalistischen) Stroms der Melodie bedurfte, damit ein musikalisches Kunstwerk entstehe. Bildete die Kirche die Harmonie, und was dazu gehört, aus, so schuf das Volkslied die frische, gehaltvolle Melodie. So erhalten wir zwei scharf getrennte Abschnitte, deren erster die Ausbildung der Harmonie, deren zweiter die Geschichte der Melodie (Liedbildung) zum Gegenstand hat.

Das Resultat der Vereinigung beider getrennter Entwicklungen sind die ersten, relativ classischen Werke der Tonkunst, welche unsere 3. Periode beschäftigen.

1. Abschnitt.
Die Geschichte der Harmonie und der Polyphonie.
(Von den Anfängen bis zum Auftreten der Niederländer.) c. 900—1380.

Wie es die Aufgabe der Kirche war, die auseinanderstrebenden Massen durch ihre Formen und Gesetze zu einen, so zeigt sich auch auf dem Gebiete ihrer specifischen Kunst, der Musik, vorwiegend das Streben, die architektonische, vielerlei Massen zu einem organischen Ganzen einende Seite dieser Kunst auszubilden: sie verzichtet auf Individualausdruck und begnügt sich mit Massenausdruck. Das ihr unbestimmt und unbewußt vorschwebende Ideal ist das polyphone Tonwerk, in welchem sich viele, von einander geschiedene Massen zum Ausdruck des

Einen, gemeinsamen Gedankens vereinen. Daß dieses Kunst=
werk möglich werde, dazu mußte die Möglichkeit, zwei ver=
schiedene Stimmen neben= und miteinander gehen zu lassen,
überhaupt erst entdeckt, es mußte, damit eine Wiederholung
und einheitliche Ausführung dieses Gesangs verschiedner Per=
sonen stattfinden könne, eine denselben fixirende Notenschrift ge=
funden, und endlich Gesetz und Regel des kunstvollen, harmo=
nischen Satzes, der wohlgefälligen Stimmenführung, aufgestellt
werden. Dies war die Aufgabe der 4 Jahrhunderte welche
unsre Periode umfassen.

1. Die Anfänge der Polyphonie und Harmonie.
Vgl. Coussemaker, Traité sur Hucbald.

Die Entdeckung, daß zwei Stimmen, die in verschiedenen
Tonlagen zusammen singen, anhörbar seien, wird dem Benedic=
tiner Mönch Hucbald von St. Amand sur l'Elnon in Flandern
zugeschrieben († 930), und zwar in sofern mit Recht, als er
in seinem organum, einem auf den Griechen Boethius gestützten,
scholastisch=tiefsinnigen Werke, die Kunst eines mehrstimmigen
Gesanges zum ersten Male theoretisch begründete; mit Unrecht,
sofern wahrscheinlich schon früher der mehrstimmige Gesang da
und dort in Uebung war.

Schon die antike Musik ließ ja dem den Gesang beglei=
tenden Instrumente zu, eine zweite Stimme zur Gesangsstimme
zu bilden; dabei waren nicht blos Octaven und Quinten, son=
dern auch Sexten und Terzen, ja im Durchgang sogar Se=
cunden=Accorde gestattet. Gemäß der Beschaffenheit der grie=
chischen Instrumente lag die Instrumental=Stimme über der
Singstimme.

Es ist kein Grund, anzunehmen, daß diese Art, eine Sing=
stimme mit einer zweiten zu begleiten, gänzlich in Abgang ge=
kommen und vergessen worden wäre. Als man auch beim
Kirchengesang ziemlich allgemein ein begleitendes Instrument
anwendete, die Orgel, was im 10. Jahrhundert ganz sicher

der Fall war, da lag es doch sehr nahe, die Art der Beglei=
tung, welche man in der griechisch=römischen Musik mit dem
κρούειν ὑπὸ τὴν ᾠδήν bezeichnete, auf die Orgel zu übertragen.
Diese war freilich noch in unvollkommenem Zustand: die schaufel=
förmigen, 4—6 Zoll breiten Tasten mußten mit den Fäusten
geschlagen und mit den Ellbogen niedergestoßen werden: es
war ein überaus kraftverzehrendes, mühseliges und schwerfäl=
liges Spiel. Vom Instrument aus gieng die Art, der ersten
Stimme eine gleichzeitig mit ihr erklingende zweite Stimme bei=
zugesellen auf die Sänger über. Zweistimmig singen hieß man
daher organare, organizare, d. h. nach Art der Instrumente
singen, gleichsam das Instrument markiren. Gemäß der grie=
chischen Anschauung — vielleicht zum Zeugniß des sehr wahr=
scheinlichen Zusammenhangs des sogenannten organum's mit
der griechisch=römischen Musik — lag die begleitende, organi=
sirende Stimme über der Hauptstimme, dem cantus firmus.

Die Begleitung oder die Doppelstimmigkeit, wie sie zu
Hucbalds Zeit schon üblich war und von ihm theoretisch be=
gründet wurde, war in doppelter Weise gestattet:

1. entweder so, daß jeder Ton der begleitenden oder or=
ganisirenden Stimme mit dem entsprechenden Tone der Haupt=
stimme eine Consonanz bildete: dann blieb, da die strenge,
griechische Theorie sowohl Terz als Sext ausschloß, nur die
Consonanz von Octave, Ober= und Unterquinte übrig, es ent=
stand das von Ambros ganz treffend sogenannte Parallel=
Organum d. h. jene Stimmenführung, bei welcher die beglei=
tende Stimme die völlig treue Wiederholung der Hauptstimme,
nur in der Quinte, ist: eine Stimmführung, welche dem mo=
dernen, an feststehende, durch die Harmonie bestimmte Tona=
lität gewöhnten Ohre schon darum unerträglich ist, weil jeder
Schritt uns wieder aus der Tonalität wirft, die der nächst=
vorhergehende andeutete, die aber dem damaligen musikalischen
Gehöre um so weniger unangenehm war, als dasselbe an
Tonalität in unsrem Sinne nicht gewöhnt war, sondern sich an

dem reinen Vollklange der Consonanz erfreute, welche durch die Zweistimmigkeit bei jedem Schritte entstand.

2. Die zweite Art den Gesang zu begleiten, beziehungs=
weise, mit der Hauptstimme eine zweite Stimme zu verbinden, bestand darin, daß die zweite Stimme theils in Quarten, theils in Terzen und Secunden mitgieng, wobei die letzteren als durch=
gehende, nur aus Not geduldete Dissonanzen erscheinen. —

Mag Hucbald auch an die griechische Polyphonie, so weit von einer solchen die Rede sein kann und so weit dieselbe sich in der Praxis bis dahin etwa erhalten hatte, angeknüpft haben: neu ist die Art, wie die Sache angefaßt und verwertet wird. Dem Griechen war die Hinzufügung der harmonischen Accente zu der Melodie nur ein Schmuck (ἥδυσμα) der Melodie: letz=
tere blieb darum doch nur Eine Stimme, für welche die be=
gleitende Stimme unwesentlich, nur eine Bereicherung, war. Jetzt hört man auf die Zweiheit der Stimmen und damit ist der Polyphonie d. h. der mehrere Stimmen=In=
dividuen durch das Band der Consonanz einheitlich verknüpfen=
den Musik Bahn gebrochen, die da nun beginnt, wo die antike Musik aufgehört hatte. An die Stelle der reinen Homophonie tritt der „einträchtig zwiespältige Gesang" (wie sich Hucbald treffend ausdrückt); das Organum ist nicht etwa nur ein Schmuck der Hauptstimme, sondern „jene übereinstimmende Entzweiung mindestens zweier Sänger, wobei einer die rechte Melodie hält, der andere mit fremden aber passenden Tönen beihergeht, bei den einzelnen Schlüssen aber beide in Einklang oder Octave zusammentreffen". So wird auch, was bezeichnend ist, die Consonanz (nicht als „κρᾶσις") „als einträchtige Ent=
zweiung" definirt. Die Griechen sahen in der Consonanz die Mischung zweier Töne zu Einem, die moderne Musik sieht in ihr zwei Töne, die durch das ideale Gesetz der Schönheit verbunden sind.

Zu Hucbald's Zeiten kamen, wohl durch seinen Einfluß,

die alten Benennungen der Octavengattungen wieder auf, leider aber in falscher Weise:

Antik	Hucbald und Glarean	Gregorianisch:	
1. Phrygisch	Dorisch (1567)	D E F G a h c d	I
2. Äolisch (hypodorisch)	Äolisch	A H C D E F G a	II
3. Dorisch	Phrygisch	E F G a h c d e	III
4. Mixolydisch	Hypophrygisch	H C D E F G a h	IV
5. Jonisch (hypolydisch)	Lydisch	F G a h c d e f	V
6. Lydisch	Jonisch	C D E F G a h c	VI
7. Hypophrygisch	Mixolydisch	G a h c d e f g	VII
8.	—	D E F G a h c d	VIII

2. Die Ausbildung des Notensystem's.
Guido von Arezze.

Quellen: Angeloni, L., Sopra la vita, le opere ed il sapere di Guido d'Arezze. Parigi 1811.

R. G. Kiesewetter, Guido von Arezze. Leipzig 1840.

Mich. Hermesdorff, Micrologus Guidonis de disciplina artis musicae d. i. kurze Abhandlung Guido's über die Regeln der musikalischen Kunst, übers. u. erklärt. Trier 1876.

Die Ueberlieferung, welche auf das Haupt Guido's von Arezze die Ehre fast aller Fortschritte häufte, welche zu seiner Zeit gemacht wurden, schreibt demselben auch die Erfindung des vierlinigen Notensystem's zu.

Schon längere Zeit vor Guido hatte man jedoch angefangen, die Tonhöhe der Notenzeichen oder Neumen durch Ziehung einer Linie zu fixiren, welche das kleine f des Basses bezeichnete und roth gefärbt wurde; später zog man eine zweite, grüne Linie, welche den Platz des einmal gestrichenen c anzeigte; Hucbald bediente sich sogar der Zahl von 7 und noch mehr Linien, in deren Zwischenräume die betreffenden Textsylben eingeschrieben wurden.

Guido, der in erster Linie der praktische Musikpädagog gewesen zu sein scheint, fixirte das System der 4 Linien und benützte für die Notenzeichen sowohl die Linien als die Zwischenräume, so daß ihm jedenfalls die Ehre gebührt, unser Notensystem, das bewegliche Alphabet der Tonsprache, bleibend und allgemein begründet zu haben.

Außerdem wird ihm die Erweiterung des Tongebietes, wie es von den Griechen überliefert war, um 5 Töne, einen nach der Tiefe (Γ, das Gamma, oder tiefe G) und 4 nach der Höhe zugeschrieben, mit Unrecht, sofern er selbst das tiefe G als einen schon im Gebrauch befindlichen und längst eingebürgerten Ton bezeichnet und von jenen vier Tönen nicht gewiß ist, ob sie nicht schon vor ihm in das officielle Notengebiet gehört haben, welches nunmehr 2½ Octave umfaßte, deren Stufen mit den sogenannten gregorianischen Buchstaben bezeichnet wurden,

```
 Γ  A B C D E F G   a b c d e f g   aa bb cc dd ee
(G)     Graves         acutae         superacutae
```

So scheint der Schwerpunkt seiner Bedeutung in der praktisch geschickten Zusammenfassung des Gegebenen und bis dahin Erfundenen zu liegen. Den weitgreifenden Einfluß, welchen er in der damaligen Sängerwelt ausübte, verdankte er viel weniger den genannten Erfindungen, als einer neuen, rasch zum Ziele führenden Methode, vom Blatt zu singen, der sogenannten Solmisation. Er benützte nemlich die Zeilenanfänge der Hymne auf Johannes den Täufer[1]), welche in eine Reihe gestellt die Scala C D E F G a ergeben, um seinen Schülern das Verhältniß der Intervalle in jeder der kirchlichen Octavengattungen ein für alle Mal einzuprägen.

Die Benennungen ut re mi fa so la si bezeichnen weder bei Guido, noch im späteren Solmisationssystem die absolute Höhe des Ton's, sondern ähnlich, wie die Ziffer bei dem modernen Ziffernsingen, die Stellung, welche dem Ton innerhalb

1) C — Ut queant laxis
   D — resonare fibris
   E — mira gestorum
   F — famuli tuorum
   G — Solve polluti
   a — labii reatum
später: h — Sancte Joannes.

der Octave, später im Hexachord zukommt. Später theilte man nemlich das Tongebiet in 6 Hexachorde, deren Töne mit den obigen Namen bezeichnet wurden, eine Eintheilung, die ein nach unsren Begriffen schwieriges und verwickeltes Solmisationssystem ergab, nach welchem jedoch noch im Anfang des 18. Jahrhundert's unterrichtet wurde, bis Mattheson ihm durch seine Kritik ein Ende bereitete.

Die sogenannte Guidonische oder harmonische Hand, d. h. ein mnemonisches Hilfsmittel, sich mit Hilfe der Fingerglieder die Töne der Scala einzuprägen, stammt nicht von Guido, und beansprucht keine höhere Bedeutung, als die Art und Weise, wie wir unseren Kindern an den Fingern der Hand die Zahl der Monate und ihrer Tage einprägen.

Auch Guido's Leben ist vielfach von der ihn als den Schöpfer des Musikwesens verherrlichenden Sage umsponnen worden. Bis 1036 lebte er im Benedictinerkloster zu Pomposa in Italien, der praktischen Pflege des Gesanges sich widmend. „Der Weg der Philosophen" sagt er, „ist nicht der meine; ich kümmere mich nur um das, was der Kirche nützt und unsre Kleinen vorwärts bringt." Sein Ziel hat er am besten selber bezeichnet in seiner gereimten Musiktheorie (Micrologus): „Wer es nicht dahin gebracht hat, einen neuen Gesang (d. h. einen solchen, den er nie gehört hat), frischweg und richtig zu singen, mit welcher Stirne kann sich der einen Musiker oder Sänger nennen?"

Die Erfolge, welche Guido als Gesanglehrer erzielte, waren überraschend und zogen ihm den Neid und Haß seiner Ordensbrüder zu. Er wurde als gefährlicher „Neuerer" aus seinem Kloster vertrieben und mußte lange heimatlos umherirren. Hiedurch aber kam seine Erfindung unter die Leute, und das Interesse dafür wurde ein allgemeines. Der Papst Johann XIX. (1024—1033), freier und edler denkend, als Guido's Abt Obbo, berief ihn zu sich und es fand nun Guido's Erfindung, geweiht durch die allerheiligste Bewunderung, ungetheilten Beifall. Hochgeehrt trat er, einen Bischofssitz bescheiden ausschlagend, in sein Kloster zurück und beschloß in stillem Klosterfrieden sein bewegtes Leben.

Von den Musikern des Mittelalters ist er der einzige populäre, und die spätere Mythe hat ihn zum beatus inventor musicae gestempelt. Ist auch sein schöpferisches Talent nur gering anzuschlagen — seine Melodien sind öd' und hölzern, sein organum d. h. seine Stimmführung kaum von dem Hucbald's verschieden (doch überwiegen die Quartenparallelen) — so gebührt ihm um des mannhaften Muthes willen, mit dem er gegen die Zunft kämpfte, und um seiner praktischen Erfindungen willen jedenfalls der Ruhm eines für seine Zeit bedeutenden Förderer's der Kunst.

3. Systematische Begründung und Ausbildung der musikalischen Grammatik.

Quellen: Gerbert, Scriptores ecclesiastici de Musica sacra s. o. S. 6.

Coussemaker, Scriptorum de musica medii aevi nova series a Gerbertina altera. Paris 1864—1875.

G. Jacobsthal, die Mensuralnotenschrift des 12. und 13. Jahrhunderts. Berlin 1871.

Coussemaker, Histoire de l'Harmonie au moyen-âge. Paris 1852.

— L'art harmonique aux XIIème et XIIIème siècles. Paris 1865.

Die wichtigsten Fortschritte der nächsten Jahrhunderte sind die Ausbildung der Notenschrift[1]) und die Veränderung der gesammten Tonanschauung, wie sich dieselbe in der theoretischen und praktischen Behandlung der Consonanzen und Dissonanzen offenbarte.

Guido hatte sich noch der Neumen als Vortrags- und Notenzeichen bedient, einer höchst unvollkommenen Notenschrift. Im 12. Jahrhundert weichen die Neumen der Note, welche

---

1) Vgl. Hugo Riemann, Studien zur Geschichte der Notenschrift. Leipzig 1878. Durch einen sonderbaren Zufall kam dieses verdienstvolle Werk dem Verf. erst während des Druck's dieses Buchs zu Gesicht, weßhalb es nicht gehörig berücksichtigt werden konnte.

Zeitdauer und Höhe des Tones repräsentirt. Zunächst gab es nur zwei Notenwerte

12. Jahrhundert:

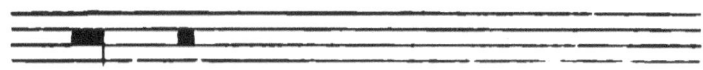

Longa brevis
(lang) (kurz).

Im 13. Jahrhundert dehnte man nach oben die longa zur maxima aus und theilte nach unten die brevis in zwei semibreves, zu welchen endlich noch die minima kam.

13. Jahrhundert:

Maxima.   Longa.   Brevis.   Semibrevis.   Minima.

Bis dahin hatte man die schwarze Note gehabt, wie sich dieselbe noch jetzt in den Meßbüchern findet.

Im 14. Jahrhundert erst kam die weiße, durchbrochene Note auf und es konnte die schwarze zur Punktirung gebraucht werden, wodurch wieder neue Mannigfaltigkeit und Lebendigkeit in die Tonbewegung kam.

Man hatte nun Tonschritte von verschiedenem Zeitwerte: die Einheit bildet die brevis; um aber den wildgewachsenen Rhythmen des Volkslieds, den Tripeltacten, gerecht zu werden, mußte man die Einheit in doppelter Weise gestalten: das eine Mal theilte sie sich in drei gleiche Theile, das andre Mal in zwei; ob in einem Stück die brevis drei oder zwei semibreves habe, zeigte man durch den Tactschlüssel am Anfang der Tonreihe an. Der Kreis ○ bedeutete: tempus perfectum, d. h. vollkommenes Zeitmaß, weil die brevis ihren vollen Wert behielt; (, der Halbkreis, aus welchem Zeichen unser C für den Viervierteltact entstanden ist, bedeutete tempus imperfectum, unvollkommenes Zeitmaß, weil der Note ein Drittel geraubt war. War sonst nichts vorgezeichnet, so zerfiel in beiden Tempo-Gattungen die semibrevis in zwei minima; setzte man aber dem Tactschlüssel ein Punkt bei (⊙ (·), so bedeutete dies, daß die semibrevis gleichfalls dreitheilig, dreiwertig sei. Der Tactschlüssel entschied somit nicht sowohl über die Tacteinheit, welche immer dieselbe blieb (die feststehende Dauer der brevis, unsrer ganzen Note), sondern über das Maß der einzelnen Note, über ihren Wert.

14. Jahrhundert:

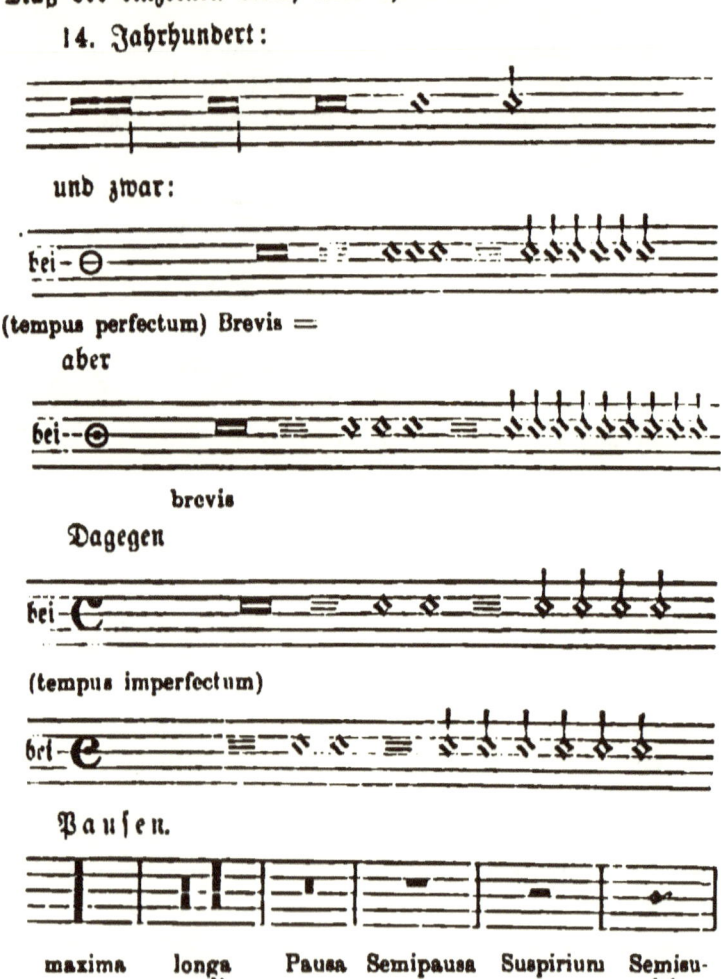

Die Notenmessung war die notwendige Voraussetzung und Vorbedingung für die nunmehr sich entwickelnde mehrstimmige Musik, welche dann auch im Gegensatz zu dem einstimmigen cantus planus des gregorianischen Gesanges Mensuralmusik oder Figuralmusik (figurae = Notenzeichen) heißt; im engeren Sinne befaßt man unter der Bezeichnung Mensuralmusik nur die erste Phase derselben etwa bis zum 16. Jahrhundert, unter der Bezeichnung Mensuralisten die Tonsetzer und Theoretiker bis zu dem genannten Zeitpunkte; ebenso denkt man bei der Bezeichnung Mensuralnote in der Regel nur an die in der Zeit vom 13—16. Jahrhundert entstandene Notenschrift, wiewohl klar ist, daß alle unsre heutigen Noten Mensuralnoten sind, unsre ganze moderne Musik Mensuralmusik ist. Das Bedürfniß einer rhythmisch genau gemessenen Note mag vom weltlichen Gesange ausgegangen sein; jedenfalls brauchte es lange, bis die Mensural=Musik sich in der Kirche einbürgerte. —

Hand in Hand mit der musikalischen Praxis, welche dem mehrstimmigen Gesang ihre Vorliebe schenkte, vollzog sich in der Theorie die Umstimmung der gesammten Tonanschauung zu Gunsten der Polyphonie.

Während die Theoretiker des 11. Jahrhunderts (Berno, Abt von Reichenau † 1048; Hermannus Contractus 1013—1054; Wilhelm, Abt von Hirschau, c. 1060; Johannes Cottonius c. 1047; Bernhard, Abt von Clairvaux, 1091—1153) ganz auf dem Standpunkte der Anschauungen Hucbald's und Guido's stehen, finden sich im 12. Jahrhundert die ersten theoretischen Arbeiten, welche die Mensuralmusik voraussetzen und sich mit derselben beschäftigen. Die wichtigste ist die des Franco von Cöln[1], der im letzten Viertel des 12. Jahrhunderts lebte und bereits einen bedeutsamen Umschwung in der Musik=Anschauung erkennen läßt, sofern er die große und kleine Terz zu den Consonanzen zählt. Er

---

[1] musica et ars cantus mensurabilis.

unterscheidet nemlich unter den Concordantiae oder Consonanzen vollkommene (Einklang und Octave), mittlere (Quinte und Quarte) und unvollkommene (große und kleine Terz); dagegen zählt er die Sext zu den Discordantiae oder Dissonanzen, wenn auch zu den unvollkommenen, so daß sie doch nicht in einer Reihe mit den vollkommenen Dissonanzen wie Secunde, übermäßiger Quarte und verminderter Quinte steht.

Franco's Lehre und Anschauung fand, da sie der praktischen Musikübung der Zeit zu Hilfe kam, in Deutschland, Frankreich und England Zustimmung und Verbreitung. An ihn schloßen sich Theoretiker an wie Petrus Picardus, Franco von Paris, Hieronymus de Moravia, Walter Odington, Robert de Hanblo, Petrus de cruce u. a.

Ende des 13. Jahrhunderts leuchtet als Lehrer Marchettus von Padua (c. 1276) hervor. Der Umschwung zu Gunsten der modernen Tonanschauung vollzog sich unter den Händen der beiden hochgefeierten Theoretiker Philipp de Vitry (Philippus de Vitriaco), Bischof von Meaux c. 1280, und Johannes de Muris, Lehrer an der Sorbonne zu Paris (c. 1300).

Die Sext wird den unvollkommenen Consonanzen beigezählt; das Princip der Gegenbewegung für die Stimmenführung im mehrstimmigen Satze ausdrücklich aufgestellt, die Parallell-Fortschreitung vollkommener Consonanzen (Octaven, Quinten) verboten; für Anfang und Schluß des Tonsatzes die Consonanz gefordert, alles Aufstellungen, welche die volle Ausbildung der Polyphonie begünstigen und voraussetzen, wie sie denn sicherlich aus der Praxis hervorgewachsen sind und als Compromiß zwischen dem Wohlgefallen, das man an der praktisch geübten Polyphonie fand und der grauen Theorie angesehen werden müssen. —

Die Musiklehre wurde in der von Johann de Muris eingeschlagenen, der Praxis zugekehrten Richtung fortgebildet von **Egidius Zamorensis** (Spanier), **Elias Salomo** (c. 1274), **Engelbertus**

Admontensis (Steiermark, † 1341), John of Tewlesbury, Thomas a Walsingham (beide in England) Prosdocimus de Beldomandis (Padua) (schrieb 1408—12); Anselm von Parma; an sie schlossen sich die Theoretiker der Blütezeit des Contrapunkts an, die sich um die Niederländer gruppiren: Philipp von Caserta, Adam von Fulda und John Hanboys (England), vor allem aber die drei großen Theoretiker zu Neapel: Guglielmus Guarneri, Bernardus Hycaert', Joannes Tinctoris (1435— c. 1510), sämmtliche Niederländer, und der Italiener Franchinus Gafurius (1451—1522). Sie vollendeten die Theorie der polyphonen Musik und versuchten die moderne Anschauung und Lehre mit der griechischen Ueberlieferung, von der man nicht loskommen wollte noch konnte, zu vermitteln. Zu erwähnen wäre noch der Spanier Bartolomeo Ramo de Pareja (geb. 1440), der zu Bologna lehrte, sofern er für die mehrstimmige Musik zuerst die temperirte Stimmung gerathen haben soll.(?) Die Entwicklung schloß ab mit Henricus Loritus, genannt Glareanus (geb. 1488 zu Glarus) † 1563, welcher die 8 Kirchentöne auf 12 vermehrte, indem er die in der weltlichen Musik längst üblichen Reihen von C (Jonisch) und A (äolisch) in das System hineinnahm; endlich Giuseppe Zarlino (1517—1590 Kapellmeister zu S. Marco in Venedig).

Mit diesen Namen haben wir die Grenze unsrer Periode weit überschritten und die großen Theoretiker des Zeitalter's der Niederländer bezeichnet, um in der Schilderung desselben nicht aufgehalten zu sein. Es ist dabei von selbst klar, daß die Entwicklung und Ausbildung der Theorie Hand in Hand mit der Praxis gieng, daß wir nur in der Darstellung und um der Kürze der Darstellung willen Theorie und Praxis scheiden.

Die musica mensurata drang nur allmählich in die Kirche ein; im 15. Jahrhundert aber hat sie dieselbe erobert und wunderbar rasch sehen wir auf dem mühsam in 5 Jahrhunderten errungenen Grunde die romantischste aller Künste eine erste, herrliche Blüte entfalten.

Erst aber mußte mit der scholastischen Mönchsarbeit das frische, grünende Leben, mit der starren, öden Harmonie die duftende, frische Melodie sich vermählen! Diese konnte im Dämmer der Klosterzelle nicht gedeihen, sie war der Niederschlag oder noch besser die wildgewachsene Blüte des im Glanz der Romantik schimmernden Lebens!

2. Abschnitt.

Die Geschichte der Melodie (des einstimmigen weltlichen Gesang's).

Quellen: Wolf, J. Ueber die Lais: Sequenzen und Laiche. Ein Beitrag zur Geschichte der rhythmischen Formen und Singweisen der

Volkslieder und der volksmäßigen Kirchen- und Kunstlieder im Mittelalter. Heidelberg 1841.

Hoffmann von Fallersleben, Schlesische Volkslieder mit Melodien. Leipzig 1842. — Deutsche Gesellschaftslieder. ib. 2. A. 1860.

A. Kretzschmer und A. W. v. Zuccalmaglio, Deutsche Volkslieder mit ihren Originalweisen. Berlin 1838—44.

Becker, Lieder und Weisen vergangener Jahrhunderte. Leipzig 1853.

F. A. Böhme, Altteutsches Liederbuch. Volkslieder der Deutschen nach Wort und Weise aus dem 12—17. Jahrhundert. Leipzig 1877 (enthält das Verzeichniß der Quellen).

Kiesewetter, Schicksale und Beschaffenheit des weltlichen Gesanges. Leipzig 1841.

Schneider, K. E., das musikalische Lied in geschichtlicher Entwicklung. Leipzig 1863/65.

[Diez, Leben und Werke der Troubadours.

La Borde, Essais.

A. Tobler, Spielmannsleben im alten Frankreich „Im neuen Reich" (1875. H. 9).

A. Czerwinski, Geschichte der Tanzkunst. Leipzig 1862.]

Fridrich Heinrich von der Hagen, Minnesänger. B. 4. Leipzig 1858.

Falke, Die ritterliche Gesellschaft.

Wagenseil, J. C. Von der Meistersinger origine, praestantia, utilitate et instifutis. Altorf Noric. 1697.

Puschmann, Gründlicher Bericht ꝛc. Görlitz 1574.

A. Reißmann, Geschichte des deutschen Lieds. Berlin 1874.

Büsching und von der Hagen, Sammlung deutscher Volkslieder. Berlin 1807.

L. A. v. Arnim und Clemens Brentano, des Knaben Wunderhorn. Heidelberg 1806—8. 3. A. Berlin 1857.

L. Uhland, Alte hoch- und niederdeutsche Volkslieder. Stuttgart 1844/45.

Simrock, die deutschen Volkslieder. Neue Ausgabe 1872.

F. J. Mone, Schauspiele des Mittelalters. Carlsruhe 1846.

Das Volkslied war in der vorigen Periode gänzlich vom

Kirchengesang absorbirt worden; jene, aus dem Herzen des Volks entsprungene Sequenzen (Adalbertuslied, dies irae, stabat mater u. a.), waren eigentlich volkstümlich zugerichtete Kirchenchorale. Seinen Eigenton hatte das Volk unter der Herrschaft der Kirche auch auf diesem, wie auf so manchem anderen Gebiete noch nicht gewonnen.

Im zehnten und elften Jahrhundert beginnt es im Volke zu gähren. Die Enttäuschung des Jahres 1000, welches trotz aller Erwartung den Weltuntergang nicht gebracht hatte, war geeignet, die schwärmerisch von dem vergehenden Diesseits abgekehrten Gemüter wieder der Wirklichkeit, dem thatreichen und thatfordernden Leben zuzuwenden. Im deutschen Volke zumal welches jetzt in hervorragendem Maße der Träger der Zeitideen und Zeitströmungen war, regt sich das Recht der Individualität. Leise, kaum merklich, an der Hand politischer Entwicklungen und in Folge politischer Verwicklungen, löst sich das Bewußtsein des Volkes und des Reiches vom Kirchenbewußtsein ab, wiewohl letzteres — wenigstens äußerlich — durchaus triumphirt; beides ist nicht mehr identisch, der Beweis dafür liegt in dem langen Investiturstreit, der über Deutschland so unsägliche Wirrnisse und so schwere Noth brachte.

Die Kreuzzüge, diese ächte Frucht des widerspruchsvollen romantischen Geistes, vertagen den Ausgang des Kampfes; die Gemüter werden von dem unmittelbaren und eigentlichen Schauplatz desselben abgelenkt: in der Ferne, in dem Lande, da der Herr in Menschenhüllen gewandelt, sucht der aus den Fesseln der kirchlichen Vormundschaft und der mönchischen Engherzigkeit hinausdrängende Geist das, was die Heimat nicht zu erringen und darzustellen im Stande ist: Frieden, heiliges Land, das Reich Gottes auf Erden.

Es war nur eine Vertagung — denn die herrliche, schwungvolle Bewegung, von vornherein bei aller edlen, hinreißenden Gewalt, die sie entfaltete, doch eine romantische Täuschung, mußte ja in nüchterne Prosa auslaufen.

Getäuscht, aber gereift, um eine große Erfahrung reicher, kehren die Völker aus dem Orient zurück. Der Widerspruch zwischen den Forderungen der Kirche und den Rechten der Natur, zwischen den Idealen der ächten Frömmigkeit und den rauhen Wirklichkeiten des Diesseits, zwischen Kirche und Staat, Papst und Kaiser, zwischen dem wahren, frischen, reinen Leben und den Begriffen einer zur Ascetik gesteigerten kirchlichen Moral — er konnte nicht mit Waffengewalt gelöst werden. Nicht durch äußere Veränderungen war die Lösung zu erringen, denn auch auf dem geheiligten Boden war ja der Widerspruch klaffend hervorgetreten. Dieser Widerspruch mußte gelöst werden durch erneute Einkehr in die Welt des Gemüts, in welcher er wurzelte, durch die ernste Arbeit der Gedanken; in ihr und durch sie mußte der Geist des Einzelnen, wie der Geist der Nation seine Eigentümlichkeit erst wiederfinden, stärken und zum Kampf auf Leben und Tod gegen den falschen Romanismus ausrüsten.

Auf unsrem Gebiete drückt sich dieser Umwandlungsprozeß unmittelbar aus in der Umwandlung der kirchlichen Volkssequenz zum naturwahren, freien, ächten Volkslied. Nirgends zeigt es sich so schlagend, wie hier: daß das Lied der treueste und untrüglichste Spiegel einer Zeit, ihrer Stimmung, ihres Geistes ist. Zwar ist das Lied der lyrische Erguß eines Einzelnen; aber indem das Volk diesen Erguß des Einzelnen als den Ausdruck seiner eigensten Stimmung erfaßt und diese darin aussingt, wird das Lied absichtslos und kunstlos der Abdruck, das Denkmal des allgemeinen Lebens der Zeit. Die Ablösung des volkstümlichen Allgemeinbewußtseins vom mönchischen, kirchlich-romanischen spiegelt sich treu wieder in der Verdrängung des Kirchengesangs durch den volkstümlichen, nationalen Gesang; wie die Welt und das nationale Element sich auch sonst in die Kirche drängte (man denke an den Volkshumor bei Kirchenfesten!) so drang mit der Zeit die Volksweise in die

Kirche selbst ein; jedenfalls verlor die Kirche auf dem Gebiete des Gesellschafts- und Volksgesangs die Herrschaft.

Durch die Kreuzzüge rückte zunächst der Ritterstand an die Spitze der Gesellschaft. Er wurde der Träger der Zeitideen, der Vertreter edler Bildung, der Beschützer adlichen Sinnes und der Hort großherziger Gesinnung. Im Zusammenhang damit wurde der ritterliche oder höfische Gesang das getreue Bild des ritterlich-adlichen Sinnes und Wesens, die erste Form des lyrischen, gesellschaftlichen Gesanges.

Der erste Kreuzzug verlieh dem provençalischen Ritterstand besondren Glanz; daher wurde provençalische Weise, Bildung und Art das Muster ächten Rittertums und das **Lied der Troubadour's** das Lied der Singenden überhaupt.

In der Hohenstaufenzeit geht der Glanz der Romantik auf Deutschland über. Im selben Maße, als Deutschland an Bedeutung die romanischen Völker der Zeit überragt und Selbständigkeit entfaltet, gewinnt das Lied auch an Selbständigkeit, an individuellem Ausdruck und lyrischem Gehalt. Die nächst höhere Stufe des lyrischen Gesangs bezeichnet das deutsche **Minnelied**.

In Deutschland blieb aber die Sangeslust und Sangeskunst nicht blos Privilegium der Adlichen und Gebildeten im damaligen Sinne, vielmehr griffen hier auch die ehrsamen reichsstädtischen Bürger nach der hohen Kunst; ja das Volk selbst schuf sich Lieder, die einem ganz anderen Boden entstammten und eine ganz andere Luft athmeten, als der ritterliche und bürgerliche Gesang. Der spießbürgerliche **Meistergesang** brachte die Kunst des Gesangs ins tägliche Leben, das eigentliche freie **Volkslied** aber war erst der neue fruchtbringende Keim, und zugleich die eigentliche reife Frucht der damaligen allgemeinen Geistesentwicklung. Demgemäß erhalten wir drei Entwicklungsstufen, welche sich darstellen im ritterlichen, bürgerlichen und volkstümlichen Gesang.

1. Kapitel: Der ritterliche Gesang.

1) Das Lied der Troubadours.

1. Boden. Anschauungs- und Stimmungskreis.

Der ritterliche Gesang gilt als ein nothwendiges Erforderniß adlicher Bildung; wo die letztere blüt, da blüt auch der erstere: unter allen Ländern ragt die Provence als das sonnige Land der Romantik hervor; auch die nördliche Champagne, Flandern, Brabant sind Heimatstätten des höfischen Gesangs, dem zu huldigen für Könige und Fürsten Liebhaberei und Ehrensache war. Richard Löwenherz, Thibaut von Navarra, ja sogar der Mörder Konradins Karl von Anjou waren Freunde desselben.

Doch die ächt aristokratische Anschauung der Zeit machte einen strengen Unterschied zwischen dem Dichter und Componisten einerseits und dem ausübenden Musiker oder Sänger andrerseits.

Nur das „Erfinden" der Weise gebührt dem adlichen Herrn; wer darin geübt ist, heißt der Troubadour (in der Provence) oder il Trovatore (in Italien) oder le Trouveur (im nördlichen Frankreich). Ein Meister im Erfinden von lieblichen Weisen war der eben genannte Thibaut von Navarra.

Die Ausführung, der Vortrag der Composition war bezahlten Musikern vom Fache übertragen, die sich der Troubadour zu diesem Zwecke hielt. Diese gehörten zu den „heimatlosen" „fahrenden Leuten", welche vom Volke tief verachtet wurden und daher durch ein solches Dienstverhältniß nur zu Ehren und Sicherheit gelangten. Denn, ähnlich wie die „Hofnarren", traten sie in ein intimes Verhältniß der Treue zu ihrem Herrn. So hat der Sänger Blondel seinen Herrn, den König Richard Löwenherz, durch seine Treue gerettet; in dunkler Nacht war er nach langem Suchen und Irren an die Burg Dürrenstein gekommen, hinter deren Mauern Richard schmachtete;

Blondel weiß das nicht sicher, in der Nähe des Schlosses stimmt er ein Lied an, das er einst mit dem König gedichtet. Als er innehält, singt Richard weiter — so erhält Blondel Gewißheit und Richard wird befreit.

Aber, wenn der Einzelne auch in eine geachtete Stellung gelangte, im allgemeinen ruhte die Verachtung auf ihnen; sie heißen »jongleurs oder joueurs« (Spieler); oder »estrumanteurs« (Instrumentisten); wenn sie zugleich als Dichter auftreten, menétriers, menéstrels, troveor bastard's. Der fahrende Minstrel, wenn gleich durch die Gunst adlicher Sitte geschützt, war rechtlos und schutzlos; daher die „Treue" gegen den schützenden Meister, die für den Minstrel sprüchwörtlich geworden ist.

Die Lieder der Troubadours feiern alles das, was dies romantische ritterliche Leben bewegte und dem adlichen Gemüte wert war: Treue, Frauenliebe, Marienanbetung — das sind die Grundstimmungen, die alle Dichtung beherrschen. Die Gottesverehrung hat sich ja auf den Mariencult concentrirt und die Frauen waren der Mittelpunkt des feineren, gesitteten geselligen Verkehres. Unter den Marienliedern finden sich wundersam zarte Blüten ächter, minnender Frömmigkeit; die Lieder welche die Frauenliebe feierten, waren in Tanzweise gehalten; sie zerfielen in Reihentänze (carols von choreola, später rondet de carols, roudeau — in Deutschland »umme gende tenz«) und Hüpftänze (espringale, espringerie „springende tenz"), in welchen Arten wir zwei Grundtypen für die spätere Instrumentalmusik zu erkennen haben. Auch Balladen wurden von den Troubadours gedichtet (so von Faidits).

Zu den bedeutendsten Erfindern von Weisen zählen eben solche nicht höfische sondern fahrende Componisten wie **Adam de la Hale**, der »boiteux« („Bucklige") oder bossu d'Arras, der ursprünglich zum Geistlichen bestimmt, das romantische Dasein des fahrenden Sängers dem Pfaffenrock vorzog, und zuletzt in Neapel im Dienste Robert II. von Artois starb (1287); ferner

Guillaume von Machaub, »le noble rhétorique«, Gancelm Faibit und andere.

2. Was den musikalischen Charakter betrifft, so zeigt das Lied der Troubadours fast ganz schon die Eigentümlichkeiten des heutigen französischen Chansons. Leicht, in declamatorisch-pointirender Recitation fließt die Melodie anmuthig hin, gewisse Wendungen sind schon stereotyp, die melodischen Einschnitte und Ruhepunkte sind vom Wort abhängig, das mit Strofenbau und Reim der Melodie gewisse Schranken auferlegt, aber auch eine gewisse Symmetrie schafft.

Hievon abgesehen ist die Melodie-Bildung vom gregorianischen Gesang noch ziemlich stark beeinflußt (Vermeidung der großen Terz!), so daß wir im höfischen Gesang nicht ein Neues, sondern nur den Uebergang zu einem Neuen erblicken dürfen. — (Die Notirung geschieht noch mit der schwarzen nota quadriquarta [longa, brevis, semibrevis, plica]).

In der Heimat des gregorianischen Gesanges, in Italien, war die Lust des Gesanges verstummt. Dort war trübe, schwere Zeit im romantischen Mittelalter; wie ein schöner, flüchtiger Traum erscheint die kurze romantische Blüte unter Friedrich II. Wohl gab es sangesfreudige Gemüter, wie das des frommen Franz von Assissi, der „mit der Schwalbe abwechselnd" auf einsamen Gängen „Gottes Lob" sang; oder Bonaventura, Giacopone da Todi, Giacomino da Verona — aber wenn sie die Saiten stimmten, so war es zu glühend-religiösen Gebetsliedern, wie sie in düsterer Noth dem Gemüt entströmen. In ihnen fand das bedrängte Volk seine Stimmung wieder. Sie mögen jenen Volkssequenzen der vorigen Periode ähnlich gewesen sein; wir wissen es nicht, denn mit der stürmischen Zeit, die sie geboren hat, sind jene Weisen verklungen und verweht.

2. Das deutsche ritterliche Minnelied.

1. Boden.

Der romantische Geist erhält in Deutschland gemäß dem

deutschen Charakter ein eigentümliches Gepräge von Ernst und Innigkeit, gepaart mit Frömmigkeit und Zartheit. Dem entsprechend ist die „deutsche Minne"- etwas ganz anderes, als die Galanterie und Empfindungsseligkeit der Provençalen; der Grundton ist die „Treue bis in den Tod"; ein Andachtsschimmer ist über alle diese Lieder ausgegossen; manche ihrer Weisen, zumal die späteren, nähern sich dem eigentlichen Volkslied.

Auch die sociale Stellung der Sänger ist in Deutschland eine andere, als in Frankreich. War es dort der Adel, welcher der Sangeskunst Glanz und Ehre verlieh, so ist es hier die Kunst selbst, die den Sänger adelt, ob er von edlem Rang ist, oder nicht. Der Edelgeborne ist selbst des Saitenspiels kundig; wacker streicht im Nibelungenliede der Held Volkher seine Geige, einen »süezen laich« harpfete Tristan der Isolde; Friedrich I. und II. sind feurige Verehrer und kundige Meister des Gesanges und Saitenspiels. Nicht wie in Frankreich gilt der bürgerliche Sänger als trouveur bastard — die Kunst adelt auch ihn: bei dem bekannten Sängerkrieg auf der Wartburg 1207 stehen neben den „rittermäßigen Mann und gestrengen Weppenen" wie Wolfram von Eschenbach, Walter von der Vogelweide, Heinrich von Zwetschin, gleich geehrt ein Viterolf „einer von des landgraven hofgesinde", Heinrich von Aftirdingen, „ain borger uz der Stadt Ysenache". — Auch fahrende Sänger kehren ein, aber ächt künstlerische Vornehmheit der Gesinnung adelt sie, ihr Sang ist der Dank für die freundliche Aufnahme, die der Burgherr ihnen gewährt.

2. Musikalischer Charakter des ritterlichen Minnegesangs. Die Minnesänger verwenden alle Kunst auf den feinsinnigen Ausbau des sprachlichen Gerüstes ihrer Lieder, die rein musikalischen Wendungen und Accente dienen ausschließlich dazu, die Worte gleichsam in die rechte Beleuchtung zu rücken: es ist also fast ausschließlich eine melismatisch-declamatorische Musik; dies ist namentlich bei der älteren Reihe der Minnesänger der Fall, welchen z. B. die bekannten Meister

Kürenberger, Meinloh von Sevelingen, Dietmar von Eist angehören (12. Jahrhundert); die Musik der Sprache war noch nicht so raffinirt, wie bei den späteren: die Musik der Töne, der es ja noch wesentlich an Gewandtheit und Mannigfaltigkeit der Flexionen fehlte, konnte sich mit den Pointen und Absätzen des Gedichts noch inniger verschmelzen. Später, als Versbau, Reim ꝛc. bis aufs Raffinirteste ausgebildet war, blieb für die Musik der Töne, welche nun den einzelnen Sprachwendungen nicht mehr folgen konnte, wenig Raum; so in den Liedern der ersten Meister, welche die höchste Blüte des höfischen Gesangs repräsentiren: eines Reinmar des Alten, Hartmann von der Aue, Walter von der Vogelweidt, Wolfram von Eschenbach, Gottfried von Straßburg, Reidhardt von Rauenthal u. a.

In Folge davon aber, daß die rein musikalische Gestaltung den detaillirten Intentionen und Feinheiten des Textes nicht mehr zu folgen im Stande ist, löst sich die erstere vom letzteren los, gewinnt dadurch eine gewisse Allgemeinheit und wird zum „Ton", in welchem ganz verschiedenes gesungen werden kann; war in der ersten Zeit die Melodie mit dem bestimmenden Text als Eines entstanden, so erfand man nun zu bestimmten Versmaßen, Strofen, selbständige „Töne", welche gleichsam den Rahmen bildeten, der das vom Dichter entworfene Bild umschließen sollte; nur die Haupteinschnitte des Strofenbaues sollte nun der melodische Gang markiren, nicht mehr jede einzelne Wendung des Textes. Jene Haupteinschnitte aber mußten nun auch musikalisch in aller Schärfe hervortreten; es entsteht eine selbständige musikalische Periodik; denn den „2 Stollen" des Aufgesangs entspricht im melodischen Gang der zweimal wiederholte erste Theil, dem Abgesang der zweite Theil; mit dieser zweitheiligen Structur der Melodie haben wir schon die Grundbildung des Volkslieds und das Bildungsgesetz der späteren Instrumentalmusik.

Es leuchtet demnach ein, daß der Minnegesang, je mehr

seine musikalischen Bildungen sich von der Fessel des Strofen=
bau's loslösen, desto mehr sich der volksliedartigen Composition
annähert. Es geschieht dies ganz im Zusammenhang mit dem
Verfall der Romantik und dem Emporkommen des soliden
Bürgertums: Meister Poppe („O Herre unde starker Gott"),
das Lied

> „Loybere risen hintzu thal
> Des stahn bloß ir Este,
> Blumen sich wissen daß sie sind vurtorben all',
> Schone was ir Gleste — u. s. w.

Heinrich von Meißen, Frauenlob († 1318), der Unver=
zagte („der kunic Rudolf minnet Gott"), Hugo von Montfort
(c. 1400), Oswald der Wolkensteiner zeigen in stufenmäßiger
Folge die Hinbildung des ritterlichen Minneliedes zum Volks=
lied. —

2. Kapitel: Der Meistergesang.

Mit dem Zerfall des Reichs und dem Aufkommen des
nüchternen, berechnenden Habsburg erlosch der Glanz des ro=
mantischen Rittertums. Die edle Erscheinung des Kaisers
Maximilian, des letzten Ritter's, ist selber schon die Nachblüte.
Der Minnegesang verstummt, die Kunst geht ins bürgerliche
Leben über; die ehrsamen Bürger gewinnen Interesse und
Freude daran, verledern sie aber auch gründlich: der Meister=
gesang hat das Verdienst, der edelsten Kunst das friedliche
Daheim der Familie geöffnet zu haben, so wenig Wert seine
musikalischen Leistungen in künstlerischer Hinsicht haben.

Die Meistersänger erscheinen zum ersten Mal urkundlich
im 14. Jahrhundert zu Mainz. Karl IV. gab ihnen 1387
Wappenrecht und Freibrief.

Herzliche Frömmigkeit gepaart mit spießbürgerlicher Eng=
herzigkeit kennzeichnet den Geist ihrer Schule. Dem Gesang
wird — so enge und prosaisch auch die Kunst aufgefaßt wird
— die höchste Bedeutung beigelegt, er ist eine Aeußerung der

Frömmigkeit, der Schmuck des religiösen Lebens. Sie wollen „eine öffentliche, christliche Singschule abhalten, Gott dem Allmächtigen zu Lob', Ehr und Preis, auch zur Ausbreitung seines heiligen göttlichen Worts". Die musikalische Feier ist für die braven, ehrenvesten Männer ein Gottesdienst: darum ist sie der Schmuck des Sonntags oder Feiertags; am liebsten wählt man zum Ort der Abhaltung der „Singschule" die Kirche selbst, denn der Gesang ist die Fortsetzung des Nachmittagsgottesdienstes. Diesem Zwecke zufolge „sollte nichts gesungen werden, denn was heiliger, göttlicher Schrift gemäß ist, auch verbotten sein, zu singen alle Straffer und Reitzer, daraus Uneinigkeit entsteht, und alle schandbaren Lieder" — nur das, was dem ehrsamen, engherzigen Bürgersinn das Höchste und Erhabenste, das Heiligste und Verehrungswürdigste war, die heilige Schrift, war ihm würdig genug, in den Schmuck der Töne gefaßt zu werden. Und da waren es nicht etwa die Ideen, die Gedanken oder die lebendigen Gestalten des Evangeliums, die man sich singend vor die Seele rückte, sondern ganz im Einklang mit dem orthodoxen Schriftdogma, welches in dem Buchstaben das Werk des hl. Geistes erblickt, war es die „Gschrift" selber als solche, der Buchstabe, den man ehrte: denn in Einem Melodiesatz sang man Kapitelbezeichnung und Geschichte, so im „Langen Ton":

 Genesis am neunundzwanzigsten uns bericht',
 Wie Jacob floh vor sein Bruder u. s. w.

oder

 „Matthäus schreibet am achten: Christus trat in ein Schiff" u. s. w.

Darin liegt eine hohe Bedeutung: zwar der trockene, unverständliche Gottesdienst der Kleriker genügt nicht mehr; der selbständige Bürgersinn verlangt mehr; der Laie will auch Gottesdienst treiben aber er ergreift dazu das, was ihm am nächsten war, ergreifts in der Form und in dem Sinn, wie es vorlag.

Was bei dem Kirchengesang die kanonische Vorschrift war, das that bei dem selbstgeschaffenen Gottesdienst Zunftregel und Sittencensur. Die Kunst selbst ist in ihrem Detail bestimmt und bis ins einzelnste hinein sind ihr die Regeln der Ausführung vorgeschrieben. Für deren Einhaltung haben bei jeder Zusammenkunft die „Merker" zu sorgen; die poetisch-musikalische Grammatik, die der Sänger befolgen mußte, war in der Tabulatur niedergelegt.

Die Gesellschaft ist in ihrer Weise zunftmäßig, hierarchisch gegliedert: an der Spitze steht der Obermeister (Kronenmeister, Werkmeister), der mit seinen Merkern, mit dem Büchsenmeister, (Kassier) und dem Schlüsselmeister (Verwalter) den Zunftvorstand bildet; die Bekanntschaft mit der Kunst der Ausführung und Hervorbringung bestimmt jedem den Grad und die Stellung, die er in der Gesellschaft einnimmt, vom „Schüler" an, der noch an den Regeln lernen muß, bis zum „Meister", der im Stand ist, einen „Ton" zu verfertigen.

Jede Zusammenkunft wurde mit dem Freisingen eröffnet: da sang jeder nach Herzenslust; die Merker waren nicht thätig.

Dann folgte das Hauptsingen; die Fehler, auf welche die Merker zu achten hatten, waren in erster Linie Verstöße gegen die „Gschrift", dann technische Fehler in der Sylbenzählung, dem Reim, der Singmanier; in letzterer Hinsicht wurde besonders Jagd gemacht auf das „mundiren" (falsch oder zu hoch singen), die „falschen Blumen" (Schnörkel), den „Vorklang". Wehe, wer sich „versungen" hat, der tritt mit Schmach ab. Wer „aus rechter Kunst das beste thut", erhält das „Schulkleinod" („Davidsgewinner" eine mit Schaustücken behangene goldene Kette; auch ein Kranz von seidenen Blumen bildete den Preis).

Wie die Poesie eine geistlose, äußerst prosaische Reimerei war, so schmecken auch die Melodien gewaltig nach der Schuster=

und Schneiderwerkstatt; es sind monotone Psalmodien, dem Kirchenton, „Ebräerton" ¹), geistlos nachgebildet.

Das Lied — Bar — zerfällt in das zweistrofige Gesätz und den Abgesang. Die Strofe steigt bis auf 122 Reime!! Die Melodie ist ganz unabhängig vom Inhalt des Textes, sie ist nur das Gefäß, das Sylben und Reime aufzunehmen hat. Jede Melodie hat ihren Namen: diesen gibt ihr entweder der Erfinder (der Ton Heinrich Müglings, der Ton Frauenlobs, Marners, Regenbogen's u. a.), oder sie wird unter Assistenz zweier Gevattern mit „einem ehrlichen und nicht verächtlichen Namen" getauft: Alles geht ehrsam, pünktlich, nüchtern zu. Solche „ehrsame, nicht verächtliche Namen" sind z. B. die „Jungfrauweis", „die abgeschiedene", die „Vielfraßweis", „Schreibpapierweis", die „fröhliche Studentenweis" u. a.

Der Meistergesang verbreitete sich weithin: wie sehr diese bürgerliche Kunstbestrebung im deutschen Gemüte wurzelte, zeigt der Beifall, welcher überall dem Werke gezollt wurde; jeder ordentliche Bürger gehörte zur Meistersängerzunft, aber auch hohe Herren ließen sich als Mitglieder aufnehmen. Im 14. Jahrhundert blühen Nürnberg, Mainz, Frankfurt, Zwickau, Colmar, Prag; im 15. Straßburg, Augsburg, Regensburg, Ulm, München, im 16. Danzig u. a. Die bedeutendsten Namen sind Müglein, Suchensinn, Behaim, Hans Sachs u. s. w.

War im Einzelnen der Meistergesang die höchst denkbare musikalische Philiströsität, so bleibt sein unsterbliches Verdienst die hohe, edle Auffassung, die er von der Tonkunst gehabt hat und die durch ihn in alle Schichten der bürgerlichen Gesellschaft eingedrungen ist. Es ist die Kunst der Meistersinger vermöge des keuschen reinen Sinnes, den sie dazu mitbringen und hineinlegen, der erste Anfang jener specifisch deutschen, gesinnungstüchtigen, gediegenen Richtung, die in Bach zur Vollendung kommt. Die Meistersinger haben so der Tonkunst als

---

1) Harsdörfer.

einer Kunst des **Volkes** den Weg zum Herzen des Volkes bereitet; das Volkslied gab ihr Regel und Inhalt.

Sein Ende fand der Meistergesang in Ulm im Jahre 1839, als die letzten 4 Mitglieder der Ulmer Singschule ihre Innungszeichen, Bücher und Fahne dem dortigen Liederkranz mit einer Urkunde übergaben. Was der Meistergesang in den Zeiten der Zünfte war, sind in der jetzigen Zeit die Gesangvereine und Liederkränze; jener hat auf die wahre Volkskunst ahnend hingezeigt, diese haben den Beruf, das Beste der **vollendeten** Kunst dem Volke zu vermitteln.

3. Kapitel: Das freie Volkslied.

Das Gesetz der freien Melodiebildung, an welches die Melodien der Minnesänger und Meistersinger nur absichtslos anstreiften, wurde das gestaltende im Volkslied. In ihm haben wir daher den Keim einer neuen — der modernen — absoluten Musik zu erblicken. Die Liedform ist im Volkslied festgestellt, die Angelpunkte der Melodie bilden Tonica, Ober- und Unterdominante, die reine Melodie ist gefunden, welche als solche schön und durch sich selbst bedeutungsvoll ist.

Fassen wir den Boden der Entstehung der freien Volksweise zunächst ins Auge, so bedarf es kaum der Vorerinnerung, daß auch das Volkslied, wie jedes andere Lied, das Werk eines Einzelnen ist, sowohl dem Texte als der Melodie nach; für das was zu einer bestimmten Zeit alle Herzen erfüllt und alle Gemüter bewegt, hat Einer durch glückliche Eingebung das rechte Wort und den rechten Ton gefunden, so daß nun in seinem Liede ein Jeder die eigene Sprache erkennt und, sobald die Weise ertönt, miteinstimmen muß und miteinstimmen kann, als wäre ihm die Weise längst bekannt und eigen. Sofern das, was in Allen lebt, das Treibende, Hervorbringende im Dichter und Musiker ist, kann er wiederum nur als der Dolmetscher des Volksgeistes, oder wenn man so will, des Volksinstinctes angesehen werden, das Lied, wenn auch das eines Einzelnen, ist in Wahrheit das Lied des Volkes, ein Volkslied.

Hierin liegt die eminente Bedeutung des ächten Volksliedes für die Culturgeschichte. Denn da nur solche Lieder von einem Volke als Volkslieder adoptirt werden, welche wirkliche, reale Stimmungen ausdrücken, so ist das Volkslied, gleichwie das Zeitlied, der getreueste Spiegel der Zeit, welche es geboren hat, ein beredtes Zeugniß von der Beschaffenheit des allgemeinen Gemütslebens, der allgemeinen Geistesrichtung, der durchschnittlichen Herzensbildung in einem Volke.

Die ältesten Volksweisen auf ihren Ursprung zurückzuführen, gelingt uns nur gar selten; sie sind da, sind geworden, Niemand weiß mehr, woher sie gekommen sind. Von einem Volkssänger besonderer Art erzählt uns die Limpurger Chronik: „In dieser Zeit (1374) war auf dem Main ein Mönch, Barfüßer Ordens, der ward von den Leuten aussätzig, und war nit rein. Der machte die besten Lieder und Reihen in der Welt von Gedicht und Melodeyen, daß ihm Niemand uf Rheinesstrome oder in diesen Landen wohl gleichen möchte; und was er sang, das sungen die Leute gern, und alle Meister pfiffen und andre Spielleut fuhrten den Gesang und das Gedicht". Wir haben keine dieser Melodien überkommen, daß es aber schon die knappe, rhythmisch bestimmte Form des Volksliebs war, worin sie sich bewegten, geht aus der Bezeichnung „Reihen" hervor.

Ein anderes Mal ists ein fahrender Schüler, ein fremder Reitersmann, ein Jäger, dem die Urheberschaft zugeschrieben wird; er hat die Weise wenigstens zuerst ins Ort gebracht, ob er sie auf seiner Fahrt erst aufgegriffen hat, oder selbst der Erfinder ist, darnach wird nicht gefragt. War die Weise einmal da — in der Regel wird sie das Werk eines Professionsmusikanten gewesen sein, denn der musikalische Instinct als solcher erschafft nichts —, so sorgten die Pfeifer und Spielleute, das sogenannte zünftige Musikantentum, für die Erhaltung und Verbreitung.

Die zünftigen Musikanten bildeten in jenen Tagen gleichsam die musikalische Presse, ihr Stand war der weltbürgerliche Stand der Vagabunden; dadurch bekam ihre Musik etwas Weltbürgerliches, etwas Gleichartiges in den verschiedensten Ländern und Provinzen, und es darf dieses Moment, welches für die Gleichartigkeit einer europäischen Instrumentalmusik so bedeutsam ist, nicht außer Acht gelassen werden. Nicht nur förderten diese Musikanten die Uebung auf den einzelnen Instrumenten, legten also in technischer Beziehung den Grund für die spätere Instrumentalmusik, sondern sie bereiteten auch dem Verständniß für eine derartige reine, absolute Musik überall den Boden.

Vielfach mit den „wendischen Hunden" zusammengeworfen, die von Norden und Osten her, der zauberischen Geige kundig, durch Deutschland wanderten, waren sie, so willkommen ihre Kunst war, vom Volk aufs tiefste verachtet und gefürchtet; das weltbürgerliche, ungebundene Wesen des fahrenden Mannes stieß begreiflicher Weise ebenso den eng umfriedeten Bürger, wie den festsässigen Bauern ab; für den letzteren insbesondre, der gewöhnt ist, alles Fremdartige mit unüberwindlichem Mißtrauen zu betrachten, mochte die unwiderstehlich packende Gewalt der Musik etwas Unheimliches, Furchterregendes haben; in dem sirenenhaft ziehenden Ton der Geige, in den energisch lockenden Rhythmen, welche mit Zaubergewalt die plumpsten Füße in Bewegung setzten, lag für das abergläubische Volk etwas Dämonisches, Diabolisches. Fiedler und Pfeifer bilden daher in der Volksvorstellung das Gefolge vom Gevatter Tod; der Verderber der Kinder von Hammeln ist ein wendischer Pfeifer; kein Wunder, daß die Vertreter des musikalischen Handwerks das schwerste Vorurtheil wider sich hatten; ein anständiger Mensch und ehrsamer Bürger durfte sich, wenn ihm an seinem guten Rufe etwas lag, nicht mit ihnen einlassen;

zweifelte doch das Volk im Großen und Ganzen keinen Augenblick daran, daß das Gewerbe an und für sich den, der es treibe, in die Hölle bringe ¹).

Dem Staat gegenüber rechtlos waren sie genöthigt, unter sich eine geschlossene Rechtsgemeinschaft zu bilden (in Frankreich z. B. die confrérie des ménétriers, den roi des ménétriers an der Spitze; in Wien die Nicolaibruderschaft mit dem „Vogt" der Musik an der Spitze); es entstand eine nach außen festgeschlossene Bruderschaft mit Zunftgesetzen und Zunftstrafen; Nichtmitgliedern wurde das Handwerk mit allen Mitteln gelegt; Händel der Mitglieder unter einander wurden vom „Geigerkönig", „Spielgraven" auf dem Pfeifertag (— der z. B. im Elsaß zu Bischweiler alljährlich stattfand —) geschlichtet.

Aus dieser Abgeschlossenheit der Musiker von der übrigen Menschenwelt ergab sich jene Geheimnißthuerei, welche die Musik in den Nebel einer Arcankunst d. i. Geheimkunst hüllte ²); es galt, sich durch den Nimbus des Wunderbaren, Geheimnißvollen für die Verachtung des „Gewerbes" zu entschädigen.

Die fahrenden Musikanten zogen in kleineren oder größeren Gruppen, je nach dem Bedürfniß, durch Länder und Städte; sie brachten die beliebtesten Weisen von Ort zu Ort; auf ihre Kreise sind wohl vorzugsweise diejenigen der älteren Volksweisen zurückzuführen, die durch energischen Gang und Rhythmus, sowie durch fließende Cantilene sich auszeichnen.

Eine ganz andere Stellung, als die fahrenden Musikanten, nahmen die Stadtmusici ein, welche die „ehrsame Stadtpfeiferzunft" bildeten.

Ihr Amt knüpfte ursprünglich an das des Thürmers an, welcher mit dem Signalhorn ausgerüstet war, um herannahende

---

1) Ein Thomas von Aquino bricht zuerst für den verfehmten Stand eine Lanze (Summa II. quaest. 168 art. 3).
2) So namentlich die Orgelkunst!

Gefahr, theilweise auch die Stunde, mit dem Hornruf anzuzeigen; man nahm wohl bald nur solche Leute als Thürmer an, die des Instrumentes kundig waren, und es ergab sich von selber, daß der Thürmer sich seine Einsamkeit mit dem Ueben von der und jener Weise vertrieb, die er irgendwoher überkommen hatte. Die Sitte, die in vielen Orten aufkam und durch Stiftungen gefördert wurde, daß am Feierabend, wenn die Arbeit ruht und die dunkeln Schatten sich auf die dämmernden Gassen lagern, vom Münsterkranz ein frommes Abendlied über die Stadt hingeblasen wurde, machte es nothwendig, dem Thürmer einige Collegen beizugeben. Die Thurmmusik aber wurde nun als Stadtmusik verwendet, der Thürmer wurde zum Stadtpfeifer, Stadtzinkenisten.

Die Weise, welche der Thurmpfeifer vielleicht vom fahrenden Spielmann überkommen hatte, nahm naturgemäß auf dem Thürmerinstrument einen langsameren Gang an und bekam damit einen frommen, andächtigen Charakter; manches ursprünglich sehr weltliche Lied wurde für das Gefühl und die Gewohnheit der Hörer ein Gebetslied, da die Töne des Textes entkleidet und die Hörer gewohnt waren, die Weise nur vom Thurme herab zu hören. Manches spätere Kirchenlied ist so vom verachteten fahrenden Spielmann her über das trauliche Thürmerstübchen in die Kirche gekommen.

Indem auf dem Thürmer und seinen Genossen nicht der Fluch der Rechtlosigkeit lastete, vielmehr sein Gewerbe ein ehrsam bürgerliches war; indem der Stand der Stadtpfeifer, wohl, weil er doch noch oft mit dem Vorurtheil gegen die Musik zu kämpfen hatte, sich meist eines guten Wandels befliß, bildete sich jener solide, bürgerliche Musikerstand aus, in welchem die Kunst sich mit einem gediegenen, frommen Sinne verband; der hausbackenen Engherzigkeit und vielfach komischen Absonderlichkeit, welche viele Vertreter des Standes kennzeichnete, stand doch immer eine herzliche Frömmigkeit und eine edle Auffassung der Kunst gegenüber; so wurde der Sinn des Volkes herangezogen und bereitet für die neue Volkskunst, die der Reformator Luther dem deutschen Volke gegeben hat, indem er die Kunst des Gesangs, speziell aber den Volksgesang in den Dienst der Kirche stellte, demselben so die höchste Würde verlieh, und dem Eifer für Musik, der im deutschen Volke allzeit lebendig war, das hohe Ziel und die rechte Aufgabe zuwies. —

Die zünftigen Musikanten, ob sie gleich als Vagabunden außer der Rechtsgemeinschaft sich befanden, lebten doch mitten im Volk, mitten im lebendigsten Leben; die Stadtpfeifer waren vollends selbst ehrsame Bürger. In den von ihnen stammenden Liedern kommt daher alles zum Ausdruck, was irgend das Gemüt des Menschen als solchen bewegt, von der Freude am Leben der Natur, am einzelnen Stande und seinen Vergnügungen bis zu den tiefsten Gefühlen von Wonne und Weh der Liebe; auch der derbste Humor fehlt nicht. Wir finden Tag- und Wächterlieder, Räthsel-, Spott-, Wunsch- und Lügenlieder, Tanz- und Kranzlieder, Liebeslieder, Jägerlieder, Soldaten- (Landknechts-) Lieder, Kinderlieder u. a.

Was endlich die Melodien der Volkslieder betrifft, so treten uns in denselben meist fertige, in sich geschlossene Melodien entgegen.

Von der modernen Melodie unterscheidet sich das alte Volkslied besonders charakteristisch durch den Tactwechsel, d. i. die innerhalb einer und derselben Melodie eintretende Veränderung des Rhythmus. Das eine Mal wird die gleichförmige Bewegung am Schlusse durch erweiterte Rhythmen unterbrochen, gleich als wollte der Sänger am Schluß das Vorhergesagte noch einmal breit und markig wiederholen und das allmähliche Hinsinken zur Ruhe tonbildlich malen. Das andere Mal, namentlich in den Tanz- und Kränzleinliedern springt der gerade Tact plötzlich in den dreitheiligen Tripeltact über: denn der alte Reihen oder Reigen war nicht unser rascher und wirbelnder Rundtanz, sondern ein langsames Umhertreten nach

dem Tacte, wobei alle Tanzenden einander an den Häuben ge=
faßt hielten und fangen. Auf den ummgehenden Tanz folgte
dann als 2ter Theil der in mäßig raschem Tripeltact geformte
Abtanz oder Springtanz (vgl. Böhme a. a. O. S. XXV).

Die dritte Art des Tactwechsels ist die: daß gerader und
ungerader Tact regelmäßig abwechselt und zum Quintupeltact
($^5/_2$) combinirt wird.

Die Melodieen verrathen ein festes periodisches Gefüge.
Reim= und Strofenschluß verlangt den Halb= und Ganzschluß
der Melodie; die diatonische Dur= und Molltonart ist in der
Melodiebildung, so sehr dieselbe in die Kirchentöne eingezwängt
erscheint, schon ziemlich scharf ausgeprägt und zur Herrschaft
gebracht; diese relativen und absoluten Abschlüsse der Melodie=
glieder geben ein symmetrisches Ganzes, das sich als Ganzes
in Theilen sofort dem Ohr kund gibt und sich ins Ohr setzt,
weil durch die Halbschlüsse und Ganzschlüsse Ruhepunkte und
Anhaltspunkte für das auffassende Gehör gegeben sind. —
Indem ferner die Tonart eingehalten, von ihr ausgegangen
und in der Tonica geschlossen wird, erhält der Melodiesatz
Einen Stimmungscharakter; diese Einheit der Stimmung sucht
das Lied außerdem noch im Refrain auszudrücken, dessen Be=
deutung eine rein musikalische ist („O mein, o mein" „Rosen=
blütlein", „Lindenzweiglein", „Dölpel, bölpel", „viderallera",
„krauseminte", „salveye poleye" 2c. 2c.), indem durch ihn in
der Regel der Abgesang musikalisch fertig gestellt wird. In
der Schaffung der Einheit und Fertigkeit der aus lauter sym=
metrischen Gliedern sich zusammensetzenden Melodie innerhalb
der natürlichen (diatonischen) Tonreihe liegt die musikge=
schichtliche Bedeutung des Volkslieds: zum ersten Mal ist eine
musikalisch in sich geschlossene, einheitlich selbstän=
dige Form geschaffen.

Es war natürlich, daß das Volkslied, weil seine Melodie
durch sich selbst redete und musikalisch bedeutsam war, in allerlei
Weise verwendet wurde. Immer wenn man schöne Melodie

brauchte, bearbeitete (oft zerarbeitete) man das Volkslied, dessen thematische Kraft unerschöpflich war; so finden wir die frischesten schönsten Weisen in allerlei Verrenkungen und Verzerrungen in Lauten= und Orgelbüchlein der Zeit, ja es wurde zum allgemeinen Brauche, die kunstvollen harmonischen Bauten der Polyphonie über den Motiven des Volkslieds aufzuführen.

Das Gesagte gilt vor allem vom deutschen und niederländischen Volkslied. Das französische zeigt schon in frühester Zeit den anmuthigen Charakter des heutigen chansons; die englisch=schottischen ähneln am meisten den deutschen Volksweisen, nur ein gewisser schwermütiger Hauch unterscheidet sie von den deutschen, die meist in Dur, wie jene in Moll gehen. Gesundheit, neckische Frische, herzliche Innigkeit charakterisiren das deutsche Volkslied.

Wir können diese Periode nicht abschließen, ohne ein kurzes Wort über die Liederspiele und geistlichen Dramen des Mittelalters zu sagen. Von ersterer Gattung haben wir zwei von Adam de la Hale; sie unterscheiden sich in musikalischer Hinsicht in nichts von der übrigen Musik, welche derselbe geschrieben hat. Die Musik, welche zu den geistlichen Dramen oder Mysterien (Oster= und Passionsspielen, Marienklagen) gemacht wurde, hielt sich ganz in dem recitirenden Ton des gregorianischen Gesangs. Mit der Zeit mögen liedartige Einsätze, dem Volkslied nachgebildet, oder selbst geistlich unterdichtete Volkslieder dazu gemacht worden sein. So bedeutungsvoll die Mysterien in culturgeschichtlicher Beziehung sind, so wenig sind sie es in musikgeschichtlicher, indem sie weder eine neue Form — etwa Ansätze zu dramatischer Musik — geschaffen, noch auf die Auffassung der Tonkunst wesentlich eingewirkt haben. —

3. Periode.

Die Vorclassiker oder die Schulen der Niederländer.
(1380—1565.)

Ueberblick.

„Ueber die Verdienste der Niederländer ꝛc.", von R. G. Kiesewetter, Amsterdam 1829.

L. C. Rabe, Matthäus le Maistre ꝛc. Mainz 1862.

E. de Coussemaker, l'art harmonique aux XIIe et XIIIe siècles. Paris 1869.

Bellermann, H., die Mensuralnoten und Tactzeichen des 15. und 16. Jahrhunderts.

Die Aufgabe der seitherigen Entwicklung war es gewesen, das Material herzuschaffen und zuzurichten, mit welchem von nun an das musikalische Kunstwerk sollte aufgebaut werden. Es war daher ganz natürlich, daß die technische Seite der Tonkunst mehr ein Gegenstand der abstracten Theorie und der grübelnden Forschung gewesen war, als der praktischen Uebung und künstlerischen Gestaltung. Ungefähr mit der Renaissance kommt auch in das Gehäuse der starren Musik lebendig machender Geist; an die Stelle der abstracten, unkünstlerischen Forschung über die Gesetze der Harmonie tritt eine absichtsvoll schaffende, das Material nach einer künstlerischen Idee gestaltende Kunst; es erstehen musikalische Kunstwerke, die diesen Namen schon in vollem Maße verdienen. Allein noch haften denselben bei aller relativen Vollendung und künstlerischen Anmuth die Spuren der Arbeit an, bestehend in melodischen Härten, harmonischen Leerklängen und ästhetischen Unebenheiten, weßhalb die Denkmäler dieser Periode nur als die Vorläufer der eigentlich classischen Periode anzusehen sind.

Die Träger der ganzen Entwicklung sind vorzugsweise die Meister, welche den niederländischen Schulen ihre Bildung verdanken. Die Niederländer beginnen das gesammte europäische Musikwesen zu beherrschen, ohne daß jedoch dadurch eine eigen=

tümliche Entwicklung bei den übrigen Nationen ausgeschlossen gewesen wäre; denn nicht nur erhalten die Niederländer die Kunst des Contrapuncts von Frankreich, sondern es finden sich namentlich auch in Deutschland schon bedeutsame Anfänge, (Lochheimer Liederbuch) und es lassen sich überall schon die Keime und Ansätze zu den besondren Entwicklungen der nächsten Periode erkennen.

Daß gerade die Niederländer der Musik eine Pflegestätte bereiteten, erklärt sich aus verschiedenen Gründen. Nirgends, weder in Deutschland, wo die geistliche Macht mit der weltlichen auf Leben und Tod rang, noch in Frankreich und England, wo Kampf an Kampf sich reihte, noch in Italien, das an Fehden überreich war, schien am Eingang unsrer Periode die Zeit dazu angethan, jenes ruhige Behagen und behäbige Genießen aufkommen zu lassen, welches die Grundbedingung einer fruchtbaren Uebung und Entwicklung der Tonkunst ist. Diese setzt vor allem einen gewissen Grad von beschaulicher Bequemlichkeit voraus, unter Fehden und Kampf ist für sie keine Stätte.

Solche Ruhe bot in jener Zeit das kräftige Volk der Niederländer. Spießbürgerlicher Prosa stand ein durch den Handel geöffneter Blick fürs Große zur Seite; die kaufmännische Lebensweise war auf solide Bildung gestützt; bei aller Nüchternheit und Trockenheit fehlte es nicht an jener heiteren frischen Lebensauffassung und gesunden Freude, die bei einem geistig gesund angelegten Volke sich aus befriedigenden materiellen Verhältnissen immer ergibt. Der Reichtum erstickte nicht die jugendliche Frische des mannhaften Stammes; denn der Reichtum war die Frucht des gemeinsamen Gewerbsfleißes, die gemeinsame Errungenschaft der Anstrengung jedes Einzelnen. Es entsprach dem hieraus erwachsenden Gemeinsinn die polyphone Musik: jede Stimme ist selbständig, aber sie ist gebunden durch die andern und erhält Bedeutung nur durch das Ganze und in dem Ganzen.

Die Periode gliedert sich wieder auf den ersten Blick in zwei Epochen, deren erste mehr nach rückwärts, deren zweite mehr nach vorwärts schaut.

Die erstere wird durch den Namen und die Werke Dufays bezeichnet; die Arbeit überwiegt; das Hauptziel beim Schaffen ist noch die Correctheit in der Handhabung der harmonischen Mittel. Der Satz ist demgemäß einfach und durchsichtig, aber gar oftmals auch hart, schroff, schwerfällig. Diese Epoche wird oft die Epoche des einfachen Contrapuncts genannt. Da die Benennung zutrifft, behalten wir sie bei.

Mit Ockenheim siedelt die Kunst nach Italien über und gewinnt dort den Zauber der Anmuth: in Josquino de Près und Orlando Lasso erreicht sie die höchste Höhe. Die Contrapunctik wird minutiös ausgebildet, worüber sich die Kunst vielfach in formalistische Spitzfindigkeiten verliert. Daher bezeichnet man diese Epoche häufig als die Epoche des künstlichen Contrapuncts.

1. Epoche.

Die erste niederländische Schule (die Schule des einfachen Contrapuncts).
(1380 — circa 1480.)

1. Die Vorschule des Contrapuncts in Frankreich. Discantus und Fauxbourdons.

Die Kunst mehrstimmigen Gesanges fand zunächst nach Guido's Zeit in Frankreich Pflege und Weiterbildung. Die Mittelglieder zwischen dem Organum und dem Contrapunct bilden der französische Discantus und die sogenannten faux bourdons oder falsi bordoni.

Streng genommen verdient schon das Organum den Namen des Discantus, wie den des Contrapunct's: es wird ja der ersten oder Grundstimme eine zweite (discantus) entgegengestellt und jeder Note der einen Stimme entspricht eine Note der andern (punctum contra punctum). Allein man hat sich gewöhnt, unter Contrapunct nur die ausgebildeten Formen des mehrstimmigen Satzes zu befassen und mit dem Discantus (als geschichtlicher Bezeichnung) die Form des zweistimmigen Gesanges im engeren Sinn zu bezeichnen, welche das dem mehrstimmigen Satze wesentliche Princip der Gegenbewegung in den Stimmen ausbildete und hauptsächlich in Paris, überhaupt in Frankreich, seine Pflege fand.

Der discantus entwickelte sich zunächst ganz von selbst durch die praktische Uebung. Während der eine Sänger den cantus firmus d. i. die Grundstimme der gregorianischen Melodie festhielt (daher tenor), macht der andere Sänger, wohl um den Vortrag zu beleben, die Gegenbewegung zu den Schritten des Tenors: steigt der Tenor um eine Stufe, so fällt der Discant u. s. f. Dies ist die Form des einfachen Discant's, durch welchen sich dem Ohre die Schönheit des Terzklanges aufdrängte, trotz aller die Terz verpönenden Theorien. Von dem einfachen Discant, der Ton gegen Ton setzt oder unisono mit dem Tenor geht, unterschied man den „verzierten" Discant, (fleurettes), welcher in bunten Figuren, in Melismen besteht, mit welchen der Sänger nach seinem Geschmack und nach seinem musikalischen Instinct die Tenortöne umrankt. Weil nun der Tenor die tiefere Stimme bildete, der Discant die obere, so hat sich die Bezeichnung Discant für die Oberstimme beim Gesang bis heute erhalten.

Der Discant geschah ohne Noten; es war also contrapunctus a mente im Gegensatz zu dem contrapunctus a penna (res facta) d. h. ein extemporirter Discant im Gegensatz zum fertig ausgeschriebenen polyphonen Satz. Unter den französischen Discantisten werden als die berühmtesten genannt: **Lescurel, Tappissier, Carmen, Cesaris** („Erstaunen von ganz Paris"). Von Frankreich verbreitete sich diese Art des Gesanges (ars discantandi) überallhin; allmählich kam zur zweiten Stimme eine dritte und vierte (motetus, triplum, quadruplum, tenor); schon im 12. Jahrhundert, sicher aber im 13. Jahrhundert besitzt Frankreich mehrstimmige (2-, 3-

bis 4stimmige) Sätze; genannt werden Perotin le Grand in Paris, Pierre de la Croix, Aristoteles, Franco von Paris, Adam de la Hale, Gilon Ferrant, Jehan de la Fontaine, Moniot d'Arras, Moniot de Paris, Thomas Herrier. Mit der Ausbildung des mehrstimmigen Satzes macht sich das Princip der Nachahmung als des Bandes, welches die Stimmen einheitlich zusammenhält, mit der Zeit das der Umkehrung als der doppelten Nachahmung geltend. Wenigstens finden sich davon schon frühe Ansätze.

In Frankreich wurden für die rechte Art zu dechantiren Schulen (maitrises) gegründet; unter allen leuchtet die chapelle musique du roi hervor, die von dem Kanzler Gerson gegründete Kathedralschule von notre dame in Paris.

In Toulouse gründete Papst Urban V. eine solche Schule. Von Avignon kam die Kunst mit der päpstlichen Kapelle nach Rom.

In Belgien wurde Tournay ein neuer Mittelpunkt; ein Denkmal desselben bildet die Messe von Tournay. In Flandern, Artois, Hennegau fand die Kunst zunächst jetzt ihre Heimat.

Die zweite Uebergangsform bezeichnet man mit den c. 1300 aufgekommenen faux bourdon's, falsi bordoni, zu deutsch: uneigentlichen Grundstimmen.

Unter den Fauxbourdons versteht man eine besondre Art des Organums: während die organisirenden (d. h. begleitenden) Stimmen des älteren Organums die Quinte und Octave (vollkommene Consonanzen) der Hauptstimme (Tenor, die zu begleitende Stimme) aussetzen, singen sie bei den Fauxbourdons die Terzen und Sexten zu den Tönen des hier in der Oberstimme liegenden cantus firmus; die begleitenden Stimmen heißen die bourdonnirenden Stimmen. Das Verfahren ist ein rein mechanisches, die Composition nichts als die „Zusammensetzung von gleichzeitig möglichen Intervallen nach rein mechanischem Verfahren", das jedoch das Ohr an den Wohlklang der Terzen und Sexten gewöhnte.

Woher der Name kommt, ist nicht ganz sicher. Am wahrscheinlichsten ist die Erklärung, daß jene Singweise geheißen habe „Psalmodiren mit dem Falso bordone d. h. mit der uneigentlichen Grundstimme, weil nicht die eigentliche Grundstimme der Harmoniefolge, sondern ihre umgekehrte Terz den Baß abgab" (Dommer a. a. O. S. 70); der tenor heißt nemlich auch bordone (von bordon, Stab, Stütze oder bordonale Träger); da er nicht die wirkliche Grundstimme singt, ist er ein falscher d. i. uneigentlicher Tenor. Später bezeichnete man mit dem Ausdruck ganz allgemein die verschiedenen Arten der mehrstimmigen Psalmodie.

Mit dem Anfang unsrer Periode, gegen das Ende des 14. Jahrhunderts findet sich die weiße Note. Der mehr als 2stimmige Satz, der eigentliche Contrapunct, wenn mit ihm Ernst gemacht wurde, verdrängte nothwendiger Weise den extemporirenden Discant, und verlangte die Ausbildung der Notenschrift, da nunmehr an der genauen Ausführung der Stimmen alles hieng. Mit dem Contrapunct tritt die »res facta« d. h. die geschriebene musikalische Arbeit in den Vordergrund; zwar wurde der contrapunto al mente (der ex tempore begleitet) noch fortgesetzt, aber immer mehr verdrängt; der Discantist war Sänger, und im Gesange selbst Setzer-Componist; jetzt wird der Componist die Hauptperson, der Sänger übernimmt nur die Ausführung des fertigen Satzes.

2. Dufay und seine Zeit.

Wilhelm Dufay, gebürtig aus Chymay in Hennegau, nicht zu verwechseln mit dem gleichnamigen Guillaume Dufay, welcher von 1380—1432 Sänger in der päpstlichen Kapelle und deren erster Tonsetzer und Contrapunctist war, ist das Haupt der ersten niederländischen Schule und in seinen Werken deren Typus. Er begann c. 1432 berühmt zu werden, bildete etwa zwischen 1455 und 1465 seine Schüler, darunter in erster Linie Odenheim, und starb 1474 in seiner Heimat.

Ihm am nächsten steht sein Zeitgenosse und Landsmann Egydius Binchois von Binch, einem Städtchen in der Nähe von Mons in Hennegau, früher Soldat, zuletzt Sänger am Hofe Philipp des Guten von Burgund. Zu Dufays Schule gehört ferner der ein Menschenalter jüngere Vincencius Faugues, Eloy, Domarto, Brassart u. a.

Dies sind die Meister, deren Werke den Theoretikern Tinctoris und Franchinus Gafor vorlagen.

Bei der Beurtheilung dieser Werke haben wir uns allerdings zunächst an das zu halten, was uns die erhaltene Notation bietet, dürfen aber nicht vergessen, daß damals dem Sänger nur das Allernöthigste auf Noten gesetzt und durch Zeichen angedeutet wurde; ausgeführt klangen die Messen jener Zeit gewiß anders, als wenn wir sie nach unsrer Weise von den Noten ablesen! Die Kunst der Ausführung wußte mit Melismen, Umgehungen der starren Regel, manchen Leerklang, den die Theorie forderte, zu verhüllen.

Die Werke der ersten niederländischen Schule sind weiß notirt; sie zeigen die fertige Kunst des Contrapuncts; meist in vier Stimmen, seltener in 3 und 5, ausgeführt, zeichnen sie sich durch reine Harmonie und keusche nach unsrem Gefühl zuweilen herbe und harte Stimmführung aus. Die Dissonanzen erscheinen theils im regelmäßigen Durchgang, theils — wenn auch selten — als Verzögerungen der consonirenden Accorde, aber immer genau nach der musikalischen Grammatik, wohl vorbereitet und aufgelöst.

Die Stimmen sind meist nach der von der altfranzösischen Schule überkommenen Sitte über einen Tenor gebaut, welcher aus der Melodie eines gregorianischen Chorals oder eines weltlichen Volkslieds, so besonders des »l'omme armé«, besteht. Der Tondichter ist ja wesentlich noch Tonsetzer; mit der Erfindung der Melodie gab er sich nicht ab; die Kunst beschränkte sich auf den musikalischen Satz; die Erfindung der Melodien blieb noch den zünftigen Spielleuten überlassen. Wer in diesem Verfahren, über eine weltliche Volksweise eine ernste Kirchenmusik zu bauen, etwas Anstößiges finden wollte, bedenke, daß das Lied in dem contrapunctischen Stimmengeflecht völlig verloren ging. Der Tenor (die Liedmelodie) war gleichsam „nur der Holzreifen, bestimmt, den darum gewundenen Blumenkranz zusammenzuhalten, ohne selbst sichtbar zu werden" [1]. Es gab übrigens diese Grundmelodie, wenn sie auch selber ihr Wesen im Ganzen aufgab, der ganzen Arbeit ein scharfes, individuelles Gepräge. Die Harmlosigkeit, mit welcher man nach dem nächstvorliegenden Motiv griff, ist nichts weniger als Frivolität, sondern dieselbe Naivität, welche die Heiligen in niederländischer kleinbürgerlicher Umgebung malt, oder, wie z. B. im Ulmer Münster zu sehen ist, den Herrn das Abendmahl mit Ulmer Wecken feiern läßt. Kirche und Welt waren insofern weniger getrennt, als letztre das Recht der Existenz vor der ersteren noch nicht officiell besaß; die Welt und das Weltliche diente schlechtweg der Kirche und war ihr, der Idee nach, unterworfen.

Wie die Kirche selbst der individuellen Freiheit und Eigentümlichkeit nur innerhalb fester Schranken Raum verstattete, so kam zunächst auch diejenige Kunstform in der Kirche zur Herrschaft, welche die einzelnen Stimmen vereint und nur im Ganzen gelten läßt: es ist Massengesang und doch wieder künstlicher Chorgesang: wie die römische Kirche die Individualität gebeugt und in sich aufgenommen hat, ja selbst die Einheit der nationalen Individualitäten darstellt, so ist die Polyphonie ein künstlerisches Abbild der Einheit in der Vielheit und der Vielheit in der Einheit: massige Individualstimmen bauen das Kunstwerk auf, dessen Idealgehalt zunächst kein andrer ist und sein will als Schönheit und Reinheit der Harmonie.

---

[1] Ambros.

Außer den oben genannten Männern ist noch der Engländer Dunstable † 1458 zu nennen, welcher zwar nicht den Ruhm verdient, welchen ihm die Zeitgenossen zollten, aber auf theoretischem Gebiete nicht ohne Verdienst sein mag. In Deutschland hatte der Contrapunct schon vor Dufay gleichfalls Pflege gefunden und, wie das Lochheimer Liederbuch beweist, eine ziemliche Vollendung erreicht. Aber die Führerschaft übernahmen die Niederländer.

Sie faßten in den Kapellen der weltlichen und geistlichen Würdenträger Fuß und so drang niederländische Musik bei allen Völkern ein. Vor allem blühte in Rom und Florenz niederländischer Chorgesang, in Rom schon seit 1380, begünstigt von dem Papst und den hohen Geschlechtern. Daneben gab es jedoch eine eigene italienische Musik, die in Gestalt von 2- und 3stimmigen Liedern hauptsächlich in Florenz getrieben wurde.

Die Universität Padua vertrat die Theorie, über welcher sich der Italiener den Reiz der gefälligen naturalistischen Melodie jedoch nicht rauben ließ. Diese wurde von den Improvisatoren zur Laute gepflegt und gefördert.

Den Uebergang zur nächsten Epoche bilden Caron, Regis, Sänger Karls des Kühnen, † 1480, Heinrich von Ghizeghem, »chantre et valet de chambre« Karls des Kühnen; sie theilen mit der ersten niederländischen Schule die Schlichtheit und Correctheit des Satzes, lassen aber bereits die Hinneigung zu dem geistreichen Formalismus der zweiten Schule erkennen.

2. Epoche.

Die zweite niederländische Schule (der künstliche Contrapunct). 1480—1565.

Ueberblick.

Unter diesem Titel fassen wir die gesammte Entwicklung der niederländischen Musik von Ockenheim bis Orlandus Lassus zusammen; dieselbe gruppirt sich um die drei genialen Meister: Ockenheim, Josquino und Lassus.

Die Bildung und die Wirksamkeit dieser Meister fällt in die jünglinghaft strebende Renaissanceperiode. Das Grundwesen dieser Zeit prägt sich auch in ihren musikalischen Denkmalen aus.

Ein neuer Morgen bricht an, aber noch lagern überall die nächtigen Schatten; die Fesseln sind gesprengt, aber noch bewegt man sich in denselben, als trüge man sie noch. Das Streben und Ringen nach neuem ist gepaart mit zähem, vielfach unwillkührlichem, Hängen am Alten; in die neue Welt, die den Geistern mit der Wiederentdeckung der Antike erschlossen war in Wissenschaft und Kunst, leuchtet die mittelalterliche romantische noch herein. Man nahm z. B. in der Baukunst die Motive aus der Antike, aber man verwob darein mittelalterliche Ideen. In die Kunst wie in das Leben kam daher etwas Widerspruchsvolles: während der kühne Forschergeist schon den Horizont der damaligen Weltanschauung überflogen hatte, herrschte thatsächlich doch immer noch das Dogma und die Hierarchie; während man in Architektur und Malerei die Alten nachahmen wollte, steckte man doch immer noch voll Romantik; während man Platon und Aristoteles studirte, legte man die eigenen Ideen doch in sie hinein. Dies prägte auch der Musik den eigentümlichen Charakter des Widerspruchs auf: die anmuthigste Formschönheit steht hart neben dem herbsten, abstrusesten Formalismus; die freie Phantasie des Künstlers, ob sie auch das Urbild der Kunst, die lautere Schönheit, oft anstreift, bleibt immer wieder gebunden in Mönchsregel und grauer Theorie. Es war ein Glück, daß die niederländischen Meister in der Sonne Italiens wirkten; der herbe, nordische Sinn, die anererbte grübelnde Strenge der Contrapunctisten konnten doch der italienischen Luft nicht gänzlich widerstehen; der italienische Sinn für edle, freie, schön geordnete Formen errang auch hier zuletzt die Herrschaft; ein Italiener, Palestrina, war der Erbe der niederländischen Meister, die zwar oftmals an die vollendete Classicität anstreiften, wie in so vielen Werken des Lassus, sie aber nicht erreichten, weil das reine Maß, die lichtvolle Klarheit und durchschlagende Schönheit, welche dem Kunstwerk neben dem darin ausgeprägten künstlerischen Ernst, den Adel verleihen, sich doch noch vermissen läßt.

Auch das ist für die Musik der Renaissance charakteristisch: ihre geistige Heimat war die Kirche; sie war mit dem Cultus aufs engste verwoben, sie war — objectiv und von uns aus gesehen — im höchsten Sinne des Wortes Kirchenmusik; und doch war es nicht, wie seit dem Tridentiner Concil geschah, auf Kirchenmusik abgesehen, d. h. der Componist dachte nicht daran, eine besonders kirchliche Musik zu schreiben, wie konnte er sonst die weltlichen Melodien als Tenor benützen? Nein, dem lebensfrischen Schaffen liegt kein andrer Zweck zu Grunde, als schöne Musik zu machen. „Die echte Malerei" — sagt z. B. Michel Angelo — „ist edel und fromm durch den Geist, in dem sie arbeitet; denn nichts erhebt die Seele des Einsichtigen mehr und führt sie zur Frömmigkeit, als die Mühe, etwas Vollendetes zu schaffen. Gott aber ist die Vollendung, und wer dieser nachstrebt, strebt dem Göttlichen nach". Dasselbe gilt von der Musik.

Daß die Kirche, die allumfassende, mütterliche den ersten Anspruch auf die Werke der schönen Künste machte, das war für das Bewußtsein der Zeit so natürlich, daß es sich ganz von selbst verstand; bot doch die Kirche den Spielraum zu großartiger Entfaltung der Künste.

Wenn aber die Musik der Kirche gehörte, innerhalb derselben sich entfaltete, so war es doch ebenso gewiß, daß zwischen Kirche und Musik ein inneres Band nicht existirte. Wenn die Kunstsinnigen sich in die Dome drängten, um die neuesten Werke der großen Meister zu hören, so wollten sie nicht Gottesdienst halten: dieser war nur das Band, nur der äußere Rahmen für die Musik; die Meister selbst aber, so sehr sie auf den gottesdienstlichen Bestimmung ihrer Werke achteten, glaubten kirchlich zu schreiben, wenn sie überhaupt gut und schön schrieben. Sie haben recht gehabt; waren sie doch, da, was sie schrieben, Massenmusik war, nur im Stande, allgemeine, große Stimmungen zum Ausdruck zu bringen. Wie wenig auf das Moment der Kirchlichkeit, wie sehr ausschließlich auf die musikalische Vollendung und das rein künstlerische Moment gesehen wurde, beweist am besten der Sturm, der sich gegen die kirchliche Musik auf dem Tridentinum erhob: man ward es sich bewußt, daß eine innere Verwandtschaft zwischen dem Cultus und der dazu aufgeführten Musik nicht bestand; jetzt erst strebte man mit Bewußtsein und Absicht nach Kirchenmusik d. h. einer Musik, welche die Stimmungsmomente des Cultus begleitend ausdrücken sollte. Vorerst wollte man aber nur Musik machen zur Messe; wollte die Noten des gregorianischen Gesangs mit dem contrapunctischen Gewinde ausschmücken; man wollte Gott ehren, indem man die Kunst der Kirche darbrachte. Die gemessene Ruhe, welche der damaligen Kunst eignete, ja auch die schroffe Härte, die ihr dann und wann anhaftete, die jede leidenschaftliche Bewegung ausschloß und nur zwischen den Stimmungen des Ernsten und Freudigen, des Erhabenen und Milden, des prächtig Reichen und des Schlicht-Einfachen wählen ließ, stimmte zu dem priesterlichen Berufe, mit welchem die Tonkunst als die Kunst der Kirche in die Welt eintrat.

Charakteristisch ferner für die Zeit der Renaissance ist das naive Nebeneinander des Heiligen und des Profanen, des Humors und der Pietät, der kleinlichen Spielerei und der Strenge des Styls. Was auf dem Gebiete der Baukunst z. B. die seltsamen und frazzenhaften Steinbilder an den erhabensten Bauwerken sind, in welchen der Baumeister dem Humor freien Lauf gelassen hat, das sind auf unsrem Gebiete die sogenannten Künste der Niederländer, die Räthsel oder Kanons.

Der Tenor war häufig dem römischen Ritual entnommen; dies geschah aus Pietät; der Musik in der Kirche sollten Gregors Weisen zu Grunde gelegt sein; der durch die Kirche geheiligte Gesang sollte von der Kunst umspielt, überbaut, umflochten werden. Der Ausbau des Tonstücks aber verlangte oftmals eine Veränderung (Dehnung oder Kürzung) des ursprünglichen Tenors (Trennung in Abschnitte ꝛc.); um äußerlich den kirchlich geheiligten Tenor für das Auge stehen zu lassen, griff man zu dem seltsamen Mittel, dem Tenor eine Anweisung, wie er gesungen werden solle, beizugeben, z. B. es sollen sämmtliche Noten des Tenors von links nach rechts gelesen, in der Mitte noch einmal von vorne angefangen werden u. s. w. Diese beigesetzte Regel, Anweisung wie der Tenor auszuführen sei, damit er sich richtig ins contrapunctische Gefüge einordnen lasse, nannte man „Kanon" oder „Räthsel". Diese Kanon's liebte man mit der Zeit in Verse oder feine Bonmots zu kleiden, und der Humor trieb mit ihnen sein Spiel. Es konnte dies um so eher geschehen, als der Componist bei der Composition gebildete, zumal humanistisch gebildete Sänger vor Augen hatte, die für heitre Einfälle, geistreiche Witzworte empfänglich waren und genug musikalische Erfahrung hatten, um dadurch nicht aus der Fassung gebracht zu werden. Die so vielfach besprochenen „Künste der Niederländer" sind also ursprünglich nur eine harmlose, aus Pietät gegen die Noten des Antiphonars entstandene Spielerei. In späterer Zeit wurde dann damit geistloser Mißbrauch getrieben und es erklärt sich leicht, daß jene Witzworte und Verse, den Zeitgenossen und den mit der praktischen Ausführung der damaligen Gesänge vertrauten Sängern verständlich, einer späteren Zeit nur wie dunkle Orakelsprüche oder wie kindische Spielerei vorkommen mußten. — Endlich ist, was die Person des Tonsetzer's betrifft, für die Charakteristik des Zeitraum's von Bedeutung, daß die Künste nicht in ihrer Vereinzelung geübt wurden, sondern wer in Einer ein Meister sein wollte, in den übrigen ein gewisses Maß von Kenntnissen und Fertigkeiten haben mußte. Da hob dann Eine Kunst die andre, der künstlerische Gesichtskreis wurde erweitert, das künstlerische Urtheil geschärft und geläutert. Nur so erklärt sich das herrliche Aufblühen aller Künste in dem wunderbaren Zeitalter — nur so die Beherrschung der Form und der Sinn für das feine Maß. Auch der Musiker mußte theilhaben an der Vielseitigkeit des Künstlertum's, die so großartig in einem Michel Angelo, dem Dichter, Maler, Bildhauer und Architekten vertreten ist.

Die Formen, welche die Niederländer ausbildeten, sind

1. die Messe; der vorwiegende Charakter derselben ist der der Erhabenheit; massig im Aufbau, aber in kunstvoll geschlossener und bis ins Einzelnste hinein durchgeführter Einheit gleicht die Messe dem kunstvollen Dom, dessen musikalisches Gegenbild sie genannt werden kann: wie da Bogen gegen Bogen steht, sich verschlingend und verbindend im Geäst, so steht Stimme gegen Stimme, Accord gegen Accord — die volle Wirkung, die reine Stimmung gibt nur das Ganze: und dies ist vorherrschend die Stimmung großartiger Erhabenheit; einen Unterschied begründet die leichtere oder schwerere Fügung, die weite oder gedrungene Stimmführung, die reichere oder ärmere Harmonie entsprechend den Unterschieden des Schwerlastenden und des Graziösen, des Strengen und des Gemäßigten, des prächtig Geschmückten und schlicht Einfachen in der Architektur.

2. Die zweite Form, welche die Niederländer unsrer Periode feststellten und ausbildeten, ist die der Motette, von »Mot«, Motto, Denkspruch, weil der cantus firmus (tenor) häufig eine dem Ritualgesange entlehnte kürzere Notenzeile war, um welche die übrigen Stimmen in contrapunctischem Gewebe sich bewegten. Auch hier herrscht der erhabene Styl vor; gegen den Inhalt war man im allgemeinen gleichgültig (eine Ausnahme macht Josquino, von dem ein Zeitgenosse sagt, kein

andrer habe es in gleichem Maße verstanden, die Bewegungen der Affecte auszudrücken); man componirte Gelegenheitsmotetten, Trauermotetten, Dedicationsmotetten, biblische Geschichten (ohne jede dramatische Färbung), ja sogar die Stammbäume Jesu bei Lucas und Matthäus u. a.; was in der Kirche sonst im Recitir-Tone gesungen wurde, das eignete sich, um eine Motette darüber aufzubauen.

Vielleicht am schwersten wiegen in der künstlerischen Wertschätzung die weltlichen polyphonen Lieder, welche uns von den Niederländern erhalten sind: französische chansons, burgundische und niederländische Volksweisen sind in feinsinniger und kunstvoller Weise mehrstimmig bearbeitet, voll Anmuth und Feinsinnigkeit. Gegen den Schluß der Periode kommt das Madrigal auf, eine Form, die für die spätere Entwicklung die größte Bedeutung gewann.

1. Abschnitt.

Ockenheim und die von ihm beherrschte Schule.

Der geistige Vater der zweiten niederländischen Schule ist der als Componist und als Lehrer gleich hoch gefeierte Johannes Okeghem, geboren zwischen 1430 und 1440 zu Bavay im Hennegau, † 1513, seit 1476 Thesaurius der Abtei St. Martin und Vorstand der Kapelle des Königs Louis XI. von Frankreich. Er ist der Patriarch des Contrapuncts und der kanonischen Künste. Von ihm datirt der Glanz der niederländischen Schule, deren Licht- und Schattenseiten er repräsentirt; er ist der Meister im künstlichen Contrapunct; bei vielem Gelungenen findet sich trocken Formalistisches und Künstliches. Die Schüler, Josquino de Prèz voran, bringen die Kunst der Niederländer zu hoher Vollendung und in alle Länder bringt mit ihnen der Ruhm des Meisters. Die Herrschaft der Niederländer auf musikalischem Gebiet ist nun schon eine unbestrittene. In Ockenheims Zeit fällt die Erfindung des

Orgelpedals durch Bernhard den Deutschen in Venedig 1470; dieser ist zugleich als Orgelvirtuose hervorzuheben; ebenso Antonius Sguarcialupe zu Florenz. — In dieselbe Zeit fällt die hochwichtige Erfindung des Notendrucks mit beweglichen Typen 1502, welche dem Römer Ottavio Petrucci aus Fossembrone zu verdanken ist. Ursprünglich in Venedig, später in seiner Heimat Fossembrone gab er die Werke der großen Componisten seiner Zeit heraus. — Unter Ockenheims Zeitgenossen ist in erster Linie Jacob Obrecht (Hobrecht) geb. zu Utrecht 1430, † als Kapellmeister daselbst nach 1500, zu erwähnen. Ueber die zeitgenössischen deutschen Tonsetzer Heinrich Isaac, Stephan Mahu, Heinrich Fink f. u.

2. Abschnitt.

Josquin de Prèz.

Mit Ockenheim's Schüler, Josquino de Prèz, erreicht die niederländische Schule den Höhepunkt der Entwicklung. Was er schafft, trägt den Stempel der Genialität. „Josquin ist der Noten Meister, die habens müssen machen, wie er wollt'; die andern Sangmeister müssens machen, wie es die Noten wollen" — mit diesen Worten hat Luther den Meister am schlagendsten gekennzeichnet; er ist nicht mehr der mühsam arbeitende, sondern der frei und genial schaffende Meister. Aber andrerseits hat er vielfach in formalen Künsteleien seine Kraft versucht und damit die eigentliche Aufgabe der Tonkunst verkannt, ihr Ziel auch für die von ihm beherrschten Schüler verrückt.

Jodocus Pratensis, Josquinus a Prato, stammt aus dem Hennegau und scheint um 1450 geboren zu sein. Er genoß Ockenheims Unterricht und kam unter Sixtus IV. (1471—84) als Sänger in die päpstliche Kapelle, verließ jedoch bald diese Stellung und lebte an dem Hofe Lorenzo des Prächtigen in Florenz. Umgeben von den Koryphäen der bildenden

Kunst, selbst hoch gebildet und wohlgelitten wegen seines geist=
reichen Witzes entwickelte sich Josquin als Künstler und Mensch
harmonisch. Er fiel in die glücklichste Zeit: denn schon war
die Musik ein Lebensbedürfniß der besseren Gesellschaft, Sinn
und Verständniß waren dafür geöffnet.

Später trat er in die Dienste Ludwigs XII, mit welchem
er auf vertraulichem Fuße gelebt haben soll; seine letzten
Lebensjahre verbrachte er in Burgund, in dem Dienste des
Kaisers Maximilian I. Er starb als Propst des Domkapitels
zu Condé am 27. Aug. 1521 und liegt im Chor der dortigen
Kirche begraben. Auch in seinem äußeren Lebensgange ist er
der Vertreter der Tonkunst seiner Zeit: die Musik forderte
damals eine vielseitige gründliche Bildung, aber der Musiker
nahm dafür auch eine hohe geachtete Stellung in der Gesell=
schaft ein.

Was Josquino an die Spitze der zeitgenössischen Meister
stellt, ist eben seine persönliche Genialität: er beherrscht, soweit
das auf dem damaligen technisch=musikalischen Standpunkte
möglich war, das Material völlig; seine Werke zeigen eine
künstlerische Entwicklung, eine wachsende Befreiung von den
Härten und den Leerklängen der alten Schule und eine zuneh=
mende Formschönheit, die nicht selten an die Werke eines Pa=
lestrina mahnt. Bei ihm schimmert durch die allgemeine
Grundstimmung individuelles Leben und Empfinden hindurch;
er ist auch darin der Künstler, daß er sein eignes Wesen in
die Arbeit legt, mit Einem Worte, daß er nicht arbeitet, son=
dern s c h a f f t.

Unter seinen Zeitgenossen ragt Pierre de la Rue (Pe=
trus Platensis) durch Tiefe und Ernst der künstlerischen Auf=
fassung hervor; Antonius Brumel durch Milde und schlichte
Wärme; Loyset Compère (Kanzler der Kathedrale von
St. Quentin) durch schwärmerische Glut; noch viele andre
wären zu nennen, die in Josquins Geist und Art weiterwirkten,
aber ohne dessen Originalität und Genialität, wenn auch mit

Talent und großem Geschick, wie Carpentras (Eleazar Genet), Crespel, Agricola, Prioris.

Unter Josquin's Schülern und Nachfolgern ragt hervor Nicolaus Gombert (c. 1556), ein Niederländer; Johann Mouton (c. 1500), Jacchet von Berghem (Giacchetto di Mantova,) Adrian le Petit Coclicus (später in Nürnberg); ferner der Franzose Clement Jannequin, der mit »inventions musicales« einer der ersten Programm-Musiker ist.

Im Zusammenhang mit den Niederländern, jedenfalls ganz unter ihrem Einfluß stehen die sogenannte venetianische und die römische Schule.

Die venetianische Schule knüpft sich an die Person und den Namen des Hadrian Willaert, eines Schülers von Mouton, welcher, mit 26 Jahren schon berühmt, 1515 von den Niederlanden nach Rom kam, sich aber 1527 bleibend in Venedig als Kapellmeister zu St. Marco niederließ. Die von ihm begründete Schule wuchs zu hoher Bedeutung heran, insbesondere suchten in dieser Schule die deutschen Tonsetzer ihre Ausbildung, die wir, da ihre Wirksamkeit vermöge ihrer Beziehung zu der Reformation in die Zukunft reicht, erst im nächsten Abschnitt behandeln wollen. Willaert war überaus populär; massenweise strömten die Gebildeten in die Kirche zu St. Marco, um die neuen Werke des Meisters zu hören. Er war der erste, welcher für mehrere Chöre schrieb; dabei galt ihm als Gesetz für den mehrchörigen Satz, daß jeder einzelne Chor, auch wenn zwei oder mehrere Chöre zusammentreffen, für sich eine volle und befriedigende Harmonie gebe. Willaert soll zuerst die Form des Madrigal (f. u.) gepflegt haben; c. 1530 kam dieselbe in seiner Schule auf; gleichzeitig nahm Arcadelt diese Form auf. Unter Willaert's Schülern sind zu nennen Cypriano de Rore (geb. 1516 zu Mecheln, Willaerts Nachfolger in Venedig), bedeutender Madrigalist;

Giuseppe Zarlino, der große Theoretiker, Constanzo Porta † 1601, Alfonso della Viola, Nicolo Vicentino (bedeutender Theoretiker.) —

Von einer römischen Schule kann in dem Sinne, wie von einer venetianischen, nicht gesprochen werden; denn eine solche entstand erst mit Palestrina. Die Italiener entwickelten ihre Kunst zunächst unter niederländischem Einfluß, bewahrten aber ihre Eigentümlichkeit, die von jeher auf die Anmuth der Cantilene gerichtet war.

Am Ende des 15. Jahrhunderts tritt die italienische Richtung bemerkbar heraus in den weltlichen Liedern, in welchen die Melodie nicht dem Tenor, sondern dem Discant zugetheilt und hauptsächlich auf den Fluß der Melodie gesehen ist; im eigentlichen Kirchenstyl vermag diese Eigentümlichkeit sich noch nicht geltend zu machen.

Unter den Römern, die sich im Geiste Josquins ausbildeten, ist hervorzuheben der schon genannte Constanzo Festa, c. 1517, † 1545, im Tonsatz niederländisch, in der milden Färbung und schüchternen Haltung italienisch; von den Franzosen nennen wir Arcadelt, einen feinsinnigen Componisten, und Claude Goudimel, geb. zu Vaison bei Avignon; von den Werken des letzteren sind am bekanntesten die Psalmen, die er auf Grund der von Beza und Marot gefertigten Texte und der Melodien eines Componisten Namens Frank bearbeitete. Er kam auf die Proscriptionsliste und wurde am 24. Aug. 1572 (Bartholomäusnacht) getödtet und in den Rhone geworfen. Seine Schreibart ist innig und gefällig, wie der ganze Mann eine tief religiöse Natur mit vielseitiger Bildung vereinigte. Sein Sinn für Anmuth und Sauberkeit des Satzes ist auf seinen Schüler Palestrina übergegangen. —

Von niederländischem Einfluß beherrscht sind endlich die Spanier: Bartolomeo Escobedo (in Rom 1506—54), der blinde Francesco Salinas, der energisch auf Uebereinstimmung der Musik mit den Worten drang; der feurige und schwungvolle Christofano Morales, der sonore Franzesco Guerrero u. a.

Von englischen Tonsetzern dieser Periode wären zu nennen Robert Fairfax, Abingdou, G. Vanister, W. Cornyshe, W. Crane, J. Taverner, John Marbeck, Parsons Dygon und Heinrich VIII; doch keiner ist von größerer Bedeutung.

Mehr als 300 bedeutende Tonsetzer haben die Niederländer geliefert, noch mehr haben in ihrer Schule gelernt; ihr größter Meister, in welchem die bisherige Richtung auf Reinheit, Sicherheit und Kraft des Satzes sich vollendete, ist Lassus.

3. Abschnitt.

Orlandus Lassus.

Quellen: Biographische Notiz über Roland de Lattre, bekannt unter dem Namen Orland de Lassus. Aus dem Französischen des H. Delmotte übersetzt und mit Anmerkungen versehen v. S. W. Dehn. Berlin 1837.

1. **Lebensumstände.** Roland de Lattre ist zu Mons im Hennegau 1520, ein Jahr nach Josquius Tod, geboren. Schon frühe wurde er als Chorknabe an der St. Nikolauskirche in Mons verwendet und soll dreimal förmlich geraubt worden sein wegen seiner schönen Stimme. Traurige Erlebnisse in der Familie — sein Vater wurde der Falschmünzerei angeklagt — bestimmten ihn, seinen ursprünglichen Namen de Lattre in Lassus zu verwandeln. Sein Leben war vom 12. Lebensjahre an ein stetes Wanderleben; meist reiste er im Gefolge Ferdinand's de Gonzaga, des Vicekönigs von Sicilien; von Sicilien kam er nach Neapel in die Dienste des Marquis della Terza, wo er drei Jahre weilte. Mit 21 Jahren erhielt er zu Rom, wo er aufs zuvorkommendste aufgenommen worden war, die Kapellmeisterstelle im Lateran, aber traurige Nachrichten von seinen Eltern, die er vor ihrem Tode noch einmal zu sehen verlangte, veranlaßten ihn, die schöne Stelle

aufzugeben, um nach Hause zu reisen. Er kam zu spät, die Eltern waren todt; unstet und unbefriedigt durchreiste er England und Frankreich, weilte zwei Jahre in Antwerpen, wo er in den feinsten Kreisen (so in denen des späteren Kanzlers Granvella) als gefeierter Liebling sich bewegte und erst das Jahr 1562 schuf ihm eine Heimat in dem Volke, das in der Musik noch wenig Glanzvolles geleistet hatte, aber am meisten Sinn und Empfänglichkeit dafür besaß und berufen war, nachdem gleichsam das Material zubereitet war, die Führerschaft zu übernehmen, in Deutschland. Herzog Albrecht V. von Bayern berief ihn nach München; wie er von Haus aus eine durch und durch germanische Natur war, so fand sein Herz auch in Deutschland die lang entbehrte Ruhe und das schönste eheliche Glück. Er verheirathete sich mit Regina Weckinger, Ehrendame des herzoglichen Hauses, welche ihm vier Söhne und zwei Töchter schenkte.

Von München aus entfaltete er eine überaus rüstige und glänzende Thätigkeit; mehr als 200 Werke hat er neben dem angestrengten Kapellmeisterdienst geschaffen. Anerkennung und Ehre wurde ihm in reichem Maße zu Theil: Gregor XIII. ernannte ihn zum Ritter des goldenen Sporns, Maximilian II. verlieh ihm den Reichsadel; sein Name und seine Werke wurden beliebt und geehrt bis in die weitesten Kreise; wie das Wort über ihn ausspricht:

 Hic ille est Lassus lassum qui recreat orbem
 Discordemque sua copulat harmonia.

Alle Ehren und Würden brachten in dem „friedsamen, stillen bescheidenen", ernst angelegten, schlicht=deutschen Mann keine große Veränderung hervor; nach wie vor suchte und fand er sein Glück in seinem überaus schönen Familienleben und seine Befriedigung in pflichttreuer Arbeit; wenn man ihn mahnte, in der Arbeit nachzulassen, pflegte er zu sagen: „so lange mir Gott Gesundheit schenkt, ist es mir nicht erlaubt, müssig zu gehen".

Höher als Menschenruhm und äußere Ehre stand ihm sein

Gewissen, das sehr feinfühlend und ängstlich war. Wohl in Folge dieser Anlage, sowie in Folge zu angestrengter Arbeit verfiel er am Ende seines Lebens in düstere Schwermuth, und starb am 2. Febr. 1594. — Seinen Ruhm hat er nicht sowohl „genossen als getragen" (Thuanus).

2. Unter seinen Werken[1]) leuchten vor allen andern die 7 Bußpsalmen hervor, eine Composition von unvergleichlicher Schönheit und Reinheit und darum unvergänglicher Bedeutung. Die tiefe, ächt deutsche, religiöse Empfindung, die in derselben zum Ausdruck kommt, strömt ungehindert durch die Fesseln der aufs bescheidenste Maß zurückgeführten Harmonie aus; die letzte dient eigentlich nur zur Färbung und Beleuchtung.

Im Ganzen ist Lassus Niederländer; die bis dahin geltenden harmonischen Gesetze beobachtet er gewissenhaft, läßt aber schon eine freiere Behandlung ahnen; er ist Diatoniker, und wendet nur zuweilen Chromatik an.

Wie sein Leben, so haben auch seine Werke etwas kosmopolitisches, eine gewisse mittlere Stimmung herrscht vor, die Stimmung des Großen, Edlen, Würdevollen; überall weiß er Maß zu halten, bei aller Tiefe der Empfindung ist er frei von Leidenschaft. Mit Recht hat man ihn, der dunklere, tiefere, härtere Töne anschlägt, als der lichte Palestrina, mit Michelangelo verglichen, während dieser der musikalische Rafael der Zeit genannt werden darf.

Die allgemeine und herzliche Sympathie, welche überall dem großen Sänger gezollt wurde, zeigt, wie gerne man sich in jener Zeit bitteren Zanks um die Güter der Religion, flüchtete zu den Klängen, in welchen das rein, voll und tief zum Ausdruck kam, was den Predigern und Schriftgelehrten abhanden gekommen war: das heilige Gefühl, die Frömmigkeit selbst. Lebendiger als die donnernden Flüche des Vaticans, inniger und beweglicher als die Kanzelpolemik der Dogmatiker, sprachen diese Töne des heiligen Gesangs zum frommen

---

1) Deren Verzeichniß bei Dehn-Delmotte.

Gemüte. Unter diesem Gesichtspunkt ist es bedeutsam für unsre Kunst, daß die Sage die Composition der sieben Bußpsalmen mit der schauerlichen Bartholomäusnacht in Verbindung setzt und uns erzählt, Karl IX. habe in diesen ernsten, tieftraurigen Klängen Trost und Friede für sein gefoltertes Gewissen gesucht. (Lassus componirte sie jedoch schon 1565 auf Veranlassung Herzog Albrechts.)

In Lassus übte die heilige Tonkunst ihre mildernde, lindernde Liebeskraft auf die getrennten Gemüter aus; steht er auch musikalisch angesehen vielleicht nicht auf der Höhe Palestrina's des Italieners, so hat er dafür universeller gewirkt, und durch seine geniale Persönlichkeit, die den weltlichen und kirchlichen Styl kraftvoll vereinte und in jedem derselben Meisterwerke schuf, hat er direct und indirect, als Lehrer und Vorbild einen nachhaltigen Einfluß auf die deutsche Musik ausgeübt, die schon zu Lassus Zeit ein reges, eigentümliches Leben entfaltete.

II. Haupt=Abschnitt.
Die Geschichte der classischen Musik.

Ueberblick. Die Tonkunst tritt jetzt in die Meisterjahre; der Ausbau der musikalischen Form, die Zurüstung des musikalischen Materials, die Fertigkeit in der Behandlung desselben und die Uebung in den Regeln der musikalischen Grammatik — alles das ist so weit fortgeschritten, daß die Musik bewußt und absichtsvoll in den Dienst von bestimmten Stimmungskreisen und Stimmungstypen treten kann; sofern nun die letzteren wirklich den im Fortschritt der Geschichte aufeinanderfolgenden und einander ablösenden Geistesströmungen entsprechen, diese letzteren aber nicht durch Zufall, sondern durch eine bestimmte Idee hervorgerufen und getragen sind, kann gesagt werden: von nun an gehe die Entwicklung der Musik noch mehr als bisher Hand in Hand mit der Entwicklung der Culturgeschichte; von nun an sei der Fortschritt auf dem Gebiete der Musikgeschichte zum mindesten bedingt, wenn auch nicht immer hervorgerufen, durch den Fortschritt des allgemeinen Geisteslebens, welches seinerseits wieder von der Idee der Menschheitsentwicklung bestimmt und getragen ist — oder es kann gesagt werden: von nun an sei die Entwicklung in der Musikgeschichte eine vorwiegend ideale, während sie bisher eine vorherrschend formale gewesen war, sofern es nun das ideale Element ist, welches den Fortschritt erzeugt, während bisher das formal=technische Element den Fortschritt nicht nur bedingt, sondern auch erzeugt hatte. Damit ist natürlich nicht ausgeschlossen, daß jeder Uebergang von einem Stylprinzip zum andern auch jetzt noch bedingt ist durch einen Fortschritt auf dem technisch=formalen Gebiet, durch eine bedeutend geförderte Uebung in der technischen Behandlung der Kunst nud eine bedeutende Bereicherung der Tonmittel. Die bahnbrechenden Meister haben immer eine bedeutende Entwicklung der Virtuosität zur Voraussetzung.

Die allgemeine, die ganze gebildete Menschheit einheitlich umfassende Culturidee war bisher die Idee der Kirche gewesen; die Katholicität der katholischen Kirche war eine selbstverständliche, eine — so zu sagen — naive. Mit der Reformation trat eine Scheidung im kirchlichen Leben und Bewußtsein ein. Was bisher eine unbestrittene Voraussetzung gewesen war, wurde jetzt zu einem wohlreflectirten Rechtsanspruch: die Katholicität wurde eine bewußte, absichtsvolle; römisches Wesen, römischer Brauch und Cultus schließt sich in sich zusammen und ebendamit scharf ab gegen alles Nicht=romanische. Wie dies dogmatisch und kirchenrechtlich in und mit dem Tridentinum geschah, so trat eine Scheidung des Kirchlich=römischen und zunächst des Nicht=Kirchlichen sofort auf dem Gebiete der Kirchenmusik ein: es wird mit einem Male der Unterschied zwischen einer streng kirchlichen und einer profanen Musik bemerkt und fortan festgehalten, während bisher von den Meistern zwar auch unterschieden worden war, ob sie für Zwecke des Cultus, oder für weltlich-gesellige Zwecke schrieben, aber doch, was musikalisch schön war und zur polyphonen Bearbeitung sich eignete, nicht erst darauf angesehen wurde, ob es auch „kirchlich" sei. Dieses „Kirchliche" wurde nun bestimmt, gleichsam kanonisch definirt.

Die Musik, wie sie bereits vorlag, durfte glücklicher Weise nur von gewissen Auswüchsen gereinigt und den Ansprüchen der Väter des Tridentinum's angepaßt werden, eigentlich neuer Entwicklungen bedurfte es hiezu nicht, sofern die allgemeine Form der polyphonen Musik dem Zweck und der Idee katholischer Kirchenmusik entsprach. Allen Anforderungen, den kirchlichen wie den musikalischen, genügte Palestrina, der erste wirkliche Classiker. Er ist so der Begründer und classische Vertreter des katholischen Kirchenstyl's. Die wesentliche Form desselben ist die polyphone vom geübten Kirchenchor vorgetragene Vocalmesse.

Der katholischen Universalkirche als der über alle Schranken der Nationalität übergreifenden realen Universalmonarchie stellte der Protestantismus eine ideale gegenüber: die Einheit der Geistes-Kirche in dem unsichtbaren Haupt Jesu Christo. Während der Katholicismus seiner Idee nach die nationalen Unterschiede negiren muß, bedarf der Protestantismus, um es zur Gestaltung von realen, sichtbaren Lebensformen zu bringen, der Anlehnung an die natürlich gegebenen festen Lebensordnungen, denen eben damit ihr ewiges Recht und ihre göttliche Gültigkeit zuerkannt wird. Hier also wird die nationale Eigentümlichkeit Bedeutung gewinnen und bestimmend auftreten: auf musikalischem Gebiete zeigt sich das in der Begünstigung des volkstümlichen Liedes auch in der Kirchenmusik, welches das Tridentinum aus derselben im Interesse der Kirchlichkeit ausgeschlossen hatte. Der Cultus selbst stellt hier den Wechselverkehr der Gemeinde mit ihrem unsichtbaren Haupte, mit Christus, dar; es ist der Priester ebensowohl der Vertreter des Volks, der im Namen des Volks zu Gott spricht im Gebet, als der Botschafter Gottes, der dem Volke Gottes Willen verkündigt. Eine Kirche im Sinne der katholischen Kleriker-Kirche, eine Priestergemeinde über der Laiengemeinde gibt es nicht nach dem reinen protestantischen Bewußtsein. Demgemäß ist die Form des protestantischen Kirchenstyls wesentlich das unisone Gemeindelied, der Choral, der eine Mischung des eigentlichen Volkslieds mit objectiv kirchlichen Elementen, oder vielmehr eine Reinigung und Abklärung des ersteren von allen profanen Reminiscenzen darstellt und seine classische Vollendung durch Johann Sebastian Bach findet, in dem wir ebendamit den classischen Vertreter des strengen, protestantischen Kirchenstyls erblicken.

Beiden, dem katholischen und dem protestantischen Kirchenbewußtsein, steht von Anfang an als Gegensatz das nicht-kirchliche Weltbewußtsein gegenüber. Die Allmacht der Kirche im allgemeinen menschlichen Bewußtsein war schon durch die Renaissance gebrochen worden, welche dem Geiste neue Bahnen und neue Bewußtseinswelten erschlossen hatte. Daher stellt sich auch sofort — nachdem die Kirche das Kirchliche und das Profane von einander geschieden hat — der kirchlichen Tonkunst eine prinzipiell dieser entgegengesetzte, zwar nicht widerkirchliche — denn sie will mit der Kirche keine Berührung haben — aber ausgesprochen nicht-kirchliche entgegen; da sie das allgemeine sich von dem spezifischen Kirchenbewußtsein mehr und mehr ablösende Bewußtsein für sich hat, so tritt sie factisch als die Negation der kirchlichen Musik auf d. h. sie bringt in die Kirche selbst ein, wird Alleinherrscherin in derselben, verdrängt die Kirchenmusik aus der Kirche und löst endlich den Kirchenstyl ganz auf.

Aber aus der Auflösung erwächst ein Neues: durch die Verbindung mit der Kirche, welche die Schule der Meisterschaft auf ihrer Seite hatte, gewinnt der Profanstyl Kräftigung, Sicherheit, Ebenmaß und innere Fülle, so daß wir im achtzehnten Jahrhundert den weltlichen oder schönen Styl in classischer Vollendung erblicken: sein geistiger Boden ist das rein menschliche Bewußtsein, losgelöst von den Voraussetzungen der Kirchlichkeit und religiösen Befangenheit; seine Physiognomie ist die der reinen, frei-menschlichen Individualität; sein Inhalt und sein Schaffens-Gesetz ist allein die Idee des Musikalisch-Schönen als solchen ohne jede Nebenabsicht und geistige Voreingenommenheit.

Die Repräsentanten des freien schönen Styls, in welchem das musikalische Selbstbewußtsein zur vollen Energie und Selbständigkeit erwacht ist, sind die drei Meister: Mozart, Haydn, Beethoven; die Musik des ersten ist der volle Ausdruck dieser Richtung, der zweite leitet sie ein, der dritte schließt sie ab und leitet, indem er zuletzt völlig neue Bahnen einschlägt, zur Epoche der Nachclassiker über.

Wir erhalten daher für unsre Darstellung der classischen Musik drei getrennte Entwicklungsreihen:

1) die Entwicklung und Auflösung des katholischen Kirchenstyls;
2) die Entwicklung und Auflösung des protestantischen Kirchenstyls;
3) die Entwicklung und Auflösung des schönen Styls, den man nach dem geistigen Boden, welchem er entwachsen ist, auch den Styl der reinen Humanität nennen könnte.

Um den classischen katholischen Kirchenstyl auszubilden, betreten die Italiener den Schauplatz. Ihre psychologische Eigentümlichkeit und die besondre Art ihrer musikalischen Begabung befähigt sie in besonderem Maße dazu, dem schon fertigen Kunstwerk der Niederländer den Zauber lichter Schönheit und feinen Ebenmaßes zu verleihen.

Diese ihre Befähigung für die Schönheit der Form läßt sie auch auf dem Gebiete der weltlichen Musik neue Formen erfinden. Aber um hier die Form mit entsprechend neuem, eigenartigem Gehalt zu erfüllen, fehlte es dem romanischen Geiste an einem innerlich kräftigen, selbständig ausgefüllten Eigenleben, das er neben der Kirche noch nicht entfalten, ja noch nicht gewinnen konnte.

Da wo es gilt, an die Stelle des ausgelebten, einer entschwundenen Vergangenheit angehörigen Bewußtseins ein neues zu setzen, aus dem künstlerische Gestaltungstriebe lebensfrisch und lebenskräftig hervorwachsen können, tritt die deutsche Nation ein, welche die von den Italienern ererbten Formen zur classischen Vollendung erhebt, indem sie dieselben mit bedeutendem Geistes-Gehalte erfüllt.

Die classische Höhe erreicht daher der weltliche schöne Styl erst durch die deutsche Entwicklung.

Andrerseits liegt es der deutschen Art nahe, daß die Gehaltsfülle und die Gedankentiefe die schöne Form zerbricht oder doch in's Unschöne verbildet. Der protestantische Kirchenstyl, den Deutschland aus seinem reichen Eigenleben heraus schuf, gelangt zu classischer Vollendung nur dadurch, daß der deutsche Geist bei den Italienern in die Schule geht, an ihren reinen schönen Formen Maß und Gesetz der Form lernt und das eigne Schönheitsgewissen und Formgefühl übt und schärft.

Die übrigen Nationen, Frankreich und England, greifen zu ihrer Zeit mit ihrer Eigenart in die Entwicklung ein, ohne jedoch in dem Maße Einfluß auf dieselbe zu gewinnen, wie Italien und Deutschland.

Erste Form.

Die Entwicklung und Auflösung des classischen katholischen Kirchenstyls (italienische Entwicklung).

Quellen: Becker, C., die Tonwerke des 16. und 17. Jahrhunderts oder systematisch-chronologische Zusammenstellung der in diesen Jahrhunderten gedruckten Musikalien, 2. Aufl. Leipzig 1855.

Dr. Emil Naumann, Italienische Tondichter von Palestrina bis auf die Gegenwart. Berlin 1876.

Die polyphone Vocalmesse der Niederländer kommt durch Palestrina zur classischen Ausbildung.

Das Prinzip des harmonischen Satzes verdrängt zuerst aus der Kirche, dann auch aus der Concert= und Gesellschafts=Musik das Prinzip der fließenden Melodik.

Dagegen reagirt jedoch der dem Italiener angeborene Sinn für den süßen Wohllaut der symmetrisch gebauten, gefällig dahingleitenden Melodie.

Zunächst thut sich dieser Sinn in der Profanmusik Genüge; aber die Melodik, einmal eingebürgert, eroberte auch die Kirche. Nachdem der Versuch, die Strenge des kunstvollen Satzes (germanisches Princip) mit dem weichen Fluß der Melodie (ital. Princip) zu verbinden, glücklich gelungen war, breitet sich das weltliche Element immer mehr in der Kirchenmusik aus.

Sie geht dadurch des objectiven kirchlichen Charakters verlustig und führt so im Verlauf der Zeit den Verfall und die Auflösung des katholischen Kirchenstyls herbei.

I. Epoche.

Der strenge katholische Kirchenstyl (römische Schule).

1. Abschnitt.

Palestrinas Leben und Werke.

Quellen: G. Baini: Memorie storica-critiche della vita e delle opere di Giovan. Pierluigi da Palestrina, deutsch von Kandler u. ed. v. Kiesewetter, Leipzig 1834.

K. v. Winterfeld, Joh. Pierl. von Palestrina, Breslau 1832.

Thibaut, Ueber Reinheit der Tonkunst, 4. Aufl. von Bähr, Heidelberg 1861 (letzteres Werk bietet die geistige Seite der Palestrina-Messe am besten).

Giovanni Pierluigi Sante da Palestrina ist zu Palestrina, dem alten Preneste, (etwa 4 Stunden von Rom entfernt) 1514 als Kind einfacher doch bemittelter Landleute ge=

boren. Den ersten Musikunterricht erhielt er in seiner Vater=
stadt. Schon 1544 war er Organist und Chorregent an der
Kathedrale seiner Vaterstadt.

Julius III. hatte ein Institut errichtet (Bulle am 19. Febr.
1513), in welchem römische Knaben für die Kapelle (Giulia)
auf öffentliche Kosten erzogen werden sollten, um die theuren
niederländischen Sänger dereinst ersetzen zu können. In dieses
Institut kam der junge Palestrina zu weiterer Ausbildung und
wurde der Schüler des damals bedeutendsten Tonsetzers und
Lehrers in Rom, des Franzosen Claudius Goudimel. Schon
1551 erhielt er selbst die Lehrerstelle an der Kapella Giulia
als maestro del putti (Sängermeister der Knaben) und den
Titel „Kapellmeister im Vatican" (maestro della capella della
basilica Vaticana), und erwarb sich durch seine Compositionen
(einen Band Messen, dem Papst Julius III. gewidmet) welche,
wiewohl unter niederländischem Einfluß entstanden, doch schon
den Sinn Palestrina's für Klarheit und Einfachheit der Ton=
folgen bekunden, großen Beifall. In dieser Zeit schloß er eine
äußerst glückliche Ehe mit Lucrezia, welche ihm 4 Kinder
schenkte. 1555 trat er als Sänger in die päpstliche Kapelle
ein; eine Sammlung Madrigal's, ganz im Geschmack der Zeit
gehalten, sollte seine Befähigung vor den Sängern der Kapelle
legitimiren.

Es war ihm bisher alles gut und eben gegangen; das
Jahr 1555 führte ihn in die Schule der Leiden, aus welcher
er als geläuterter, fertiger Meister hervorgieng.

Auf den freisinnigen und hochgebildeten Julius III. folgte
nemlich der streng gesinnte Paul IV. (1555—1559), der es
als seine Lebensaufgabe ansah, das Tridentinum mit aller
Härte durchzuführen. Palestrina mit zwei Collegen wurde als
„verheirathet" aus dem Sängerinstitut ausgestoßen; er verfiel
in eine schwere Krankheit, und obwohl ihm die Stelle eines
lateranensischen Kapellmeisters ein kärgliches Einkommen ver=
schaffte, waren die nächsten 6 Jahre doch Kummer= und Sorgen=

jahre; aus dieser Zeit einer gedrückten Existenz stammen neben anderen bedeutenden Werken (Lamentaziones, Magnificat ꝛc.) das 8stimmige Crux fidelis und die unvergänglich schönen Improperia, welche noch jetzt an jedem Charfreitag von der päpstlichen Kapelle gesungen werden; die einfachsten und schlichtesten Tonverbindungen auf die Worte: populus meus quid feci tibi etc. in der tiefsten Stille, in der dunkel verhängten Kapelle, machen auf jedes Gemüt einen ergreifenden Eindruck. So schreibt Göthe (Italienische Reise vom 22. März): „die Kapellmusik ist undenkbar schön" und Mendelssohn, Reisebriefe S. 122. 165. „mir scheint nach einmaligem Hören, es sei eine der schönsten Compositionen Palestrinas" — „ein Accord verschmilzt sich sanft in den anderen"; „in der Kapelle herrscht die tiefste Stille" — „Ich konnte mir wohl erklären, warum die Improperien auf Göthe den größten Eindruck gemacht haben, es ist wirklich fast das vollkommenste, da Musik, Ceremonien, Alles im größten Einklang steht".

1561—1571 Kapellmeister zu S. Maria Maggiore, 1571 Kapellmeister am Vatican entfaltete Palestrina seine volle Schaffenskraft.

Das Tridentiner Concil (1545—1563) beschäftigte sich in seiner 22. und 24. Sitzung ausdrücklich mit der kirchlichen Musik. Von streng gesinnter Seite her wollte man die Musik überhaupt nicht mehr beim Gottesdienst zulassen; aber der mildere Sinn siegte über den unkünstlerischen, mönchischen Eifer, welcher mit der Entweltlichung der Kirche auch eine Purificirung derselben von jeglichem künstlerischen Element anstrebte. Da die Musik „nicht selten eine Aneiferung zur Andacht sei", so wurde sie zugelassen, und zugleich bestimmt: aus der Kirche solle diejenige Musik verbannt bleiben, »ubi sive organo sive cantu lascivum aut impurum aliquid miscetur« (22. Sitzung); die 24. Sitzung verbietet die „weichliche Musik". Es ist somit der Gesichtspunkt des liturgischen Geschmacks, unter welchem das Tridentinum die beim Cultus zuzulassende Musik gestellt wissen will. Dem liturgischen Geschmacke widersprach vor allem die Verzerrung und das Zerreißen der Textesworte, die völlig unverständlich geworden waren in dem Gewebe der künstlich durcheinander singenden Stimmen. Dem Musiker war die kunstvolle contrapunctische Verschlingung, die Neuheit der Stimmen- und Chorcombinationen, kurz die technisch-musikalische Seite ausschließlich die Hauptsache, die Textworte, die ja jedem Hörer geläufig und bekannt waren, so sehr Nebensache, daß man sie gar nicht einmal mehr unter die Noten setzte. Beim Liturgen ist es umgekehrt: ihm ist das liturgische Wort die Hauptsache: durch die Musik soll es nur in die rechte Stimmung und Beleuchtung gerückt werden und an Kraft und Fülle des Ausdrucks gewinnen. Die Mißachtung des Texts seitens der Sänger wurde dadurch noch gesteigert, daß die Sänger oft den verschiedensten Nationalitäten angehörten. Das liturgische Interesse verlangt ausdrücklich möglichste Unterordnung der Musik unter den Text [1]).

Die Worte »impurum und lascivum« deuten noch auf einen anderen Uebelstand in der bisherigen Messen-Musik hin. In naiver, harmloser Weise hatten die Niederländer die Tenore, auf welchen sie ihre Messen aufbauten, den bekannten Volksweisen entnommen. Sah doch der Musiker in erster Linie bei der Wahl seiner Motive auf deren musikalische Bedeutung und thematische Kraft; man benannte zwar die Messen nach den oft sehr bedenklichen Textanfängen der betreffenden Tenore (z. B. „von den rothen Nasen" „küsse mich", »l'omme arme«) um sie zu individualisiren, aber in dem contrapunctischen Stimmengewirre giengen die verfänglichsten Worte verloren und die Sitte der Benützung solcher profaner Motive war ungefährlich.

---

[1]) Domenico Capranica: „wenn ich sie so zusammensingen höre, so kommen sie mir vor wie ein Sack voll kleiner Schweine, denn ich höre wohl einen furchtbaren Lärm (Tonmasse) und ein Quieken und Schreien, kann aber keinen einzigen articulirten Laut (offenbar „Wort") unterscheiden".

Jetzt, da man sich von der Weltlichkeit, in welche die Kirche versunken war, befreien wollte, wurde man sich der Unziemlichkeit dieses Brauches bewußt und verlangte:

1. daß weder Motetten, noch Messen mit Vermischung von fremden Worten gesungen werden,

2. daß keine Messen, welche über Themen und Lieder weltlicher Art verfaßt seien, mehr gesungen und

3. daß Motetten über von Privatpersonen erfundene Worte für immer von der päpstlichen Kapelle ausgeschlossen werden sollten.

Dies waren die Beschlüsse der am 2. Aug. 1564 ernannten Commission, welche sich mit der Ausführung der Beschlüsse des Tridentinums in Bezug auf die Kirchenmusik zu befassen hatte.

Die Forderung der Kirchlichkeit bezog sich somit zunächst durchaus nicht auf das eigentlich musikalische Gebiet; die Musik als solche, wie sie im Geschmack und Geist der Zeit blühte, war auch für das kirchliche Bewußtsein gut und genügend. Das liturgische Interesse verlangte nunmehr nur eine genauere und innigere Beziehung der Musik zum liturgischen Textwort, und auch dies in erster Linie nur in dem negativen Sinne: daß die Musik den Text nicht erdrücken oder zerreißen dürfe. Ebenso bezog sich die Forderung der Kirchlichkeit, welche die Wahl von Tenoren aus Gregors Antiphonar bestimmte, nicht auf deren musikalischen Charakter: nicht weil diese kirchlichen Gesänge und die darüber gebauten Messen etwa „kirchlicher klingen" als andre, sondern weil sie kanonisch also objectiv als Kirchengesang festgesetzt sind, deßwegen sollen sie und sie allein die Motive der rechten Kirchenmesse bilden. Die Figuralmesse soll nichts sein, als die uralte, urkatholische Messe, ins festlich reiche Gewand der neuen vollstimmigen Musik gekleidet. Jede Musik, welche das leistet, daß sie die Motive aus dem kirchlichen Schatz von Gesängen nimmt und deren Grundton im Ganzen festzuhalten sucht, wird eine ächt katholische heißen können, auch wenn sie die Motive nicht eben im stile alla Palestrina sondern im Sinn und mit den Mitteln der jeweiligen Tonkunst aufbaut. Daß Palestrina die Musik seiner Zeit den Forderungen der Kirchlichkeit unterzuordnen verstand und, indem er diesen gerecht wurde, jener doch auch nicht das Geringste vergab, das hat ihn zum Classiker des katholischen Kirchenstyls gemacht. Daß der damalige Musikstyl ganz besonders für die katholische Kirche des Tridentinums sich eignete und der Träger ihres Geistes werden konnte, ist ja nicht gerade Palestrinas Verdienst. Im herrschenden Style Meister so sehr, daß er ihn völlig der durch das Tridentinum gestellten idealen Aufgabe unterwerfen konnte, stellte er sich als den musikalischen Genius seiner Zeit dar.

Der Kardinal Borromeo, Mitglied und tonangebendes Haupt jener Commission, beauftragte Palestrina, eine Messe im Sinne des Tridentinums zu schreiben. Palestrina legte drei Messen vor, in denen er sich stufenweise dem Ideal nähert; die dritte ist die sogenannte missa papae Marcelli (in G nach dem 8. Kirchenton), welche den Preis errang. Der Titel steht in keiner Beziehung zu dem Papst Marcellus; sie wurde dem König Philipp II. dedicirt; damit aber die Ehre der ersten Dedication Rom bleibe, wurde die (fälschliche) Dedication an Marcellus auf den Titel gesetzt. Diese Messe ist das classische Werk des katholischen Kirchenstyls, das Ideal der ächten polyphonen Chormesse. Die Worte bleiben, wenn sie gleich vielfach auseinandergelegt werden, durchweg verständlich; lichtvolle Klarheit, granitne Fügung der überall vollen, reinen und herrlichen Harmonien, ununterbrochene Steigerung der Wirkung und reiche Abwechslung stempeln sie, auch rein musikalisch und technisch angesehen, zu einem vollendeten Meisterwerk. Nicht mit Unrecht sagte Pius IV. 1565, als er die reinen, hoheitvollen Klänge des ersten classischen Werkes vernahm (19. Juni 1565 am Fronleichnamsfest), „das sind die Harmonien des neuen hohen Liedes, welches einst der Apostel Johannes in dem jubelnden Jerusalem gehört hatte". Die Messe ist eine culturgeschichtliche That; sie rettete der Kirche, welche auf die Gesammtwirkung der Künste angewiesen ist, die für den Cultus wichtigste, die Tonkunst.

Palestrina war nun der erste Musiker der Zeit. Pius IV. ernannte ihn zum compositore der päpstlichen Kapelle; 1571 wurde er Kapellmeister der vaticanischen Hauptkirche zu St. Peter, und es kamen für sein äußeres Leben bessere Zeiten. Die Verbesserung der Antiphonars und des Graduale wurde ihm von Gregor XIII. übertragen und er damit für den officiellen Musiker der Kirche erklärt. Dasselbe Jahr 1580 entriß ihm jedoch seine geliebte Gattin, ein Hauch von Schwermuth legte sich auf sein Schaffen. Wie Dante's Sang nur ein Sang für die Geliebte im Gefilde der Seligen war, so wollte auch Palestrina nur noch der Hingeschiedenen zu Ehren die Leyer stimmen, „ich will nun gänzlich von der Musik Abschied nehmen, denn die Musik und die Trauer schicken sich nicht zusammen, ich will mich nur mit dem furchtbaren Gedanken meines letzten Endes beschäftigen, und damit die Welt wisse, daß ich dieses Entschlusses immer eingedenk bin, so soll mein letztes Werk die Motette sein: „an den Wassern Babylons saßen wir und weinten ꝛc."

Aber die Muse der Töne wurde seine treue Trösterin und Freundin auch im bitteren Leide: ihr vertraute er seine innerste Stimmung, davon zeugen die herrlichen Motetten von 1581: „Herr, wann kommst Du ꝛc." »Commissa mea pavesco« »Heu mihi domine quia peccavi nimis in terra« »Anima mea turbata est valde«. „Wie der Hirsch schreit nach der frischen Quelle, so schreit meine Seele Gott zu dir!" Und die Kunst richtete ihn wieder auf: „ich rufe zu dem Herrn, er erhört mich" ꝛc. Verklärtes, geläutertes Heimweh spricht aus der wundersamen Composition des Hohelieds, eines wahren Preislieds auf die reine, himmlische Liebe — für jeden, der durch die strenge Form hindurch den regen Pulsschlag des Gemüts zu empfinden versteht.

Das eben macht Palestrina zum wahren und vollen Künstler, daß seine Musik ihm Leben war, sein Schaffen Lebensäußerung und innerste Lebensbefriedigung. Dem entsprach sein ganzes Wesen: er war eine tief religiöse, zart empfindsame, halb johanneische und halb paulinische Natur, wie er sich denn auch am meisten zu der Gemeinschaft des Oratoriums von Filippo Neri hielt, für die Gottesdienste desselben die Musik machte, und mit dem liebreichen Haupt derselben in innigem Verkehr stand. Sein Geist behielt bis an's Ende den alten hohen Schwung, davon zeugt die großartige Messe »Assumta est« von 1585; und bis ans Ende arbeitete er mit gleichem Fleiß fort. Eine rasch verlaufende Krankheit machte seinem Leben am 2. Febr. 1594 ein Ende. Mit den Tröstungen der katholischen Religion versehen starb er in den Armen seines ehrwürdigen Freundes Filippo Neri mit den Worten: „ich wünsche sehnlichst heimzugehen". Sein Grab findet sich vor dem Apostelaltar Simon und Juda zu St. Peter; der Sarg trug die Inschrift:

Joannes Petrus Aloysius Praenestinus Musicae Princeps.

Charakteristik. Rastloser Fleiß, liebevolle Pietät, ein reiner Sinn, der über die Chikanen und Intriguen, die auch ihm nicht erspart blieben, leicht und still wegsah, und gewissenhafte Pflichttreue bilden die Grundzüge von Palestrinas Charakter. Das Bild seines geistigen Wesens spiegeln dem, der in den Noten zu lesen versteht, seine Werke wieder. Er schrieb 12 Bände Messen, 2 Bände Motetten, 1 Band Offertorien, 2 Bände Litaneien — abgesehen von vielen Madrigalen und anderen kleineren Stücken. Die Strenge des polyphonen Satzes erscheint bei Palestrina gemildert durch die Weichheit und Melodik, mit welcher die gebundenen Stimmen in einanderfließen, durch die lichte Klarheit und Durchsichtigkeit der Harmonie, die nirgends schroff abgerissene Uebergänge, scharfe Dissonanzen ober harte Wechsel zeigt. Consonante Accorde folgen sich in schönem, ebenmäßigem Flusse: sparsam eingestreute Septimen oder dissonante Durchgangsnoten verleihen dem sanften Spiegel der Tonflut eine leise Bewegtheit, und die charakteristische Färbung, die wir mit den grellen Farben dissonanter Accorde hervorbringen, wird hier durch die zarten Schattirungen der verschieden umgelagerten Dreiklänge bewirkt. Diese Musik ist bei aller Erhabenheit doch lauter Wohlklang, aufgelöst im Element der Schönheit.

Um sie völlig würdigen und verstehen zu können, muß man nicht nur sein Ohr der modernen musikalischen Coulissen-Malerei entwöhnen und für die feinsten Abstufungen des harmonischen Wohlklang's erst wieder empfänglich stimmen, sondern man muß sie auch in der rechten Beleuchtung auf das Gemüt wirken lassen d. i. als das verklärende Element des katholischen Gottesdienstes. Es ist als wäre die Seele des katholischen Cultus in diesen Klangformen zur ideal schönen Verkörperung gekommen, so innig und würdig schmiegen sie sich demselben an: die Andacht, welche das Gemüt im Anschauen und geistigen Miterleben des heiligen Mysterium's empfindet, die Andacht, in welcher alle die einzelnen Gefühle und Wallungen sich milde auflösen, die wir vom wirren Geräusch der Straße und von des Lebens leidvollen Stürmen mit in das Heiligtum bringen, weht auch aus den Klängen uns an. Diese Musik faßt uns an, aber sie regt nicht auf, sie zieht das Gemüt in die milde Ruhe des Himmels herein. Sie trägt den Charakter einer verklärten, über die leidenschaftlich bewegten Stimmungen der Einzelnen hoch erhabenen Ruhe und Objectivität, uns ist beim Hören, als schauten wir über die ruhige, endlose majestätische See. Der in Wohllaut verklärte Ernst dieser Musik stimmt auch uns zu Ruhe und Frieden.

2. Abschnitt.
Die Schule Palestrinas.

Palestrinas Styl wurde nunmehr der herrschende, zunächst

allein gültige Kirchenstyl. In Gemeinschaft mit Giovanni Maria Ranini (gleichfalls Schüler von Goudimel) wurde die (jüngere) römische Schule eröffnet, in welcher Ranini (der ältere) in den Elementen des Contrapuncts unterrichtete, während Palestrina die Ausbildung der Geförderten übernahm. Die Schule pflanzte Palestrinas Styl fort, anfangs in origineller und schöpferischer Weise, zuletzt mit Pedanterie und Trockenheit. Am meisten mit Palestrina verwandt, nur noch milder und weicher, ist Ranini, sein College. Hochbedeutend ist der Spanier Ludovico da Vittoria, 1575 Kapellmeister zu S. Apollinaris in Rom. Unter Palestrina's Schülern im engeren Sinne ragt nur Guidetti hervor als gelehrter Kenner des kirchlichen Gesanges. Unter den jüngeren Meistern, die aus der römischen Schule hervorgiengen, heben wir hervor: Felice Anerio, Bernardino Ranini (den jüngern Bruder und Schüler des G. Maria Ranini) und Suriano, den Theoretiker der römischen Schule; derselben gehört ferner als deren originalster Schüler an Gregorio Allegri, geb. 1590, Schüler des älteren Ranini, Sänger der päpstlichen Kapelle seit 1613, ein naher Verwandter des gleichnamigen Malers Antonio Allegri il Correggio. Sein miserere, welches alljährlich am Carfreitag in der sixtinischen Kapelle gesungen wird, ist ein zweichöriger Satz je zu 5 und 4 Stimmen (eine 5te Stimme mit »embellimenti« ist dazu gemacht) von schöner Wirkung, jedoch nicht so bedeutend, als das mystische Dunkel vermuthen ließ, in welchem diese Composition von den päpstlichen Sängern gehalten wurde. — Schüler des älteren Ranini sind noch Antonio Cifra, Francesco Valentini, Antonio Maria Abbatini; Schüler des jüngeren Ranini sind Vincenzo Ugolini, Paolo Agostini, Domenico und Vergilio Mazzochi. Schüler Ugolinis wieder sind Orazio Benevoli; des Allegri und Benevoli: Antimo Liberati; Schüler des Benevoli war unter anderen Ercole Bernabei, der Lehrer Steffani's (München. Hannover). Zu erwähnen ist ferner

Santo Naldini (1588—1666), G. Corsi (1620— ?). Der römischen Schule im weiteren Sinne entstammen die Organisten Ercole und Bernardo Pasquini, ferner Frescobaldi sowie der Violinist Corelli (s. u.), endlich als Lehrer und ausgezeichneter Contrapunctist, welchem die großen Neapolitaner Durante, Leo, Feo ihre gründliche musikalische Schulung verdankten, Giuseppe Ottavio Pitoni (geb. 1657, † 1743), und Agostino Steffani (16 5—1730), der den Styl Italien's in Deutschland vertrat und mit Händel eng befreundet war.

II. Epoche.

Der declamatorische Styl. Die Reaction gegen den strengen Kirchenstyl oder die weltliche Musik in Italien bis auf Scarlatti.

Durch Palestrina und seine Schule ist die polyphone Musik in classischer Weise vollendet worden: die rauhe Harmonie der Alten war dem Gesetz der Schönheit und des Ausdrucks unterworfen; daß der Gedanke lichtvoll, klar und verständlich heraustrete, war zum ersten Gesetz des musikalischen Schaffens erhoben und damit einer in müßiger Stimmencombination und grübelnder Rechnerei sich erlustigenden Contrapunctik der Stab gebrochen; fehlte dem neuen Styl auch die ausdrucksvolle, weich dahinströmende, biegsame Melodie des Volksliedes, so standen ihm als Ausdrucksmittel lichtvoll sprechende Accorde, gebunden durch das Gesetz der Klarheit und Schönheit zu Gebote; kein Wunder, daß dieser Styl von der Kirche aus auch die Gesellschaft eroberte; der polyphone Gesang wurde die Musik der gebildeten Kreise; wer nur irgend in Folge seiner Stellung oder vermöge seines Reichtum's Anspruch auf feineren Lebensgenuß machen konnte, hielt eine kleinere oder größere Kapelle; der einfache monodische Liedgesang wurde dadurch völlig verdrängt, und wenn er auch keineswegs aufhörte, sondern seine besonderen Kreise hatte, da er zu Hause war, so zählte er doch nicht mit im Kunstleben.

Allein der Palestrinastyl vermag in seiner idealen Hoheit und in Folge seiner massigen Anlage nur das einfach Große, die Stimmung feierlicher Andacht zum Ausdruck zu bringen; er ist im vollsten Sinne des Wortes der Styl der katholischen Kirche, daher er auch vom Tridentinum als Kirchenstyl gleichsam kanonisirt und sanctionirt wurde.

Im Bewußtsein der Zeit aber war das kirchliche Interesse, so sehr es durch die Reformation in den Vordergrund gestellt worden war, längst nicht mehr das ausschließliche, alles beherrschende; vielmehr hatte sich das Bewußtsein schon seit der Renaissance der vielfarbigen Welt und dem buntgestalteten Leben mit voller Sympathie zugewandt, und es konnte das Verlangen nicht ausbleiben, das wirkliche Leben mit den es tragenden und bewegenden Stimmungen auch musikalisch zu gestalten, wie sich denn dieses Verlangen zunächst in dem Streben, die classische hellenische Tragödie mit Hilfe der modernen Tonkunst wiedererstehen zu lassen, ausdrückte. Dieses Streben rief zunächst auf dem Gebiete der weltlichen Musik eine lebhafte Reaction gegen den polyphonen Styl hervor, welcher durch die Schwerfälligkeit der Harmonie ein freies Anschließen an die wechselnden Nüancen der Stimmung verhinderte und, vermöge der strengen Gesetze des polyphonen Satzes, eine freie Bewegung und selbständige Entfaltung der das poetische Wort tragenden Melodie nicht gestattete.

Im Interesse des detaillirten declamatorischen Ausdrucks wird daher die Melodie aus der Harmonie losgelöst, letztre ihres Reichtums entkleidet und zur bloßen Färbung und Begründung der Melodie gebraucht d. i. zur Begleitung herabgesetzt.

Gegenüber der reichen polyphonen Musik erscheint die nahezu monodische Declamationsmusik äußerst dürftig. Der scheinbare Rückschritt ist aber in Wahrheit ein Fortschritt: indem die Melodie losgelöst und selbständig gemacht wird, kann sie, die bisher dem musikalischen Instinct überlassen oder von den Künstlern anderswoher entnommen worden war, Gegenstand des absichtsvollen künstlerischen Schaffens werden; mit der flüssigen und biegsamen Melodie aber ist der Tonkunst die Möglichkeit verliehen, künstlerisches Organ der mannigfaltigen Stimmungen zu werden, welche das moderne Bewußtsein beherrschen. Mit der künstlerischen Gestaltung der Melodie haben wir bei aller Dürftigkeit der Anfänge den Keim der modernen Instrumentalmusik gewonnen, welche ihrerseits wieder die Tonkunst zur Kunst des modernen Bewußtseins erhoben hat.

Das epochemachende Jahr für die Entstehung des dramatisch-declamatorischen Styls ist das Jahr 1600, der Mittelpunkt seiner Blüte Florenz; die Männer, die ihn ausbildeten und pflegten, faßt man gewöhnlich mit dem Namen der **Florentiner Schule** zusammen, der neuerdings mit Recht durch den Namen der **Toscanischen Schule** ersetzt worden ist (E. Naumann).

1. Abschnitt.
Die monodische Musik Italiens bis zum Jahr 1600.

Im nächsten Umkreis der römischen Schule hatte sich, wie wir sahen, auch das Lied in das schimmernde, aber steif-faltige Meßgewand der Polyphonie kleiden müssen. Anders in dem lebensfrohen, südlicheren Neapel; zu dem ewig heiteren Himmel und der blütenschweren Athmosphäre stimmen die ernsten, hoheitvollen Harmonien nicht; wer wollte sich den neapolitanischen Fischer auf dem tiefblauen Meere vorstellen, kunstvolle Musik singend? Da stimmt nur ein süßer, weich-strömender Gesang, der sich melodisch mischt mit dem wundersamen Singen der rauschenden Wogen, auf denen im sanften Tacte der Kahn dahingleitet: da stimmt nur die rhythmisch bewegte Melodie; von

Harmonie bedarfs gerade nur so viel, als die Saiten der Mandoline, den Gesang leis accentuirend, zu geben vermögen. Hier finden wir schon in der zweiten Hälfte des 15. Jahrhunderts einen eifrigen Beförderer der weltlichen Tonkunst in **Ferdinand von Arragonien**; einen beliebten Liedercomponisten, gegen Ende des 16. Jahrhunderts, in **Gesualdo de Venosa** († 1614), dem Haupt der sogenannten Akademie von Venosa, eines Herdes der weltlichen Liedcomposition.

Diese bemächtigten sich der in Italien heimischen Volks- und Gesellschaftsgesänge, welche in erste Linie der symmetrisch-architektonische Bau der Melodie charakterisirt, die dem Bearbeiter auch dann, wenn er seine contrapunctischen Künste daran versuchte, stets die Hauptsache blieb:

Hieher gehören die Villanella's, Villote's (Bauernlieder von derbem, fast frivolem Ton), die Frottole's („Gassenhauer") und andre volksliedartige Lieder, wie die Maggiolate (Mailieder), Ballate (Tanzlieder), Barcajuole (Schifferlieder) u. s. f.

Diejenige Form, welche der Liebling der Salons- und Gesellschaftsmusik wurde, die nicht nur durch die feinsten Cabinetsstücke melodischer und contrapunctischer Kunst verewigt, sondern für die weitere Entwicklung der weltlichen Musik nahezu bestimmend geworden ist, diese Form ist das **Madrigal**.

Ursprünglich ist das Madrigal ein „Schäferlied" (von mandra = Schafheerde); seinen Inhalt bildet die Liebe und was damit zusammenhängt, natürlich in der mannigfaltigsten Weise und Abstufung. Hier setzte sich der Componist ausdrücklich die Aufgabe, die das Gedicht durchwehende Stimmung (»l'affetto«) zu treffen und suchte sich daher innerhalb der Schulregeln möglichst frei und selbständig zu bewegen, um sich den Wendungen des 12—15zeiligen Textes möglichst genau anzuschließen.

Während der Componist in der Motette, mit welcher das Madrigal am meisten Aehnlichkeit hat, noch an den von anderwärtsher entlehnten cantus firmus sich zu binden pflegte, wurden im Madrigal sämmtliche Stimmen und Motive frei erfunden und die Form erhielt dadurch eine besonders geschlossene, liedmäßige Einheit; das Streben, den Wendungen des Textes zu folgen, brachte eine geistreich pointirende Bewegtheit in die Haltung des Ganzen, welche das Madrigal bei aller Verwandtschaft in der Satzweise von Anfang an scharf von den kirchlichen Tonsätzen unterschied.

Das Verdienst, das Madrigal als Kunstform in die Musikwelt eingeführt zu haben, wird dem niederländischen Meister Willaert (Kapellmeister zu S. Marco in Venedig) und damit der venetianischen Schule zugeschrieben. Doch hat schon der mit Willaert gleichzeitige Arcadelt (1539 Sängermeister der Knaben zu S. Peter in Rom, † zu Paris) berühmte Madrigale componirt, die 1538—59 in Venedig erschienen sind. Glänzend vertrat diese Gattung Willaert's Nachfolger Cypriano de Rore (1516—1569); ebenso Alphonso della Viola (Italiener), Giovanni Leonardo Primavera (Norditaliener, geb. 1540), Philipp Verdelot. Palestrina und Lassus haben nicht verschmäht, ihre Kunst dem Madrigal zuzuwenden, und was sie darin geschaffen haben, steht ihrem Besten nicht nach. Der gefeiertste Madrigalist aber war Luca Marenzio, geboren um 1550 in der Nähe von Brescia, 1595 Sänger der päpstlichen Kapelle, † 1599, um der weichen Melodik willen von seinen Zeitgenossen der „süße Schwan Italien's" genannt.

In England, wo die contrapunctische Kunst durch Thomas Tallis (c. 1575 Organist der Königin Elisabeth), William Byrd, John Bull, Giles, Farrantua trefflich vertreten war, fand das Madrigal besondre Beliebtheit und Pflege; was darin Thomas Morley (gegen das Ende des 16. Jahrhunderts), John Dowland (geb. 1562), Bennet, Tallis, Ward, Weelkes, geschaffen haben, darf sich den duftigsten Blüten auf diesem Gebiet würdig an die Seite stellen.

Das Madrigal bildet den Uebergang zur monodischen Musik, die denn auch ausdrücklich daran anknüpfte. —

2. Abschnitt.
Die Entstehung der Oper in Florenz.

Scenische Aufführungen mit Musik waren schon in früherer Zeit vorgekommen, so z. B. aus Anlaß der Vermählungsfeier von Cosmus I. von Medici. Doch war die Musik dabei reine Decorationsmusik gewesen und hatte nur dem Zwecke gedient, den Prunk des Ganzen zu erhöhen. Indirect waren diese Prunkstücke, die meist in byzantinischer Weise der Huldigung für den Fürsten galten, für die Geschichte der späteren Oper nicht ohne Bedeutung, sofern man dadurch überhaupt an scenische Darstellungen mit Musik gewöhnt wurde und sofern sich dadurch unwillkürlich die leidige Vorstellung festsetzte, als gehörte die Entfaltung äußerer Pracht wesentlich zur Oper.

Die erste Ausführung der Idee eines musikalischen Dramas — und diese Idee gab erst der Oper ihre eigentliche Entstehung — war das Werk eines Kreises von vornehmen Dilettanten, welcher in dem Hause von Giovanni Bardi, Grafen von Vernio, seinen Mittelpunkt hatte und auch bedeutende Künstler für die Sache gewann.

Es schwebte diesem Kreise, der aufs eifrigste und mit Begeisterung dem Humanismus huldigte, die Idee vor, das antike Drama wieder zu erwecken. Dazu schien es vor allem nothwendig, die verloren gegangene griechische Musik wieder zu entdecken, von welcher die Alten so viele Wunder berichteten. Man war, wie G. B. Doni erzählt, darüber einig, daß die neuere Musik an Anmuth und im Ausdruck der Worte sehr mangelhaft sei, und daß, um ihren Mängeln abzuhelfen, irgend eine andre Art von Cantilene oder Gesangsweise versucht werden müsse, bei welcher die Texteworte nicht unverständlich gemacht und der Vers nicht zerstört würde. Worin diese neue Musik zu bestehen habe, das bestimmte **Giulio Romano** (Giulio Caccini, Sänger und Gesangslehrer) in seinem Werke »le nuove musiche«, dem theoretischen Evangelium der neuen Richtung. Praktisch lieferte er zahlreiche Proben, an welchen namentlich die feine Textwahl (im Unterschied von den „elenden Reimschmieden", wie sich Doni ausdrückt) gerühmt wurde. Neben ihm wirkte als Componist Vincenzo **Galilei**, der Vater des berümten Naturforschers, Jacopo **Peri**, Girolamo **Mei**, Alessandro **Striggio**, Christofani **Malvezzi**; auch Luca **Marenzio** gehörte zu dem Kreise, sowie Caccini und Cavaliere (s. u.); als Textdichter wirkte dabei vor Allen **Rinuccini**. Das epochemachende, die Richtung in's Leben einführende Werk war die Tragödie „**Euridice**", von Rinuccini gedichtet, von Caccini und Peri componirt. Sie machte ungeheures Aufsehen, und verbreitete sich durch die Theilnehmer an dem Vermählungsfeste Heinrich's IV. von Frankreich, das zu Florenz stattfand, rasch über die Höfe von Italien, Deutschland und Frankreich.

Die Idee, welche diesen Bestrebungen zu Grunde lag, ist, wie schon gesagt, die der Wiedererweckung des antiken Drama's. Keinen Augenblick zweifelte man daran, daß man dasselbe dem Gegenstand, der Sache, den Worten nach habe: es war also nicht die Idee eines musikalischen Dramas, welches auf modernem Gebiet das sein sollte, was auf antikem die classische Tragödie war; sondern man wollte nur das Drama, welches man schon zu besitzen meinte, mit der rechten entsprechenden Musik ausstatten, wollte nur die moderne, wie man annahm, verdorbene Musik zur Reinheit der geträumten griechischen Musik zurückführen (dramma per musica, Melodramma oder schlechtweg Tragedia).

Das Wesen derselben und damit das Wesen der dramatischen Musik überhaupt setzte man wesentlich in den richtigen declamatorischen Ausdruck (»musica parlante«), auch dies mehr in negativer Hinsicht: die Musik solle und könne nicht für sich selbst die Empfindungen, welche die Textworte aussprechen, voll und ganz ausdrücken; sie solle nur den Text nicht unterbrechen, demselben nicht störend entgegenwirken; auch dies glaubte man erreicht zu haben, wenn die Musik dem Reim, der Strofe, der Interpunction gerecht werde. —

Die Bedeutung des Werkes von 1600 besteht also nicht darin, daß etwa eine positiv dramatische Musik geschaffen worden wäre, sondern darin, daß eine solche überhaupt in Aussicht genommen und nun aus der Musik der Gegenwart alles das entfernt wurde, was die Klarheit des Textausdrucks hinderte, daß mit Einem Worte die Musik principiell und absolut dem Text untergeordnet wurde, ohne daß man noch im Stande gewesen wäre, eine das Wort tragende, mit selbständigem musikalischem Gehalt erfüllte Musik dazu zu schaffen. Es herrschte somit — wie dies in der Folge auf dem Gebiete der dramatischen Musik sich öfter zeigen wird — in diesen Bestrebungen der sich einer „edlen Verachtung des Gesanges befleißenden Altertumsfreunde", eine kritische, negative Tendenz vor, die musikalische Schaffenskraft aber stand noch weit hinter der Aufgabe zurück. Man bewies, was nicht-dramatisch war und vermied das; aber man fand nicht, was nun das Dramatische in der Musik sei. Dadurch wurde die Musik arm und dürftig. Jene Erstlingswerke bestehen aus — musikalisch angesehen — trockenen, bedeutungslosen, Recitativen, welche nur selten von wirklich ausdrucksvollem Gesang abgelöst werden. Weil man noch nicht vermochte, mit den starren Harmonien dem dramatischen Text zu folgen, so ließ man die Harmonie fast ganz weg, aber die reiche, ausdrucksvolle Melodie hatte man noch nicht.

Die Idee eines musikalischen Dramas war jedoch einmal ausgesprochen und diese Idee trieb weiter, trotz der Dürftigkeit der Anfänge, und brach sich Bahn durch alle Irrthümer hindurch. Noch wollte man eben griechische Tragödie und griechische Musik; beides ins moderne Leben und Bewußtsein zu übersetzen, dazu fühlte man bei der blinden Hingabe an das classische Altertum noch kein Bedürfniß. Es war die Zeit, da man die Antike selbst haben und copiren wollte. Von ihr für die Gegenwart lernen zu wollen, blieb einer späteren Zeit und einem anderen Volke vorbehalten.

3. Abschnitt.
Die Entstehung des Oratoriums.

Gleichzeitig mit den Bestrebungen zu Florenz und ganz im gleichen Geiste entstand das Oratorium. Den Namen des Oratoriums finden wir zuerst im 16. Jahrhundert. Filippo Neri (c. 1551) hielt zu Rom während der Fastenzeit Congregationen, um seinen Beichtkindern die heilige Geschichte vorzuführen. Zur Belebung der Vorträge verband er mit denselben die Aufführung mehrstimmiger Chöre, deren Inhalt auf den jeweils vorgetragenen Gegenstand Bezug hatte. Giovanni Animuccia, Kapellmeister an St. Peter, componirte zu diesem Zweck mehrstimmige Gesänge (laudi spirituali), in welchen Chor und Einzelgesang wechselten, so daß das Ganze schon einen etwas dramatischen Charakter erhielt. Diese Aufführungen nannte man Azione sacre oder Oratorien. So wenig nun diese Anfänge mit dem Oratorium der späteren Zeit zu thun haben, so zeigen sie doch die Elemente desselben: Erzählung, Einzelgesang, Chor. Der Römer Emilio del Cavaliere war als Intendant des großherzoglichen Hofes in Florenz (bis 1584) mit den Ideen, welche in dem Hause Vernios besprochen wurden, wohl vertraut geworden und hatte im Geist derselben Schäferspiele componirt, deren Musik von den damaligen Humanisten — zum Beweis, daß die philologische Atribie nicht unfehlbar ist — für ganz antik erklärt wurde.

Was man in Florenz auf weltlichem Gebiete anstrebte, durchdrungen von dem Verlangen der Zeit, das bunte, wirkliche Leben in der Kunst abzugestalten, das suchte er in Rom nun moralisch-geistlich nachzubilden, indem er erbaulich-belehrende Gegenstände nach Art der Florentiner in Musik setzte. Waren die Dramen der Florentiner die Erstlinge einer großartigen Entwicklungsreihe, im Geiste der Zeit gelegen und von ihm hervorgerufen, so lagen jene Stücke erbaulicher und moralisirender Art eigentlich außerhalb des Zeitbewußtseins und sie haben nur dadurch eine höhere musikgeschichtliche und culturgeschichtliche Bedeutung erhalten, daß an sie später das großartige Händel'sche Oratorium anknüpfte, welches freilich mit diesen kaum mehr als den Namen gemein hat.

Das erste Werk dieser Art ist das Stück »Dell' anima e dell corpore«, welches in dem oratorio der Kirche della valicella 1600 zum ersten Male aufgeführt wurde.

Was die äußere Ausstattung anbelangt, so wurden sowohl bei der Oper (der Name findet sich übrigens erst 1631) als bei dem Oratorium Instrumente jedoch in sehr sparsamer und untergeordneter Weise verwendet. Bezeichnend ist der Gebrauch des scharf markirenden Clavicembalo zur Begleitung der Recitative.

Während die eigentlichen Musiker sich der neuen Musik gegenüber vorerst meist vornehm und geringschätzig verhielten, eroberte sich dieselbe im Lauf des 17. Jahrhunderts die Gunst und den Beifall nicht nur der Höfe, sondern auch des Volks. Dadurch wurde die Betheiligung auch der Musiker allmählich eine lebhaftere: der erste Musiker im engeren Sinne, der sich ausdrücklich dem „pathetischen Style" widmete, war Claudio von Monteverde, Kapellmeister an der St. Markuskirche zu Venedig (geb. zu Cremona c. 1566, † 1650): ein geschulter Musiker wendete er sich, sichtlich von den Wirkungen der Florentiner Bestrebungen beeinflußt, ausdrücklich der Oper zu und bereicherte den musikalischen Theil derselben wesentlich, indem er das Recht der Tonkunst dem Worte gegenüber wahrte, neue Accorde und Accordfolgen einführte, welche das Entsetzen der strengen Schulmusiker erregten, aber die dramatische Ausdrucks-fähigkeit der Musik wesentlich steigerten. Trotz allen Sträuben's der strengen kirchlichen Schule vollendete sich nun allmählich die Umbildung des kirchlichen Tonsystems in das moderne, welches einfach nur Dur und Moll als selbständige Tonge-schlechter anerkennt.

Das Orchester wurde wesentlich bereichert und zu einer gewissen Selbständigkeit erhoben, so daß nun Partitur und Dirigent nothwendig wurden [1]).

Den Compositionen Claudios (Orfeo 1607, Arianna, il ballo della ingrate 1608. Proserpina rapita 1630. l'Adone 1639; il ritorno d'Ulysse 1642 u. a.) wurde neben andren Vorzügen hauptsächlich rhythmischer Schwung nachgerühmt.

Der Geschmack an dem dramatisch-declamatorischen Gesang nahm immer mehr zu. In allen größeren Städten Italien's faßten die Bestrebungen der Florentiner Fuß: in Parma (1604), Mantua (1607), Bologna (1601) u. s. f. Die letztere Stadt wurde mit der Zeit ein Mittelpunkt musikalischer Bestrebungen: dort entstanden Akademien, so die Academia de Filomusi (1622), die Academia de Musici Filaschese Filarmonici (1633). Eine besondre Blüte entfaltete die Operncomposition zu Venedig, wo nach Claudio von Monteverde den größten Ruhm Ca-valli (geb. 1600, † 1676), (Pier-Francesco Caletti Bruni genannt Cavalli) und Cesti erlangten. Der letztere, Marco Antonio Cesti geb. zu Arezzo 1620, Kapellmeister in Venedig seit c. 1649 machte sich namentlich um die Entwick-lung der Cantilene verdient.

Nach Neapel war schon vor Scarlatti das Drama der

---

[1]) Das Orchester Claudios bestand aus 2 Clavicembali, 2 Contra-bassi da Viola, 10 Violes da brazzo, 2 Violini pizzioli alla Francese, 2 Chitarone, 2 Organi di legno, 2 Bassi da gamba, 4 Tromboni, 1 Regal, 2 Cornetti, 1 Flautino alla vigesima seconda, 1 Clarino, 3 Trombe sordine, 1 Arpa doppia.

Florentiner gedrungen. Nach Deutschland hat Heinrich Schütz die Oper gebracht; Rinuccini's „Dafne" wurde 1627 zu Torgau, wohl zum ersten Mal in Deutschland, gegeben.

Nach Frankreich berief der Cardinal Mazarin florentinische Sänger: es war ein Florentiner, welcher der französischen Oper das auf lange hinaus maßgebende Gepräge aufdrückte — Lully.

Wie groß in Italien die Nachfrage nach Opern war, beweist die Größe der Production. Bologna zählt bis 1700 30 Tonsetzer und 70 neue Opern; in Venedig finden wir zwischen 1637—1700 allein 40 Tonsetzer mit 357 Opern. —

Es gab jetzt zwei Style: einen weltlichen, der sich den declamatorischen Ausdruck zur Aufgabe machte, und einen kirchlichen, der auf Reichtum, Fülle und Correctheit der Harmonie hielt. Litt der erstere noch an Dürftigkeit und Armut, so war der letztere von einer gewissen Starrheit nicht freizusprechen.

Ein Neues konnte nur dadurch entstehen, daß beide Style sich verbanden und ihre Eigentümlichkeiten in einander verschmelzten; der weltliche, declamatorische Styl mußte sich bereichern und an Kraft, Fülle und Tiefe gewinnen durch Verbindung mit dem zum Generalbaß zusammengepakten Contrapunct; der Kirchenstyl mußte bewegtes Pathos und lebendigen Fluß bekommen, indem er bei dem dramatischen in die Schule gieng. Daraus entstand ein — der weltlichen, wie kirchlichen Musik gemeinsamer — neuer Musikstyl, der pathetische, innerhalb dessen von nun an die drei Gattungen der Kirchen-, Theater und Kammer-Musik unterschieden werden.

III. Epoche.

Der pathetische Styl.

(Geschichte der Auflösung des strengen Kirchenstyls in Opernstyl. Die Neapolitanische Schule.)

Kirche und Leben waren durch das Tridentinum für immer geschieden worden, aus der Kirche selbst war das triebkräftige, schöpferische Element des religiösen Lebens, die unbefangene, lebenswarme Herzensfrömmigkeit ausgeschlossen: katholische Frömmigkeit war gleichbedeutend geworden mit dem rein äußerlichen Gehorsam gegen das kirchliche Gebot und der rein äußerlichen Anerkennung der hierarchischen Autorität. Zwar entfaltete der Katholicismus immer wieder aus der Tiefe des religiösen Bewußtseins heraus neue, lebendige Triebe (man denke an den Jansenismus u. a.) — aber diese ideal-katholischen Strömungen standen im Gegensatz zu dem objectiv sanctionirten Kirchentum des Tridentinums, das nichts weniger war als das ächt-katholische, sondern nur das romanisch-hierarchische in seiner Consequenz und Reinheit. Fanden solche ideale Bewegungen anfangs lebhafte Sympathie in der katholischen Welt, so mußten sie, sobald die Kirche durch irgend einen Anlaß genöthigt wurde, sich auf die Consequenz ihres Princips zu besinnen, als antirömische, antikirchliche — also ketzerische Richtungen ausgeschlossen werden.

Die rein äußerliche Zugehörigkeit zu der objectiven, hierarchischen Anstalt, welche an die Stelle der Kirche getreten war, gestattete dem Sinnlichen einen weiten Spielraum und machte jedem Einzelnen wiederum eine unbefangene Verbindung streng kirchlicher Observanz mit freier dem Welt- und Lebensgenuß zugekehrter Sinnlichkeit möglich. Daher treffen wir überall im Gefolge des tridentinischen Katholicismus und in Verbindung mit ihm eine reife Sinnlichkeit, welche sich der bunten Welt und ihrem frischen, farbenreichen Leben genußfreudig zuwendet.

So bleibt denn auch der weltlich-monodische Gesangstyl der Kirche nicht fremd; er bringt in die Kirche ein, bringt die lichten, aber in ihrer idealen Haltung doch etwas starr und kühl anmuthenden Harmonie-Massen der Kirchenmusik gleichsam in lebendigen Fluß, erfüllt sie mit warmer Sinnlichkeit, mit bewegter und bewegender Melodik. Damit geht freilich der Kirchenmusik die hohe Objectivität, die edle Unberührtheit und Idealität des Palestrina-Styls verloren; sie gewinnt an

Süßigkeit und Gefälligkeit, Innigkeit und Wärme — aber auch an unkirchlicher Sentimentalität. Ja sie fängt an, mit der Bühne zu coquettiren. Denn, war der erste Schritt zur Verweltlichung einmal gethan, so mußte die Accomodation an den Zeitgeschmack unwillkürlich immer weiter gehen, da die Productionskraft sich in erster Linie, ja ausschließlich, dem Theater zuwandte. Wie die Geschichte der italienischen Musik von jetzt an fast ausschließlich zu einer Geschichte der Oper wird, so bildet auch die Geschichte der Kirchenmusik in Italien — soweit nicht mit bewußtem Conservatismus die alte durch Palestrina festgestellte Form festgehalten wird — nahezu eben einen Theil der Operngeschichte. Was etwa auf kirchliche Texte und für kirchliche Feste Neues componirt wird, das ist trotz des frommen Textes reine Theatermusik.

Es entspricht daher vollständig dem richtigen Gefühl für das kirchlich Würdige und Angemessene und ist nicht blos ein Zeichen guten, liturgischen Geschmacks oder archaistischen Eigensinn's, wenn von strenger Seite her der Palestrinastyl ausschließlich für den allein ächten, katholischen Kirchenstyl erklärt wird.

Den Uebergang zu dem neuen weltlichen Kirchenstyl bilden Viadana's Kirchenconcert und Carissimi's Kammercantate; beide leiten die Accomodation der Kirche an das Theater ein. Die Werke der neapolitanischen Schule repräsentiren sodann die Blüte des neuen (pathetischen) Kirchenstyls, leiten aber auch die Auflösung desselben in die Opernmusik ein.

1. Abschnitt.
Die Formen des Uebergangs.
c. 1600 — c. 1650.

1. Das Kirchenconcert Viadanas (1597).

Eine Annäherung an den weltlichen monodischen Styl war auf kirchlichem Gebiet schon durch Viadana erfolgt.

(Ludovico Viadana, geb. 1565 in Lodi, Kapellmeister zu Rom um 1595, später an der Kathedrale zu Mantua.) Es war nicht immer möglich, die vielstimmigen Chöre der Kirchenmusik so vollstimmig zu besetzen, wie es die massig angelegte Composition verlangte, es fehlte das eine Mal an der Stimme des Sängers, der nicht alle entsprechenden Töne besaß, das andre Mal hatte man die entsprechende Stimmenzahl überhaupt nicht. Daher schrieb Viadana kirchliche Gesangsstücke für 1, 2, 3 Stimmen, je nach dem vorliegenden Bedürfniß und schrieb, damit das Werk an harmonischer Fülle nicht verliere, eine Orgelbegleitung dazu (basso continuo). Wenn anfänglich diese Orgelbegleitung nichts weiter war, als die contrapunctische Ergänzung der Singstimmen, also der bloße Ersatz der weiteren Stimmen, so war doch dadurch ein zweifaches geschaffen: eine oder mehrere vortragende Stimmen, die sich melodisch viel freier über dem basso continuo bewegen konnten als innerhalb des polyphonen Gewebes, und eine Begleitung; man begann, sich auf die Regeln der letzteren zu besinnen und fand bald, daß ein streng contrapunctisches Aussetzen der einzelnen Stimmen in der Begleitung nicht immer nöthig sei, wenn nur der entsprechende Accord da und mit den vorangehenden und nachfolgenden Accorden richtig verbunden sei. Man begann — und wenn nicht schon Viadanas so seines Schülers Agazzari's Verdienst ist dies — den Generalbaß (die Kunst der schlechthin nothwendigen Begleitung) zu studiren. In dieser Richtung schrieb auch Marco Marazzoli (1600—1662), Componist von Cantaten und Oratorien.

2. Die Kammercantate Carissimis.
(c. 1635.)

Giacomo Carissimi (geb. 1604, † 1675), Kapellmeister zu St. Apollinaris in Rom, wurde der Schöpfer der sogenannten Kammercantate (cantata da camera), welche wesentlich dem damaligen Oratorium und der Oper verwandt war, jedoch eine kürzere und gedrängtere Form derselben Richtung darstellte. Mit der Oper und dem Oratorium hat die Kammercantate die Formen des Recitativs, der Arie und des Chors gemeinsam. Die fehlende Interpretation durch die Inscenirung wird durch reichere und relativ charakteristische Instrumentation ersetzt. Der Hauptnachdruck wird auf die Angemessenheit der Musik an Wort und Situation, auf geschmackvolle Cantilene und edlen Klangcharakter gelegt. Mit der Kammercantate fand die neue Musikgattung Eingang in der Hausmusik und es wurde auf diesem Gebiete allmählich die polyphone Musik verdrängt. — Carissimi hat außerdem das Oratorium wesentlich weiter entwickelt durch besondre Berücksichtigung des Chor's („Jephtha", „Jonas", „das Urtheil Salomon's", „Hiob", „Belsazar", „David", „Jonathan" u. a.). Sofern er der Lehrer Alexandro Scarlatti's war, reicht sein Einfluß unmittelbar in die neapolitanische Schule hinüber.

Gleichzeitig mit ihm sind Antonio Liberati (1625—1690), Componist von Oratorien, und der durch sein tragisches Geschick bekannte Alessandro Strabella. Letzterer schrieb mehrere Oratorien: „Die Schmerzen der Jungfrau Maria", „das Opfer Abraham's", „das Martyrium des hl. Theodosia", „eine Passion F. Neri."

2. Abschnitt.
Die neapolitanische Schule.

Der Prozeß der Verschmelzung des rein declamatorischen Princips mit dem der klanglichen Schönheit, der Richtung auf Wahrheit des Ausdrucks mit der Richtung auf die Schönheit der unmittelbar wohlgefälligen Erscheinung wird vollendet durch die Werke der neapolitanischen Schule, welche die Verbindung des melodischen und harmonischen Princips, des strengen und schönen Styls darstellen. Hohe Kraft des Ausdrucks, hinreißender Glanz der Melodie, weiche Schönheit und sinnliche Reife charakterisiren die Meister-Werke dieser Schule;

die Musik steht vorherrschend im Dienste des menschlichen Pathos, ist vorherrschend dramatische und lyrische Musik.

In der Richtung auf die reine sinnliche Schönheit liegt die Kraft dieser Schule, aber auch der Keim des Zerfalls. Der melodische Reiz wird bei den Epigonen Selbstzweck; sobald aber die Beziehung auf das Ideal abhanden kommt, versiegt die schöpferische Kraft: die Melodie wird raffinirt, aber leer und gehaltlos; das Pathos, einst ächt empfunden, wird stereotyp und damit leblos. Die Musik wird vielfach zur Erwerbsquelle oder zum Mittel des reinen Sinnengenusses.

1. Blütezeit.

1. **Alessandro Scarlatti.** (1650 – 1725.) Als der Vater der neapolitanischen Schule und der Schöpfer des neuen Styles ist der geniale Alessandro Scarlatti zu betrachten, den man schon, in gewissem Sinne mit Recht, den italienischen „Bach" genannt hat; denn auf sämmtliche Musikgattungen erstreckte sich sein Einfluß, überall wirkte er befruchtend und umgestaltend.

Geboren zu Trapani in Sicilien (nach andern in Neapel) 1650 (oder 1658) machte er seine Studien zu Rom unter Carissimi; mit der Begeisterung für die neue Richtung, die Carissimi repräsentirte, verband er, selbst ein trefflicher Sänger, Clavierspieler, Harfenist und Organist, in der Composition eine positiv gestaltende Schöpferkraft und einen für das Schöne und Würdige in **allen** Richtungen offenen Sinn. Nach ausgedehnten Reisen durch Deutschland und Italien begründete er die neapolitanische Schule, deren Jünger die musikalische Welt von nun an beherrschten. Er wirkte mit außerordentlichem Erfolge theils unmittelbar durch seine Werke, theils mittelbar durch Heranbildung begabter Schüler, deren Ruhm den seinigen bald überstrahlte. Zuletzt verfiel er in eine finstere selbstquälerische Religiosität und starb vereinsamt 1725. (nach Andern 1728.)

Seine Werke (er schrieb ungefähr 200 Messen, ebensoviel

Motetten, Oratorien, 400 Cantaten, 100 Opern, Sonaten u. s. f. im Ganzen 1000 Werke) tragen den Stempel der Gediegenheit und des künstlerischen Ernstes. Strenges Maßhalten, besonnene Rücksichtnahme auf den Idealgehalt des Stückes und seinen Zweck, unterscheiden ihn wesentlich von seinen Nachfolgern. Bei ihm ist noch ein außerordentlicher Unterschied zwischen den Compositionen für die Kirche und denen für Theater oder Gesellschaft. In ersteren bezeichnet ihn ein hoher idealer Ernst, ja eine fast rauhe Strenge.

Im weltlichen Styl darf man Scarlatti den Begründer und Vater der italienischen Oper im eigentlichen Sinne des Wortes nennen. Während die florentinische Schule gemäß den Ideen, von welchen sie beherrscht war, die Musik der Poesie in einer Weise unterordnete, daß die erstere zu voller Entfaltung nicht gelangen konnte, kehrte Scarlatti das Verhältniß um und gewährte der Musik viel freieren Spielraum. Während im Drama der Florentiner der Recitativ-Styl vorherrschte, das arioso zurücktrat, gab Scarlatti dem eigentlichen Gesang in der Arie breite Entfaltung: er hat die dreitheilige Form der Arie (Hauptsatz, Mittelsatz, Dacapo des Hauptsatzes) festgestellt, wie sie von nun an für die italienische Oper stereotyp geworden ist. Seine Gesangstücke sind musikalisch klar und fest gegliedert, plastisch wohl abgerundet, prägnant und sprechend in den Motiven. Wie er der Musik überhaupt ein gewisses Uebergewicht in der Oper verlieh, so zog er auch das Orchester zu selbständiger Betheiligung herbei. Er verlegte den Schwerpunkt des Orchesters in das Saitenquartett und stellte die Form der italienischen Ouverture (Allegro, Grave, Allegro), (wie dieselbe noch Mozart's Ouverture zur „Entführung" zeigt) fest — kurz er erst schuf aus dem »dramma per musica«, dem Musikdrama der Toscaner die „italienische Oper", welche nunmehr ein Jahrhundert hindurch die musikalische Welt beherrschte.

2. Unter Scarlatti's Schülern ist durch seine Lehrthätigkeit vom größten Einfluß auf die Entwicklung der Musik gewesen

Francesco D u r a n t e (geb. 1684 zu Fratta maggiore im Neapolitanischen, † 1755 als Kapellmeister am conservatorio S. Maria Loretto in Neapel). Aus seiner Schule sind unter anderen hervorgegangen: V i n c i, J o m e l l i, D u n i, T e r r a d e l l a s, T r a e t t a, P i c c i n i, S a c c h i n i, G u g l i e l m i, P a e s i e l l o. Wie er die Studien, welche er bei All. Scarlatti und Greco gemacht hatte, in Rom bei Pitoni und Pasquini ergänzte, so zeigt er auch in seiner künstlerischen Haltung eine Verbindung des neuen neapolitanischen Styls mit dem römischen Palestrina=Styl; er wendet dem Theater den Rücken und componirt nur für die Kirche (Missa alla Palestrina, sonstige Messen, Hymnen, Psalmen u. a.) und für die Kammer (Sonaten und Duetten). Bei allem Ernst der Haltung verräth doch die flüssige Bewegtheit der Cantilene und die weiche Anmut der Form, die das architektonische Ebenmaß streng einhält, den Neapolitaner und so conservativ auch Durante, im Leben ein Mann von rauher Außenseite, sich geberdet: so verräth seine Kirchenmusik dennoch bereits den unbeabsichtigten Einfluß des Theaters. Es lag in der Consequenz des neuen Styles, dessen Kraft ja eben im Ausdruck des bewegt Leidenschaftlichen beruht, daß der dritte Großmeister der neapolitanischen Schule

3. Leonardo L e o (1694—1746) (Schüler Scarlatti's und Pitoni's) zuletzt gleichfalls Kapellmeister am conservatorio S. Onofrio, den Schwerpunkt seiner Thätigkeit in die Oper verlegte, wiewohl er neben etlichen 40 Opern auch eine Reihe Kirchensachen componirte. Wegen seiner glänzenden Melodik und ausdrucksvollen Cantilene ist er der Liebling Italiens gewesen. Unter Scarlatti's Schülern ist noch Nicolo P o r p o r a, der berühmte Gesangmeister (Lehrer Farinelli's, Anton Hubert's, und der Tradition zufolge Josef Haydn's) zu erwähnen, tüchtig aber nicht eben von durchschlagender Bedeutung auf den Gebieten des Opern= und Kammerstyls.

Durch ausgedehnte Lehrthätigkeit ragt noch hervor Gaetano Greco, geb. 1680, der Lehrer Durante's, Vinci's und

Pergolese's, durch Anmut und Gediegenheit der Erfindung Francesco Feo (geb. 1699 † 1752).

Endlich reihen wir hier als letzten Schüler des großen Scarlatti den Norddeutschen Adolf Hasse (geb. 1699 in Bergedorf bei Hamburg) an; welcher 1722 nach Neapel kam und zuerst den Unterricht Porpora's, dann den Scarlatti's genoß. Seine Oper „Sesostrate" trug ihm unerhörten Beifall und den Beinamen »il caro Sassone« ein; 1727 wurde er Kapellmeister zu Venedig und der Gatte der berühmten Sängerin Faustina Borboni, 1731 folgte er seiner Gattin als Oberkapellmeister nach Dresden, verließ aber diese Stellung bald wieder und kehrte nach Italien zurück. Nochmals kam er später nach Dresden, wurde 1763 pensionirt und starb zu Venedig 1783.

„Kein andrer Meister hat so, wie Hasse die gemeinsamen Grundzüge der damaligen italienischen Schule in ihrer höchsten Objectivität und Reinheit dargestellt" (Riehl). Wiewohl vergöttert von den Musik-Enthusiasten Deutschland's wie Italien's beugte er sich bescheiden vor der Geistesgröße Händel's und, als er, Scarlatti's wohl gefeiertster Schüler, Mozart hörte, sprach er die prophetischen Worte: „der Junge wird uns alle vergessen machen". —

4. Durante an Geschmack und Erfindung am ähnlichsten ist der durch seine schweren Schicksale bekannte Emanuele Astorga, eine der edelsten und reinsten Erscheinungen in der Musikgeschichte; seine Art ist weich, innig, mild und faßlich, (am bekanntesten ist sein Stabat mater). Ihm war die Tonkunst die milde Trösterin, welcher er die Heilung seines schwer erkrankten Gemütes verdankte. Nie hat er darum aus der Musik eine Quelle des Erwerbs gemacht. Seine Compositionen waren die Sprache seines Innern: als Zeichen der Dankbarkeit und Sympathie hinterließ er sie da, wo er liebevolle Gastfreundschaft genossen hatte.

Astorga stammte aus einem vornehmen aristokratischen Geschlechte Siciliens. Sein Vater, in die Kämpfe des unabhängigen Adels gegen Spanien verwickelt, wurde auf qualvolle Weise hingerichtet, und Mutter und Sohn waren dazu verdammt worden, der Hinrichtung zuzusehen. Die Mutter starb dabei unter Zuckungen des Entsetzens. Der Sohn, damals 21 Jahre alt, verfiel in einen Zustand dumpfen Brütens. Erst in dem Frieden und in der Stille des Klosters Astorga, wohin er von mitleidigen Freunden gebracht worden war, und in den Tröstungen heiliger Mystik fand sein erschüttertes Gemüt wieder festen innern Halt und Genesung; mit ganzer Seele fühlte er sich zur Kunst der Töne hingezogen. Nach zweijährigem Aufenthalt in dem Kloster, nach dem er sich nannte, trat er in die Welt; sein Wesen, geläutert und feingestimmt, gewann ihm überall die Herzen. Am Hofe des Herzogs Franz von Parma erfaßte ihn Liebe zu seiner erlauchten Schülerin, der Tochter des Herzogs. Sie blieb unausgesprochen und Astorga starb nach vielfachen Wanderungen durch Europa in stiller Zurückgezogenheit in Böhmen.

2. Verfall.

Italien erreichte seine Meisterschaft im pathetischen Styl in der Kirchenmusik, in welcher das Lyrische, so vorzüglich der italienischen Melodie entsprechend, überwiegt. Aber im Geiste der Zeit lag es, daß die Künstler den Schwerpunct ihres Schaffens in die Theatermusik, in die Oper, legten; die Musik, weit nicht im Stande, den einzelnen Momenten einer dramatischen Handlung zu folgen, verzichtete schließlich völlig darauf und überließ das dramatische Element völlig dem Dichter des Librettos und dem darstellenden Künstler, dem Sänger; man machte zuletzt an die Musik als solche keinen andern Anspruch mehr, als daß sie sinnlich reizvoll und gesanglich schön sei.

Die einseitige Richtung auf die Form wurde veranlaßt durch das Emporkommen des Virtuosentums. Es lag in der Natur der Sache, daß der Componist Rücksicht nehmen mußte auf die Sänger, von denen der Beifall, welchen sein Werk erlangen sollte, abhieng. War der Sänger selbst ein ernster Künstler und von der Idee des Werks durchdrungen, so konnte dieses Zusammenwirken beider, des Componisten und des Sängers, nur Gutes hervorbringen. War aber der Sänger ein bloßer Virtuose, dem es nur darum zu thun war, sich selbst zu hören und zu zeigen, so war die Abhängigkeit der Componisten vom Sänger die größte Gefahr für die Kunst. Nicht nur die dramatische Wahrheit trat dann völlig in den Hintergrund, auch gegen den specifisch musikalischen Wert wurde man gleichgültig, man diente bloß der Bravour der Kehle. Der Verfall der Opernmusik in Italien geht Hand in Hand mit dem Herrschendwerden des materialistischen, ausschließlich auf glänzende Bravour gerichteten Virtuosentums.

1. Abschnitt.

Geschichte des Virtuosentums.

Unter den ausführenden Künstlern standen, seit die neue Richtung in der Musik herrschend geworden war, die **Sänger** in der ersten Reihe. Erst in zweiter Linie kamen die Instrumentisten.

1. **Gesangsvirtuosität**[1]). Den kunstmäßigen Gesang verdanken wir den Italienern. Sie waren die ersten, welche auf sorgfältige Tonbildung ein gründliches Studium wandten; denn so gerne der Romane auf „dramatische", oder wie er es gerne nennt, „philosophische" Musik verzichtet, so energisch bringt er auf dramatischen Gesang; was der Musik fehlt, muß der Sänger durch Stimme und Spiel ersetzen. Damit ist dem Sänger eine großartige Aufgabe vorgezeichnet. Keineswegs bildete Italien bloße Sing- oder Schreimaschinen, oder bloße Stimmenträger aus, es wollte dramatische **Sänger** erziehen. Dem entsprach der enorme Fleiß und die tiefe Gründ-

---

1) H. F. **Mannstein**, Geschichte, Geist und Ausübung des Gesanges.

lichkeit, womit die großen Sänger Italiens ihrem Berufe oblagen. Da war allerdings die erste Aufgabe die, eine reine und klare Intonation, den schönen, vollen Gesangston zu gewinnen; dieser Aufgabe kann nicht ohne die gründlichste technische Schulung genügt werden; die Ausbildung der t e c h n i s c h e n Kehlfertigkeit bis zur denkbar höchsten Virtuosität war nur die eine Seite der italienischen Schule; ihr verdanken wir die vortreffliche Gesangsmethode, die man „die italienische Schule" nennt, und deren ein Sänger sich heute noch nicht entschlagen kann. Die andre Aufgabe war: den Ton völlig in die Gewalt des dramatischen Ausdrucks zu bringen, also die Herrschaft über sämmtliche Register der Stimme zu gewinnen, die dritte und wichtigste endlich war das Studium des dramatischen Ausdrucks selbst, was wiederum eingehende Studien in der Psychologie und Aesthetik erforderte.

Die Mittelpunkte des ächten, von der Idee der Kunst getragenen Gesanges bildeten die Schulen von N e a p e l und B o l o g n a.

Aus der n e a p o l i t a n i s c h e n Schule giengen Männer hervor wie Baldassare F e r r i (aus Perugia), Carlo B r o s c h i, genannt F a r i n e l l i (geb. 1705 zu Neapel), der ohne Anstrengung vom ungestrichenen a bis zum dreimal gestrichenen d sang und an Stärke und Metall seiner Stimme mit der Trompete wetteifern konnte; der aber nie fertig war im Studium, sondern, wo er an sich Mängel entdeckte, immer wieder neu zu lernen anfieng (so auf Karls IV. Anregung in Wien); an dramatischer Wahrheit und hinreißender Leidenschaft soll er alles übertroffen haben; er starb in hohen Aemtern, mit Orden geehrt, als Günstling Philipps V. zu Madrid und hinterließ den Ruhm nicht nur eines großen Künstlers, sondern auch eines durchaus ehrenhaften Charakters, der seine Günstlings=Gewalt nie mißbraucht habe. — Als Lehrer ragt Farinellis Meister P o r p o r a hervor.

Die bedeutendsten Vertreter der Schule zu Bologna, welche

der Gesangskunst eine wissenschaftliche Grundlage zu geben suchte, während die neapolitanische Schule mehr der naturalistischen, praktischen Richtung huldigte, sind Antonio Pistocchi und Antonio Bernacchi; den letztren nennt Händel den „König der Sänger". Seine Methode liegt noch jetzt dem italienischen Gesangunterricht zu Grunde.

Einem kirchlichen Vorurtheil verdankt die Geschichte der Musik die Unsitte des Kastratengesangs. Von der Kirche kam diese Unsitte auf die Bühne und hat sich bis nahe an die Gegenwart erhalten.

2. Die Instrumentalvirtuosen.

1) Mit der Oper war die Bedeutung der Orchesterinstrumente gewachsen; Scarlatti hatte insbesondre dem Bogeninstrumentenquartett eine größere Bedeutung gegeben. Unter den Bogeninstrumenten war das wichtigste die Violine. Die erste 4saitige Violine soll Testori gebaut haben. Schon um die Mitte des 17. Jahrhunderts waren die Saiteninstrumente ziemlich vervollkommt. Treffliche Instrumente lieferten Andreas Amati, Antonio Amati, (1592—1620) und Nicolo Amati (1662—1692); es folgen Giuseppe Guarneri (1690—1767), Antonio Strabivari (c. 1709). In Innsbruck: Jacob Steiner (1650—1670) und Aegidius Klotz.

Das erste Solowerk für die Violine schrieb Archangelo Corelli, der Begründer des Violinspiels »il Virtuosissimi di Violino e vero Orfeo di nostri tempi«, wie ihn seine Landsleute enthusiastisch nannten. (Geboren 1653, † 1713.) Er reiste 2 Jahre in Deutschland, und war zuletzt Hauskapellmeister des Cardinals Ottoboni in Rom. Er hat durch seine Kunst dem geächteten Instrument der fahrenden Leute den Eingang in die Kirche verschafft. Wie die Instrumente ursprünglich einfach die Singstimmen spielten, so war auch die nächste Aufgabe der Instrumentalvirtuosen die, den vollen, runden Ton, der am meisten der seelenvollen Menschenstimme gleichkommt, zu gewinnen; Süßigkeit des Tons, Seele und

Innigkeit des Vortrags zeichneten Corelli's Spiel aus, und auf diese Vorzüge sind seine 12 Sonaten berechnet, die sich durch schlichte, innige, herzlich schöne Cantilene auszeichnen. — Vor ihm oder gleichzeitig mit ihm lebten die Violinisten Giov. Batt. Bassani, Francesco Maria Veraccini. Ihm reihen sich würdig Geminiani (geb. 1680 zu Lucca), Albinoni (Venedig), Pietro Locatelli (1693—1764), Vivaldi († 1745) an.

Der hervorragendste Geigenmeister aber (»il maestro delle nazione«) war Giuseppe Tartini, bekannt durch die Teufelssonate (1692—1770). Nach einer wildbewegten, an romantischen Schicksalen überreichen Jugend kam er nach Padua, dann 1723 nach Prag zu Kaiser Karls VI. Krönung, kehrte aber nach Padua zurück, wo er die weltberühmte Violinschule gründete, aus der später Pietro Nardini, Gaetano Pugnani als seine Schüler, und als deren Schüler Lolli und Viotti hervorgiengen.

Ueberall hin entsandte Italien seine Künstler, überall wurden sie glänzend aufgenommen und glänzend bezahlt. Ihre Kunst verdrängte die einheimische, wo eine solche überhaupt aufgekeimt war.

Als Violoncellist ist Francischetti in Rom zu erwähnen, der mit Alef. Scarlatti so schön Duo gespielt haben soll, daß man meinte, „es sei ein Engel".

2) Im Orchester spielte ferner das Clavier eine große Rolle, sofern der Kapellmeister vom Flügel aus dirigirte. Der Erfinder der modernen Claviermechanik, welche an die Stelle der feststehenden Tangenten bewegliche Hämmer setzte, ist für Italien Bartolomeo Christofali (oder Christofori), geb. 4. Mai 1655 zu Padua, Hofclaviermacher von Cosmus III. in Florenz. In Deutschland kam unabhängig von ihm auf dieselbe Erfindung Christoph Gottlieb Schröter (geb. 1699, † 1782), Organist in Nordhausen. —

Auch auf die Ausbildung des Spieles auf diesem Instrumente

hat die neapolitanische Schule bahnbrechenden Einfluß gehabt. Alessandro Scarlatti's Sohn, Domenico Scarlatti („der Emanuel Bach" der Italiener) und ein Enkel desselben Giuseppe Scarlatti wirkten als große ausübende Künstler auf dem Clavier. Der erstere starb als Pianist des Königs von Spanien; der letzte lebte in Wien. Die Claviercompositionen Domenicos („Katzenfuge") sind im Verhältniß zur Zeit sehr gelungen; sie sind gedrängt, gefällig, pikant, claviergemäß gedacht und ausgeführt.

Auch im Orgelspiel hat Italien bahnbrechend gewirkt. Schon das 14. Jahrhundert nennt den Florentiner Francesco Landino (il cieco) als einen gefeierten Orgelspieler; in Italien wirkte Bernhard der Deutsche (s. o.); im 15. Jahrhundert wird der Florentiner Squarcialupo („Antonio degli Organi") † 1475, genannt. Im 16. Jahrhundert wird besonders Venedig ein Sitz des classischen Orgelspiel's: Willaert und Cyprian de Rore componirten für die Königin der Instrumente. Meister in Spiel und Composition sind die Organisten zu S. Marco: Vincenz Bellaver, Giuseppe Guami, Girolamo Parabosco, Giov. und Andrea Gabrieli, vor allen Claudio Merulo (1532—1604) (bildete die „Toccata" aus) und „der Vater des wahren Orgelstyl's" Girolamo Frescobaldi (1588—1654), der den fugirten Styl bedeutend förderte, endlich Ercole und Bernardino Pasquini. Sie haben das hohe Verdienst, den deutschen Großmeistern auf der Orgel, welche theilweise persönlich ihre Schüler waren, nicht bloß die Technik des Spiels, sondern auch die krystallisirte Kunstform für dasselbe, die Fuge, übergeben zu haben. Die höchste Ausbildung der Orgel, wie des Orgelspiel's und der Orgelcomposition blieb freilich Deutschland vorbehalten.

2. Abschnitt.

Die italienische Oper bis zum Ende des achtzehnten Jahrhunderts.

Der Einfluß des Virtuosentum's, speciell des Gesangs=

virtuosentum's konnte kein günstiger sein. Die Kraft und das Interesse des Componisten concentrirte sich nicht mehr auf die Sache selbst, auf die innere Tüchtigkeit der Musik, die er schuf: er schrieb für den Erfolg, und wollte er des Erfolg's sicher sein, so mußte er dem Sänger zu Geschmacke, dem Virtuosen nach der Kehle schreiben. Das Publicum verlor das Interesse an der dramatischen Seite der Oper, und wandte seine Aufmerksamkeit ausschließlich dem Gesange, ja oft nur einer einzelnen Arie in der ganzen Oper zu.

Gleichwohl tritt die italienische Oper bis zu Mozart mit keineswegs zu verachtenden Leistungen auf: wenn das Ueberwuchern der Coloratur und das Versinken in's Schablonenhafte die opera seria herunterbrachte, so blühte um so lieblicher diejenige Gattung, in welcher auf sangreiche Melodik, frische Beweglichkeit und leicht hingeworfene Charakteristik alles ankam: die opera buffa, dieses glücklichste Genre der Neapolitaner, als dessen Schöpfer wir Logroscino (geb. 1700) zu nennen haben. Zu erwähnen sind, freilich nur in Kürze: Leonardo Vinci (geb. 1690), Schüler von Gaetano Greco, Domenico Terabella, Durantes Schüler, der glückliche Rivale des ehrgeizigen Jomelli, Nicola Piccini (geb. 1758 zu Bari im Neapolitanischen, der zweite Schöpfer der komischen Oper (opera buffa), sofern er in dieser Gattung so glücklich schuf, daß seine Behandlung auf lange hinaus für dieselbe maßgebend wurde (»Le Donne dispettose«, »Il Curioso del suo proprio danno«, »Le Gelosi«, »Cecchina«); er brachte in die Finale's dramatisches Leben und bewegte Vielgliedrigkeit und behandelte auch die übrigen Formen geistreich und in bedeutender Weise; er wurde bekanntlich, als er 1776 nach Paris kam, Gluck's Gegner; ferner Antonio Maria Gasparo Sacchini (geb. 1734), vorwiegend Melodiker; an Traetta († 1779 in London) rühmte man feurige Cantilene; Giovanni Paesiello, geb. 1741 zu Tarent, † 1816 blühte ebenfalls vorwiegend in der komischen Oper.

Besondre Hervorhebung verdienen endlich **Pergolesi** und **Jomelli**.

Giovanni Battista Pergolesi (geb. 1710 zu Jesi † 1736), Schüler von Greco, Durante und Feo, widmete sich zuerst der Oper, hatte aber, da es ihm an packender Dramatik fehlte, in der opera seria wenig Glück; besser gelang es ihm mit der opera buffa, doch auch hier ohne den Erfolg, den er glaubte erhoffen zu dürfen. Das Gefühl der Zurücksetzung drückte ihn tief und zehrte an seiner Gesundheit. Wenige Tage vor seinem Hingang vollendete er sein berühmtestes Werk, das Stabat mater, das durch hinreißende Cantilene und feine harmonische Färbung sich auszeichnet, aber dagegen Großartigkeit und Tiefe der Auffassung etwas vermissen läßt und zuweilen an die Sentimentalität des Bühnenstyl's anstreift.

Nicolo Jomelli (geb. 1714 zu Aversa im Neapolitanischen) huldigte schon ganz dem Zeitgeschmack; hochbegabt, wie er war, Meister der schwungvollen pathetischen Melodie, gewann er Beifall und wurde der Liebling des Publikums. Auch ihn charakterisirt brennender Ehrgeiz und Künstlerneid. Die Ermordung seines Rivalen Terrabella, die ihm zugeschrieben wurde, trieb ihn aus Rom fort und er kam (1754) an den üppigen Hof des Herzogs Karl von Württemberg; später (1765) kehrte er nach Italien zurück, und lebte in der Stille, bis er 1774 in Neapel starb, nachdem er seinen Ruhm bereits überlebt hatte [1].

Mozart rühmt von ihm: „der Mann hat sein Fach, worin er glänzt, so daß wir es wohl bleiben lassen müssen, ihn bei dem, der es versteht, daraus zu verdrängen; nur hätte er sich nicht daraus herausmachen und Kirchensachen schreiben sollen". Er ist der geborene Theaterkapellmeister: reichere Instrumen-

---

[1] Leicht zugängliche Illustrationen zum ganzen Abschnitt: die Kunst des Violinspiels ed. Witting (Wolfenbüttel). 18 Stücke von Scarlatti (Bülow); alte Claviermusik (Edit. Peters nro. 277 und 1314); Tartini, Viotti (nro. 1099 und 1100 der Edit. Peters).

talbegleitung, Beachtung der Dynamik und sein eminentes Dirigirtalent haben seinem Ruhme ebenso sehr Bahn gebrochen, wie seine Werke selbst. Mit der Persönlichkeit sind auch die Werke dahingegangen.

Eine der freundlichsten Erscheinungen in der Reihe der Operncomponisten bietet Cimarosa (1749—1801) dar, ein Meister ersten Ranges in der opera buffa, voll Anmut und Clavierspiel's Js. Bach auf Couperin viel gehalten hat. Als Lieblichkeit der Melodie. Freilich ist er schon stark von Mozart beeinflußt. —

3. Abschnitt.
Die venetianische Schule.

Ehe wir den Boden Italiens verlassen, haben wir noch einen Blick auf Venedig zu werfen, das nicht bloß an der Entwicklung der Musik einen regen und lebendigen Antheil nahm, dem Neuen, da es aus Toscana und da es aus Neapel kam, bereitwillig seine Thore und seine Schätze öffnete, sondern durch die Lehrthätigkeit seiner großen Meister die hohe Kunst hauptsächlich dem deutschen Volke vermittelte. Dies ist der Grund, warum wir den Blick auf die Thätigkeit und das Schaffen der venetianischen Meister an den Schluß der bisherigen Betrachtung italienischer Entwicklung stellen.

Die ältere venetianische Schule, die ihr Gepräge von Willaert erhalten hatte, arbeitete im Geiste der Schule des Palestrina. Aber der frische, dem bunten Leben in seiner Großartigkeit zugewandte Sinn und die Freude am Glanz der Gegenwart gab dem Schaffen der Venetianer ein eigentümliches Gepräge. Während die römischen Meister vorwiegend durch die weichen melodischen Umrisse ihre Harmonien zu adeln suchten, imponiren die Werke der venetianischen Schule mehr durch Großartigkeit des Aufbau's und harmonische Farbenpracht.

Den schon früher (s. S. 128) genannten Meistern haben wir hier noch anzuschließen die beiden Brüder Gabrieli

(Andrea und Giovanni)¹). Andrea Gabrieli (1512—1586) zeichnet in seinem Schaffen (Messen, Madrigale, Orgelsätze) Plastik der Tongestaltung und ernste Größe aus; Giovanni, sein Neffe (1557—1613) ist schon nicht unberührt von den Einflüssen der neu aufkommenden Richtung von 1600; durch seine Schüler Hans Leo Haßler und Heinrich Schütz hat er bedeutend auf Deutschland gewirkt. Mit Baldassare Donati und Leone Leoni, Giovanni Croce schließt die ältere venetianische Tonschule.

Die Oper fand in der genußfreudigen und prachtliebenden Seestadt und Dogen-Republik begeisterte Pflege. Mit vollen Segeln zog die neue Richtung ein. Hier finden wir Claudio von Monteverde, Cavalli und Cesti, die sich sämmtlich hohe Verdienste um die Weiterentwicklung des dramatischen Styl's der Toscaner erwarben (s. o. S. 148). Eine Reihe der tüchtigsten Operncomponisten hat Venedig aufzuweisen (Pietro Andrea Ziani, Carlo Pallavicini, Antonio Draghi, u. a. m.).

Mit Giovanni Legrenzi, geb. 1625, † 1690, einem auf allen Gebieten vortrefflichen Meister, der besonders Verdienste um die Ausbildung der Instrumentalmusik hat, beginnt die jüngere venetianische Tonschule, deren Großmeister Caldara, Lotti, und Gasparini seine Schüler gewesen sind.

Antonio Lotti, geboren 1667 in Hannover, kam frühe in Legrenzi's Schule. Sein Leben war nicht ungetrübt; er starb 1740 als Kapellmeister von S. Marco. Auf allen Gebieten leistete er Hochbedeutendes, auf dem der Oper mit weniger Glück und äußerem Erfolg; in den Werken des Kirchenstyls gemahnt er an A. Scarlatti durch Ernst der Haltung und Tiefe der Empfindung; auch seine Kammercompositionen (Madrigale und Duette) tragen den Stempel der Genialität.

---

1) C. v. Winterfeld, Johannes Gabrieli und sein Zeitalter. Berlin 1834.

Gleichzeitig mit Lotti wirkten zu Venedig die großen Violinisten Tommaso Albinoni (geb. 1660 zu Venedig) und Antonio Vivaldi (1670—1743) als Operncomponisten im Styl der Neapolitaner. Außer Lotti aber ist der begabteste und gefeiertste Meister der jüngeren venetianischen Schule Antonio Caldara, der Liebling Carl's VI. (Vicekapellmeister neben Fux in Wien), geb. 1670 in Venedig, † 1736 in Wien. Freilich zeigt er schon stark die Hinneigung der sinkenden Oper zu einseitiger Melodik und Oberflächlichkeit.

Der letzte, jedenfalls durchaus nicht unbedeutende Vertreter der Schule ist Benedetto Marcello (geb. 1686 zu Venedig, Schüler des Gasparini und Lotti, † 1739 zu Brescia). Er arbeitet ganz im neuen Styl, nicht ohne ausgeprägte Eigentümlichkeit. Am meisten Lebenskraft haben seine 50 Psalmen bewahrt, von denen man keineswegs, wie so oft geschieht, sagen darf, sie seien dilettantenmäßig gearbeitet. Sie haben durchweg ein mild bewegtes Pathos und weiche Conturen; sie zeichnen sich durch ein ziemlich genaues Eingehen auf die Textworte aus, leiden aber, wenn sie auch nicht so sehr, wie die gleichzeitige Kirchenmusik in Italien, den Beigeschmack der Lampen tragen, an einer gewissen Weichseligkeit. Sie gefallen immer, aber sie ergreifen nicht.

Zwei Jahrhunderte hindurch beherrschte Italien die musikalische Welt. Das große Verdienst der italienischen Entwicklung ist es gewesen, daß sie auf allen Gebieten die Schönheit der Form ausbildete: das Ebenmaß der Form, die sinnliche Klangfülle, die Schönheit der frischquellenden Melodie — das sind Vorzüge, welche den Italienern nie sollten abgesprochen werden. Die Verklärung der Form war durchaus nothwendig, sollte die musikalische Kunst wirklich die Kunst des Schönen in Tönen werden. Ohne die Italiener wären Händel und Mozart bei allem Geiste nicht das geworden, was sie sind. Auch heutzutage, wo man über der Fülle von Gedanken, die auszudrücken man der Tonkunst ansinnt, die Form zerreißt, thut es noth, die Jünger der Kunst auf die Schönheitslinie hinzuweisen, welche die Italiener einzuhalten verstanden haben, auf das Ebenmaß und die reife Sinnlichkeit, ohne welche der Kunst der Zauber der Schönheit verloren geht, so daß uns eine „philosophische Musik" im übeln Sinne des Wortes bleibt.

Zweite Form.

Die Entwicklung und Auflösung des classischen protestantischen Kirchenstyls.

Italiens Aufgabe war gewesen, die musikalische Form nach der Seite der sinnlichen Schönheit (Plastik des Tons und der Melodie, Symmetrie und Klarheit) auszubilden. Deutschlands Aufgabe ist es, die Form mit Geist zu erfüllen; der deutsche Geist vermag auch auf unsrem Gebiete sich nicht mit dem bloßen Formenspiel zu begnügen: wie in jede Kunst so auch in die Tonkunst legt der Deutsche die ganze Seele und das ganze Gemüt hinein und bringt einen sittlichen Ernst an die Kunst heran, der aus derselben, wie die Welschen spottend sagen, »une affaire d'état« macht. In Deutschland ist die Geschichte der Tonkunst in ganz besonderem Sinne der Spiegel der Zeit und des Zeitgeistes, denn der Schwerpunkt der Entwicklung liegt hier in der fortschreitenden Entfaltung des Geistesgehalts, der sich der musikalischen Formen bemächtigt und sich in sie hineinlegt; die Entwicklung, Vervollkommnung und Verfeinerung der Kunstmittel und Kunstformen ist nur ein dienendes Glied in der Kette der Entwicklung, bereitet jedesmal nur eine neue Stufe der Entwicklung des Geistes vor, macht die Vertiefung des Gehalts möglich.

Aus dieser vorwiegenden Geistigkeit der deutschen Kunst ergibt sich einerseits eine gewisse Ungelenkigkeit und schulmeisterliche Pedanterie, welche daran schuld ist, daß sich zeitweise alle Sympathie der Kenner der flüssigen, schönheitgetränkten Kunst Italiens zuwendet; aber andrerseits auch eine relative Unerschöpflichkeit: der Idealismus des deutschen Geistes erlaubt niemals träges Stillestehen in der Entwicklung: auf dem politischen, religiösen und philosophischen Gebiete liegt dies am Tage. Das allgemeine Bewußtsein verflacht sich zwar momentan für den oberflächlichen Beobachter; in Wahrheit vertieft und bereichert es sich auch in Zeiten scheinbar trägen Stillstands. Darum bietet sich auch der Kunst immer neuer Inhalt dar; wenn eine Blüte gewelkt ist, ersteht die neue, schönere; aus dem Verfall der einen Kunstepoche erblüht eine neue.

Das deutsche Bewußtsein endlich geht nicht wie das romanische in der nationalen oder kirchlichen Beschränkung auf; ebensowenig aber das musikalische in irgend einer ästhetischen Schablone. Immer concentrirt es sich wieder auf das Innerste des Individuums und mißt von diesem Punkte aus das Recht oder den Wert der gewordenen Form. Daher ist der Inhalt, den der deutsche Geist in seine Kunst hineinlegt, gerade weil er der allerindividuellste ist, der allgemein menschliche; die deutsche Kunst trägt den Stempel der Universalität. Alle Einseitigkeiten der anderen Nationen übersetzt der deutsche Geist in seine Innerlichkeit, löst sie so ab von der Beschränkung und humanisirt sie im besten Sinne des Wortes.

Die Entwicklung der deutschen Musik knüpft sich denn auch nicht an Schulen oder Schulformen, sondern an geniale urkräftige I n d i v i d u e n, welche meist die je zu ihrer Zeit bestehenden Formen und Style zu einem völlig Neuen vereinen, dessen Einheit und Eigenart eben der S t y l ihrer I n d i v i d u a l i t ä t ist. —

U e b e r b l i c k. Das Bewußtsein der Zeit, in welcher sich auf dem Gebiete der Tonkunst die deutsche Eigenart mächtig zu regen beginnt, ist beherrscht und bestimmt von dem kirchlich-religiösen Interesse. Es ist die Hauptaufgabe der Tonkunst, dem neuen religiösen Geist ein würdiges Kunstorgan zu schaffen; die deutsche Tonkunst ist wesentlich und in erster Linie eine kirchliche, Abdruck und Ausdruck des unmittelbaren religiösen Bewußtseins der Reformation; ihre Form ist das religiöse Lied, der Choral.

War das kirchliche Interesse das vorwiegende, so war es doch nicht das ausschließliche; zumal, als der gewaltige Geist, der mit der Reformation über Deutschland wehte, überall frisches, neues Leben weckend, sich zu einem öden Orthodoxismus verknöcherte, als das protestantisch-evangelische Bewußtsein zum protestantisch-kirchlichen sich verengte, und gleichwohl mit dem Anspruch auf Allgemeingültigkeit und ausschließliche Einzigkeit festgehalten wurde, da trat das Ideal, das reformatorische Princip, in Widerspruch mit der Praxis, mit dem protestantisch-kirchlichen Princip: das Leben und Bewußtsein des Volkes wurde auch der Kirche entfremdet, die aus seiner tiefsten und herrlichsten Begeisterung heraus geschaffen war; während das reformatorische Princip das ächt und wahrhaft Menschliche wieder in das Licht des Göttlichen gestellt und seine ewige Berechtigung dargethan hatte, richtete der Orthodoxismus die Schranken des alten Dualismus aufs Neue auf; eine Fülle wahrhaft religiöser Elemente und ächt menschlichen Lebens wurde ausgeschlossen von dem kirchlichen; so bildete sich bald auch eine Kunst, welche sich die Aufgabe stellte, die Fülle des von der Kirche ausgeschlossenen realen Lebens ausschließlich zur Darstellung zu bringen (Hamburger Oper).

Aus der confessionalistischen Engherzigkeit kehrt der deutsche Geist zum Universalismus der Reformation wieder zurück. Ueber das buchstäbliche Wort greift er hinaus in das heilige Leben selbst: wesentlich werden ihm die Gestalten der Schrift und der heiligen Geschichte in ihren Kämpfen und Leiden; Hauptsache in der Frömmigkeit wird ihm das fromme persönliche Leben und Empfinden (Rationalismus und Pietismus). Prophetisch bahnt die Musik dieser Rückwendung des Geistes den Weg in den beiden Musikheroen Händel und Bach: von welchen ersterer als der Meister des classischen protestantischen Kirchenstyls von vorwiegend **epischem**, letzrer von vorwiegend **lyrischem** Charakter zu bezeichnen ist.

Aber indem beide Meister die classische Höhe dadurch erreichten, daß sie sich von der Schranke des Formal-Kirchlichen befreiten und auf das rein und ewig Menschliche zurückgiengen und dieses durch ihre Kunst verherrlichten (Händel in seinen biblischen Helden, Bach im Choral), war der Anstoß dazu gegeben, das Menschliche überhaupt vom Kirchlichen loszulösen und als solches zum Gegenstand der Kunst zu machen. Die Kunst wurde eine völlig weltliche, der Kirchenstyl löste sich auf in den reinen **schönen** Styl.

I. Epoche.
Die Musik des unmittelbaren protestantisch-religiösen Bewußtseins (das Kirchenlied).

Die Reformation, welche das religiöse Individuum aus der absoluten Objectivität der Kirche loslöste, erschloß der Tonkunst, wie in den Zeiten ihres ersten Aufkeimens, das persönliche fromme Gefühl in seinem unerschöpflichen Reichtum, seiner unergründlichen Tiefe und glühenden Innigkeit. Das sprechende Organ desselben ist das lyrische Lied und zwar in seiner frischen, kräftigen Naturwüchsigkeit als **Volkslied**. Erst in dem Maße, als die mächtige Bewegung sich in ruhiger Kirchenbildung verläuft, wird das religiöse Volkslied (der „rhythmische Choral") zum hymnenartigen Choral oder zum **Kirchenlied** umgebildet; es ist ganz derselbe Proceß, den einst das urchristliche Volkslied durchgemacht hatte, bis es zum gregorianischen Choral geworden war. Das religiöse Volkslied, der unmittelbare Ausdruck des hochgehenden religiösen Lebens, trägt den Charakter des Naturalistischen; das Kirchenlied ist schon die Frucht der kirchlich nivellirenden Arbeit, angepaßt dem allgemeinen Bedürfniß und der musikalischen Befähigung der singenden Gemeinde; es ist in seiner Art ein wohlstylisirtes, künstlerisches Werk. —

1. Abschnitt.
Das religiöse Volkslied der Reformation.

Quellen: Schamelii, Martini, ev. Lieder Commentarius. Darinnen die alten Kirchen- und Kernlieder m. nothwendig zur Lieder-Historia gehörenden Anmerkungen und Erweckungen. — Abdruck d. allererften Gesangbuchs Lutheri, gründl. Hymnopöographie, Beschr. der geistl. Liederdichter und bequeme Harmonie d. Lieder-Melodyen nebst Register ꝛc. 2. A. Leipzig, 1737.

Winterfeld, C. v., der evang. Kirchengesang. Leipzig 1843/47.
— Zur Geschichte heiliger Tonkunst, ib. 1850—52.

Anthes, die Tonkunst im ev. Cultus. Wiesbaden 1846.

E. E. Koch, Geschichte des Kirchenlieds. Stuttgart 1852 ff.

Tucher, G. v., „Schatz des evang. Kirchengesangs".

Schauer, Geschichte der biblisch-kirchlichen Tonkunst. Jena 1850.

Wackernagel, Bibliogr. zur Geschichte des deutschen Kirchenlieds. Frankf. 1855.

C. E. P. Wackernagel, das deutsche Kirchenlied von Luther bis Herman und Blaurer. Stuttg. 1844.

G. Wiener, Abhandlung über den rhythm. Choralgesang in der ev. Kirche. Nördlingen 1847.

Schlosser, J. F. H., die Kirche in ihren Liedern durch alle Jahrhunderte. Mainz 1852.

Baur, W., das Kirchenlied in seiner Geschichte und Bedeutung. Frankfurt 1852 (bes. f. Großherz. Hessen).

Meister, B. S., das kathol. deutsche Kirchenlied in f. Singweisen von den frühesten Zeiten b. Ende d. 17. Jahrh. Freiburg 1862.

Oordt, A. M. van, proeve eener geschiedenis van het protestantische Kerkgezang. Deventer 1863.

Ungewitter, O. Kurzgefaßte Geschichte des ev. K.Gesangs, vorzugsweise des Chorals seit der Ref. Tilsit 1865.

L. Schletterer, Uebersichtl. Darstellung d. Gesch. d. kirchlichen Dichtung u. geistlichen Musik. Nördlingen 1866.

C. F. Becker, Tonwerke des 16. u. 17. Jahrhunderts. Leipzig 1855.

Das Kirchenlied der Reformation ist seinem Wesen und Ursprung nach ächtes Volkslied im besten und höchsten Sinne dieses Wortes; es verdankt seinen Ursprung der gewaltigen religiösen Bewegung, die von Luther ausgieng, ist Träger und unmittelbarer Ausdruck der durch diese hehre Bewegung aufgeregten und in ihr wogenden Stimmung; was etwa die Reformatoren aus früheren Jahrhunderten dem Kirchenlied der neuen Kirche assimilirt haben, was etwa von Volksgesängen in der deutsch=katholischen Kirche schon eingebürgert war, das war dem neuen Geiste von Haus aus verwandt und entsprach nach seinem innersten Wesen der Eigenart und dem Bedürfniß desselben.

Daher ist es sowohl bei der Erfindung der neuen Weisen, als bei der Umbildung der altüberkommenen nicht sowohl auf Kunstmäßigkeit oder ästhetische Schönheit, als vielmehr auf religiösen Gehalt, Ausdrucksfülle, lebendigen Schwung und packende Kraft — mit Einem Wort auf edle, gewaltige hinreißende Volkstümlichkeit abgesehen. Die Kirche der Reformatoren war ja ihrem Ideal nach nicht die Gemeinde der Kleriker, sondern des Volks, die äußere Verwirklichung der Idee des allgemeinen Priestertums, eine wahre Volkskirche; die singende Gemeinde bedurfte daher vor allem ächt volkstümlicher Weisen, welche sich in Herz und Ohr sofort festsetzten, in Melodie und Tongang durch Prägnanz, Fülle und Kraft sich auszeichneten. Nun kamen die Volkssequenzen und Hymnen, nun aber auch das schlichte deutsche Lied zu Ehren; die Kirche nahm sie auf, bildete sie um mit edlem Geschmack und dem Bedürfniß der singenden Gemeinde gemäß, und es entstand ein völlig neues Kunstwerk: das prägnanteste Lied, das Lied auf der Potenz: der Choral.

Für die Musikgeschichte, zumal Deutschlands, ist damit ein Schritt von unabsehbarer Tragweite gethan. Das deutsche Lied als solches wird nun eine selbständige Kunstform; nicht, wie bei den Niederländern, wird die Melodie zerrissen und im Dienst des contrapunctischen Kunstgewebes bis zur Unkenntlichkeit verrenkt; sondern der kunstmäßige Satz dient ausschließlich zum Schmuck des Lieds als solchen, welches die Hauptsache bleibt. Die kurze, rhythmisch und melodisch scharf bestimmte Liedform wird herrschend; wohl wird sie vom ungelenken Contrapunct der älteren deutschen Meister noch vielfach zugedeckt und erdrückt, denn auch diese Meister sind die Kinder ihrer Zeit, aber das Ziel, das dem kirchlichen Satze vorschwebt, ist: die Weise selbst lichtvoll und klar auf dem Grunde des harmonischen Satzes hervortreten zu lassen, welches Streben sich mit Eccard und Sebastian Bach vollendet. Mit der Geltung der Liedform als selbständiger Kunstform ist das Grundgesetz der modernen Periodik ausgesprochen, wie sie der gesammten Instrumentalmusik zu Grunde liegt.

Hiezu kommt ferner, daß es ausgesprochner Maßen deutsche Klänge und Wendungen sind, welche nunmehr in die Kunst einziehen. Die neue Kunst ist eine wesentlich deutsche, darum dem Volke verständliche und heimatlich vertraute. Durch die Kirche und die an den religiösen Cultus sich von selbst anknüpfende tägliche Uebung bürgerte sich die Kunst ein im deutschen Gemüte und im deutschen Hause. Der Choral ist die wesentliche und erste Form der specifisch deutschen Volksmusik und Hausmusik, dieser hohen Freundin und Genossin des deutschen Familienlebens, das ein sinnvolles, für sich selbst befriedigendes sein will und seine schönste Weihe, seinen besten Schmuck durch die Tonkunst erhält.

Mit der Reformation ist die Tonkunst eine Macht im Volke, eine Macht am häuslichen Herde geworden. Der Mann, welcher der Hort und Begründer der evangelisch-deutschen Volkskirche geworden ist, muß auch ohne Anstand der Begründer der deutschen Musik genannt werden. Denn das ist er geworden durch das Lied: „Ein feste Burg", das zündend in das Volksleben und den Volksgeist einschlug, ebenso wie durch die wuchtige Persönlichkeit, welche er für die Tonkunst einsetzte, um ihr den Ehrenplatz im deutschen Gemüt und Volksleben, in Kirche,

Schule und Haus zu sichern. So ist er der geistige Ahn des großen Sebastian Bach.

1. Luthers Bedeutung für die Geschichte der deutschen Musik.

Quellen: A. J. Rambach, Ueber Luther's Verdienste um den Kirchengesang. Hamburg 1813.

Luther erkannte in der Tonkunst eine geheimnißvolle Offenbarung Gottes; sie war für ihn nicht bloß ein ergötzliches Spiel der Töne, sondern eine erbauende, geistig nährende und der Seele ein höheres Leben zuführende Kraft. „Die Musik ist eine Gabe und Geschenk Gottes, nicht ein Menschengeschenk. So vertreibt sie auch den Teufel und macht die Leute fröhlich; man vergißt dabei alles Zorns, Unkeuschheit und andrer Laster. Ich gebe nach der Theologie der Musik den nächsten Locum und die höchste Ehre". (Tischreden). Diese hohe Anschauung war bei ihm die Frucht der persönlichen Erfahrung; in früher Jugend schon war ihm die Musik eine Beschützerin und Retterin geworden, zu Eisenach hat sie ihm, da er in Mangel und Entbehrung zu verzagen anfing, das Herz der Wittwe Kotta geöffnet und ihm damit die gelehrte Laufbahn möglich gemacht. In späterer Zeit, da Anfechtungen der schwersten Art sein zartes Gewissen bewegten, war ihm die Tonkunst eine Trösterin, die seine Schwermut löste und seine Angst linderte. Die bekannten Lobsprüche über die „edle Musika" sind bei ihm lauter Erfahrungssätze und nichts weniger als Ausdruck eines bloßen, leeren Kunstenthusiasmus. So in den Tischreden: „Der schönsten und herrlichsten Gaben Gottes eine ist die Musika, der ist der Satan sehr feind, damit man viele Anfechtungen und böse Gedanken vertreibt. Der Teufel erharrt ihrer nicht". „Musika ist der besten Künste eine. Die Noten machen den Text lebendig. Sie verjagt den Geist der Traurigkeit." „Musika ist das beste Labsal einem betrübten Menschen, dadurch das Herze wieder zufrieden, erquickt und erfrischt wird." „Die

Musik ist eine schöne, herrliche Gabe Gottes und nahe der Theologie. Ich wollte mich meiner geringen Musik nicht um was großes verzeihen." „Die Jugend soll man stets zu dieser Kunst gewöhnen, sie machet feine und geschickte Leute." „Einen Schulmeister der nicht singen kann, sehe ich nicht an. Man soll auch junge Gesellen zum Predigtamt nicht verordnen, sie haben sich denn in der Schule wohl versucht und geübt."

Daher bildete die Musik den Schmuck seines freundlichen Familienlebens; dies war nicht zum wenigsten die Ursache, daß in seinem gastfreien Hause alle sich sogleich traulich und wohlthuend angemutet fühlten. Wie Ratzeberger erzählt, holte Luther des Abends nach dem Essen seine Partituren herbei und erfreute sich mit Kindern und Gästen der herrlichen Kunst. Die Meister seiner Zeit, der liebliche Josquino de Prés, Pierre de la Rue, der Münchner Senfl, der deutsche Walther waren durch ihre Noten in Luthers Haus wohl gekannt und geehrt, wie denn Luther stets auch ein vortreffliches und sicheres Urtheil in der Musik bewiesen hat.

Ein Mann, der selbst den idealen Lebenszufluß erfahren hatte, welchen die Tonkunst demjenigen gewährt, welcher sie mit reinem und keuschem Sinne treibt, mußte ihr auch in der Kirche als der Stätte, da man Gott ehrt mit allerlei Kräften und auf allerlei Weise, eine hohe Stellung zuweisen. Er ist nicht der Meinung: daß „durchs Evangelium sollten alle Künste zu Boden geschlagen werden und vergehen", wie etliche „Abergeistlichen" vorgeben, sondern „ich wollt alle Künste, sonderlich die Musika gern sehen im Dienst des, der sie geben und geschaffen hat". Das Princip, welches durch alle Vorschläge und Anordnungen des Gottesdienstes bei Luther sich hindurchzieht, ist kurz gefaßt das, daß Gesang und Musik den Cultus schmücken, aber dem „Wort" dienen sollen: durch die Künste, die im Gottesdienst zur Ehre Gottes sich vereinigen, soll dem Worte

Gottes der Weg zu den Herzen gebahnt, sollen die Gemüter empfänglich gestimmt werden.

Unter diesem Gesichtspunkt gestaltete sich die Auswahl der Cultusgesänge und die Anordnung des musikalischen Theils des Gottesdiensts weitherzig: was nur irgend musikalisch schön und edel gehalten war, das hielt Luther für würdig, den Gottesdienst zu schmücken. Die von Luther getroffenen Einrichtungen haben nach seinem eigenen Ausspruch nur provisorischen Charakter; seine Vorschriften sind nur wohlmeinende Rathschläge, deren genaue oder modificirte Befolgung von dem liturgischen Geschmack und den musikalischen Neigungen der jeweiligen Zeit abhängig sein soll. „In diesen Dingen soll man frei und unverbunden sein und Niemand geziemen, weder mit Gesetzen und Verboten die Gewissen zu fahen". Hier gilt die Freiheit des Geistes nach Gelegenheit der Stätte, der Zeit, der Person.

Luther griff aber nicht blos indirect, sondern auch direct in die Musikverhältnisse ein; nicht blos durch Schrift und Wort und die Macht seiner Persönlichkeit bestimmte er der Tonkunst Aufgabe und Ziel beim Cultus, sondern er gab ihr auch eine bestimmte Richtung und ein bestimmtes Gepräge durch seine eigenen Compositionen und durch seine Arbeiten auf dem Gebiete des evangelischen Kirchengesanges, sowie durch sein thatkräftiges Organisationstalent, mit dem er die bestehenden Institute seinen Ideen unterwarf oder neue, denselben entsprechende, ins Leben rief.

Die Kritik läßt Luther von den sämmtlichen ihm zugeschriebenen Weisen nur die von „Ein feste Burg", „Jesaia dem Propheten", „Wir glauben all' an Einen Gott" — wäre auch nur die erste sein Werk, so hätte er schon um ihretwillen das Verdienst, das classische reformatorische Volkslied geschaffen zu haben; denn nicht auf die Zahl der Werke kommt es in der Culturgeschichte an, sondern auf deren bahnbrechenden Charakter und energischen Typus. „Eine feste Burg" aber ist der classische Typus des neuen Kirchenlieds, wie es in kräftiger, volkstümlicher Frische, energisch in Rhythmus und Melodie im schärfsten Gegensatz zu dem kirchlich nivellirten gregorianischen Choral steht. Beide stehen im Reformationszeitalter auch in der evangelischen Kirche noch unvermittelt neben einander; sie miteinander zum stylisirten Kirchenlied zu verschmelzen, bedurfte es langwieriger kirchlich-künstlerischer Arbeit.

Ebenso wichtig sind Luthers Arbeiten auf dem Felde der Hymnologie. Nachdem die ersten Stürme gegen das Reformationswerk sich gelegt hatten und Luther daran gehen konnte, der neuen Kirche einen eigenen Cultus zu schaffen, berief er als Mitarbeiter an dem musikalischen Theile der Liturgie die kurfürstliche Cantorei von Torgau nach Wittenberg; an der Spitze derselben stand der greise Rupff; unter den Sängern befand sich Johann Walther. Die gottesdienstlichen Gesänge wurden mit Hingebung und Sorgfalt gewählt und in vierstimmigem Satz bearbeitet. Die Arbeit wie sie in der 1524 erschienenen Schrift Luthers: „Eine Weise, christlich Meß zu halten und zum Tische Gottes zu gehen" und Walthers „Geystliches gesangk Büchleyn" (1524) vorliegt, zeigt eine streng conservative Gesinnung. Die liturgischen Gesänge der katholischen Kirche sind fast alle beibehalten und nur unter den neuen Gesichtspunkt gebracht; aber auch das deutsche Gemeindelied erhält schon seine Stelle.

Aus sämmtlichen Gottesdienstordnungen von Luthers Hand geht hervor, daß Luther auch auf kunstmäßige Musik im Gottesdienst gerechnet hat. Der Chor sollte mit der Gemeinde abwechseln und den Schmuck des Gottesdienstes bilden.

Es galt daher, Institute zu gründen und Einrichtungen zu treffen, daß der evangelischen Kirche ein guter, schulmäßiger Chorgesang erhalten bleibe.

Wohl hatten die fürstlichen Höfe in der Regel ihre Kapellen; insbesondre zeichneten sich durch Pflege der Vocalmusik der kursächsische und der bairische Hof aus. Auch hatte der Kurfürst Friedrich der Weise dem Reformator seine ausgezeichnete Kapelle (7 Chorales und 1 Symphoniacus) bereitwillig zur Verfügung gestellt. Aber einmal standen solche Kapellen nur den Kirchen der Hauptstädte oder doch der größeren und reicheren Städte zu Gebot und waren sehr kostspielig, da die Kunst fast ausschließlich in den Händen der Niederländer war, welche sich gut bezahlen ließen. Sodann war der Bestand der Kapelle immer wieder von der Gunst des regierenden Fürsten abhängig. Kaum war der Kurfürst Friedrich der Weise 1525 gestorben, so dachte sein Nachfolger Johann der Beständige allen Ernstes daran, die Kapelle aufzulösen.

Da galt es, die Sache fester zu gründen; am meisten Aussicht auf Bestand hatte der evangelische Chorgesang, wenn er eine Sache der Gemeinde selbst wurde, aus ihrem Schooße hervorgieng, als freie Uebung zur Ehre Gottes. Der Sinn dafür war durch die Meistersinger bereitet worden; es galt nun, dem Volke den eigentlichen Kunstgesang zu geben, d. h. freiwillige Gesangvereine zu gründen. Den Anlaß dazu gab die Auflösung (1530) der Torgauer „fürstlichen Cantorei", an deren Spitze der schon genannte Freund und Mitarbeiter Luthers Johann Walther als „kurfürstlich von Sachsen Sängermeister" stand. Luther erklärte zwar damals: „Etliche von Adel und Scharrhansen meinen, sie haben meinem gnädigen Herrn 3000 Gulden an der Musik erspart, indeß verthut man unnütz 30000 Gulden! Könige, Fürsten und Herren müssen die Musika erhalten, den großen Potentaten und Herren gebührt solches, einzelne Privatleute können es nicht thun". Aber auch diese geharnischte Erklärung vermochte die Auflösung der Kapelle nicht zu verhindern. Da traten etliche musikalisch begabte Bürger zusammen und erklärten, „freiwillig und unentgeldlich" unter Walther's Leitung die Gesänge einzuüben und auszuführen. Dies ist der erste freiwillige Gesangverein — die Torgauer Cantoreigesellschaft — nach dessen Vorbild sich bald ähnliche Vereine bildeten (Wurzen 1545, Rochlitz 1579, in Mittweida 1595

u. a.); selbst kleine Städte bekamen so ihren Chor und diese Einrichtung hat der edlen Kunst unabsehbaren Nutzen geschafft.

Luthers scharfer Blick erkannte, was Noth that, um der neuen Einrichtung einen festen Halt zu geben; solche Vereine, die als Frucht edler Begeisterung entstehen, erlahmen in nüchterner Zeit, wenn ihnen nicht materielle Nachhülfe und ein tüchtiger Nachwuchs geschaffen wird. Für beides sorgte Luther, dem die Torgauer Gesellschaft ganz besonders am Herzen lag. Der Kurfürst sorgte für materielle Unterstützung, Luther als Visitator für gründliche Schulung der heranwachsenden Jugend. Das Cantoren- und Organistenamt wurde getrennt [1]), Walther, zum Cantor der Schule ernannt, auf den Chorus musicus der Schule besondre Sorgfalt verwendet und die Currende [2]) erweitert. Beide Institute waren schon vor Luther vorhanden gewesen; aber durch ihn gewannen sie neue, bleibende Bedeutung.

Fassen wir Luthers Thätigkeit für die Kirchenmusik zusammen, so verdient er auch hier den Namen eines Reformators; neben dem Neuen, welches der neue Geist erzeugte, pflegte er liebevoll und sorgfältig das Gute unter dem Alten. Weit entfernt, in dieser Sache vermöge seiner Autorität das letzte Wort zu reden, begnügte er sich damit, überall lebenskräftige Keime auszustreuen, Lust und Liebe zur Sache zu wecken und der jungen Kunst Aufgabe und Richtung vorzuzeichnen. Im Einzelnen bei der Ausführung folgte er bescheiden und willig dem Rathe der von seinen Ideen geleiteten

---

1) Der Cantor gab meist außer dem Gesang Religion, der Organist den Elementarunterricht.

2) Eine Anzahl (meist 7) Schulknaben wurde damit betraut, die liturgischen Gesänge beim Gottesdienst auszuführen; diese (als chorales) mit dem „Cantoristen" an der Spitze bildeten die Currende: sie sangen um Geld oder um Brod auch vor den Häusern, erhielten für ihre kirchlichen Dienstleistungen freien Unterricht und kleines Salair (vgl. das Institut der Pauperes in Tübingen!).

Fachmänner und dem Bedürfnisse seiner Zeit. Auch auf unsrem Gebiete zeigt sich uns im Bilde des herrlichen Mannes die gewaltige, bahnbrechende Kraft vereint mit kindlicher Demut und liebreichem Sinn für das Kleine und Unscheinbare, wenn es nur im Stande war, in seiner Art den Schöpfer zu preisen und zu verherrlichen. —

2. Die Tonsetzer Deutschlands im Reformationszeitalter.

Quellen: Mohnike, Hymnol. Forschungen. 1. Th. Gesch. des Kirchengesangs in Neuvorpommern seit der Reformation. Stralsund 1831.

Täglichsbeck J., die musik. Schätze aus dem 16. u. 17. Jahrh. der St. Kathar. Kirche zu Brandbrg. Brndbrg 1847.

Mützell, J., Geistl. Lieder der evang. Kirche aus dem 16. Jahrh. Berlin 1855.

— dasselbe aus dem 17. und der 1. Hälfte des 18. Jahrhunderts. Braunschweig 1858.

Mettenleiter, S., Aus der musik. Vergangenheit bayerischer Städte. Musikgesch. der Stadt Regensburg. 8. Regensb. 1866.

Jos. Müller, die musikalischen Schätze der Königlichen und Universitätsbibliothek zu Königsberg. Bonn 1870.

Wiewohl in der Zeit vor wie nach Luther die Niederländer auf dem gesammten Gebiet der Tonkunst herrschten, und für die Entfaltung einer besonderen deutschen Kunst die Verhältnisse in Deutschland nicht geeignet waren, so tragen doch die deutschen Meister bei aller Abhängigkeit von den niederländischen Mustern eine gewisse nationale Eigentümlichkeit an sich, vermöge deren wir sie hier in besondrer Entwicklungsreihe aufführen. Diese Eigenart hat sie ganz besonders befähigt, die durch die Reformation geweckten Ideen aufzunehmen und künstlerisch zu verarbeiten. Auch der größte Niederländer, Lassus, der ja kurz nach Luther wirkte, gieng an der neugeweckten Richtung, die künstlerisch noch gar kein Ansehen hatte, vorüber; die deutschen Meister, wenn sie vielleicht in technischer Gewandtheit hinter den Niederländern und Italienern ihrer Zeit weit zurückstanden — was nicht einmal immer zugegeben werden darf, haben ihre Bedeutung darin, daß sie mit Vorliebe das Lied bearbeiten; sie componiren nicht bloß Messen; sie schreiben Haus- und Familienmusik und darin glückt es ihnen, auf diesem Gebiet begegnen wir manchem Kabinetsstück feinsinniger Kunst. Mit den Niederländern ihrer Zeit haben sie die gesunde Bravheit und mannhafte Tüchtigkeit gemein; treuherzige Ungelenkigkeit neben wundersamer Tiefsinnigkeit charakterisirt ihre Weise als die ächt germanische.

Schon die Lieder des Lochheimer Liederbuchs (1390 bis 1452) überraschen durch reine Harmonie und gediegene Stimmführung. Aber doch sind es steife und dürftige Anfänge, vergleichbar den älteren Heiligenbildern der deutschen Schule.

Unter den deutschen Schülern der Niederländer nennen wir als der ersten einen Heinrich Fink, der ein musikalischer „Dürer" zu heißen verdient und c. 1492 zu Krakau unter Johann Albert und Alexander bis 1506 (?) lebte, ein erz- und herzdeutscher" Mann (Ambros). Von ihm stammt „Christ ist erstanden", „In Gottes Nam so fahren wir". Tüchtig, ohne eben genial zu sein, ist Thomas Stoltzer, in Diensten des Königs Ludwig von Ungarn; als Orgelvirtuos hochberühmt, um seiner Kunst willen in den Adelsstand erhoben, Ritter des goldenen Sporns, ist Paul Hoffhaymer 1449 bis 1537, geb. zu Radstadt in den Salzburger Alpen, dem wir eine Reihe inniger Melodien verdanken.

Den Meistersingern in spießbürgerlicher Flachheit verwandt ist die »sodalitas« des Conrad Celtes in Ingolstadt; diese hatte es sich zur Aufgabe gemacht, die classischen antiken Dichtungen mit Musik zu beleben; sie thaten das mit schulmeisterlicher Langweiligkeit und Monotonie; ihre Richtung verdient in der Musikgeschichte Erwähnung als die erste Schule, welche die Melodie in die Oberstimme legte und auf rhythmische Schärfe und poetische Deutlichkeit drang. Musikalisch betrachtet sind ihre Produkte ziemlich öd und trocken.

Ganz anders imponirt die Erscheinung des von Italiens Zauber angehauchten Heinrich Isaac, in Italien Arrhigo Tedesco genannt, der 1475—80 in Florenz unter Lorenzo dem Prächtigen lebte, im vertrauten Umgang mit Josquin, Agricola und deren erlesenem Künstlerkreis[1]. Seine Messen sind in niederländischem Styl gehalten und geben an Großheit und Kraft den niederländischen Mustern nichts nach. Uns ist er besonders bedeutungsvoll für die neue Richtung als der Componist herrlicher inniger Liedweisen, deren bekannteste die zu „Nun ruhen alle Wälder" ist (urspr. zu dem Reiselied: „Insbruck ich muß dich lassen"). — Tüchtige deutsche Meister sind ferner Stefan Mahu, Georg Rhaw (geb. zu Eisfeld in Franken, Cantor an der Thomasschule in Leipzig, † 1548), dessen 12stimmige Messe die denkwürdige Disputation in Leipzig 1519 eröffnete; Martin Agricola, 1486—1556, Cantor in Magdeburg, Benedict Ducis, Schüler Josquins, Nicolaus Decius c. 1523—1541, Pastor in Stettin, („Allein Gott in der Höh", und „O Lamm Gottes"), Wolfgang Dachstein (Organist und Pfarrer in Straßburg c. 1525) („An Wasserflüssen Babylon's"), Joh. Schneesing, (Chiomusos), † 1567, („Allein zu Dir Herr Jesus Christ"), Joh. Stahl („Nun laßt uns den Leib"), Joh. Kugelmann, geb. zu Augsburg, 1539 herzogl. preuß. Kapellmeister („Nun lob mein Seel"), Breitengrasser, Blankenmüller, Cappel, Lemlin, Sixt, Dietrich u. a., die uns beweisen, daß es eine recht ordentliche Zahl von tüchtigen und soliden Künstlern in Deutschland gab, die im Stande und vermöge ihrer ganzen Richtung auch geneigt waren, das religiöse Volkslied, das ihnen als weltliches schon wohl bekannt und vertraut war, zu bearbeiten. Oben an stehen unter Luthers Zeitgenossen Arnold von

---

[1] Als Kapellmeister zu S. Giovanni, zugleich Lehrer der Kinder Lorenzo's und Geschäftsträger Kaiser Maximilians (mit 150 fl. Gehalt!) s. Ambros a. a. O. III. S. 382.

Brugg, ein frommer, zu Melanchthons Weise hinneigender Mann, von welchem wir unter anderem die Melodie haben: „Kommt her zu mir, spricht Gottes Sohn"; und der durchaus geniale Ludwig Senfl von Zürich, Schüler H. Isaac's, Luthers Lieblingscomponist, in Basel unterrichtet, erst in Kaiser Maximilians I. Diensten zu Innsbruck, seit 1530 Componist des Herzogs Wilhelm von Bayern zu München, † 1555. Im Leben war er eine ehrenfeste, treue, gemütvolle Persönlichkeit; in seinen Werken zeigt sich neben trefflicher Schule eine ausgesprochne schöpferische Genialität und ein großer Reichtum der Erfindung. Von großer Bedeutung für die evangelische Kirchenmusik sind seine auf Choralweisen aufgebauten Motetten („Christ ist erstanden", „Also heilig ist der Tag" u. a.), sofern die Motette recht eigentlich die Form des Kunstgesangs in der evangelischen Kirche ist.

Den beiden Meistern reihen wir Luthers Freund und treuen Mitarbeiter Johann Walther an, aus einem Dorf unweit Cola in Thüringen gebürtig; mit Luther bearbeitete er das erste Gesangbuch der evangelischen Kirche. Seine Bedeutung hat er weniger als selbständiger Componist, denn als Mitarbeiter der Reformation und Redactor der Melodien des Gesangbuchs. Die Kunst der Melodieerfindung und die Kunst des harmonischen Satzes war ja damals selten in Einem Manne vereinigt; der geniale Senfl bildete auch hierin eine Ausnahme.

Werfen wir, um ein vollständiges Bild der musikalischen Zustände und Verhältnisse in der Reformationszeit zu bekommen, noch einen Blick auf die Musikinstrumente, welche zu jener Zeit vorwiegend im Gebrauche waren, so fand das für uns bedeutsamste Instrument, die Orgel, seit Bernhard der Deutsche (c. 1470) das Orgelpedal erfunden hatte, eine verhältnißmäßig hohe Ausbildung. Der schon genannte Hoffhaymer muß als Orgelvirtuose Erstaunliches geleistet haben, „es genügt ihm nie, etwas nur Gediegenes gespielt zu haben, es muß auch **erfreulich und blühend sein**" — rühmt ein Zeitgenosse von seinem Spiel. Hervorragendes leistete namentlich die Familie **Koch** (**Paul Koch** † 1535), berühmt waren Conrad **Paumann**, † 1473 blind in München, Arnold **Schlick**, gleichfalls blind; **Haßler**, Elias Nicolaus **Ammerbach** (Leipzig), Bernhard **Schmid** (Straßburg). Der größte Organist aber, als der Lehrer der Organisten halb Deutschlands! „der Organistenmacher" genannt, ist Jon Pieters **Sweelinck**, geb. 1540 zu Deventer, Schüler Zarlino's in Venedig, Organist an der Hauptkirche in Amsterdam, der Lehrer eines Samuel **Scheidt** (Halle), Heinrich **Scheidemann** u. a. —

Das beliebteste Instrument der Musikliebhaber war die **Laute**, das Instrument der Hausmusik, welches dieselbe Stelle einnahm, wie jetzt das Clavier. — Die Spielleute hatten Saiten= und Blasinstrumente aller Größen und Arten im Gebrauch. (Harpffen, Psalter, Hackbrett, Laute, Quinterne, groß Geigen, klein Geigen, Schalmei, Pombart, (Baßoboe), Schwegel, Zwerchpfeif, Aderhorn, Feldtrummet, Clareton, Heerpauken ꝛc.) Das Clavier (Clavicordium, Virginal, Clavicimbalum) war noch in seinen Anfängen (vgl. S. 173).

Eine irgendwie selbständige Bedeutung hatte die Instrumentalmusik noch nicht; die verschiedenen Instrumente spielten die Singstimmen und ersetzten nur die Menschenstimmen; die Schattirungen des Tons der verschiedenen Instrumente dienten nicht zur Schattirung des Ausdrucks, sondern zur bloßen Tonverstärkung. Die Musik der Zeit war ja wesentlich Vocalmusik. Doch haben die Instrumentisten, gerade weil sie die **Melodie** spielten, zur Ausbreitung des neuen Liedgesangs wesentlich beigetragen (vgl. S. 172).

3. **Die Quellen des reformatorischen Kirchengesangs.**

Es erübrigt nun noch, einen kurz gefaßten Ueberblick über die Quellen zu geben, aus welchen der religiöse Singstoff für die neue Kirche von Luther und seinen Mitarbeitern zusammengestellt wurde.

Die Weisen wurden theils dem Hymnenschatz des Antiphonars entnommen, theils dem weltlichen Volkslied.

Im ersteren Falle wurde der Text verdeutscht, die Weise aber entweder unverändert beibehalten oder liedförmig umgebildet. Von urchristlichen Gesängen kamen so in den Gebrauch der evangelischen Kirche: »Veni redemptor« („Nun komm der Heiden Heiland") (Ambrosius); »Veni creator spiritus« (Komm Gott, Schöpfer, heiliger Geist") (Karl M.), »Tedeum laudamus« („Herr Gott Dich loben wir") (Ambrosius); »Pange lingua« („Mein Zung erkling' und fröhlich sing'"); »A solis ortus cardine« (Christum wir sollen loben schon) (Cölius Sedulius); »o lux beata trinitas« (Der du bist drei in Einigkeit). Aus dem reichen Schatze der Sequenzen nahm die evangelische Kirche auf: Salve festa dies („Also heilig ist der Tag) (Fortunatus); Grates nunc omnes (Lobt Gott, o lieben Christen) (Notker Balbulus), Mittit ad virginem („Als der gütige Gott ꝛc.) Aus dem altlateinischen Gesang stammen ferner die zum Lied umgebildeten Weisen: „Allein Gott in der Höh" (ursprünglich das »Et in terra pax« des gloria paschalis), „O Lamm Gottes, unschuldig", „Hallellujah, denn uns ist heut".

Von geistlichen Volksweisen wurde zum evangelischen Kirchenlied: „Christ ist erstanden", „Nun bitten wir den heil'gen Geist", „Gelobet seist du, Jesu Christ", „Komm heil'ger Geist, Herre Gott" u. a.

Die ergibigste Quelle für den evangelischen Kirchengesang bildete das weltliche deutsche Volkslied, dessen Worte nur umgedichtet wurden. Die Weise war volkstümlich, behaltbar, kräftig. Reim, Strofenbau, Rhythmus waren ganz besonders geeignet, diesen Weisen die Vorliebe der Gemeinde zuzuwenden. Ursprünglich weltliche Lieder sind die Melodien: „Ich dank Dir, lieber Herre" („Entlaubet ist der Walde"), „Es ist das Heil uns kommen her" "Sei Lob und Ehr dem höchsten Gut", "Christ unser Herr zum Jordan kam", "Such, wer da will (Mag ich Unglück nicht widerstahn")", "Ach Gott im höchsten Thron" (Der schüttensam het einen Knecht), "O Gott im höchsten Throne" (Nun schürz dich, Greblein schürz dich), "Ach Gott thu Dich erbarmen" (Frisch auf ihr Landsknecht ꝛc.), "Was mein Gott will, das g'scheh allzeit" (»Il me suffit«) "Der Gnadenbrunn thut fließen" (Die Brünnlein, die da fließen"); "Befiehl du deine Wege" (Mein Gmüt ist mir verwirret, von Haßler), "Nun ruhen alle Wälder", (Innspruck ich muß dich lassen, von Isaac), "Herr Jesu Christ, mein's Lebens Licht" u. a.

4. Charakter der neuen Singweise.

Die dem Antiphonar entnommenen Weisen behielten nach wie vor den Charakter des gedehnt hinziehenden Chorals, die dem weltlichen Volksliederschatz entnommenen Weisen standen dem Choral geradezu gegenüber, waren etwas völlig Andersartiges. Die energischen, immer wechselnden Rhythmen entsprachen ganz dem gährungsvollen Wesen der ersten Zeit der Reformation, da die revolutionären und conservativen Elemente der Bewegung noch ungeschieden waren. Es mag dieser rhythmische Choralgesang in der Zeit des Kampfes von packender Gewalt und hinreißendem Schwung gewesen sein; ebenso sicher ist aber, daß die reich rhythmisirte Art dem Charakter der Kirchenweise gar nicht entspricht. Je mehr die Reformationsbewegung den stürmisch revolutionären Charakter abstreifte und in das Geleise der positiven, ruhigen Kirchenbildung einlenkte, desto schwieriger und fremdartiger wurden der Gemeinde auch die ursprünglichen Weisen; diese waren nicht mehr von Haus aus jedem eigen und als der frische, unmittelbare Ausdruck der Bewegung jedem von vornherein verständlich; sie waren der späteren Generation nicht mehr Reformationslieder sondern Gottesdienstlieder. Für den Ausdruck des gemeinsamen religiösen Gefühl's aber erschien die Weise zu reizvoll und zu bewegt; sie mußte auf den Charakter des einfach Würdevollen zurückgeführt werden. So bildete sich im Mund der Gemeinde selbst infolge der mit der Zeit zunehmenden Entfremdung gegen die ursprüngliche Bedeutung der Melodie ganz naturgemäß das rhythmische Lied zu dem hymnenartigen Gemeindelied um, welches dem Massengesang sowohl als dem Zweck des monumentalen Ausdrucks der Frömmigkeit am besten entspricht. Diese Umbildung ist weder vom liturgisch-hymnologischen, noch vom ästhetischen Standpunkte aus zu tadeln. Denn erst der stylisirte Choral verdient den Namen des Kirchen- und Gemeindeliedes im vollen Maße. „In ihm kommt die dem Liede wesentliche Einfachheit, verbunden mit idealer Großheit und mit einer von aller Ueberweichheit fernen, ernstkräftigen Haltung, zu ihrer vollen Verwirklichung, der Choral ist das Lied in seiner eigentlichsten Gestalt, das Lied auf seiner höchsten Potenz" (Vischer-Köstlin, Aesthetik III. S. 994).

In Frankreich wurde der erste und einzige Tonsetzer der Reformation Claudius Goudimel, der Lehrer Palestrina's (s. o. S. 140); noch heute ist in der calvinistischen Kirche hochgehalten sein Werk: »Les psaumes de David mis en rime française par Clément Marot et Théodore de Bèza, mis en musique à 4 parties par Claude Goudimel. Paris 1565. Die deutsch-evangelische Kirche verdankt diesem Werke die Melodien von „Freu dich sehr, o meine Seele" (Ps. 42), „Herr Gott dich loben wir" (Ps. 134), „Wenn wir in höchsten Nöthen sein" (Ps. 140). In dem Cultus der reformirten Kirche fand die Tonkunst jedoch keine rechte Stätte; sie blieb auf den Psalmengesang beschränkt.

In England, wo unter der Regierung Heinrich's VII.

und VIII. eine Reihe tüchtiger Tonsetzer lebte, wie Dr. Robert Fayrfax (Professor der Musik, Organist zu Oxford, Dr. der Musik, geb. 1460, † 1514), Thomas Phelyppes, die beiden Taverner, gilt John Marbeck als der Vater der Kirchenmusik, sofern er die beim Gottesdienst gebräuchlichen Hymnen in Musik setzte und 1550 drucken ließ. Unter der Regierung der Königin Elisabeth (1558—1603) wurden die Kirchenhymnen von Rob. Parsons tüchtig bearbeitet. Das von Sir Thomas Gresham (geb. 1519, † 1579), dem „königlichen Kaufmann" und Gründer der Londoner Börse gestiftete Gresham'sche College enthielt auch eine Lehrstelle für Musik, deren erster Inhaber der berühmte John Bull war. Die Kapelle der Königin Elisabeth vereinigte eine ganze Reihe trefflicher Tonsetzer, wie den genannten Bull, W. Byrd, N. Giles, Farrant, Cawston, Oakland, Dowland, Morley u. a. (s. o. S. 153). Unter den späteren kirchlichen Tonsetzern sind zu erwähnen Henry Purcell (geb. 1658 zu London, mit 18 Jahren Organist an Westminster, später in der königlichen Kapelle, † 1695); John Blow (geb. 1648, † 1708), William Croft 1677—1727. Nachdem lange Zeit der italienische, dann der französische Einfluß im englischen Musikwesen herrschend geworden, erstand den Engländern in dem genannten Henry Purcell ihr bedeutendster nationaler Meister, der bei aller Anlehnung an die italienischen Muster seine volle Selbständigkeit bewahrte und den Namen eines »Orpheus britannicus« schon darum verdiente, weil er mit Bewußtsein für sein Volk und aus seines Volkes Geist heraus schuf und schaffen wollte. So behandeln seine musikalisch-dramatischen Werke, deren er in seinem so kurzen Leben 39 schuf, lauter englische Stoffe, und die Musik zieht sich, wie sich das in dem Lande eines Shakespeare ziemte, aus dem Drama selbst ziemlich zurück, indem sie sich häufig auf Ouverture, Intermezzi, Chöre, Recitative — beschränkte, nur selten das Schauspiel zur Oper gestaltete.

Besondere Bedeutung kommt ihm in der Chormusik zu, für welche er als tüchtiger Contrapunctiker auch besonders geeignet war (Anthem's, Cäcilien=Oden). Auch in der Kammermusik versuchte er sich mit Erfolg. — Nach Purcell's frühem Tode drang der italienische Einfluß siegreich durch und behauptete sich auch dem „göttlichen Sachsen", den die Angelsachsen annectirt haben, unsrem Händel gegenüber, wenigstens auf der Opernbühne, während derselbe auf einem anderen Gebiete, das dem englischen Geiste viel congenialer war, den germanischen Geist zur Geltung gebracht hat, indem er auf demselben nicht bloß der Sieger, sondern der gigantische Alleinherrscher geworden ist.

2. Abschnitt.
Das stylisirte Kirchenlied.

Das Kirchenlied war vielfach durch die Schwierigkeit der harmonischen Bearbeitung wieder dem Chor anheimgefallen und dadurch der Gemeinde etwas entfremdet worden. Die Melodie lag meist im Tenor und Baß, die Harmonie, die das Lied umrankende Polyphonie, hatte die für sich sinnvolle Melodie zu ersticken gedroht. Die nächste Aufgabe für das Streben, das Lied als Gemeindelied zu erhalten, bestand darin, daß die Melodie in die Oberstimme (Discant) verlegt und die übrigen Stimmen zu Begleitungsstimmen herabgedrückt wurden, welche die Melodie zu heben und zu stützen, nicht aber zu überwuchern bestimmt waren. Man mußte auf den künstlichen Satz und seine Feinheiten verzichten und auf die möglichst einfache Satzweise reflectiren. Scheinbar verlor die Kunst dadurch, in Wahrheit gewann sie: jetzt ward die künstlerische Bedeutsamkeit der Melodie erkannt und der Harmonie dadurch eine neue Aufgabe eröffnet, daß sie die Melodie in Ausdruck und Färbung verstärken mußte, nicht·bloß zur Steigerung der Tonfülle und Tonschönheit überhaupt diente. Die Umbildung der Satzweise im angezeigten Sinne knüpft sich an die Namen tüchtiger, solider deutscher Tonsetzer; die Aufgabe wurde zuerst von Lucas Osiander, württemb. Oberhofprediger in seiner Zuschrift an die Schulmeister vom 1. Jan. 1586 bezeichnet und ihre Lösung in seinem Werke „Fünfzig geistliche Lieder und Psalmen mit vier Stimmen auf contrapunctweise also gesetzt, daß eine ganze christliche Gemeinde durchaus mitsingen kann" — angebahnt. Nach Osiander's Anordnung soll der Schülerchor mehrstimmig singen, aber „sich in der Mensur und Text nach der Gemeinde richten und in keiner Note schneller oder langsamer singen, denn man zu singen pflegt, daß Choral und figurata musica sein bei einander bleiben". Mit dem den Gesang führenden Schülerchor läßt Gesius (Cantor an der Thomasschule in Leipzig) bereits die Orgel abwechseln und bald übernahm die letztere die Führung und Begleitung des Gemeindegesangs allein.

Eine Reihe tüchtiger deutscher Tonsetzer fördert direct oder indirect die Entwicklung des Kirchengesangs: so Samuel Marschall, der Osiander's Grundsätze vertrat (Basel), Antonius Scandellus (geb. 1517 zu Brescia, † zu Dresden 1580, „Lobet den Herrn, denn er ist so freundlich"), Sethus Calvisius, Cantor an der Thomasschule zu Leipzig, geb. 1556, † 1615, Joachim a Burck (geb. 1546), Nicolaus Hermann, Johann Steuerlein, Schultheiß in Meiningen, gekrönter Dichter († 1613); David Scheidemann, Melchior Vulpius (Cantor in Weimar, „Christus, der ist mein Leben", „Nun freut euch, liebe Christeng'mein"), Hieronymus und Jacob Prätorius — mehr indirect Jacob Gallus (Prag) (Handl 1550—1591), Jacob Meiland (1542—1607) (Anspach) Matth. Le Maistre, Kapellmeister am churfächsischen Hofe zu Dresden seit 1554. — Unter allen aber ragt hervor als einer der bedeutendsten Musiker seiner Zeit überhaupt der in der venetianischen Schule unter Andreas Gabrieli ausgebildete Nürnberger Hans Leo Haßler (geb. 1564, Organist zu Augsburg 1585, 1602 am kaiserlichen Hof in Prag, † 1612 in Frankfurt a. M.); er setzt bei Choralbearbeitungen die Melodie bereits in die Oberstimme; die Harmonie ist einfach und würdig gehalten. Von ihm stammt die schöne Weise „Befiehl du deine Wege".

Den Gipfel der Entwicklung in der neueingeschlagenen Richtung auf Stylisirung des einfachen Chorals bezeichnet Johannes Eccard, ein jüngerer Zeitgenosse des großen Lassus (geb. 1553 in Mühlhausen an der Unstrut, lebte er 1571—74 in München; siedelte aber unter dem Markgrafen Georg Friedrich von Brandenburg nach Norddeutschland über, lebte erst in Königsberg, dann von 1608 an als Kapellmeister in Berlin, wo er mit dem Liederdichter Paul Gerhard in freundschaftlichem Umgang stand und viele von dessen herrlichen Liedern componirte, † 1611). Sein Hauptwerk ist die Bearbeitung der in Preußen geltenden Kirchen-Lieder. In diesem Werke suchte er das Bedürfniß der singenden Gemeinde mit den Anforderungen der Kunst in Einklang zu bringen, indem er darauf ausgieng, die harmonische Bedeutsamkeit der Melodie, und nichts andres, im kunstvollen Satz zur Geltung zu bringen, andrerseits aber auch auf die gegenseitige Beziehung der Stimmen zu einander, wie sie das Ideal des polyphonen Satzes verlangt, nicht verzichtete. Die Kunst verklärt und veredelt das Lied, indem sie ihre Ausdrucksweise demselben völlig unterwirft ohne auf ihr eignes Gesetz zu verzichten. Polyphonie und Homophonie sind vereint; der Vertheilung des Vortrags auf Singstimmen, von Frauen- und Männerstimmen unisono, kraftvoll geführt, und auf die in gewaltigen Tonmassen mitgehende, die Harmonie rein und voll ausströmende Orgelbegleitung steht nichts mehr im Wege. In vollem Sinne ist die Einheit von Homophonie und Polyphonie erst von Bach erreicht worden; Eccard's Arbeiten streifen dann und wann doch ans Motettenartige, Künstliche an. Aber das Ideal des vierstimmigen Kirchenlieds ist bei ihm klar gezeichnet: Gedrängtheit der Stimmenverwebung ohne Spur von Zwang nnd voll inneren Zusammenhangs, da alle Satzglieder dem Einen Gedanken der Melodie unterworfen sind.

Auf Eccard folgen gediegene Meister, bedeutend auch auf den übrigen Gebieten der Tonkunst: Walliser, Bodenschatz, Moritz, Landgraf von Hessen; Zeuner, Nicolai („Wachet auf, ruft uns", „Wie schön' leucht uns"); Melchior Frank, (geb. 1580, † 1639 zu Koburg, gebildet zu Nürnberg, Erfinder der Melodie „Jerusalem, du hochgebaute Stadt"). Die Entwicklung schließt mit classischer Vollendung der Classiker des evangelischen Choral's Johann Sebastian Bach ab. —

Der classischen Vollendung mußte aber erst Bahn gebrochen werden durch Uebertragung des weltlichen schönen Styls auf Deutschland, dessen sinnliche Schönheit und Weichheit auf den Kirchenstyl zurückwirkte und ihm Gelenkigkeit und edlen Fluß verlieh.

II. Epoche.

Die Entkirchlichung der Musik.

In dem letzten Jahrzehnt des sechszehnten und im Anfang des siebenzehnten Jahrhunderts war in Italien der polyphone Styl durch den pathetischen verdrängt worden, der auf ausdrucksvollen Einzelgesang drang und im Interesse der Mannigfaltigkeit des Ausdrucks die Chromatik einführte, sowie auf Ausbildung der Instrumentalmusik hinwirkte. Die Octavengattungen der sog. Kirchentöne verloren ihre Bedeutung und so fiel schon das äußere Merkmal der Kirchlichkeit weg, indem auf die Kirchenmusik dasselbe Gesetz, wie auf die weltliche angewandt wurde und auch hier das Streben nach Ausdruck und formeller Glätte in den Vordergrund trat.

In der Dichtkunst war das volksthümliche Element hinter dem kunstmäßigen zurückgetreten; seit Opitz galt Versbau,

Sprachgewandtheit, Wortklang in der Lied=Dichtung mehr, als Naturwahrheit und volkstümliche Frische der Empfindung. Die Volksbewegung der Reformation war allmählich zur dogmatischen Zänkerei verschrumpft, das Volk selbst der Sache der Religion innerlich durch die Streitsucht der Theologen entfremdet worden: das Interesse für das specifisch Kirch=liche, das Verständniß also auch für die Kirchlichkeit der Kirchenmusik war abgestumpft.

Man begann daher auch in der Composition des Kirchen=lieds an die Stelle des Princips der Volkstümlichkeit und der inneren Lebenskraft das der bloßen Kunstmäßigkeit und for=malen Schönheit zu setzen und den neuen italienischen, concert=haften Styl auch auf das Kirchenlied anzuwenden, dieses also zu entkirchlichen. — Dem geistlichen Gesang und der kirchlichen Musik überhaupt trat dem Geiste der Zeit gemäß zunächst eine andre, der Kirche fern stehende Musik gegenüber, welche die Gestalten des wirklichen Lebens zur Darstellung zu bringen sich zur Aufgabe machte. So vollzieht sich die Reaction gegen die reformatorische Liedform in zwei Momenten: in der Ueber=tragung des weltlichen Styls auf die Kirchenmusik und in der Uebertragung der Oper auf Deutschland.

1. Abschnitt.

Die Kirchenmusik unter italienischem Einfluß.

Während Männer wie Helber, Altenburg, Löwen=stern, Heermann noch im alten Styl fortarbeiteten und die Königsberger Schule („preußische Tonschule") in Sto=bäus, Kaldenbach, Alberti, Struttius, Matthai u. a. Meister Eccard's Weise fortsetzte, zeigen sich Anklänge an die neue italienische Art bei Johann Hermann Schein, geb. 1586 zu Grünhayn, † 1630 zu Leipzig als Cantor der Thomasschule, eines der großen »S« seiner Zeit (Scheid, Schütz, Schein); („Mach's mit mir Gott, nach Deiner Güt"), ebenso bei dem durch die

Schrecknisse des 30jährigen Krieges geläuterten Johann **Krüger** geb. 1598 zu Großbreese bei Guben, † 1662 als Cantor an S. Nicolai zu Berlin; von ihm stammt „Schmücke dich o liebe Seele", „Nun danket alle Gott", „Zeuch ein zu deinen Thoren", „Schwing' dich auf zu deinem Gott", „Fröhlich soll mein Herze"; er und Schein halten sich nicht mehr streng an die Kirchentöne, schlagen weichere Klänge an, halten sich aber noch an den bisher üblichen Satz. In ähnlichem Sinn arbeiten **Hintze, Ebeling, Selle, Schop** — die noch alle in die erste Hälfte des siebzehnten Jahrhunderts gehören (Joh. Schop, Rathsmusikus in Hamburg; von ihm stammen: „O Ewigkeit du Donnerwort", „Ermuntre dich, mein schwacher Geist", „Werde munter, mein Gemüte", „Jesu du mein liebstes Leben", „Die Welt kommt' einst zusammen", „Lasset uns den Herren preisen").

Die Männer, welche die italienische Satzweise auf Deutschland übertrugen, sind **Michael Prätorius** und **Heinrich Schütz**.

Michael Prätorius, geb. zu Kreuzburg in Thüringen 1571, † als Kammerorganist und Kapellmeister zu Wolfenbüttel 1621, ist ein tüchtiger, strebsamer Meister, wenn auch nicht eben genial und schöpferisch; er bearbeitet die Kirchenweisen (unter denen von ihm stammt „Ich dank dir schon"), in seiner Polyhymnia und dem Puericinium in völlig concertmäßiger Weise (melismatische Verbrämung der Melodie und Instrumentalbegleitung).

Der eigentliche Uebermittler der italienischen Musik für Deutschland ist der treffliche und gediegene Meister **Heinrich Schütz**, geb. 1585 zu Köstritz im Voigtlande, gebildet von Gabrieli in Venedig (1609—13), Hofkapellmeister des Kurfürsten Johann Georg von Sachsen, in Dresden; 1645—47 in Kopenhagen, dann wieder in Dresden, wo er 1672 starb. Er führte die kirchliche Concertmusik oder concertmäßige Kirchenmusik, wie er sie in Italien getroffen hatte, in der Dresdener

Hofkirche ein und von dort aus fand dieselbe überall in Deutschland Eingang. Während Prätorius wenigstens die Kirchenmelodie zu Grunde legte, hat Schütz in seinen Kirchenmusiken („Psalmen Davids sammt etlichen Motetten und Concerten. 1619. »Symphoniae sacrae«, I. 1629, II. 1647, III 1653; „Geistliche Concerte" 1636 und 1639; »Musicalia ad chorum sacrum« 1648, „Sieben Worte", „Auferstehung", 4 Passionen u. a.) jegliche Erinnerung an das Kirchenlied in Tonart, Satz und Motiven abgestreift: es sind Kirchenconcerte im eigentlichen Sinne des Wortes: musikalische Nachdichtungen von religiösen Texten, geistliche Kunstmusik, welche mit dem eigentlichen Gemeindegesang nichts mehr zu thun hatte, sondern im glücklichsten Falle von dem geschulten Chor und den gelernten Instrumentisten ausgeführt werden konnte, eine Musik, die eher noch im Rahmen des katholischen Gottesdiensts, als in dem des evangelischen einen Platz hatte.

Auf die Musikwelt wirkte Heinrich Schütz in jeder Richtung ungemein befruchtend ein. In einer überaus traurigen Zeit, da jegliches ideale Interesse erstorben oder zurückgetreten war, hielt er die Kunst zusammen und zog sich Jünger seiner Kunst. Auch in ihr hat er trotz der italienischen Schule deutsches Wesen und Gepräge bewahrt und muß als der geistige Vorfahr der deutschen Meister, Händel und Bach, angesehen werden, als einer der Erzväter der deutschen Musik. —

Die neue Richtung auf Declamation, Zierlichkeit und Glätte der Form — berechtigt im Concert und im durchcomponirten Lied, verwerflich aber im Strofenlied, das ein gedrungenes musikalisches Gegenbild der Grundstimmung des Gedichts geben soll — wurde nun in der zweiten Hälfte des 17. Jahrhunderts auch unter den Choralcomponisten herrschend, und im selben Maße als sie diesen Einflüssen auf ihrem Gebiet Raum verstatteten, verlor der Choral an Kraft, Eigentümlichkeit und Würde. Hierher gehören die Componisten des Rist'schen Sängerkreises (Meier, Stade, Pape, Kortkamp,

Jacob Prätorius, Scheidemann u. a.); ferner die Sänger, welche mit dem Nürnberger Blumenorden in Verbindung standen (Kindermann † 1655, Schwemmer, Heinlein u. a.), meist Cantoren und Organisten zu Nürnberg, Verherrlicher der Poesie ihres Oberpredigers Dillherr (1646—69); besonders aber die Vertreter des ariosen Kirchenlieds, unter denen wir hervorheben: Johann Rudolf A h l e (1625—1673) („Liebster Jesu wir sind hier", „Gott ist getreu", „Morgenglanz der Ewigkeit"), Georg N e u m a r k (1621—1681), („Wer nur den lieben Gott"), Peter S o h r, („Mein's Herzen's Jesu"); Heinrich Albert (1604—1651), Johann Georg Ahle, Briegel, Pachelbl, Welter („Schwing dich auf"); J o s e p h u s, Joachim N e a n der, („Wunderbarer König"), S t r a t t n e r („Der Tag ist hin", „Himmel, Erde, Luft"), Neuß, Drese („Seelenbräutigam"), die Componisten des Pietismus und der Brüdergemeinde. Die versüßlichte Arie paßte wohl in die Stubenluft des himmelsüchtelnden, gefühlsschwelgerischen Conventikelwesens und zu dem Blut- und Wundencultus der Brüder, war aber das gerade Gegentheil des kräftigen Gemeindelieds der Reformation. Der kirchliche Geschmack war bereits fast ganz verloren gegangen.

Eine äußerliche Anknüpfung ans Kirchenlied versucht in der Kirchenconcertform der als Kapellmeister tüchtige R o s e n müller (geb. 1610, † 1686), („Mache dich mein Geist" „Welt ade"), ebenso F l o h r und besonders H a m m e r schmid (geb. 1611, † 1675) („Meinen Jesum laß ich nicht"), welcher in seinen Kirchenconcerten („musikalische Gespräche über die Evangelia") die Kirchenweise einflicht und so das Schema zu der Bach'schen Cantate gegeben hat. —

Die Bedeutung der genannten Richtung liegt weniger in dem, was ihre Vertreter hervorgebracht haben, als darin, daß sie die Tonkunst in Deutschland nach ihrer formellen Seite gefördert und ausgebildet und durch ihre Werke Sinn und Verständniß für die kunstmäßige Musik im Volke verbreitet haben. Auf diesem Grunde konnte eine neue Scheidung von kirchlichem und Weltlichem ohne Nachtheil für das Leben der Kunst eintreten. Der Boden war auch für weltliche Kunstmusik geschaffen, sie verkümmerte nicht mehr aus Mangel an Theilnahme und Verständniß.

3. Abschnitt.
Die Opernmusik in Deutschland.

Fink, Wesen und Geschichte der Oper. Leipzig 1838.

O. Lindner, die erste stehende deutsche Oper. Berlin 1855.

Riehl, mus. Charakterköpfe Bd. I. „die Schriftgelehrten mit Zopf und Schwert".

Rudhart, J. M., Geschichte der Oper am Hofe zu München, 1 Th. Die italienische Oper von 1654—1787. Freising 1865.

Fürstenau, Mor., Zur Geschichte der Musik und des Theaters am Hofe d. Kurf. v. Sachsen und Königs v. Polen, 2 B. Dresden 1861 (zugl. z. S. 155 ff.).

Meinardus, Rückblick auf die Anfänge der deutschen Oper. Hamburg 1878.

Der mörderische Krieg, der dreißig Jahre (1618—48) lang unser armes Vaterland verheerte, hinterließ überall Verödung und Erschlaffung. Die Nation war in tiefster Erschöpfung, das Land entvölkert, das Volk verwaist; in der Bildung war man um mehr als 100 Jahre zurückgeworfen; alles ideale Leben, nicht nur das künstlerische, sondern auch das sittlich-religiöse war, wie es schien, entschwunden — kein Wunder, daß, wie in politischer, so auch in culturgeschichtlicher Beziehung dem fremdländischen Einfluß Thür und Thor geöffnet wurde.

Die italienische Opernmusik drang überall ein; wer konnte sich noch an die Kunst halten außer den Fürsten? Die Musik war eine Luxuskunst, eine Genußkunst der Höfe geworden. Für diesen Zweck eignete sich ganz besonders die glanzvolle italienische Oper mit ihren guten und schlimmen Seiten.

Schütz hatte noch eine deutsche Oper componirt; bald sang man an den Höfen nur noch italienisch, Musik und italienische

Sänger schienen unzertrennlich. Die kleinen und großen Fürsten wetteiferten im Prunk und Glanz der italienischen Oper

Trotzdem fällt in diese Zeit der Verödung und Entnationalisirung Deutschlands der Anfang einer wahrhaft und innerlich deutschen Kunst. Zwar war der deutsche Musiker in der Regel auf Winkelstellen angewiesen und meist in prekären Verhältnissen; aber der bescheidene Organist und Cantor bewahrte dafür der Kunst das deutsche Gemüt: deutsche Tiefe und deutsche Ehrlichkeit. Die deutschen Meister durften wohl bei den Welschen in die Schule gehen, etwas von der schulmeisterlichen Steifheit und pedantischen Herbigkeit abstreifen — es blieb ihnen noch genug Gründlichkeit und Originalität.

So finden wir denn eine Reihe ehrsamer, deutscher Meister im Cantoren- und Organistenstand, welche treu die altererbte Kunsttradition fortpflanzen, ohne sich dem Guten, das ihnen aus Italien zukam, zu verschließen. Sie bilden gleichsam eine geistige Schule, deren Frucht die beiden Meister Bach und Händel sind. In der Musik allein ist in Deutschland nach 1648 deutscher Geist, prangende Gesundheit, tagtägliche Vervollkommnung. Das in Politik und Poesie entselbstete Deutschland gewann sein Selbstbewußtsein zuerst wieder in der Musik, um welche sich seine erstarkenden Kräfte wieder sammelten. Ehe es einen Göthe und Schiller gab, gab es einen Händel und Bach; ehe Lessing das kritische Schwert schwang, kämpfte der „musikalische Patriot" um eine deutsche Musik und für eine geläuterte Kunst, im Sinne und unter der Beschränkung seiner Zeit zwar, aber doch als „deutscher Patriot" gegen den „welschen Truthan".

Die erste Aeußerung des nationalen Kunstgeistes trat energisch in der Gründung der deutschen Oper in Hamburg zu Tage; denn ausdrücklich wird sie als deutsche Oper den „welschen Kapaunen", als Volksoper der mit der Gunst der Großen coquettirenden Hofoper gegenübergestellt. Vom dramatischen, musikalischen und ästhetischen Standpunkt aus mag man an dem Hamburger Unternehmen vieles auszusetzen haben, aber culturgeschichtlich war es von hoher Bedeutung, denn es war eine deutsche That: deutsches Leben wurde dadurch geweckt und der Boden bereitet, auf dem einst Lessing weiterbauen konnte.

Schon früher waren deutsche Singspiele aufgeführt worden, aber immer nur aus Anlaß einer besonderen Festlichkeit. Im Jahr 1687 nun vereinigten sich zu Hamburg zwei hochangesehene Männer, die Licentiaten Gerhardt Schott und Lütjens mit einem Tonkünstler ernster Richtung, Johann Adam Reinken zur Gründung einer stehenden deutschen Oper.

Das Unternehmen ist eine „unbewußte, aber im Geist des Volkes unternommene Erneuerung der alten geistlichen Dramen". Während man in Italien den Stoff aus der griechischen Mythologie nahm, griffen jene ehrenfesten Deutschen nach dem, was dem deutschen Volke noch immer das Wichtigste und Bedeutendste war, nach der Bibel. Denn diese umschloß den Vorstellungskreis, der dem Volke am meisten lieb, wert und vertraut war. Mit der Darstellung von biblischen Begebenheiten wurde begonnen (zuerst mit „Adam und Eva" geb. von einem gewissen Richter, comp. von Theile; „Michal und David", „die maccabäische Mutter" 1679; „Esther" 1680, die „Geburt Christi" 1680, „die hl. Eugenia oder die Bekehrung der Stadt Alexandria" 1688, „Kain und Abel oder der verzweifelte Brudermörder"). Das geistliche Ministerium hatte zur Errichtung des Instituts seine Einwilligung gegeben und Luther selbst hatte ja seinerzeit dem Theater das Wort geredet.

Das Unternehmen gedieh rasch. War es doch von Haus aus dem Stoff und der Form nach volkstümlich; die Schauspieler waren Deutsche; die musikalische Form war vorwiegend das specifisch deutsche, strofische Lied. So roh und unbehülflich diese „Dramen" gefertigt waren, es lag doch darin der Keim zum deutschen Schauspiel (man nehme nur gleich das erste „Adam und Eva")¹) und der tiefe Ernst, mit dem die Sache getrieben und angefaßt wurde, entsprach ganz den Stoffen. Oratorium und Oper, Tragödie und Komödie — alles war noch ineinander. In einer Zeit, da für das Literaturdrama weder Befähigung, noch Regel, noch Empfänglichkeit da war, bildete die Musik das künstlerische Element, das dem Ganzen die höhere Weihe gab, die oft gar kindlichen Stoffe mit dem Zauber der Idealität übergoß und so für die Hörer aus dem Opernhaus einen wirklichen Tempel der Kunst schuf.

Es blieb nicht lange bei dem reinen Anfang. Das Theater zog allerlei Leute an; Schott sah natürlich beim Engagement auf keine Confession, sondern nur auf die Begabung; das Volk strömte zum Musentempel und bald donnerte es von den Kanzeln herab gegen die „neue Satanaskapelle", „den Ort der Sünde und der Schande". Die Oper antwortete; man appellirte an die Facultäten von Rostok und Wittenberg, welche für das Theater entschieden und erklärten, daß die Mitglieder zum hl. Abendmahl zuzulassen seien. — Die Geistlichkeit witterte in jenem Unternehmen den Keim des deutschen Theaters; aber die Gunst, welche seitens der Höfe auf der italienischen Oper ruhte, kam nun jenen Deutschen zu Gute. Bekanntlich haben die Gegner die ganze Wuth später an dem Komödiantentum ausgelassen.

Das deutsche Element wich auch hier bald dem italienischen. Die Formen Scarlattis kamen mit den Werken des trefflichen Steffani, hannöverschen Kapellmeisters, nach Hamburg, (1693 durch Cousser's Vermittlung) und das dortige Musikwesen erfuhr eine durchgreifende Umbildung; die herrlichen Weisen, ächte volle, quellende Brusttöne, mit denen die Scarlatti, Leo, Durante die Oper ausstatteten, wie sie damit den Altar umrankten, idealisirten jetzt auch die deutsche Oper. Noch war ja die italienische Musik nicht leeres Melodiengetändel geworden.

---

1) vgl. Brendel a. a. O. S. 173 ff.

Auf dem Boden, der so gelegt war, erwuchs das Institut zur vollen Blüte, als wieder gründlich deutscher Einfluß herrschend wurde durch das vierblättrige Kleeblatt: Reinhard Keiser, den altdeutschen Mozart; Mattheson, den streitfertigen Allerweltskünstler und „musikalischen Patrioten", Postel, den überschwänglichen Wortkönig und Händel, den bescheidenen Geiger am zweiten Pult.

Abgesehen von dem grundbeutschen Zug der Sache und der gut deutschen Keiser'schen Musik („Liederchen") war die Oper in Hamburg freilich schon zur betrübendsten Abgeschmacktheit heruntergesunken. Mit dem italienischen Einfluß war die antike Mythologie eingedrungen, die nur der Deckmantel der widrigen, schäferlichen Liebessentimentalität war, wie sie in jenen Tagen zum guten Ton gehörte. Lüsterne Frivolität und grenzenlose Prunkentfaltung schienen von dem Opernwesen bereits unabtrennbar zu sein.

Man bedenke ferner, daß noch ein schweres Vorurtheil auf dem weiblichen Gesang lastete. Nur solche welche den besten Theil der Weiblichkeit schon weggeworfen hatten, Blumenmädchen und Freudenmädchen u. a. entschlossen sich anfangs zum Auftreten. Das männliche Personal war entsprechend: Schuster, Schneider, verkommene Studenten — kurz, es war die „deutsche" Oper das getreue Vorbild der ersten deutschen Komödie. Leichtsinn, Lüderlichkeit im Gewande der naivsten Geradheit herrschten unter dem Personal, weil deutsche Schüchternheit und Zurückhaltung den besseren Theil der Gesellschaft von der Bühnenlaufbahn noch abhielt und in der Regel, wenn sie je aus Kunstenthusiasmus mitthat, bei den hochgeehrten und enorm bezahlten Italienern unterzukommen suchte.

Das würdige Haupt jener Operngesellschaft war der ebenso gutherzige, als leichtsinnige, ebenso geniale als oberflächliche Reinhard Keiser; »le premier homme du monde« im galanten Sinne zu sein, war ihm wichtiger, als seine Musik;

letztere die er mit unbegreiflichem Reichtum an Phantasie geradezu aus dem Aermel schüttelte, war ihm nur das Mittel, mit dem er Geld und eine gesellschaftliche Stellung errang. 1673 bei Leipzig geboren widmete er sich in den Universitätsjahren der Musik und lebte seit 1693 völlig dem Theater am Hamburger Gänsemarkt, für welches er im Ganzen nicht weniger als 120 Opern verfertigte. Ein Scandal trieb ihn fort; 1728 ehrte ihn aber die Stadt mit dem Titel eines cantor cathedralis und Canonicus minor am Dom; das „Belialskind" beschloß sein leichtsinniges Leben mit einem geistlichen Werke und starb — noch im Tode der Liebling des Publikums, 1739. Seine musikalische Bedeutung hat sein Zeitgenosse Telemann am besten gezeichnet, wenn er von ihm sagt: „er war ein Züchtling der Natur". Gelernt hat er lediglich nichts; Erwerbs- und Genußquelle war ihm die Musik; er schrieb immer im gleichen Styl und zeigt weder Fortschritt noch Rückschritt. Seine „Liederchen" sang man zu Paris, seine Melodien sind voll jugendlichen Zaubers, aber ohne tieferen Gehalt.

Neben ihm wirkte als erster Tenor Johann Mattheson, geb. 1681 zu Hamburg, als ein unermüdlicher und gründlicher Arbeiter, halb Charlatan, halb wirklich Gelehrter, brachte er es zum englischen Legationssecretär. Der Schwerpunkt seines Wirkens liegt in seiner Kritik; ob seine Werke („der musikalische Patriot" u. a.), in denen er gegen die „welschen Kapaunen" mehr als billig eifert, auch von scholastischem Wust strotzen und die künstlich aufgespeicherte Gelehrsamkeit mehr von seiner Eitelkeit als von innerer Tüchtigkeit und Gediegenheit zeugt, so enthalten sie doch des Guten, ja Epochemachenden viel und sind, schon als Anfänge einer gesunden musikalischen Kritik, hier zu erwähnen. — Er starb 1764, 83 Jahre alt, als Director, Musikus und Canonicus am Dom.

Neben diesen Männern wirkte eine Zeit lang (seit 1721 Director des chorus musicus an der Stadtkirche, und Cantor an der Johannisschule zu Hamburg) der etwas jüngere

Georg Friedrich Telemann, einer der tüchtigsten und fruchtbarsten Tonsetzer der Zeit. 1681 zu Magdeburg geboren, studirte er, seinen Hang zur Musik der Mutter zu lieb, bekämpfend, die Rechte in Halle, bis der innere Beruf siegte. Später war er in Frankfurt a. M., wo er die älteste Tochter des Rathskornschreibers Maria Katharina Textor, heirathete (somit Göthe's Stammbaum zugehörig!). Er schrieb 40 Opern, 44 Passionsmusiken, 12 Jahrgänge Kirchenmusiken, 700 Arien, 600 Duverturen u. a. und starb 1767 zu Hamburg.

Als zweiter Violinist, dem Treiben des Kreises sich fernhaltend, „mit dürrem Scherz sich stellend, als ob er nicht auf fünfe zählen könnte" (Mattheson), lebte dort in jener Blütezeit der Hamburger Oper auch G. F. Händel, der alle jene Männer weit hinter sich ließ und eine neue Zeit, einen neuen Styl begründete.

Nach dem Tode Keisers und Matthesons kam die Hamburger Oper völlig in die Hände und in das Fahrwasser der Italiener.

Anhang. Die Instrumentalmusik in Deutschland.

Im Orgelspiel, das mehr und mehr selbständige Bedeutung gewann, sind als hochbedeutende deutsche Meister zu erwähnen Samuel Scheidt (geb. 1587 zu Halle, † 1654) ein Schüler Sweelinck's und Componist einer großen Anzahl von wahrhaft orgelgemäßen, thematisch gearbeiteten Orgelstücken (Fugen, Toccaten, Variationen u. a.); Johann Jacob Frohberger (geb. zu Halle 1635, † 1695 zu Mainz, Hoforganist von Ferdinand III.), ein Schüler Frescobaldi's; Johann Casparl Kerl (geb. 1628 zu Gaimersheim in Bayern, † 1693 zu München), zugleich tüchtiger Operncomponist; Dietrich Buxtehude (1668—1707 in Lübeck), Johann Adam Reinken (geb. zu Deventer, 60 Jahre lang Organist zu St. Catharina in Hamburg), Jacob Prätorius, Heinrich Scheidemann, beide Sweelinck's Schüler; Vincent Lübeck, Organist in Hamburg, Johann Theile (1646—1724), Georg Muffat, Friedrich Wilhelm Zachau (1663—1712) in Halle (Händel's Lehrer) und Georg Böhm, Schüler Reinken's in Lüneburg (als Bach dort war) 1661—1735.

Das Violinspiel vertrat der Dresdener Concertmeister Johann Georg Pisendel (1687—1755) und der Böhme Franz Benda (1709—1786), das Haupt der Künstlerfamilie Benda; Johann Stamitz (geb. zu Teutschbrod in Böhmen, Concertmeister der Mannheimer Kapelle seit 1756), Christian Cannabich, Cramer, Fränzel u. a.

Das Flötenspiel fand seinen glänzendsten Meister in Joachim Quanz (geb. 1697 im Hannover'schen, seit 1741 Kammermusikus und Hofcomponist Friedrich's des Großen, † 1772 in Potsdam), ein vielgereister und gründlich gebildeter Musiker, der namentlich auch bei den Neapolitanern in die Schule gegangen war.

Die Posaune fand einen glänzenden Virtuosen in Arnold Ferdinand Christian, † in Wien, dessen Familie den Posaunistendienst fast 100 Jahre daselbst versah, so daß der berühmte Verfasser des »Gradus ad Parnassum«, Fux sagt: „daß dieses Instrument denen Christian angeboren sei".

Auf dem Clavier waren die meisten Organisten so tüchtig wie auf der Orgel, wie denn die Spielweise beider Instrumente noch nicht auseinandertrat. Man bewegte sich beim Clavierspiel in denselben Formen wie auf der Orgel (Toccata, Ricercare, Fugen, Capriccio's u. s. f.), cultivirte aber daneben auch Tänze (Ciaconne, Sarabande, Polonaise, Allemande, Anglaise, Gavotte, Courante, Siciliano u. s. f.); schon um die Mitte des 17. Jahrhundert's verband man eine Reihe solcher Tänze zu einem Cyclus (»Suite« oder »Partite«). Der erste, welcher die Eigentümlichkeit des Instruments in sprechender Weise bei der Composition zum Ausdruck brachte, ist der Franzose François Couperin (geb. 1668 zu Paris, 1696 Organist zu St. Gervais, seit 1701 Kammerclavierist des Königs,

† 1733. Sein Einfluß auf die gesammte Claviercomposition war ein bedeutender, wie denn auch der Vater des modernen Clavierspiel's, der Schöpfer des „Wohltemperirten Clavier's", J. S. Bach auf Couperin viel gehalten hat. Als der Begründer der Claviersonate wird gewöhnlich der Vorgänger Bachs im Cantorat an der Thomasschule zu Leipzig, Johann Kuhnau (geb. 1667 in Geysing am Erzgebirge, seit 1684 Organist in Leipzig, seit 1701 auch Cantor, † 1722) genannt, insofern mit Recht, als er zuerst die Form der Kammersonate auf das Clavier übertrug, (die erste bestand aus I. Präludium und Fuge, II. Adagio und III. Allegro, worauf der I. Doppelsatz wiederholt wurde). Wie Couperin, so hat auch Kuhnau sich herzhaft auf Programmmusik für das Clavier eingelassen („Musikalische Vorstellungen einiger biblischer Historien in 6 Sonaten, auf dem Claviere zu spielen", worunter der erste Satz der Sonate, welche den „von David vermittelst der Musik curirten Saul" darstellt, im Einzelnen repräsentiret: 1. Sauls Traurigkeit und Unsinnigkeit, 2. Davids erquickendes Harfenspiel, 3. des Königs zur Ruhe gebrachtes Gemüte). — Die völlig clavier= gemäße Ausgestaltung, an welcher Domenico Scarlatti (dessen Sonaten aus nur Einem, unsrem ersten Sonatensatz, bestehen) ganz wesentlichen Antheil hat, war erst das Werk Philipp Emanuel Bach's (s. u.). —

Was endlich die Theorie betrifft, so ist weitaus der be= deutendste Schritt zur Feststellung der modernen Harmonie= lehre von dem Franzosen Jean Philippe Rameau (»traité de l'harmonie, réduit à ses principes naturels. Paris 1722) gethan worden, welcher zuerst den terzweisen Aufbau der Accorde dem System zu Grunde legte. Auf ihm fußen bei aller Selbständigkeit die drei größten deutschen Contrapunct= Lehrer: Fuz »Gradus ad parnassum« s. u.), Friedrich Wilhelm Marpurg (1718—95) und Johann Philipp Kirn= berger 1721—1783), welche freilich wie der hochberühmte Theoretiker und Historiker Padre Martini (Giambattista

Martini) zu Bologna (1706—1784) bereits über Bach und Händel hinaus in die modern classische Periode hineinreichen. — Die Lehre vom Generalbaß ist gleichfalls von deutschen Meistern wesentlich gefördert worden, wie Michael Prätorius, Joh. Staden, Heinrich Albert, Ebert, A. Werkmeister, Prinz, Heinichen, Schröter u. a.

III. Epoche.
Der classische protestantische Kirchenstyl.

Reißmann, Von Bach bis Wagner. Berlin 1861.

E. Naumann, deutsche Tondichter von Bach bis auf die Gegenwart. Berlin 1875. 2. A.

Riehl, Musik. Charakterköpfe. Stuttg. 1874.

O. Gumprecht, Neue musik. Char.-Bilder. Leipzig 1876.

Zwischen der gesunden, natürlichen Lebensanschauung und den Forderungen und Schematen einer dürren, scholastischen Orthodoxie war allmählich ein schroffer Gegensatz entstanden. Der Pietismus mit seinem treffenden Satze: pectus facit theologum suchte die Kluft zwischen Orthodoxie und Leben auszufüllen, indem er die Religion als Sache des Lebens und des Herzens ansehen lehrte, und nicht als Sache der trockenen Verstandesbetrachtung. In der Wissenschaft selbst regte sich der Sinn und das Interesse für das geschichtliche Geschehen; wurde auch die Geschichte rationalistisch gemeistert und in höchst ungeschichtlichem Sinne getrieben, das Interesse war doch da und von den trockenen Sätzen der scholastischen Orthodoxie lehrte es sich zu der wirklichen Erscheinung und dem wirklichen Leben des Christentums.

Für beide Seiten hat auch die Musik ihre bestimmten Formen gefunden und so in ihrer Weise das neu geweckte lebendige evangelische Christentum zur Darstellung gebracht.

Durch die Herrschaft der weltlichen Musik hatten die Musiker gelernt, ihre Kunst zur Darstellung des großen Lebens in seiner Fülle und Breite herzuleihen; durch die Darstellung reich bewegter Leidenschaften, wie sie die Oper erforderte, hatte die Musik an Ausdrucksfähigkeit und Mannigfaltigkeit der Form gewonnen.

Nun verbindet sich mit der gereiften Technik streng-künstlerischer Sinn und religiös-sittlicher Ernst, und es entsteht hieraus der classische protestantische Kirchenstyl der beiden Erz- und Kerndeutschen und Großmeister deutscher Kunst: Händel und Bach. Lebendiges evangelisches Christentum beseelt beide: bei Händel als die Frucht eines bewegten, schicksalsreichen Lebens; bei Bach als die von Haus aus ihm eigene Gesinnung, die Frucht seiner ganzen Erziehung.

Dem entsprechend stellt Händel in der seine vollste Meisterschaft bekundenden Form des Oratoriums das protestantische Bewußtsein nach der Seite hin dar, daß es dem wirklichen Leben zugekehrt ist, dieses in seiner Tiefe und Breite auffaßt und zu durchdringen sucht: die Urgestalten der Bibel, welche das Glaubensbewußtsein beherrschten, belebt Händel mit den Tönen und führt sie auf dem breiten Strom volkstümlicher Musik dem Gemüte vor in ihrem wahrhaft menschlichen Leben, Leiden und Kämpfen. Alle seine Oratorien zusammen repräsentiren ein musikalisches biblisches Epos.

Bach stellt in seinem Choral und in seinen Kirchenmusiken, seien sie für den Chor oder für die Orgel, das evangelische Bewußtsein dar nach seiner Tiefe und Innerlichkeit; seine Kunst ist der unmittelbare Ausdruck und Abdruck eines reichen, religiösen Innen-Lebens. Ist Händel vorwiegend Epiker, so Bach, auch da, wo er die epische Form pflegt, wesentlich Lyriker.

1. Abschnitt.
Die epische Form.
(Oratorium).
Georg Friedrich Händel.

Händel, G. F., Lebensbeschreibung nebst einem Verzeichniß seiner Ausübungswerke. Uebs. von Mattheson. Hamburg 1761.

Chrysander, G. F. Händel. Leipzig 1858.
Gervinus, Händel und Shakespeare. Leipzig 1868.

I. Bildungsgeschichte.

a. Jugendjahre. Georg Friedrich Händel (er selbst schreibt sich in Deutschland Händel, in Italien Hendel, in England Handel) stammt aus einem kräftigen Geschlechte. Der Großvater väterlicherseits, ein ehrsamer Kupferschmiedmeister, war aus Breslau um seines evangelischen Glaubens willen vertrieben worden und in Halle eingewandert. Der Urgroßvater mütterlicherseits gehörte zu den 1625 aus Böhmen vertriebenen evangelischen Geistlichen. Der Zug energischer Treue gegen die Einmal anerkannte Wahrheit steckte den Händels somit im Blut.

Der Vater Georg Händel, wohnhaft zu Halle, hatte es zum Amtswundarzt des Amts Gibichenstein, ja zum „churfürstlich-sächsischen Kammerdiener" gebracht. Er heirathete, schon 62 Jahre alt, in zweiter Ehe Dorothea Taust, Tochter des Pastors von Gibichenstein; es war „eine Ehe, die auf kein vergängliches Interesse, sondern vielmehr auf Gleichheit der Gemüter und wahre Tugend gegründet war", sagt die Leichenrede auf Händels Mutter, und fügt noch bei: „es hat unsre Selige mit diesem, ihrem Eheherrn bis an den Tag seines Todes jederzeit ruhig, vergnügt und christfriedlich gelebt".

Aus dieser Ehe wurde als zweiter Sohn (der erste war bald gestorben, 6 Kinder hatte der Vater von der ersten Frau) am 24. Feb. 1685 (nach anderen am 23.), ohne Zweifel im Hause Nr. 4 in der Schlammgasse Georg Friedrich Händel geboren.

Der Vater war ein aufstrebender Mann von kräftigem, festem und ernstem Charakter, der Sohn erbte von ihm den unbeugsamen Sinn und die ungeschwächte Willenskraft, vermöge deren er aus dem schwächlichen Zeitalter wie ein Riese hervorragt. Die Mutter war eine ehrenfeste, treugesinnte deutsche

Hausfrau von hellem Geist und tiefer Herzensfrömmigkeit; die Leichenrede hebt als besondre Charaktereigenschaft an ihr die kindliche Hingebung nnd Aufopferung hervor, welche sie ihrem alten Vater in Noth- und Krankheitszeiten erwiesen habe. Von ihr hatte der große Sohn die grundgesunde Tüchtigkeit im Schaffen, den sittlichen Ernst, der oft an's Rigorose und Harte streifte, und den hellen Geist, der ebensoweit von der oberflächlichen Freisinnigkeit seiner Zeit als von frömmelnder Schwärmerei entfernt war.

Die Familie lebte in einer hochansehnlichen bürgerlichen Stellung und in recht behäbigen Geldverhältnissen. Es war das Haus Schlammgasse Nr. 4 ein solides Bürgerhaus, in dem Biedersinn, protestantischer Ernst und freie Gastlichkeit herrschten.

Georg Friedrich zeigte schon in früher Jugend eine hervorstechende Neigung zur Musik; als Kind erhielt er vom Weihnachtsmann alle Arten von Instrumenten; der Vater aber, der aus seinem Liebling „etwas Rechtes" machen wollte, verbot eines schönen Tages das Geklimper.

Eine gute Haustante wußte jedoch dem Kleinen heimlicherweise ein Clavichord zu verschaffen und Händel spielte darauf, wie erzählt wird, Nachts, wenn die Hausgenossen im Schlafe lagen. Es war die bloße Freude an der Sache, am musikalischen Hören und Gestalten, was ihn zur Musik hinzog, nicht etwa die eigenwillige Sucht, ein Musiker zu werden.

Der Vater gestattete übrigens das Musiciren wieder; stillschweigend freute er sich der reichen Begabung seines Kinds; ja er gab den Sohn, durch den Zuspruch seines Fürsten bewogen, in den Unterricht des Organisten Zachau, welcher, so geschmacklos er als Componist war, doch ein tüchtiger Lehrer gewesen sein muß. Denn Händel hat von ihm nie anders, als mit der größten Pietät gesprochen. Durch ihn ist Händel mit der strengen Kunst des Contrapuncts vertraut geworden und durch ihn hat er die solide Basis erworben, auf welcher seine ganze musikalische Entwicklung ruhte.

Schon im 16. Jahre war er in seiner Vaterstadt eine musikalische Autorität; Telemann suchte ihn, als er nach Halle kam, auf und beide verstanden sich. Schon 1696 war Händel mit seinem Vater nach Berlin mitgenommen und der geistvollen Kurfürstin Sofie Charlotte vorgestellt worden. Diese war eine begeisterte Schülerin Steffani's und der italienischen Musik zugethan; sie hatte einen gewählten Kreis bedeutender Künstler um sich versammelt und förderte eifrig die Kunst. Der junge Händel erregte in hohem Grade die Aufmerksamkeit dieses Kreises und der hohen Herrschaften. Aber trotz aller Anerbietungen, welche der Kurfürst (später König Friedrich I.) dem Vater Händels machte, willigte derselbe nicht ein in den Vorschlag, seinen Sohn Musiker von Profession werden zu lassen.

Händel selbst ehrte den Willen seines Vaters trotz der mächtig sich geltend machenden Neigung zum Künstlerberuf; er bezog am 10. Februar 1702 die Universität Halle, um ernstlich jura zu treiben, wie einst der berühmte Heinrich Schütz.

Hier hat er zwar seinen musikalischen Neigungen freien Lauf gelassen, indem er an den freien Nachmittagen begabtere Studiengenossen in seinem elterlichen Hause versammelte, um zu musiciren; aber der Hauptzweck wurde von ihm, der in erster Linie ein guter Sohn war, keineswegs außer Acht gelassen, wie Mattheson später von ihm bezeugte: „Händel habe neben seiner ungemeinen musikalischen Wissenschaft gar seine Studia gemacht".

An der reformirten Hauptkirche war der Organistendienst aufgegangen, indem der bisherige Organist durchgegangen war. Da derselbe die Noten mitgenommen hatte, so mußte bei der Neubesetzung der Stelle auf eine wirkliche musikalische Capacität gedacht werden, die zu componiren im Stande wäre. Der 18jährige Händel erhielt die Stelle und mit der Stelle die Pflicht und Gelegenheit, fleißig zu componiren; diese Thätigkeit reifte seinen Entschluß, umzusatteln, und mit der vollen Einwilligung der Seinen bog er nun in die Laufbahn ein, welche ihm seine musikalische Begabung anwies. Nur ein Jahr blieb er zu Halle; 1703 — fünf Jahre erst nach seines Vaters Tod — zog er nach Hamburg, der hohen Schule der Oper in Deutschland, um als Musiker zu lernen und sich zum Künstler auszubilden.

b. Lehrjahre und Wanderjahre. In Hamburg erblickte man in jenen Tagen den Mittelpunkt des musikalischen Lebens in Deutschland. Der ernste Styl war durch tüchtige Organisten vertreten; am Gänsemarkt aber blühte der neue Styl, für welchen Matthesou streitbar und schreibfertig eintrat. Händel brachte solide Kenntnisse mit: „er war stark auf der Orgel, stärker als Kuhnau, in Fugen und Contrapuncten, absonderlich ex tempore; aber er wußte sehr wenig von der Melodie", urtheilt sein aufgedrungener Mentor Mattheson, dem er „einige besondre Contrapunctgriffe eröffnete", wogegen ihm der vielgeschäftige Mann den „dramatischen Styl" beibrachte; denn Händel „setzte sehr lange, lange Cantaten, die doch nicht das rechte Geschick und den rechten Geschmack, obwohl eine vollkommene Harmonie hatten"; er „wurde bald durch die hohe Schule der Oper ganz anders zugestutzt".

Wie weit Matthesons Lehrerverdienst reicht, lassen wir dahingestellt. Händel war gewohnt zu lernen und mit eiserner Energie an sich zu arbeiten. Von Haus aus ernst gesinnt, hielt er sich von dem lüderlichen Treiben der Keiser und Genossen möglichst fern, so weit es überhaupt sein Dienst als Ripienist bei der zweiten Violine zuließ. In der kurzen Zeit seines Hamburger Aufenthalts hat sich der sparsame junge Mann in den Kreisen, da man „nie Geld hatte", 200 Ducaten zusammengespart. Wo man zudringlich wurde, da wußte er mit beißendem Sarcasmus sich zurückzuziehen.

Der Dichter Postel fühlte sich von den ernsteren, solideren Klängen Händels angezogen und dichtete eine Passion, die

Händel 1704 componirte. Während dies Erstlingswerk wohl wegen seiner massigen Breite keinen nennenswerten Erfolg hatte, machte ein zweites Werk, die Oper „Almira", den Componisten mit einem Male zum Löwen des Tags und zum Liebling des Publikums, zog ihm aber zugleich den Neid und die Eifersucht Reinhard Keiser's zu und wurde mit die Veranlassung zu einer peinlichen Fehde mit dem „Gönner" Mattheson, welche Händel beinahe das Leben gekostet hätte, wenn nicht Matthesons Degen an Händels Rockknopf abgesprungen wäre.

Bezeichnend ist, daß Händel nur ein einziges Mal jene Scene erzählt hat und zwar ohne Mattheson's Namen zu nennen, ebenso daß er sich in würdiges Schweigen hüllte gegenüber von den bübischen Intriguen und niederträchtigen Verleumdungen, die Keiser's Eifersucht in Scene setzte. Er schrieb, von dem ungeheuren Beifall, welchen die Almira gefunden hatte, aufgemuntert eine zweite und dritte Oper „Nero" und „Florindo und Daphne", reiste aber, ohne sich um den Erfolg oder Mißerfolg dieser Werke im geringsten zu kümmern und ihn abzuwarten, mit seinen Ersparnissen dem Lande des Gesangs, der Heimat der Musik zu, in das herrliche sonnige Italien (1707).

Es war ein glücklicher Stern, welcher Händel nach Italien führte. Italien war damals das Ziel der Wallfahrt nicht blos für die Künstler selbst, sondern überhaupt für Alle, welche als feiner gebildete Kunstkenner in der Gesellschaft mitzählen wollten, ja für alle, welche auf feineren Geschmack und umfassendere Weltbildung Anspruch machten. In der Musik speciell war bei den Italienern das Formgefühl am feinsten ausgebildet: Ebenmaß, Schönheit des Klanges und einheitliche Gesammthaltung galten für die ersten Bedingungen eines Kunstwerks. Die Form war damals noch nicht zur Schablone geworden: sondern es war organische Form, Form in und aus sich selbst voll Leben und Reiz. Es war ja noch die Zeit der Durante, Corelli, Alessandro Scarlatti, Domenico Scarlatti, die Zeit der ersten, vom Geiste ächten Künstlertums beseelten Sänger und Sängerinnen, die, weil innerlich und vielseitig gebildet, nicht auf Glanz und Effect, sondern auf ächte, dramatische Wirkung hinarbeiteten und daher vom Componisten verlangten, daß seine Sachen sich genau in den Grenzen des natürlichen Stimmumfangs bewegten und in jeder Beziehung das natürliche Maß einhielten. Alles das waren Dinge, die Händel noch fehlten: aus Italien erst hat er sein sicheres Ebenmaß und das feine Gefühl für die Schönheitslinie mitgebracht; dort hat er gelernt, aus dem Geist und dem Charakter jeder einzelnen Stimme heraus zu componiren (man vergleiche in dieser Beziehung den rücksichtslos mit der Stimme wie mit einem Instrument verfahrenden Bach mit dem feinfühlenden Händel!). Vor der Verflachung, die später den deutschen Künstler in Italien bedrohte, bewahrte ihn der für alles Schöne offene, vielseitige und hochgebildete Kunstsinn der damaligen musikalischen Welt Italiens: das damalige Italien empfand und würdigte in vollem Maße die Größe und Hoheit des deutschen Styls; man wurde nicht verwirrt durch die großartige Anlage von Händels Sätzen, der in bisher nicht gewohnter Gewalt und Gedrungenheit seine Melodien und Harmonien ordnete; ja die riesige Kraft, die Massigkeit und granitne Fügung der Sätze des großen „Sachsen" weckte den stürmischen Enthusiasmus des italienischen Publikums, das neidlos die Vorzüge des Fremden bewunderte. Auf Händel selbst warf dieser ungeheure Erfolg seines Genius lichte Reflexe zurück: eine jugendfrische sonnige Freudigkeit ist über die Werke seines italienischen Aufenthalts ausgegossen. Sie bezeichnen die herrliche Blüte, noch nicht die gereifte Frucht seines Wirkens. 1707 entstand die Oper „Rodrigo" in Florenz, die ihm viel Geld und Ehre sowie die enthusiastische Verehrung der gefeierten Vittoria Tesi gewann, welche nun nichts mehr als „Händel'sches" sang; 1708 folgte „Agrippina" in Venedig. In Rom 1708 wurde er in den Künstler- und Gelehrtenbund der Arkadier aufgenommen. Die künstlerische Frucht dieses Umgangs ist das Schäferspiel „Acis und Galathea" 1708, welches zu Neapel componirt wurde. 1709 war er wieder in Rom, wo er, angeregt durch die Pifferari, die sinfonie pastorale zum Messias concipirte. Ueberall ließ er Werke als Zeugen der reichen inneren Anregung zurück, welche ihm das herrliche Land und der treffliche Umgang gewährte.

In Venedig hatte er Ernst August von Hannover kennen gelernt, und dieser hatte ihn an sich zu fesseln gesucht. 1710 reiste er auf dessen Veranlassung über Halle nach Hannover. Da Steffani bald darauf Bischof wurde und nach Rom übersiedelte, erhielt Händel die Kapellmeisterstelle, welche Steffani bisher begleitet hatte, und reiste mit der Bewilligung des Kurfürsten Ernst August und auf Anregung desselben nach England. Unerhört war der Enthusiasmus, mit dem der deutsche Meister in England, das doch seinen trefflichen Purcell hatte, aufgenommen wurde. Die in dem kurzen Zeitraum von 14 Tagen verfertigte Oper „Rinaldo" ertrug 1500 Lst. (c. 280000 M.). Nur ungern kehrte er nach Hannover zurück. Schon 1712 reiste er wieder nach England; das Utrechter Tedeum trug ihm einen bleibenden Jahresgehalt von 200 Lst. ein. Als Ernst August 1714 als König den englischen Thron bestieg, wurde eine „Königl. musik. Academie", (auf dem „Heumarkt") ganz nach Händels Sinn und Angabe gegründet und ihm die Leitung übergeben (der Sache nach „italienische Oper"). Widerwärtige Verwicklungen, an denen wohl Händels Unbeugsamkeit und starrer Stolz — so wenig er vom Standpunkt der edlen Kunst aus zu tadeln ist! — nicht ohne Schuld war, verleideten und verdarben ihm jedoch bald seine ganze Stellung. Sein rücksichtsloses Verfahren, das dem Publikum keine unkünstlerische Concession machen wollte, reizte die Eifersucht der allmächtigen italienischen Sänger Senesimo, Farinelli, Hasse; der englische Adel und seine Geldsäcke conspirirten gegen den „starrsinnigen" Deutschen. Er brockte sein ganzes Vermögen ein, und die Folge dieser Widerwärtigkeiten war, daß seine Gesundheit dadurch gründlich zerrüttet wurde. Er mußte zuletzt weichen und zog mit seiner Gesellschaft nach dem Coventgardentheater, während auf dem Heumarkt die Italiener Sieger blieben. Erst 1740 schied er mit der „Deidamia" ganz vom Theater. —

c. Meisterjahre. All' das hatte ihm das Opernwesen gründlich verleidet und nun wandte er seine ganze geniale Kraft ausschließlich der Aufgabe und Form zu, welche er in einer für alle Zeiten mustergültigen Weise zu vollenden berufen war und in welcher er der Classiker im vollsten Sinne des Wortes wurde, dem Oratorium.

Ohne Decorationsbeiwerk wirkt hier ausschließlich vereint Poesie und Musik: mit gigantischer Kraft führt Händel auf seinen dichtgeordneten Tonwellen, die einem gewaltigen Strom vergleichbar sind, die großartigsten Momente und Stimmungen der heiligen Geschichte und der heiligen Helden vor: die Gleichartigkeit des Ganzen, welche bei aller Feinheit der Charakterzeichnung im Einzelnen, doch im Ganzen vorwaltet, stempelt den Styl zu einem epischen, so daß sich die Wirkung des Händel'schen Oratoriums am besten mit der eines großartigen Epos vergleichen läßt, und wir berechtigt sind, das Oratorium Händels ein musikalisches Epos zu nennen.

In rascher Folge erstehen (Esther war schon 1720; Deborah und Athalia schon zwischen 1732 und 1734 componirt worden), „Alexanderfest" 1736; Hercules; dann „Israel in Aegypten" mit den wunderbaren Chören 1738; Saul 1738; L'Allegro il Pensieroso ed il Moderato (1740) Messias (das christliche Epos oder wie Herder sich ausdrückte: „eine wahre christliche Epopöe in Tönen") 1741, Samson 1742; Semele 1743, Herakles 1764, Belsazar 1744, Judas Maccabäus und Josef 1746; Josua und Alexander Balus 1747; Susanna, Salomo Theob o r a und zuletzt J e p h t a 1751 — welches Oratorium er schon als blinder Mann schrieb.

Wie es in der Regel in der Kunst geht, so gieng es auch hier: die Werke, die schon darum Händels Meisterschaft bekunden, weil Können und Wollen, Form und Inhalt darin völlig eins sind und sich gegenseitig innig durchdringen, so daß die Wirkung eine durchaus reine, volle und darum überwältigende ist, der Hörer in die großartigen, Völker und Herzen bewegenden Stimmungen durch den Strom der Töne förmlich hineingerissen wird — diese Werke fanden anfänglich im Centrum der Musik auch in England gar keinen Beifall; die Leute verstanden den gefeierten Meister plötzlich nicht mehr, begriffen die neue Richtung, das neue Kunstwerk nicht. Der „Messias" wurde zum ersten Male vor fast leerem Haus gegeben. Von Irland aus erst eroberte er die Herzen.

Der Meister schuf, im Alter erblindet, unermüdlich bis an sein Ende weiter, was fragte der selbstgenugsame Heros nach dem Publikum? Sein Wunsch, er wolle am Carfreitag sterben, damit er seinem Heiland und Erlöser entgegenkommen könne, ward erfüllt. Er starb lebensmüde am Carfreitag 13. April 1759. Seine irdischen Reste ruhen in der Westminster-Abtei inmitten der Großen der englischen Nation, ein Marmordenkmal bezeichnet das Grab des Fremden, für dessen Wirken sein eigenes Volk noch nicht die Reife des Verständnisses und den großen Sinn besaß. Denn es konnte ihn erst verstehen lernen, als ein neuer Geist die engen Schranken und kleinlichen Verhältnisse jener trüben Zeit vom deutschen Boden weggefegt hatte, im 19. Jahrhundert.

II. C h a r a k t e r i s t i k. Händels Charakterbild ist theils von Neidern ungerechter Weise verdunkelt, theils von Enthusiasten verzeichnet worden. Die vielen Anekdoten, welche über ihn umlaufen, müssen deßhalb vorsichtig aufgenommen und sorgfältig gesichtet werden.

Aeußerlich war Händel eine imposante Erscheinung von

athletischem Körperbau und gewaltiger Kraft. (Bekannt ist ja die Anekdote von seiner Scene mit der Cuzzoni!) In seinem Wesen hatte er etwas Ursprüngliches und Granitenes, das uns gestattet, ihn einen Urcharakter zu nennen. Der hervorstechendste Zug in demselben war eine gebiegene, auf sittlichem Grunde ruhende Festigkeit, die neben heftiger Erregbarkeit des Gemüts recht wohl Platz hatte. Vorsichtig und zurückhaltend, wo er sich etwas innerlich noch nicht angeeignet hatte, erschien er zäh bis zum Eigensinn, wenn es galt, das, was er für recht erkannt hatte, festzuhalten. Als ihm z. B. in Italien das Ansinnen gestellt wurde, katholisch zu werden — wohl um leichter fortzukommen — erklärte er: „Ich bin weder geschickt noch geneigt zum Forschen oder Untersuchen in Dingen dieser Art, sondern festiglich entschlossen, als ein Glied derjenigen Gemeinde, darin ich geboren und erzogen bin, zu leben und zu sterben, die Glaubensartikel mögen nun wahr oder falsch sein". So haßte er auch in der Musik nur das Niedrige und Gemeine, und ließ sich nie zur Nachgiebigkeit dagegen bringen, während er gegen das Harmlose stets nachsichtig und tolerant war, ja solche harmlosen im Zeitgeschmack liegenden Dinge, über die er selbst sarcastisch lächeln mußte, in seinen eigenen Werken unbefangen mitlaufen ließ. Rücksichtslos in der Vertheidigung seines Rechts und seiner Ehre war er nobel und milb gegen Feinde; Klatschereien fanden nie Gehör bei ihm. Vor allem aber ehrt ihn die kindliche Pietät und Sohnestreue, welche er bis zuletzt bewahrt hat und welche aus derselben Wurzel stammte, wie seine unbeugsame Treue gegen die Kunst.

Der Adel einer durch und durch wahrhaftigen und bei allen Ecken und Kanten eines lebhaften Temperaments durchaus lauteren und groß angelegten Persönlichkeit konnte den reinen und vollen Ausdruck nicht in der dem Modezwang und der lächerlichen „galanten Sitte" unterworfenen Form der Oper finden. Ihm entspricht allein die epische Breite des Oratoriums: hier legt er stets die ganze gewaltige Persönlich=

keit in die Sache: er ist immer groß; manchmal kann er leer erscheinen, nie klein; breit, nie arm; dem Epos entsprechend hat sein Styl etwas Heroisches; er entwirft große Conturen, aus der Masse zeichnen sich die Individuen in großen Umrissen ab — während der dramatische und subjective Bach diese von innen heraus zeichnet. — Händels Kraft und Gewalt liegt in dem Gestalten des Großen, der massigen Seelenstimmungen und der Stimmungen der Massen. Was das religiöse Volk im Großen bewegt, das hat er mit urkräftiger Frische und Gesundheit in Tönen zum Ausdruck gebracht.

Die Form ist mit Ernst des Gefühls und Größe des Gedankens gesättigt, kraftdurchweht bei aller Lieblichkeit und Anmuth; die classische Rundung und lichte Klarheit der Formgebung, unbeschadet der künstlerischen Tiefe und Strenge, die Volksthümlichkeit und Verständlichkeit vereint mit der Hoheit ächter Künstlergesinnung, lassen Händels Oratorien noch immer als die besten und dankbarsten Aufgaben aller besseren volksthümlichen Musikvereinigungen erscheinen. Eine hohe Weihe, die mit den Werken sich auf Lehrer und Lernende, Zuhörer und Ausübende, legt, lohnt reichlich die Mühe, welche der strenge Meister, der seiner Kunst nichts vergibt, von seinen Jüngern verlangt. — Schon der Stimmumfang, die Toulage, die Faßlichkeit und Durchsichtigkeit seiner Oratorien eignen diese für das Studium der Dilettanten. Er ist — und wird es immer bleiben — der Classiker des Oratoriums; in der Oper muß er andern die Palme reichen; im Epos ist er unerreicht und Mendelssohn's „Paulus" und „Elias" sind bei aller Schönheit und Selbständigkeit doch eben Nachbildungen von Händels Mustern.

2. Abschnitt.

Die lyrische Form.
(Der classische Choral).
Johann Sebastian Bach.

Quellen: Forkel, Ueber J. S. Bach's Leben, Kunst u. Werke. Leipzig 1802, 1855.

Hilgenfeld, J. S. Bach's Leben, Wirken u. Werke. Leipzig 1850.

C. Bitter, J. S. Bach. Berlin 1865.

Spitta, Ph., J. S. Bach I. Leipzig 1873.

R. Franz, Mitthlg. über J. S. Bach's „Magnificat". Halle 1863.

C. Ludwig, J. S. Bach in seiner Bedeutung für Cantoren, Organisten und Schullehrer. Bleicherode 1865.

Ramann, Bach und Händel, Monographie. Leipzig 1869.

Bruyck, C. van, Technische und Aesthetische Analysen des wohltemperirten Clavier's. Leipzig, 1867.

Mosevius, Bach in seinen Cantaten und Choralgesängen.

Ders., Ueber die Matthäuspassion.

Dr. Chr. Palmer, Joh. Seb. Bach, in dessen „Geistliches u. Weltliches". Tübingen 1873.

Riehl, Seb. Bach's Clavierwerke in der Gegenwart in „Musik. Charakterköpfe". Bd. I.

I. **Bildungsgeschichte.** Johann Sebastian Bach wurde am 16. März 1685 zu Eisenach geboren, wo sein Vater Johann Ambrosius Bach „Hof= und Stadtmusikus" war. Die Ahnen und fast sämmtliche Verwandten waren ebenso eifrige als tüchtige Musiker. Das kernfeste Geschlecht war schon vor 1550 im Thüringischen ansässig. Veit Bach, der Stammvater der Bach'schen Musikerfamilie hatte sich zeitweise in Preßburg niedergelassen, so lange der Protestantismus in den Ostländern in Blüte stand, war aber nach Thüringen zurückgekehrt, als die Gegenreformation unter Kaiser Rudolph II. (1576—1612) dem Protestantismus an die Wurzel gieng. Von Profession ein Bäcker, später Müller, pflegte er eifrig Musik, wie Philipp Emanuel Bach, sein Urenkel, erzählt; er hatte „sein meistes Ver=

gnügen an einem Cythringen (Guitarrenart) gehabt, welches er auch mit in die Mühle genommen, und unter währendem Mahlen darauf gespielet. Es muß doch hübsch zusammengeklungen haben! Wie wohl er doch dabei den Tact sich hat inprimiren lernen. Und dieses ist gleichsam der Anfang zur Musik bei seinen Nachkommen gewesen". Seinen Sohn „Hans" (Johann Bach), der besondre Neigung zur Musik an den Tag legte, ließ er einen „Spielmann" werden, und that ihn zu Caspar Bach, dem Rathsmusiker zu Gotha, einem Repräsentanten des ächten deutschen Thürmer- und Kunstpfeifertum's. Von seinem Sohne Christof, der gleichfalls Kunstpfeifer wurde, stammte das Zwillingspaar Johann Christof Bach (der bedeutendste Motettencomponist seiner Zeit) und Johann Ambrosius Bach, der Vater unsres Bach. Dieser war 1667 als Rathsmusiker in Erfurt angestellt und hatte sich am 8. April 1668 mit Elisabeth Lämmerhirt verheirathet. 1671 siedelte er nach Eisenach über, wo die Familie allmählich auf 6 Söhne und 2 Töchter anwuchs. —

Begabung und Neigung zur Musik hat Bach also als Erbe von den Ahnen empfangen. Nie hat er eigentlich in einer andern Welt gelebt, als in der Welt der Töne, im Vergleich mit Händels Entwicklung, welche dem Studium der großen Welt wie der Meisterwerke seiner Zeit zugewendet war, und in der Ineinsbildung der vorhandenen Kunstrichtungen zu einem das Gepräge seiner Individualität tragenden Händel-Styl bestand, ist Bach's Entwicklung vorwiegend eine organische Entfaltung des Anererbten, die selbstverständlich die aufmerksame Beachtung und Aufnahme des Großen und Guten, das die Zeit bot, nicht ausschließt, aber doch immer nur das sich assimilirte, was ihr gerade förderlich und Bedürfniß war. Daher zeigte Bach nie einen sonderlichen Drang in die Ferne. Sein Wesen ist viel subjectivistischer als das Händel's, sein Leben fließt verhältnißmäßig geräuschlos dahin, reich an innerem Wachstum und an Freuden und Leiden eines gemütvollen

Familienlebens. Er bedurfte mehr nur der Anregung, weniger der eigentlichen Schulung; er ist, so viel er durch den Aufblick zu Andern und durch das Studium Anderer gelernt hat, wesentlich Autodidakt.

Früh verlor er die Mutter. Von 8 Kindern hatten die Eltern nur 3 am Leben behalten. Der älteste Sohn, Johann Christof, welcher (seit 1686) drei Jahre lang den Unterricht Pachelbl's in Erfurt genossen hatte, wurde erst in Arnstadt, dann 1690 in Ohrdruff als Organist an der Stadtkirche angestellt. Der zweite Sohn, Johann Jacob fuhr in die Weite, er zog als Hautboist mit dem genialen Schwedenkönig Karl XII. zu Felde und starb als K. schwedischer Kammermusicus in Stockholm.

Johann Sebastian, der jüngste unter den Brüdern, mag nach dem Tode der Mutter viel sich selber überlassen geblieben sein. Die Natur des Thüringerlands, voll landschaftlichen Reizes und reich an Sagen und Erinnerungen, mag auf das Kind nicht ohne Einfluß gewesen sein, zumal da dasselbe von Haus aus ein beschaulich sinniges Wesen gehabt haben muß. Der Vater nahm den Kleinen wohl öfter mit, wenn er über Feld mußte, und da mag derselbe vom Luther gehört haben, der auf der Wartburg die Bibel übersetzt, vom Tannhäuser, vom Landgrafen Hermann und all den Helden und Geschichten, die mit dem Namen der Wartburg verknüpft sind.

Leider starb der Vater schon 1695, als Johann Sebastian Bach erst 10 Jahre alt war. Der Bruder Johann Christof nahm sich der Erziehung des Kleinen an und hielt ihn einfach und streng, so wie es durch das bürgerliche Herkommen begründet war.

Neben dem trefflichen Schulunterricht, welchen Sebastian Bach auf dem Lyceum zu Ohrdruff erhielt, wurde er von seinem Bruder in der Musik unterrichtet. Mit welchem Eifer und mit welch' ausbauerndem Fleiße der Knabe der Musik zugethan war, zeigt der Umstand, daß er ein Notenbuch, welches ihm der Bruder aus musikalisch-pädagogischen Gründen vorenthielt, hinter dem Rücken desselben beim fahlen Mondenschimmer abschrieb!

Durch Vermittlung des Cantor's am Lyceum zu Ohrdruff, Elias Herda, trat der junge Sebastian im April 1700 in den Chor der Michaelisschule zu Lüneburg ein, in welchem er, da er seine schöne Sopranstimme bald nach seinem Eintritt verlor, wohl als Violinist und Cembalist (letztres beim Generalbaßspielen), sowie auf der Orgel verwendet wurde. — Hier erhielt er, ohne Zweifel sofort nach seinem Eintritt, einen Platz am Klosterfreitisch und ein kleines Gehalt von 12 Groschen bis zu 1 Thaler monatlich. Mit der kirchlichen Musik wurde er, da der Chor reichlich zu thun hatte, frühe vertraut und im Orgelspiel hatte er an dem Organisten Georg Böhm ein vortreffliches Vorbild.

Die ausgedehnten verwandtschaftlichen Beziehungen der Bach'schen Familie veranlaßten mancherlei Ausflüge. Tiefe Eindrücke hinterließen im Gemüthe des Jünglings seine Besuche in Hamburg, das 5 Meilen von Lüneburg entfernt war, und wo wahrscheinlich während dieser Zeit Johann Ernst Bach, ein Brudersohn Sebastian's studienhalber sich aufhielt. Den jungen Pilger, der seine Ausflüge selbstverständlich zu Fuße und mit den bescheidensten Mitteln machte, zog nicht der Glanz der Hamburger Oper an, sondern der Name des hochgefeierten Orgelspieler's Johann Adam Reinken, den wir als einen der Mitbegründer der Hamburger Oper kennen gelernt haben, der sich aber, abgestoßen von dem lasciven Treiben, das bald dort eingerissen hatte, von dem Unternehmen mit der Zeit zurückgezogen hatte. Mit tiefer Andacht mag der Jüngling dem Spiel des greisen Meisters gelauscht haben.

Von bedeutsamem Einfluß auf die musikalische Fantasie des jungen Bach waren wiederholte Ausflüge nach Celle, wo die französische Tanzmusik und Kammermusik durch die herzogliche Kapelle eifrig gepflegt wurde und sich dem jungen Bach

Gelegenheit bot, die Werke eines Couperin, Marchand, Nivers, Anglebert, Clairembault u. a. kennen zu lernen und sich mit der französischen Manier der scharfen Pointirung in der Musik vertraut zu machen.

Im Jahr 1703 finden wir Bach als Violinisten an der Kapelle des Herzog's Johann Ernst zu Weimar, in welcher Stellung er wiederum Gelegenheit hatte, eine Fülle von Instrumentalmusik kennen zu lernen.

Schon im August 1703 trat er die Stelle eines Organisten an der neuen Kirche zu Arnstadt an. Diese Stellung entsprach seiner Eigenart, denn Neigung, Studium, Erziehung und anererbte Auffassung wiesen Bach zur Kirchenmusik. So wenig er die großen Erscheinungen der Zeit außer Acht ließ, so aufmerksam er sie vielmehr studirte und in seine Eigenart aufnahm, so sehr concentrirte sich sein innerstes Interesse auf die Orgel und die Kirchenmusik. Dem Flitter und Glanz der Oper blieb er ferne, sein streng gediegener, protestantisch-bürgerlicher Sinn sträubte sich wohl dagegen. Nichtsdestoweniger hat er die Errungenschaften, welche die Oper auf dem Gebiete der Instrumentalmusik und des Gesanges aufzuweisen hatte, gewürdigt und für seine Zwecke nutzbar gemacht, wie seine Cantaten und Passionsmusiken hinlänglich beweisen.

In seiner Stellung zu Arnstadt hatte Bach reichlich Gelegenheit, sein Compositionstalent auszubilden und zu bethätigen: nicht nur war er dienstlich sehr wenig (nur 3mal in der Woche) in Anspruch genommen, sondern er hatte auch durch seine amtliche Verbindung mit dem Sängerchor Anlaß, eigene Arbeiten aufzuführen (in diese Zeit fällt die erste Bearbeitung der Ostercantate: „Du wirst meine Seele nicht in der Hölle lassen"). Früchte der Arnstädter Zeit sind das »Capriccio sopra la lontananza del suo fratello dilettissimo« (Capriccio auf die Abreise seines geliebten Bruder's), componirt zum Abschied des Bruders Johann Jacob, der mit Karl XII. zu Felde zog, recht ein Beweis dafür, „wie unsrem Meister alles, was er Bedeutungsvolles im engen Familienkreis erlebt, zum goldnen Klange wird". Ferner stammt aus der Zeit des Arnstädter Aufenthalt's das Capriccio: In honorem Joh. Christoph. Bachii — das dem brüderlichen Lehrer zu Ohrdruff von der dankbaren Pietät des Schülers Kunde geben sollte; einige Fugen (Cmoll) und wohl, wenigstens dem Entwurfe nach, verschiedene Orgelchoräle.

Die amtliche Stellung wurde mit der Zeit für Bach, der nicht der Mann war, der strengen Kunst um der „Gemeinde willen" Abbruch zu thun und der mit seinen 18 Jahren auch noch nicht gelernt hatte, sich Ansprüchen zu beugen, die, wenn auch von andrem Standpunkte aus noch so berechtigt, seinen künstlerischen Anschauungen zuwiderliefen, unhaltbar. Die Gemeinde wurde, wie das gegen ihn aufgenommene Protokoll des Consistoriums ausweist, durch „die vielen wunderlichen variationes und fremden Töne, die er in die Choräle mischte, confundiret". Mit dem Dirigenten des Chors überwarf er sich; dazu kam, daß er es wagte „eine fremde Jumpfer zum Singen auf das Chor zu bieten", um den Arnstädtern zu zeigen, was Gesang sei; endlich gab eine Urlaubsüberschreitung den Ausschlag. Um den berühmten Dietrich Burtehude, Organisten in Lübeck, zu hören war er nemlich mit vierwöchentlichem Urlaub zu Fuß die 60 Meilen gepilgert, um „ein und andres in seiner Kunst zu begreifen"; viel konnte Bach bei dem großen nordischen Meister, der namentlich auch in der Cantatenform für seine Zeit groß dasteht, lernen und so verlängerte sich denn auch der Aufenthalt, der vierwöchentliche Urlaub wurde um das dreifache überschritten. Nun gab es — und vom Standpunkt des Arnstädter Consistorium's gewiß mit Recht — unliebsame Vernehmungen vor Consistorium und Rath, welche dem gekränkten Meister einen Antrag der Stadt Mühlhausen hoch willkommen erscheinen ließen. Im Juli 1707 trat er daselbst als Nachfolger Johann Georg Ahle's ein.

Mühlhausen hatte als die Stadt Johann Eccards den Namen einer Pflegestätte guter und ernster Kirchenmusik.

Hier gründete er den häuslichen Herd und verheirathete sich mit Maria Barbara Bach, der Tochter des Organisten Johann Michael Bach; aus dieser Ehe wurden ihm vier Söhne geboren, Wilhelm Friedemann, Carl Philipp Emmanuel, Johann Gottfried, Leopold August. Wir haben keine Familienchronik über Bach's erstes Glück. Wer in Tönen zu lesen versteht, dem erzählen Bach's kleine und große Präludien beredt und warm von Glück und Leid eines gemütvollen, innerlich reichen Familienlebens; selbst das wohltemperirte Clavier, trotz des steifen und ernsten Gesichts, erzählt manche liebe und traute Kindergeschichte.

Im Beruf gab es freilich bald die alten Reibungen; Bach erkannte, wie er in seinem Promemoria an den Rath ausspricht, als den „Endzweck seines Lebens" „eine wohlzufassende Kirchenmusik zu Gottes Ehren"; diese Aufgabe faßte er mit künstlerischer Hochherzigkeit auf. Aber allerlei Zwistigkeiten in der Kirchengemeinde zwischen Orthodoxen und Pietismus erschwerten wohl unsrem Bach seine Aufgabe, der, wiewohl selbst allem fanatischen und formelmäßigen Luthertum abhold und innerlich einem warmherzigen, evangelischen Christentum zugethan, doch viel zu sehr Künstler war, um sich mit dem gegen die Kunst auch in der Kirche zum mindesten indifferenten Pietismus befreunden zu können, und viel zu fest und treu an der Art der Väter hielt, um den orthodoxen Geistlichen irgendwie Opposition zu machen, andrerseits zu sehr in Musik lebte, um sich näher in den Kern des theologischen Streits einzulassen. Mit Freuden folgte er daher einem Rufe, der ihn aus allen diesen Schwulitäten herausrieß. Schon 1707 verließ er Mühlhausen und kam nach Weimar als „Kamermusicus und Hoforganist" des Herzogs Wilhelm Ernst von Sachsen-Weimar.

In der letzten Zeit des Arnstädter oder in der ersten des Mühlhausener Aufenthalt's, noch unter dem Eindruck der

Buxtehude'schen Kunst sind eine Fuge in A moll, die Fantasie in G dur, eine Fuge in G dur entstanden, ebenso ein Präludium mit Fuge in Es dur, das Frohberger's Einfluß verräth, und eine concertmäßig gehaltene, wiederum an Buxtehude's Compositionsweise sich anlehnende Orgelcomposition in C dur. Aus der Mühlhausener Zeit stammen eine Kirchencantate, die Bach für den Chor in Langula componirte, die sog. Rathswechselcantate und eine auf die zweite Verehelichung des Pfarrer's Stauber componirte Hochzeitscantate („der Herr denket an uns"), die sich noch an die bisherige Weise der Cantatencomposition anschließen.

In Weimar verlebte Bach die glücklichste Zeit seines Leben's. Der Herzog, ein ernst gerichteter und streng kirchlich gesinnter Mann, legte einen ganz besonderen Nachdruck auf die Kirchenmusik. Demgemäß fand Bach den Boden am Hofe wie beim Publicum für seine Bestrebungen wohl vorbereitet.

In der Hoftirche („Weg zur Himmelsburg") stand ihm eine tüchtige, wenn auch nicht eben glänzend ausgestattete Orgel zu Gebot: im Umgang mit den Musikern der Kapelle, in erster Linie mit dem Organisten an der Stadtkirche, Johann Gottfried Walther, und dem Cantor Reineccius, wohl auch mit Joh. Samuel Dreese, dem invaliden Kapellmeister und Georg Friedrich Strattner fand er mannigfache Anregung und Förderung. Der neunjährige Aufenthalt zu Weimar kam in erster Linie dem Orgelspiel und der Orgelcomposition Bachs zu gut. „Das Wohlgefallen seiner gnädigen Herrschaft an seinem Spielen feuerte ihn an, alles Mögliche in der Kunst, die Orgel zu handhaben, zu versuchen. Hier hat er auch die meisten seiner Orgelstücke gesetzt". (3 Präludien aus G dur, A moll, C dur; Fantasie in C dur; 8 Präludien und Fugen: G moll, E moll u, Toccate und Fuge in D moll, D dur, G dur, G moll, die berühmte A moll-Fuge). Hier in Weimar studirte Bach mit Energie die Italiener: er übertrug 16 Violinconcerte Antonio Vivaldi's aufs Clavier, 3 auf die Orgel, und der Einfluß der italienischen Concertform verräth sich wieder in eigenen Compositionen (Concerto in C moll, Toccata und Fuge in C dur u. a.). Mit demselben Eifer versenkte er sich in die italienischen Muster der Orgelcomposition eines Frescobaldi und Legrenzi, verarbeitete das Neue, das er darin gefunden, wieder in selbständiger Weise (Alla breve in D dur, Orgelfuge über ein Thema von Legrenzi). So arbeitete er sich in Weimar zur vollen Meisterschaft durch, indem er überall lernte und alles, was er, sei's von den Franzosen, sei's von den Italienern übernahm, in die eigene, urkräftige und genial=schöpferische Individualität auflöste (die Meisterschaft bekunden der C moll Passacaglio, die Fugen in A dur, C moll, F moll, F dur).

Von dem tiefen Ernste und der zarten Pietät, mit welcher er den Choral künstlerisch bearbeitete und von Künstlern in der Kirche behandelt wissen wollte, gibt das „Orgelbüchlein" Zeugniß, das er seinem Sohne Friedemann (zum Unterricht) geschrieben hat.

Von Cantaten fallen in die Weimarer Zeit, und zwar in die erste Hälfte: „Nach Dir, Herr, verlanget mich", „Aus der Tiefe rufe ich, Herr, zu Dir", „Gottes Zeit ist die allerbeste Zeit"; in die zweite Hälfte die auf Neumeister'sche Texte componirten Cantaten: „Uns ist ein Kind geboren", „Gleichwie der Regen und Schnee vom Himmel fällt", „Ich weiß, daß mein Erlöser", „Nun komm' der Heiden Heiland", „Wer mich liebt"; ferner die auf S. Frank'sche Texte componirten: „Ich hatte viel Bekümmerniß", „Himmelskönig sei willkommen", „Barmherziges Herze", „Der Himmel lacht, die Erde jubiliret", „Komm, Du süße Todesstunde", „Ach ich sehe, jetzt da ich", „Wachet, betet, seid bereit", „Nur jedem das Seine", „Bereitet die Wege, bereitet die Bahn", „Tritt auf die Glaubensbahn", „Mein Gott, wie lang' ach lange", „Alles, was von Gott geboren". In allen diesen Cantaten liegt der Schwerpunkt noch im Sologesang (Recitativ, Arie, Duett ꝛc.).

Trotzdem, daß diese Cantaten schon der äußeren Form nach an die zeitgenössische Theatermusik gemahnen, hat doch Bach dieselben kirchlich stylisirt durch den Ernst der ganzen Haltung, durch die hervorragende Bedeutung, die er der Orgel zuwies und durch die geniale Verwendung des Chorals. Der eigentliche Chor fehlt freilich noch.

Auch für das Clavier war Bach in dieser glücklichsten und sonnigsten Zeit seines Lebens nicht müssig (Clavierfugen in A dur, D dur, A moll; 4 Fantasien in G moll, H moll, A moll, D dur; 3 Toccaten in D moll, G moll, E moll u. a.).

Von Weimar aus verbreitete sich Bach's Ruhm nach allen Seiten. Er machte Concertreisen nach Kassel, Halle, Leipzig, nach Meiningen, nach Dresden 1717, wo er bei Hofe mit Marchand dem damals berühmten Claviervirtuosen zusammentraf und diesen zu einem musikalischen Wettstreit aufforderte, welchem Marchand aber sich durch plötzliche Abreise entzog. Das Jahr 1717 bringt ihm Ruf und Titel eines Organisten und fürstlichen Kapellmeisters von Cöthen; hier verlor er 1720 die Gattin. Die Rücksicht auf die Kinder nöthigte ihn zu einer zweiten Heirath; die zweite Gattin, Anna Magdalena Wülkens, ist ihm die treue Gehülfin geworden in dem bitteren Leid, an dem Bachs späteres Familienleben überreich gewesen ist. Sie besaß ein warmes Verständniß für Bachs musikalisches Schaffen, er selbst leitete ihre Ausbildung. Das „Clavierbüchlein von Anna Magdalena Bach" (1722) mit den 24 leichten Clavierstücken ist ein Stück Tagebuch, verständlich wiederum dem, der in Tönen zu lesen versteht (schon die Titel: „Anticalvinismus" „Antimelancholicus", „Christenschule" lassen uns errathen, welche Rolle die Kunst im häuslichen Leben Bach's spielte.

Ebenso ist ein Tagebuch aus schöner Zeit das zweite Buch, das den Namen der Frau Bach trägt, mit dem schönen Cdur-Präludium, den Liedern „Gib Dich zufrieden", „Dir, dir Jehovah" und „Schlummert ein ihr matten Augen" u. a. Der treue, liebewarme Sinn des erzdeutschen, ehrenfesten Hausvaters sieht gar lieb unter der gepuderten Perücke hervor in dem traulich ernsten Lied: „Erbauliche Gedanken eines Tabackraucher's".

In diese Zeit fällt eine Reise nach Hamburg, wo sich Bach um die Organistenstelle an St. Jacob bewarb; diese Reise brachte ihm zwar nicht die Stelle, aber dafür die größte Anerkennung, die es für einen Bach nur gab. Als er nemlich über den Choral „An Wasserflüssen Babylons" phantasirt hatte, fiel der greise Reinken, um dessentwillen der junge Bach so manches Mal von Lüneburg nach Hamburg gepilgert war, ihm um den Hals mit den Worten: „ich glaubte, diese Kunst wäre gestorben, nun ich sehe, daß sie noch lebt, will ich mit Freuden heimgehen".

Zeugen des innerlich wechselvollen, freuden- und leidenreichen Cöthener Aufenthalts sind an Cantaten: „Wer sich selbst erhöhet" und „Das ist je gewißlich wahr" — an Orgelcompositionen: eine Fuge in G moll — für Clavier das „Clavierbüchlein für Friedemann Bach" (Uebungsstücke in systematischer Ordnung), die gleichfalls Unterrichtszwecken dienenden „Inventionen" und „Sinfonien", Sonaten in A moll und C dur; — für Violine: 6 Sonaten für Violine und obligates Clavier, Sonaten für Gambe und obligates Clavier, für Flöte und obligates Clavier — 3 Sonaten und 3 Suiten für Violine solo, Violoncello solo; Concerte für Violine, für den Flügel u. s. f. — vor allem das *wohltemperirte Clavier* (1722) und die *französischen Suiten* — mit welchen zwei Meisterwerken Bach die volle Höhe erreicht hat. Von nun an hat er wohl an Vertiefung und Concentration noch zugenommen, in technischer Meisterschaft konnte er nicht mehr weiter fortschreiten.

1723 bezog er die letzte Station seines Lebens, indem er Kuhnau's Nachfolger als Cantor und Organist an der Thomasschule zu Leipzig wurde. Formell den übrigen Lehrern des Alumneums gleichgestellt, also ein Mann von Reputation, befand er sich auch materiell in einer „für einen Cantor" behaglichen Situation (87 Thlr. Geld, 16 Scheffel Korn, 13 Thlr. Licht- und Holzgeld).

Seine Verpflichtungen waren neben dem Musikunterricht die Leitung des Schülerchors beim Gottesdienst und bei den Leichenbegängnissen. Der Dienst verlangte eine gute Arbeitskraft, denn es fand täglich irgend ein Gottesdienst mit Gesang statt. Da galt es, den Stoff für den Chor zu schaffen: der Cantaten, Evangelienmusiken, Motetten u. a. war kein Ende und Bach, auf der Höhe der Meisterschaft stehend, entwickelte eine Fruchtbarkeit, welche uns wahrhaft in Staunen setzt. Sie wird nur erklärt durch eine unbeugsame Gewissenhaftigkeit, eine ins kleinste gehende Pünktlichkeit und einen eisernen Fleiß.

Fünf volle Jahrgänge von Kirchenmusiken, fünf Passionsmusiken, das jugendlich schöne Weihnachtsoratorium (1734), der „gothische Dom" der Hmoll Messe sind die monumentalen Schöpfungen des bescheidenen Cantors St. Thomas; über dem letzten Werk, der Kunst der Fuge, hat er die Augen geschlossen. Eine ganze Unzahl kleinerer Werke entstand nebenbei; die abgeklärteste Schöpfung neben der Hmoll Messe aber, ein wahres Tagebuch seiner Lebenskämpfe und ein treuer Spiegel seiner herzinnigen Frömmigkeit sind seine vierstimmigen Choralbearbeitungen.

Als Componist rastlos thätig fand er noch Muse, auf eine Reihe tüchtiger Schüler seine Kunstanschauung und Kunstübung zu übertragen. Krebs, Doles, Kittel, Kirnberger, Agricola sind die berühmtesten unter denselben.

Glücklich im Schaffen, darum als Künstler glücklich zu preisen unter allen Umständen, hatte er im Amts- und Berufsleben wie auch daheim des Bitteren und Herben übergenug zu tragen. Von 20 Kindern starben ihm 12 schon früh; das blödsinnige Kind David blieb dafür lange am Leben, ein Gegenstand steter Sorge der unbemittelten, treuen Eltern. Welche düstere Schatten das Leben und Schicksal des ältesten Sohns, des genialen Friedemann Bach, in das Leben der ganzen Familie und besonders in das Herz des gebeugten Vaters warf, ist bekannt, alle Treue und Aufopferung für den „verlorenen Sohn" war umsonst. Ist nicht mancher der Choräle, wenn man so recht mit dem Herzen hinhört, ein Stück innersten Gemütslebens und ein Denkmal heftigen religiösen Ringens mit dem, der den Menschen ihr Geschick zutheilt nach seinem räthselvollen, wunderbaren Rathschluß? Man studire doch nur in dieser Hinsicht: „Was mein Gott will, gescheh' allzeit", „Befiehl Du deine Wege" — welcher Choral in so verschiedener Färbung immer wiederkehrt — „Wenn wir in höchsten Nöthen sein" und so manch anderen.

Zu allen Prüfungen, die ihm sein häusliches Leben bereitete, gesellte sich für Bach zuletzt noch die schwerste: die Blindheit. Mehrfache Operationen machten das Uebel nur schlimmer und die vielen Arzneien untergruben schnell den starken Organismus. Aus der Tiefe eines in Trübsal getauchten Herzens heraus kam sein Schwanenlied: „Wenn wir in höchsten Nöthen sein", das er seinem Schwiegersohn in die Feder dictirte. Kurz vor seinem Ende vermochte er wieder zu sehen — Gott ließ ihn nochmals die schöne Welt und die theuren Gesichter der Seinen schauen. — Bald darauf entschlief er im Frieden, im Leben wie im Tod ein durch und durch herzensfrommer und glaubensstarker Christ, am 28. Juli 1750, $^1/_4$ 9 Uhr Abends. Sein Grab schmückt kein Stein und kein Kreuz; Niemand weiß, wo der größte deutsche Meister der Kirchenmusik ruht. Nur wenige wußten überhaupt damals, was mit ihm dahingegangen war. Denn die Menge kannte ihn nicht; das Ausland, welches seinen allein ebenbürtigen Kunstgenossen noch im Grabe geehrt hatte, nahm von dem schlichten Cantor keine Notiz, der seine opera mit Daraugabe seines Augenlichtes hatte selber stechen müssen. Kaum die Schule, an welcher er so treu und so lange als Lehrer ge=

wirkt hatte, zeigte sich von seinem Tode berührt. Wartete doch der „Nachfolger" schon lange sehnlich auf die Stelle, die ihm Graf Brühl noch zu Lebzeiten des alten Bach vergeben hatte!

Die Wittwe Bach's, deren jüngstes Töchterchen Barbara erst acht Jahre alt war, fiel der äußersten Dürftigkeit anheim.

Die Tochter muß darben; der älteste Sohn, Friedemann, verkommt in der Gosse, die Werke werden zerrissen und zersplittert, um Brod zu schaffen — das ist der Lohn einer einsamen Größe, eines Erz- und Kerndeutschen in undeutscher Zeit gewesen!

Und dennoch war der alte Sebastian glücklich! war es im innersten Herzen trotz allen Kreuzes und alles Kampfes. Der Genius seiner Kunst und die Schwungkraft seines unerschütterlichen Glaubens und Gottvertrauens erhob ihn immer wieder über alles Elend und allen Erdenstaub. Die Anerkennung derer, auf die er als Künstler etwas hielt, wurde ihm reichlich zu theil. Er beneidete Niemand; von Händel nur sagt er: „das ist der einzige Mensch, der ich sein möchte, wenn ich nicht der Bach wäre".

II. Charakteristik.

Bachs Bedeutung in Kürze zu skizziren ist nicht leicht; man muß sorgfältig ausscheiden, was ein einseitiger Bachcultus zu viel gethan hat. Gleichwohl ist Bachs Wirken von **universaler Bedeutung** gewesen.

In seiner Persönlichkeit tritt uns die „Kraft und Mannheit der guten alten Bürgersitte" (Riehl) entgegen. Unbeugsame Wahrhaftigkeit, zähes Festhalten am Rechten, rastlose Treue im Kleinen, ungeschminkte Herzlichkeit, selbstlose Aufopferung (wie manchem half er mit eigenen Mitteln weiter!) und innige Frömmigkeit bilden die hervorstechenden Züge seines Wesens.

Neben künstlerischem Freimuth und künstlerischer Hochherzigkeit, vermöge deren er ein Feind des Schlendrians, der Schablone und der todten Regel war, kennzeichnet ihn große Pietät für das Ueberkommene.

Seine Denk- und Gefühlsweise wurzelt tief im reformatorischen Glauben.

Seine Kirchenwerke sind Kirchenwerke im besten Sinne des Wortes. Wie er sein »Jesu juva!« an die Spitze seiner Werke setzte und diese mit einem »Soli Deo gloria!« abschloß, so wollte er auch in Wahrheit nur „Gott zur Ehre" Musik machen.

Er ergreift das Kirchentum in seiner vollen Realität; weil es aber die absolute Voraussetzung seines Denkens und Empfindens war, so legt sich auch in die Kirchenwerke der „ganze Bach", seine ganze Individualität hinein.

Das erklärt uns die wundersame Doppelnatur der Bach'schen Werke: das Nebeneinander von kräftig individueller Empfindung und starrer Formalistik, reicher Subjectivität und gewaltiger Objectivität.

Da wo Andre mit Bewußtsein „kirchliche Stimmung" ausdrücken wollen, also rein objectiv schildern, kann Bach gerade am meisten sich selbst geben, weil jene Objectivität den Hintergrund und die Voraussetzung seiner Subjectivität bildet; man vergleiche einmal, um sich diesen Punkt klar zu machen, Bach, den naiven Kirchenmusiker mit Cherubini, dem reflectirenden.

Diese Naivetät des Kirchenmusikers Bach drückt seinen Kirchensachen den Stempel lauterer Wahrhaftigkeit und herzinniger Offenheit auf und verleiht jeder Note neben warmer Subjectivität eine Ganzheit, Nothwendigkeit, Festigkeit und Geradheit, die überall den starken Charakter verräth.

So darf Bach auch nüchtern bleiben: er spricht doch immer das Höchste und Tiefste, sein ganzes Inneres aus! Stählende Kraft und reinigende Weihe wohnt seinen Werken inne und theilt sich dem mit, der sich mit lauterem und gesundem Sinne dem Studium derselben hingibt.

Die Subjectivität und Empfindungsfülle, die Bach auch in der objectiven Form kennzeichnet, stempelt ihn zum Lyriker. Seine Instrumentalsätze sind voll reicher Poesie; daher vergesse man doch ja über der Schönheit der formalen Factur nicht die herrlichen Motive, aus denen uns, wie Reißmann ganz treffend hervorhebt, Klänge des schönen Thüringerlandes entgegentönen und unter der steifen Allongeperücke ein kerndeutscher Humor entgegenpoltert.

Die vorwiegend lyrische Begabung machte Bach auf dem Gebiete der kirchlichen Musik zum classischen Meister des Chorals. Seine Choralbearbeitungen (sowohl die 4stimmigen Choräle, als die Orgelchoräle) sind das Beste, was je auf diesem Gebiete ist geleistet worden und je wird geleistet werden können. Die Harmonie füllt, färbt und interpretirt in den 4stimmigen Chorälen die Melodie, aber die Stimmen sind selbständig, jede für sich selbst melodisch, sinnvoll und kräftig gehalten.

Bach hat selbst wenig neue Choralmelodien componirt: in der überkommenen Choralmelodie stellt sich ihm das Objective des Glaubens dar: indem er eine Melodie auf die verschiedenartigste Weise bearbeitet, spiegelt sich darin zwar die Mannigfaltigkeit der Stimmungen gegenüber dem objectiven Glauben, aber auch die Pietät, vermöge deren Bach sein eigues Wesen an das Objective hingab.

Dasselbe Streben, in der Kirchenmusik nicht die eigene Persönlichkeit vorzudrängen, sondern den Kirchenchoral mit der ihm verliehenen Kunst auszuschmücken, also seine Subjectivität völlig in den Dienst der Objectivität zu stellen, zeigt sich in seinen Cantaten, die überall die alte Kirchenweise als Hauptsache hervortreten lassen, in den tiefsinnigen Choralbearbeitungen (Präludien, Figurationen ꝛc.) für die Orgel, und in seinen „Passionsmusiken". Auch in diesen tritt ja auf dem Höhepunkt der Handlung immer der Choral ein, und faßt die hervorbrechende Stimmung des den Herrn im Geiste geleitenden Subjects (Gemeinde) in kräftiger, gedrungener Lyrik zusammen.

So liegt Bach's Bedeutung in erster Linie darin, daß er den protestantischen Kirchenstyl in classischer Vollendung darstellt. Das Gemeindelied bildet den Mittelpunkt und die Grundlage der kirchlichen Kunstmusik; die Arbeit, die mit Luther begonnen hatte, ist abgeschlossen.

Für die Musikgeschichte aber liegt Bachs Bedeutung ferner in seiner Lehrthätigkeit, durch welche er der Begründer der modernen Haus- und Kammermusik geworden ist. Die moderne Behandlung des Claviers geht auf ihn zurück (Präludien, Inventionen, Sinfonien, das wohltemperirte Clavier); der selbständigen und künstlerischen Behandlung der Streichinstrumente (Violine und Violoncello) hat er die Bahn gebrochen. Als Meister des Orgelspiels und der Composition für die Orgel endlich steht er für alle Zeit unübertroffen da. Die Ineinsbildung schöpferischer Melodik und tiefsinniger Harmonie, vermöge deren ihn Beethoven den Vater der Harmonie genannt hat, beschreibt am treffendsten sein Biograph Spitta, da er von jenen Präludien redet, „in denen unter einem durchgehenden, einförmigen Rhythmus die Harmonien sacht wie Nebelbilder ineinander überfließen, aus deren Zauberhülle eine langgezogene sehnsuchtsvolle Melodie hervortönt. Alles, was dem Menschenherzen fehlt und was die Zunge vergeblich zu stammeln sucht, wird hier von wunderthätiger Hand auf einmal entschleiert und doch bleibt es so fern, so unerreichbar weit!" Was Spitta von den Präludien sagt (man denke nur an das Cdur, das Ddur Präludium des wohltemperirten Clavier's), das gilt von Bach's Weise überhaupt: diese Eintauchung der Melodie in die tiefsinnigste Harmonie und dieses Durchscheinen der ergreifenden Melodie durch die Hüllen der Accorde — das ist eben das, was man als die Mystik der Bach'schen Musik bezeichnen möchte, freilich mit der Einschränkung, daß dieser Mystik eine plastische Gestaltungskraft und Gestaltenfülle zur

Seite steht, wie bei keinem der Zeitgenossen Bachs, und überhaupt bei keinem als bei Beethoven.

Vergleichen wir Bach mit Händel, so darf keinem von beiden auf Kosten des andern der Vorrang gegeben werden. Wenn Händel uns gefangen nimmt durch die lichte, plastische, ewig schöne Form, so ist dafür Bach, dem die Schönheitslinie dann und wann verloren geht, unmittelbarer und tiefer. Händel ist Epiker, Bach Lyriker. Wenn das specifisch Deutsche der Kunst in der Tiefe und Kraft eigenartiger Empfindung besteht, so ist Bach trotz aller Kanten und Ecken der Vater deutscher Musik, während sich in Händel mehr der universale, kosmopolitische Kunstheros darstellt.

3. Abschnitt.
Die Auflösung des reinen protestantischen Kirchenstyls.

Bach war noch von dem Geiste der altprotestantischen Frömmigkeit großgezogen und beherrscht gewesen. Sein Glaube war ihm **Herzenssache**, war für ihn nicht bloß das theure Erbgut der Väter, sondern auch die Frucht schwerer Lebensführungen, und darum die Luft, in der er lebte. Aber dieser musikalische Luther steht doch selbst schon in seiner Zeit einsam da, unverstanden in seinem eigentlichsten Wesen und in seinen besten Werken, denn die Zeit war eine andre geworden.

Der Rationalismus saß auf dem Throne. Die 1765 gegründete allgemeine deutsche Bibliothek beherrschte die Bildung. Das eigentlich **religiöse** Interesse war aus dem Zeitbewußtsein völlig zurückgetreten, das Verständniß für religiöses Leben und religiöse Bedürfnisse war so völlig verloren gegangen, daß ein Schleiermacher den psychologischen Ort der Religion erst wieder entdecken mußte. Die Schuld hieran trug größtentheils die Kirche selbst. Die Orthodoxie hatte durch ihr polemisches Kämpfen um die confessionellen Gegensätze die Religion, den Glauben, die Frömmigkeit völlig auf das Gebiet des theologisirenden Verstandes hinübergespielt und so unwillkürlich zum Gegenstand des intellectuellen Interesses gemacht. Die confessionellen Gegensätze waren zwar durch diese Auseinandersetzungen der Polemik aufs Schärfste ausgebildet und dogmatisch klar gestellt, dafür aber der großen Masse der Gebildeten und Ungebildeten völlig gleichgültig geworden. Gegenüber dem Schulgezänke der Theologen suchte man sich einen natürlichen und einfachen Glauben zurecht zu machen, so wie er dem Bedürfniß des gesunden Menschenverstands entsprach und den Regungen der Sentimentalität zu genügen im Stande war. Was bedurfte der gewöhnliche Verstand mehr als die Ideen von Freiheit und Gott, das Gefühl mehr, als den Glauben an die Unsterblichkeit?

Das specifisch Christliche wird dem allgemeinen Bewußtsein völlig fremd; war es einst ein Stück des Lebens und des innersten Empfindens gewesen, so wird es jetzt ein Gegenstand der nüchternen und zum Theil flachen Verstandesbetrachtung, entweder der philosophischen, oder der historischen Kritik.

Zwar behält das Christentum als Geschichte auch für den Rationalismus noch immer eine gewisse Beziehung zum Gefühl, aber nicht anders als jede rührende, ergreifende Geschichte andrer Art auch. Christus ist für diese Zeit eben der große Dulder, der fromme Tugendheld, der herrliche Sittenprediger 2c. Der Erlöser und Heiland der Welt war den überklugen Meistern in Israel entbehrlich geworden.

Hieraus erklärt sich die Doppelseitigkeit des religiösen Lebens der Zeit, vermöge deren es harmlos die nüchternste Trockenheit mit weinerlicher Sentimentalität vereinte.

Bach stand mitten in der Substanz des alten Glaubens; aber auch er schon stand, wie seine herrlichen Choralbearbeitungen zeigen, schon unbewußt dem „Kirchlichen" als einem Besonderen, vom allgemeinen Leben Unterschiedenen gegenüber. Angestaunt und bewundert wurde er von den Eingeweihten, den Kennern um der musikalischen Meisterschaft willen, mit

welcher er seine Aufgabe erfüllte: verstanden wurde der Mu­
siker, nicht aber der Kirchenmusiker. In den Cantaten zeigt
sogar er selbst Spuren des Zeitgeists in einzelnen Wendungen,
welche stark zur Sentimentalität hinneigen.

Händel war von Haus aus gar kein Kirchenmusiker: was
seine Oratorien zu stylvollen Kirchenwerken stempelt, ist die
Gediegenheit der Factur, die Breite und Fülle des gesammten
Aufbau's, die Großartigkeit der Auffassung und Zeichnung,
welche dem Ausdruck des biblisch-Heroischen so trefflich ent­
sprach. Was sie aber in den Augen der Zeit volkstümlich
machte, war der Ausdruck des **Menschlichen** in seinen Hel­
den: ihrer Leiden, Kämpfe und Siege.

Wo Händels edel großartige Auffassung fehlt, da schwinden
die biblischen Helden zu gewöhnlichen schwächlichen Menschlein
zusammen. Der „Jesus" eines Graun ist nicht der Messias
eines Händel, sondern ein edler, schwärmerischer Tugendheld,
dem die weinerlich süße Musik wohl ansteht.

Mit Einem Wort: die Großheit und Wahrheit der Per­
son gibt bei Händel und Bach im Verein mit der gründlichen
Schulung, die in der Kirchenkunst und besonders in der strengen
Orgelkunst wurzelte, ihren Werken den Stempel classischer
Kirchlichkeit; mit ihnen und ihrer großen Auffassung erlosch
die Kirchenmusik überhaupt.

Das **Oratorium** besteht der Form nach fort, aber es wird
zu einer bloßen episch-dramatischen Darstellung einer biblischen
Begebenheit ohne kirchlichen Geist und Charakter: nur das
menschlich rührende darin findet Bearbeitung, Verständniß, Bei­
fall; das göttlich Tiefe, specifisch Biblische, Objective, bleibt
unverstanden und unbeachtet.

Auch auf dem Gebiet des **Kirchenlieds** dauert die Pro­
ductivität äußerlich fort, aber dasselbe ist nur dem Namen nach
Kirchenlied, in nichts unterschieden vom weltlichen Lied und an­
gehaucht von der Luft der Bühne und des Concertsaals.

Die ganze Zeit drängt zu etwas Neuem hin; die Tonkunst, obwohl sie der Kirche auch noch ihre Töne leiht, wird das Organ des Zeitgeistes, der in gewissem Sinn bezeichnet werden darf als der Geist der modernen Humanität.

1. **Das Oratorium bis auf die Zeit Mendelssohn's.**

Auf dem Charakter der Kirchenmusik und damit auch des Oratorium's hat am meisten bestimmend Graun's (1701—1759) „Tod Jesu" eingewirkt, ein Oratorium, das am besten als eine italienische Oper ohne Scene bezeichnet wird: denn bei aller Schönheit der Melodik und Wirksamkeit der Instrumentation wie des Satzes unterscheidet es sich kaum im Styl von den Opern desselben Meisters; kein Wunder, daß diese Musik den Leuten flüssiger in's Ohr gieng, als die Musik der Matthäuspassion, und daß man Händel und Bach über dem „rührsamen" Graun vergaß. Noch mehr geht bei Hasse, der eben gar nicht anders schreiben konnte, der Oratorienstyl oder Kirchenstyl („Requiem", „Tedeum") in der Opernmusik auf. Dem Opernstyl unterworfen sind ferner Rolle („Tod Abel's"), Homilius, Doles, Joh. Adam Hiller, Joh. Gottl. Naumann (1741—1801), Fasch u. a.

Gemütliche, hausbackene Behaglichkeit oder weiche, galante Anmut tritt bei diesen Meistern — so sehr wir ihre musikalischen Verdienste anzuerkennen haben, an die Stelle von Händels Großheit und Bachs Tiefe, Manirirtheit an die Stelle von Bachs Wahrhaftigkeit und Naivetät.

Die Werke dieser Meister sind keineswegs verwerflich, im Gegentheil, der moderne Musiker kann an ihnen Maß und Schönheit der Melodie studiren, aber sie sind auch nicht von hoher Bedeutung für die Geschichte; hat man daher in Oratorienvereinen die Kräfte und die Zeit, so wählt man stets mit besserem Erfolg ein Händel'sches Oratorium.

Die Classiker des Humanitätsstyls Haydn, Mozart, Beethoven leisteten auch auf dem Gebiet der Kirchenmusik Großartiges. Aber Haydns „Schöpfung" ist nichts andres als die sprudelnde, überaus bezaubernde Feier der Schönheit der Welt, gipfelnd in der Feier der irdischen Liebe. Mozart's Messen und Requiem sind zwar bei aller Modernität der musikalischen Factur doch wahrhaft fromme, tief religiöse Musik, sofern es durch und durch ein heiliger Geist ist, der darin weht und die Form bestimmt, aber das Vorwalten der empfindenden Subjectivität scheidet auch diese Werke von der Objectivität ächter Kirchenmusik. Beethovens D dur Messe ist musikalisch angesehen die Darstellung des faustischen Ringens um neuen Glauben, durch und durch subjectiv, noch weniger kirchlich, als die Haydn'schen und Mozart'schen Kirchenwerke.

Die Nachfolger auf diesem Gebiet Stadtler, Eibler, Thomaschek, Schneider ("Weltgericht"), Klein u. a. verdienen, genannt zu werden als tüchtige Tonsetzer; ächte Kirchencomponisten im strengen Sinne des Wort's sind sie nicht mehr. Der Geist der Reformation war dahin; die Schranke der Kirchlichkeit war gesprengt, die Musik hatte völlig neue Bahnen betreten.

2. Das Kirchenlied bis 1818[1]).

Die Schüler Bachs hatten bei dem großen Meister die Musik erlernt, ohne seinen Geist zu erben. Sie machten zur Hauptaufgabe auch in der Choralcomposition den rein musikalischen Ausdruck, die rein musikalische Mannigfaltigkeit. Bach selbst, im richtigen Gefühl seiner eignen Stellung zum ächten Kirchenlied, fand seine Genugthuung und Freude darin, daß er die Kraft, Bedeutung und Fülle der alten Melodie durch den Satz heraushob; die Schüler waren darauf bedacht, Melodien zu erfinden. Bewußt giengen sie darauf aus, sich vom Volkslied zu entfernen und opernmäßig zu schreiben, wie Doles ausdrücklich sagt, "die leichte Faßlichkeit und Folge der Rhythmen,

---

1) Quellen: Koch, Kirchenlied III. 248 S. daselbst die Choralsammlungen der Zeit S. 272.

die simple und kräftige Harmonie, und die **herzschwelgende** (das trifft die Sache!!) Melodie, die man oft und besonders in **neuen Opern** antrifft", solle in der Kirchenmusik herrschend werden. Die zweite Aufgabe, welche man sich jetzt stellte, war die der Faßlichkeit — darin erblickte man die einzige Concession, welche man der Gemeinde machen dürfe, daß man für sie **faßlich** componirte, was leicht fad und vag wurde. Weitaus die meisten Gesänge der Zeit sind im Gegensatz zum alten, in Einheit und Kraft der Stimmung gedrungenen, aus dem Geist bewegten religiösen Lebens geschöpften Kirchenlied, künstlich gemachte Arien; an die Stelle des den Componisten drängenden und erfüllenden religiösen Geists und Schwungs, der auch noch jene unter italienischem Einfluß schaffenden Choralcomponisten beseelt hatte, ist die äußerliche Rücksicht auf die Gemeinde getreten, die überdies sich nur negativ in Vermeidung technischer Schwierigkeiten geltend macht.

Unter den sämmtlichen Componisten ragt noch hervor Karl Philipp Emmanuel Bach („Gott ist mein Lied" oder „Besitz ich nur") durch Ernst und Würde; Doles (geb. 1715 zu Steinbach, Amtsnachfolger des alten Bach in Leipzig („Wie wohl ist mir, o Freund der Seele") hat viel von Bach gelernt, ohne der Erbe seiner Tüchtigkeit in Gesinnung und Arbeit zu sein; Quanz, Johann Adam Hiller, („Wie wohl ist mir o Freund der Seelen"), Johann Christof Kühnau (geb. 1735—1805) („An dir allein hab ich gesündigt" 2c.), Johann Friedrich Kirnberger (1721—1783) („Gott ist mein Lied"), Buttstett („Der Du das Loos von meinen Tagen"), Schicht (1753—1823), Justin Heinrich Knecht[1]) („Dir dankt mein Herz", „Du, deß sich alle Himmel", „Stärk uns Mittler", „Wie groß ist des Allmächt'gen Güte", „Herr, Dir ist Niemand zu vergleichen", „Mein Heiland nimmt die Sünder", „Mich schauert nicht", „Wie selig bin ich", „Ohne Rast",

---

1) Bes. in Schwaben beliebt.

„Aus Gnaden soll ich selig werden", „Gott der Wahrheit", „Mein Glaub ist meines Lebens Ruh", „Womit soll ich Dich wohl loben", „Ach sieh' ihn dulden" u. a.) (geb. zu Biberach 1752, † 1817), Christmann („Preis dem Todesüberwinder") u. a., Sallmann (Schulmeister in Oehringen „Ach sei mit Deiner Gnade"), Beuerlein, Präceptor in Kirchberg a. J. (Württemberg) „Der Du das Loos von meinen Tagen", „Liebster Jesus, wir sind hier", „Wenn ich einst von jenem Schlummer" (geb. 1752 zu Ludwigsburg, † 1817 als Pfarrer in Heutingsheim), repräsentiren schon den neuen Geist. Sie sind tüchtige Musiker und manche musikalisch vortreffliche Weise stammt von ihnen; aber für das ächte Kirchenlied kam nicht viel heraus, wie sie denn auch ihre Hauptbedeutung auf andrem Gebiet haben.

Nicht blos in den Gemeindegesang, auch in das Orgelspiel brang das Moment des Concertmäßigen ein und auch da machte sich das Princip des äußerlichen Effekts geltend. Jetzt kam statt der ernsten, mächtigen Fuge das „Panorama fürs Ohr" auf, wie Vogler sich treffend ausdrückte, der größte Organist seit Bach in dieser Zeit. — Fassen wir alles kurz zusammen, so gab es zwar Kirchenmusik; in ihrem Wesen war dieselbe jedoch mehr oder weniger eine in der Kirche aufgeführte Opern= und Sinfoniemusik; wie denn auch das Kirchenorchester von dem der Bühne sich fast in nichts mehr unterschied.

Dritte Form.

Der freie schöne Styl.

(Der Styl der Humanität.)

Ungefähr 1750—1817.

Geistiger Boden. Die Zeit, in welcher die Instrumentalmusik zur höchsten Blüte kam, pflegt man gemeinhin mit dem Namen der Aufklärungsperiode zu bezeichnen und mit diesem Namen verbindet sich je nach dem Standpunkt, welchen die geschichtliche Betrachtung einnimmt, bald eine üble bald eine gute Nebenbedeutung. Es ist hier nicht der Ort, ein umfassendes Bild von jener wunderbaren Zeit voller Gegensätze zu entwerfen. Uns dürfte es sich nur darum handeln, den positiven Kern aufzusuchen, welcher den vorherrschend negativen Tendenzen der Zeit in letzter Beziehung zu Grunde lag.

Die Richtungen des Deismus, Pietismus, Rationalismus und der sentimentalen „Gott=Freiheit=Unsterblichkeitsphilosophie" oder „Schöne=Seelen=Weisheit" haben, so heftig sie einander auf den ersten Blick gegenübertreten, den Gegensatz gegen die überkommene Orthodoxie und gegen den ererbten Dogmatismus gemeinsam. Diese Opposition ist nichts andres als die energische Aeußerung des Rechtes der Individualität, des subjectiven Geistes, der kritisch an die Objectivität im Leben und auf jedem Wissensgebiete herantritt und sie, wo er sich dazu im Rechte glaubt, zerbricht.

Insofern treffen wir vielleicht die Sache richtig, wenn wir das Princip, welches der modernen Geistesströmung mehr oder weniger bewußt als Loosung diente, mit dem Satz bezeichnen: ἄνθρωπος μέτρον ἁπάντων (der Mensch ist das Maß aller Dinge).

Dieser Gedanke war stillschweigend schon der Reformation zu Grunde gelegen, wenn sie die Objectivität der katholischen Kirche vom Standpunkt des persönlichen Heilsverlangens und Heilsbedürfnisses aus richtete. Insofern schließt sich die Aufklärungsströmung consequent an die Geistesbewegung der Reformation an. Denn auch gegen die starre Objectivität des Dogmas und dessen Anspruch auf schlechthinige Autorität mußte sich das menschliche Individuum mit seinem persönlichen Rechte geltend machen, wie dies vom Standpunkt des Wissens aus im Deismus und Rationalismus, vom Standpunkt des praktischen Heilsbedürfnisses aus im Pietismus geschah. Nothwendig mußte sich also das Princip zuerst in auflösenden negativen Strömungen äußern. Die letzte und einseitigste Aeußerung war die praktische Kritik, welche das Individuum in der französischen Revolution an der ganzen bestehenden Welt vollzog. Das Ideal, welches trotz aller Verirrungen und Einseitigkeiten den Bestrebungen der Zeit vorschwebte, war das der freien Humanität.

Der Begriff des Menschen wird in Frankreich mit dem des Individuums identificirt. Dieser Grundfehler drückte dort der ganzen Bewegung den Charakter eines revolutionären Atomismus auf, vermöge dessen sie, in bloßer eigensinniger Opposition gegen das Objective in Geschichte, Religion und Leben, bei der nivellirenden Negation stehen bleiben mußte und nie zu positiven Neugründungen weder auf politischem noch auf künstlerischem Gebiete gelangen konnte. Auf dem letzteren äußerte sich die Bewegung in dem vorherrschend negativen Streben nach „Emancipation" von Regel und Herkommen.

Auch in Deutschland wird die Objectivität nur in ihrer Beziehung auf den Menschen in Betracht gezogen und es steht auch hier ihr Wert im genauen Verhältnisse zu dem Interesse, welches sie für das Individuum hat.

Aber der Individualismus wird hier zum Idealismus. Der deutsche Geist, besonnen und gründlich, strebt den Menschen nach seinem ewigen Wesen zu erfassen und das Ideal der Humanität aufzustellen. Der übermüthige, leichtgläubige und ungezogene Voltaire'sche Unglaube wird in Deutschland zur besonnenen Kritik, welche zuerst und hauptsächlich eine strenge Selbstkritik ist (Kant). Der deutsche Geist begnügt sich mit dem Aufbau eines geistigen Reiches der Humanität, mit der umfassenden und allseitigen Darstellung des Menschheitsideals, welches der modernen Zeit aufgegangen war, seit der christlich-germanische Geist mit dem jugendlich-hellenischen sich verbunden hatte, und welches die Sättigung und Ergänzung des christlich-germanischen Ideals mit dem hellenischen, beziehungsweise die Vertiefung und Erweiterung des letzteren durch das erstere darstellt.

Auf ethischem Gebiete entwarfen Kant und Fichte das neue Ideal, die Dichter, vor allem Göthe und Schiller verliehen ihm Leben und Gestalt.

Auf unsrem Gebiete erscheint das „griechische Ideal", so wie es Winkelmann und Lessing der Zeit nahe gebracht haben, also nicht als die bloße Copie, sondern als wirkliche Erneuerung der Antike, im Drama Gluck's.

Aber wie die lebenswarmen Gestaltungen Göthes die strengen und knapp gezeichneten Gestaltungen Lessings in der Liebe des Publikums verdrängten, so wandte sich auf unsrem Gebiete die Sympathie schnell von der lichten, aber vornehm kühlen Plastik Glucks zu den in reifer Sinnlichkeit prangenden Gestalten Mozarts.

Das Schooßkind einer Zeit, welche einseitig dem Subjectivismus huldigte, war naturgemäß die Instrumentalmusik als diejenige Form der Musik, in welcher die reine Subjectivität zur reichsten und vollsten Entfaltung kommt. In dem rein unsinnlichen, nur der inneren Anschauung zugänglichen Wesen der Instrumentalmusik erkennt die Zeit vermöge der überschäumenden Energie des individuellen Gefühlslebens die geheimnißvolle Offenbarung des innersten Menschen, seines innersten, keiner Verstandesbetrachtung zugänglichen und von keinem Begriff zu erreichenden Wesens, das zugleich identisch ist mit dem verborgenen Wesen der Welt. Die schönheitgesättigten Tonformen sind das feinste Gegenbild der alles Sein durchklingenden „Musik", der „Seele", die alle Formen und Gestaltungen der Welt geheimnißvoll durchströmt. Die Musik ist die feinste und geistigste Darstellung jener Sympathie zwischen Ich und Nicht-Ich, Menschengeist und Naturgeist, welche die Voraussetzung der Kunst, wie der Forschung ist.

Das „Thema", welches dem in reiner Gesetzmäßigkeit und klarer Harmonie verlaufenden Tonstück das individuelle Gepräge gibt, wird für die denkende Betrachtung das getreue Bild der inneren Grundbestimmtheit des schaffenden Meisters, der Ausdruck und Abdruck seines eigensten Wesens. Ja noch mehr, das aufnehmende Bewußtsein, erkennt darin die Einzelstimmung, welche den Meister überwältigt und zum Schaffen genöthigt hat.

So wird die thematische Arbeit zum idealen Gegenbild jener ethischen Arbeit, in welcher sich der Mensch mit den auf sein Inneres andringenden Gewalten auseinandersetzt, sie in Maß und Gesetz bannt und die Freiheit seiner Eigenart und Individualität behauptet. Die Musik gerade in ihrer Unabhängigkeit und Selbständigkeit wird zur ethisch befreienden Macht, die denselben Lebenszufluß, dieselbe innere Erhebung und innere Befreiung gewährt, wie sie uns durch jede unmittelbare Berührung mit dem Ewigen in allen Formen zu Theil wird.

So gefaßt erscheint allerdings die Instrumentalmusik als die Musik auf der Potenz, als die „Musik in der Musik", und es hat die Meinung nicht Unrecht, welche diejenigen Meister die „Classiker der Musik" schlechtweg nennt, welche auf dem Gebiet der Instrumentalmusik das „Musikalisch-Schöne" in classischen Formen zum Ausdruck gebracht haben: Haydn, Mozart, Beethoven. Denn hier in der Instrumentalmusik ist es dem Componisten um Musik und um nichts als Musik zu thun.

Sofern es nun bei den Meistern des Instrumentalstyls, des freien und schönen Styls, zur freiesten und ungehemmtesten Entfaltung der musikalischen Eigenart, der künstlerischen Individualität kommt, sofern aber wiederum in der musikalischen Individualität sich in der That der Mensch nach seinem inneren Wesen am unmittelbarsten darstellt, nennen wir diesen Styl den Styl der Humanität.

Das Persönliche herrscht vor und bildet den Styl. Wenn auch die alten Formen z. B. der Kirchenmusik noch Pflege finden, so herrscht darin die frei menschliche, von Dogma und Kirche unabhängige, sich unmittelbar dem Ewigen gegenüberstellende Subjectivität vor. Haydn, Mozart, Beethoven haben keine kirchliche, wenn auch eine tief fromme und herzlich religiöse Musik zu Stande gebracht, die uns gerade um des reinen, voraussetzungslosen Ausdrucks der Frömmigkeit, man möchte sagen, um ihres persönlich-frommen Empfindungsgehalts willen, trotz der Weltlichkeit der „Sprache", fromm berührt und religiös stimmt. Eine auf dem Grunde persönlicher Ueberzeugung und lebendiger Erfahrung ohne dogmatische und hierarchische Formen sich erbauende Geisteskirche ist für das Zeitalter das in weiter Ferne schimmernde Ideal, welches in den mystischen, im Grunde kindisch-spielenden Formen und in den unklaren Verbrüderungs- und Weltharmonie-Ideen der Freimaurerei von den edleren Geistern erahnt und ergriffen wird.

Indem die classischen Meister auf dem Höhepunkt ihres Schaffens die Kunst, äußerlich wenigstens, in den Dienst ihrer Kirche zurückführen und wahrhaft monumentale Werke herzenswarmer Frömmigkeit im weltlichen, modern heidnischen Gewande aufstellen, weisen sie auf die Bewegung des 19. Jahrhunderts hinaus, welches die Aufgabe zu haben scheint, unter Ueberwindung der nihilistischen Negation ebenso wie des alten, schroffen Dualismus eine das gesammte Geistesleben erneuernde, zuletzt auch in der Erneuerung und Einheit des religiösen Lebens sich vollendende Reformation anzubahnen.

1. Abschnitt.

Das antikisirende musikalische Drama.

1. Vorgeschichte und Anknüpfungspunkte.

Quellen: Schletterer, H. M., Das deutsche Singspiel von seinen ersten Anfängen bis auf die neueste Zeit. Augsburg 1863.

Die Idee der Wiederbelebung der classischen Tragödie, welche der Oper die Entstehung gegeben hatte, fand in dieser, so wie sie sich mit der Zeit entwickelt hatte, keine entsprechende

Verwirklichung mehr. Die opera seria der Italiener, welche dieser Idee entsprechen sollte, begnügte sich mit den Lappen der Antike d. h. sie putzte die Sänger antik auf, aber im antiken Gewande kam nur die reale, gemeine Gegenwart zur Darstellung. Der dramatische Zweck war überdieß dem des ausschließlichen Musikgenusses gewichen und der ganze dramatische Apparat diente nur als Staffage für die Entfaltung der Gesangsvirtuosität.

In Deutschland fehlte nicht bloß der reale Boden, sondern auch der auf das Großartige und Erhabene gerichtete Sinn, welcher der Idee von 1600 hätte Eingang gewähren können. Wohl kannte man auch in Deutschland die italienische Hof= und Helden=Oper; aber nur als Oper, als Gesangs= und Musikstück. Das mythologisch-griechische Beiwerk war gleichgültig, Gesang und Musik bildeten für den Hörer die Hauptsache. So fand der italienische Opernstyl auch in Deutschland zwar tüchtige Vertreter, voran den oben genannten[1]) Adolf Hasse, der lange Zeit als Kapellmeister zu Dresden wirkte. Auch Carl Heinrich Graun, (geb. 1701 zu Wahrenbrück in Sachsen, † 1759 als Vicekapellmeister Friedrich's II. in Berlin) schrieb außer seinem „Tod Jesu" etliche 30 Opern und Naumann außer seinem „Vater unser" mehrere Opern (Johann Gottlieb Naumann, geb. 1741 zu Blasewitz bei Dresden; Schüler Tartini's; zuletzt Oberkapelldirector in Dresden, † 1801). Aber die Achtung, welche die Werke dieser Männer genossen, galt weniger dem Drama, als der in ihrer Art trefflichen Musik; man lobte die Solidität und Lieblichkeit derselben sowie die feine, technische Durchbildung, nur selten reflectirte man über oder interessirte man sich auch nur für die dramatische Seite der Oper.

Die Sympathie des deutschen Volkes gehörte in jener Zeit, da man für die politische Armseligkeit und Erbärmlich-

---

1) S. 168.

keit im eng=bürgerlichen Daheim Ersatz suchte und auf das Leben in engster Beschränkung angewiesen war, dem volkstümlichen deutschen Liederspiel, aus welchem die Operette, die bürgerliche, komische Oper, herauswuchs. Der bürgerliche Humor, die zuweilen sentimentale Gefühligkeit und das dem alltäglichen Leben entliehene bürgerliche Gewand sagte dem bürgerlichen Geschmack viel mehr zu, als die antik aufgesteifte Oper.

Der gefeiertste Repräsentant und eigentlich der Vater des deutschen Singspiels war Johann Adam Hiller, ein Schulmeisterskind, (geb. zu Wendischoffig bei Görlitz 1728, Schüler von Homilius, 1763 Director der wöchentlichen Concerte in Leipzig (der späteren „Gewandhausconcerte"), zuletzt (s. 1789) Cantor und Musikdirector an der Thomasschule zu Leipzig († 1804). Persönlich ein menschenscheuer, hypochondrischer, fast düster gesinnter Mann besaß er die Gabe unerschöpflicher, frischsprudelnder, sangreicher Melodie. Seine Operetten, die er in Gemeinschaft mit dem Herausgeber des „Kinderfreunds", Christian Friedrich Weiße, welcher die Texte dichtete, schuf, errangen eine seltene Popularität („die Jagd", „Der Teufel ist los", „Der Erndtekranz", „Lottchen am Hofe" u. a.). Hiller, der auch als Choralcomponist thätig war und zu den gelehrtesten Musikern seiner Zeit gehörte, beschränkte sich in diesen Operetten bescheiden auf das Liedmäßige, Volkstümliche und das eben hat seine Opern zu Lieblings= und Kassenstücken gemacht, so wenig Wert und Bedeutung denselben in poetischer und ästhetischer Hinsicht zukommt.

In andrer Weise errang sich Georg Benda (1721—1795 „Ariadne auf Naxos", „Medea") den Beifall der Menge: er führte das Melodram ein, diejenige Form des musikalischen Dramas, bei welcher das Wort und die Handlung ausschließlich vorherrscht, und die Musik nach ihren eigenen Gesetzen und mit ihren eigenen Mitteln die Handlung allgemein accentuirend begleitet.

In Hiller's Art componirten noch C. W. Wolf („die Dorfdeputirten"), Neefe (Schüler von Hiller 1748—1798), Steegmann u. a. m.

Die deutsche komische Oper fand ihre rechte Heimat in der österreichischen Kaiserstadt an der blauen Donau. Hier wirkten die trefflichen, gesunden, deutschen Meister, die das Verdienst haben, den Sinn für deutsche Komik und gemütvollen Humor wach erhalten zu haben in einer Zeit, da alles, was auf Bildung Anspruch machte, dem französischen »esprit« huldigte und die ernste Oper in italienischen Schemen einherstelzte. Voran steht der Zeit nach Florian Leopold Gaßmann, Schüler des padre Martini, Kapellmeister in Wien, geb. 1729, dem Rang nach als der beste unter ihnen Carl Ditters von Dittersdorf (1739—1799 „Doctor und Apotheker", „Hieronymus Knicker").

Der Vorstadtkomik niedrigerer und derberer Art um ein gutes näher steht der „göttliche Bänkelsänger" Wenzel Müller (1767—1835), der die „Opern" nur so aus dem Aermel schüttelte („das neue Sonntagskind", „die Schwestern von Prag"). Gesunde, frische Komik verrathen auch Kauer (1751—1831 „Donauweibchen") und der treffliche Componist des „Dorfbarbiers" der ehrenfeste Joh. Schenk (1753—1836). — So stark Deutschlands Eigenart und Schöpferkraft sich in der Kirchenmusik und im volkstümlichen Liederspiel geltend machte, so wenig vermochte sie noch auf dem Gebiet der Oper strengeren Styls gegen die unumschränkte Herrschaft der Italiener anzukämpfen und hatte hiezu aus den angegebenen Gründen weder äußeren Anlaß noch inneren Trieb. —

Anders stand es in Frankreich. Schon der Kardinal Mazarin hatte (1645) die italienische opera seria nach Paris verpflanzt. Aber während in Italien die gesangliche Seite der Oper einseitige Pflege und Ausbildung fand, entsprach dem französischen Naturell die Betonung des dramatischen Elementes. Der Franzose verlangte von jeher in der Oper ein gutes

„Spiel", eine geistvolle Handlung, drang auf Treue und Wahrheit der Darstellung und überhörte im Interesse derselben gerne musikalische Schwächen.

Dieser Richtung auf das Dramatische kam Jean Baptist Lully (1633—1687, erst Küchenjunge, dann durch allerlei Intriguen Herr des Theaters im Palais royal) entgegen mit seinen »tragédies lyriques« oder »tragédies mises en musique«. In diesen legte er den Nachdruck auf scharfe, pointirte Declamation, umgieng im Interesse derselben die herkömmlichen Formen der Arie, des Ensembles, Duettes ꝛc. ꝛc. und suchte in die durch allzu ausgedehnten Gebrauch des Recitativs entstandene Monotonie einiges Leben zu bringen durch Einschiebung von Chören und Tänzen. Um auch äußerlich die ganze Darstellung einheitlich abzuschließen, fügte er — an Stelle der damals noch gebräuchlichen toccata — die besonders zu dem Stück componirte (2theilige) ouverture bei. Mit alle dem hat Lully die italienische Gesangsoper zur französischen Declamationsoper umgeprägt und er gilt daher als der Begründer der specifisch französischen Oper.

Gleichwohl ist das nationale Genre der Franzosen, in welchem sie auch wirklich Bedeutendes geleistet haben, nicht die große Oper, sondern die opéra comique, die französische Operette, welche ebenso wie ihre Schwester in Deutschland, nicht blos den Witz und Humor, sondern auch das herzliche, gemütvolle Element zur Geltung brachte. Dieses ächt nationale Genre verdankte seine Entstehung dem Kampfe zwischen der Lully'schen Oper und der italienischen, komischen (Buffo=) Oper, die 1752 nach Paris gekommen war. Der Mangel an Melodie und Gesang, welcher sowohl die Oper Lully's als die seines Nachfolgers Rameau (1683—1764) kennzeichnet und an musikalische Dürftigkeit streift, hatte ihr viele Gegner erweckt, unter anderen den Philosophen Jean Jacques Rousseau, welcher im Zusammenhang mit seiner ganzen übrigen Denkweise das Natürliche d. i. die Melodik verfocht und sich mit Leiden=

schaft der Italiener gegen die „nationale Partei" der „Antibouffonisten" d. i. Lully'aner annahm. Die „Buffons" mußten trotzdem weichen und 1754 Paris verlassen.

Aber der Reiz der Melodik, für welchen auch das französische Ohr nicht unempfänglich sein konnte, erzeugte nun eine nationale französische Oper (comédie à ariettes), welche französisch und doch zugleich liebhaft und gesangreich sein wollte. Ihre ersten Vertreter waren Antoine d'Auvergne, **Duni** (1709—1775), **Philidor** (1726—1795) **Monsigny** (1729 bis 1817). (»Le Deserteur«, »Rose et Colas«.) An die Stelle der trockenen Declamation tritt die geistreiche, feine Zeichnung, an die Stelle der Dürftigkeit die geistreiche, leichtgeschürzte Grazie, dem melodischen Elemente wird in der Romanze Raum geschafft, und die Monotonie des endlosen Recitativs weicht dem melodisch gesprochenen pointirten Dialog. Das Genre, in welchem der »esprit«, die geistreiche Point und die liebenswürdige Grazie des französischen Naturells zur vollen Geltung kommen konnte, war gewonnen. Der bedeutendste Meister auf diesem Gebiete war in unsrer Periode **Gretry** (1741—1813), ein Lütticher von Geburt, der nicht umsonst bei den Italienern in die Schule gegangen war. Mit dem gefeierten Liebling des Publikums, dem feinsinnigen Nicolo d'Isouard (1777—1818) reichen wir schon in die nächste Periode („Aschenbrödel"). Er gehört jedoch, da er noch ganz die Grenzen der naiven komischen Oper einhält, in unsre Periode.

Gieng diesem Genre auch die Großartigkeit der Heldenoper ab, so besaß es dafür Liebreiz und feinsinnige, wenn auch weniger volltönende Melodik und war im Stande der fremden Oper die Spitze zu bieten.

Der Sinn für die Großartigkeit der griechischen Tragödie war noch auf andrem Wege, als dem der italienischen Oper, den Franzosen aufgethan worden. Ihre Dichter Racine und Corneille hatten der Nation Dramen von antikem Zuschnitt gegeben. Man **wollte** das griechische Drama haben und man wähnte es wirklich zu besitzen. Die heroischen Gestalten der beiden Dichter verlangten freilich, genau angesehen, nach Musik, um wirklich ins Göttermaß zu wachsen; das auf Stelzen gehende Pathos der Declamation legte die Vertauschung mit dem natürlichen Pathos des Gesangs jedem feineren Kenner der Antike nahe. Die Idee, ohne Zopf die Antike wiederzuerwecken, und das Ideal der Florentiner auf höherer Stufe zu realisiren, erfaßte ein Deutscher, der musikalische Lessing, Gluck, aber Frankreichs Verdienst bleibt es, dem Deutschen das Verständniß und den nöthigen Raum zur Realisirung seines Ideals gewährt zu haben, das beides er zu Hause nicht hatte finden können.

2. Das lyrische Drama Gluck's.

Quellen: Arnauld, Ueber Gluck und seine Werke, Briefe von ihm und andern berühmten Männern seiner Zeit. Ttsch. v. J. Siegmaier. Berlin 1837.

A. Schmid, Chr. W. v. Gluck (1854).

A. B. Marx, Gluck und die Oper. Berlin 1863.

Gluck et Piccini, par Desnoiterres. Paris 1872.

Christoph Willibald, Ritter von Gluck, geb. am 2. Juli 1714 zu Weidenwang in der Oberpfalz, als der Sohn von Alexander Gluck, der als fürstlich Lobkowitz'scher Förster verstorben ist, war ursprünglich nicht zum Musiker bestimmt. Er besuchte 1726—1732 das Jesuiten-Seminar zu Commotau bei Eisenberg (Böhmen), wo er auch in der Musik, (Gesang, Orgel, Violine, Clavier) den ersten Unterricht empfieng. 1732 bezog er die Universität Prag und war genöthigt, durch Musikunterricht sich die Mittel zum Studium zu verschaffen. Freundliche Beziehungen zu der Lobkowitz'schen Familie, in deren Diensten sein Vater stand, führten den jungen, talentvollen Mann nach Wien und öffneten ihm die besten Häuser. Ein Fürst von Melzi, der ihn musiciren hörte, ward so von ihm eingenommen, daß er ihn nach Italien mitnahm und so vollends der Kunst in die Arme führte. Gluck studirte nun unter der Leitung des Organisten Battista Sammartini in Mailand (1737—1741) nochmals gründlich Contrapunct und Generalbaß und brachte bereits 1741 eine Oper „Artaserse" auf die Bühne, welcher im Lauf von 5 Jahren 7 weitere Opern folgten, die sämmtlich im Styl der italienischen Tagesoper gehalten waren, so daß der geradsinnige Händel, als er die Oper seines deutschen Landsmann's »la Caduta de' Giganti« in London hörte, recht sehr enttäuscht war und sarkastisch meinte: „sein Schuhputzer schreibe einen besseren Contrapunct, als Gluck"!

Das Jahr 1745 führte Gluck nach London, wo ihm nun freilich durch Händel's Oratorien ein andres Ideal von Musik aufgieng und zugleich sich ihm die Ueberzeugung aufdrängte, daß es für dramatische Musik nicht genüge, wenn sie schön und gefällig sei, daß sie vielmehr, um volle Wirkung zu erzielen, in engstem Zusammenhang mit der Handlung stehen müsse, welche sie zu begleiten habe, oder wie man sich, für die spätere Zeit verhängnißvoll genug ausdrückte, daß die Musik einen bestimmten „Inhalt" haben müsse, um eine volle künstlerische Wirkung hervorzubringen".

Von London aus berührte Gluck noch Paris, um die Lully-Rameau'sche Oper kennen zu lernen und kehrte 1746 über Hamburg und Dresden nach Wien zurück.

1748 componirte er wieder für Wien eine Oper »La Semiramide ri connosciuta« — das Jahr 1749 war „das glücklichste und doch unglücklichste Jahr seines Lebens", das Jahr der ersten Liebe und schweren Entsagen's, weil der Vater der Geliebten, ein stolzer Kaufherr, die Ehe seiner Tochter Marianne mit dem Musicus nicht gestatten wollte. Das folgende Jahr aber führte ihm die geliebte Frau zu, die von nun an die Vertraute auch seiner künstlerischen Bestrebungen geblieben ist.

Noch componirte der Meister für Italien im italienischen

Style (1751 »La clemenza di Tito« für Neapel; für Rom: »Il Trionfo di Camillo«, »Antigono« 1756, für welche Opern er vom Papst zum Ritter vom goldenen Sporn ernannt wurde; für Wien, wo er seit 1754 als Hofkapellmeister der Kaiserin Maria Theresia angestellt war, »La Danza« »L'Innocenza giustificata« (1755) und »Il Ré pastore« (1756).

Die folgenden Jahre waren dem ernsten Studium der neu aufblühenden deutschen Literatur gewidmet und immer lebendiger erstand das neue Ideal vor seiner Seele.

Er fand dafür einen begeisterten Jünger in dem K. K. Rath Ramiero von Calzabigi. Derselbe, freilich nur „Dilettant" und daher von der Ueberschätzung der technischen Routine und des landesüblichen Schematismus frei, gieng mit voller Hingebung auf Glucks Idee ein, und suchte ihm den dichterischen Rahmen eines „lyrischen Drama's" zu schaffen. Dies nemlich ist der ebenso treffende als glückliche Ausdruck für das, was dem Meister vorschwebte.

Der Dichter soll, ohne Rücksicht auf den Musiker und dessen eventuelle Forderungen ein in sich geschlossenes Kunstwerk herstellen; erst wo des Dichters Vermögen aufhört, setzt die romantische Kunst ein als die Macht, die Worte zu beseelen, die Gestalten zu beleben, die poetische Täuschung zu vollenden. Gluck sieht als die Aufgabe der Musik an: „die Dichtung zu unterstützen, um den Ausdruck der Gefühle und das Interesse der Situationen zu verstärken, ohne die Handlung zu unterbrechen oder durch unnütze Verzierungen zu entstellen". Die Musik müsse für die Poesie das sein, was die Lebhaftigkeit der Farben und eine glückliche Mischung von Schatten und Licht für eine fehlerfreie und wohlgeordnete Zeichnung sind, welche nur dazu dienen, die Figuren zu beleben, ohne die Umrisse zu zerstören. Schon hier konnte der Fachmusiker einwerfen: die Musik ist eine in sich selbst organisch gegliederte Kunst mit eingeborner Architektonik: sie kann sich Bau, Gliederung, Führung nicht von dem Dichter geben lassen:

sie mag sich im Ganzen und Einzelnen, in Haltung und Stimmung, ja auch im dramatischen Detail-Ausdruck den Intentionen des Dichters anbequemen, aber dieser muß so schaffen, daß die Musik ihrem eigenen organischen Gesetz treu bleiben und ihm gemäß sich ausbreiten kann. Musik und Poesie sind gleichberechtigte Schwesterkünste, die einander zum Schmuck, zur Belebung und zur Erhöhung des Verständnisses dienen, wenn sie glücklich vereinigt werden.

Daher ist die nächste Frage: was ist wirkliches organisches Gesetz der Musik, mit dessen Aufgebung dieselbe aufhörte, eine Kunst zu sein? Ist die herkömmliche Form der Arie, mit dem zweimal wiederholten ersten Theil, Ritornell und allem andern, die nothwendige und einzig mögliche Form der lyrischen Musik? Es ist offenbar nur eine in sich wohl berechtigte, aber nicht die einzige Form. Die Verzierungen und Verbrämungen sind von vornherein nur Beigabe und nicht einmal in dem musikalischen Schema begründet. Die Figuren- und Cadenzen-blühende Arie ist daher auf „edle Einfachheit" zurückzuführen; nur die Architektonik der Melodie ist ein der Tonkunst innewohnendes, wesentliches Gesetz, das weder aufgegeben, noch verletzt werden darf; alle weiteren Tonmittel, welche dazu dienen, den Ausdruck zu verschärfen und die Leidenschaft zu färben, sind schlechthin dem dramtischen Zweck zu unterwerfen und dürfen nur da angewandt werden, wo die Situation sie bedingt und rechtfertigt.

Der Dichter, um der Musik Raum zu verschaffen, hat an der Idee des „lyrischen Dramas" festzuhalten, „alle blühenden Schilderungen und wortreichen Sittensprüche durch kräftige Leidenschaften und anziehende Situationen, durch die Sprache des Herzens, und eine stets abwechselnde Handlung" zu ersetzen. Die Idee, welche Gluck vorschwebt, ließe sich kurz so ausdrücken: das lyrische Drama hat zum Gegenstand eine Handlung, welche in entscheidender Weise die innere Wesenheit und Grundstimmung der Handelnden zur Offenbarung

bringt. Ausgeschlossen (und zum componiren ungeeignet) ist alle
Reflexion, alle nur durch Schönheit und Wahrheit des Gedankens packende Rede: die Oper hat es mit Stimmungen zu thun, mit wirklichen Gestalten; in ihr darf nichts
als Handlung und Stimmung sein, Situation und Leben: der
Dichter schafft die dramatischen Gestalten und führt mit der
Handlung auf die einzelnen lyrischen Ruhepunkte hin, welche
je eine bestimmte Stufe der Entwicklung auf die tragische Katastrophe hin zeigen.

Das Gebiet, welches der Oper ureigentümlich gehört,
weil ja die Musik als die romantische Kunst allein im Stande
ist, völlig wie mit einem Zauberschlag, über die Realität hin-
wegzuheben, ist die Sage und das Märchen; die Sage hat es
mit keiner erträumten, sondern mit einer, wenigstens vermeint-
lich, wirklichen Welt zu thun; die Helden der Sage sind nur
viel größer und gewaltiger, ihre Leidenschaften sind tiefer und
energischer, ihre Conflicte entscheidender und weitgreifender, als
die Wirklichkeit zeigt. Es ist das ächt und wahrhaft Menschliche, das in der Heldensage in typische Gestalten und Ereignisse verdichtet uns entgegentritt, um so verständlicher und er-
greifender, als diese aller menschlichen Zufälligkeit entkleidet
sind, der Mensch als solcher mit seinen Leidenschaften im
Helden vor uns tritt. Die tragische Handlung soll gleichsam
aus dem innersten Grund des Empfindens der Helden, ihrer
innersten Bestimmtheit vor dem Gefühl der Hörer heraus-
wachsen und sich so vor demselben Schritt für Schritt rechtfertigen.

Die Musik hat die Aufgabe, durch den allgemeinen Charakter, der ihr aufgeprägt ist, durch die das Ganze beherrschende
Grundfarbe, den Zuhörer in die Sagenwelt und ihre Stimmung zu versetzen: sie hat also vor allem dem Kunstwerk die
Einheit der Stimmung zu geben und zu erhalten. Es genügt nicht, daß sie schön und wahr im Detail sei, sie muß
durchaus einheitlich sein. Auf dieser Grundfarbe zeichnen sich

dann in bestimmter Färbung und Charakteristik die handelnden Personen ab, die sich darum leichter musikalisch zeichnen lassen, weil sie nur nach ihrer allgemein menschlichen Bestimmtheit in Betracht kommen (Vater, Mutter ꝛc.), als Vertreter und Typen einer gewaltigen menschlichen Leidenschaft oder Grundbestimmtheit; in schärfster Zeichnung treten dann die Situationen hervor, in welchen sich die Handlung im Einzelnen entwickelt.

Nirgends ist gefordert, daß die Musik ihr Wesen aufgebe: gerade die Ebenmäßigkeit und Symmetrie, die Rhythmik und Architektonik verleihen dem Werk die Objectivität und die maßvolle Ruhe der Heroenwelt. — Es ist nur immer das die Frage, was zum Wesen der Musik gehöre. Daß sie im Drama ihr Wesen dem dramatischen Zweck unterordnen und nicht bloß anbequemen muß, leuchtet ja jedem Denkenden von selbst ein. —

Gluck nahm seine Gestalten aus der allen Gebildeten zugänglichen und verständlichen Heroenwelt der Antike. Dort wurzelte die moderne Bildung, dort war man mehr zu Hause als in der eigenen Volkssage, die Antike stand dem allgemeinen Empfinden und Denken am nächsten, aber — nur dem des Gebildeten, und dies erklärt das Schicksal der Gluck'schen Opern.

Die Dramen, die Gluck nach seinen Principien schuf, sind wirklich, was sie sein wollen: griechische Tragödien.

Die Musik, in edler Einfachheit gehalten, trägt den Charakter antiker Klarheit, maßvoller Ruhe, edler Objectivität neben kräftiger Charakteristik und treffender Zeichnung.

Eine das Einzelnste durchdringende, das Ganze überschauende Anordnung gibt dem Werke Einheit und Geschlossenheit.

Die Instrumentation, bei welcher das Streichquartett vorherrscht und die Blasinstrumente nur sparsam aber mit schlagender Bedeutung angewandt sind, ist einfach, hat etwas vom „milden Glanz einfärbigen Marmors" (Ambros.); die Harmonie ist durchsichtig und licht, häufig genügt für die ausdruckvolle Melodie als Begleitung der einfache, markige, charaktervolle Baß.

Im Recitativ bekundet die Wahrheit des Ausdrucks die vollendete Meisterschaft, erzielt unmittelbare Verständlichkeit und vollendet die dramatische Täuschung. In der Arie, dem Ruhepunkt der Handlung, verbindet Gluck technische Fertigkeit und Rundung, melodische Kraft und Fülle mit zwingendem Ausdruck. Mit weiser Beschränkung vermeidet er eine vielfachgeflochtene Stimmführung: Rede und Gegenrede in klarer, scharfer Personal- und Situationscharakteristik wechselt, unterbrochen durch wuchtige Chöre.

Bei aller Leidenschaft herrscht maßvolle, oft beinahe kühle Zurückhaltung; nirgends zu viel, nirgends zu wenig, so daß eben durchweg die Sache und das was zur Sache gehört ins Licht tritt. Einfache Größe, stille Hoheit, reine Formen, durchweht vom Hauch des classischen Geistes bezeichnen Glucks Tragödie, von der man mit Recht sagen kann (Ambros): „Seine Gestalten sind die lebendig gewordenen Marmorbilder der Antike": jungfräuliche Frische und Herbigkeit unterscheidet Gluck's Gestalten von den in reifer Sinnlichkeit prangenden Gestalten Mozarts. Die Idee der Wiederbelebung der hellenischen Tragödie mit den Mitteln der modernen Kunst ist verwirklicht. Es konnte nur noch ein Schritt weiter gegangen werden; unsrem Volke nicht die griechische Tragödie selbst herüberzubringen, sondern ihm das zu schaffen, was für die Hellenen ihre Tragödie war. Denn wenn Gluck's Opern nicht den Beifall und die Sympathie des Volkes haben, so liegt der Grund hievon darin: die Objectivität der griechischen Welt hat für uns Moderne schließlich doch etwas Starres, Marmorkaltes, Fremdes. Es ist eine fremde Welt, in welche sich der classisch Gebildete allezeit lebhaft hineindenken kann, zu deren vollem Verständniß aber nicht blos die durch Philologie und Archäologie vermittelte Kenntniß, sondern die wirkliche und naive Anschauung griechischen Lebens, das Erfülltsein von griechischer Denk-

und Anschauungsweise, gehört. So haben auch die griechischen Tragödien für unser Gefühl und unsre Sympathie etwas Fremdes. Von dem allgemein menschlichen Gehalte darin fühlen wir uns tief erschüttert, von der darin waltenden Poesie zur Bewunderung hingerissen, aber die innere Berührung fehlt, welche eine nachhaltige Erwärmung erzeugt: denn es ist eben griechisches Leben und griechisches Fühlen und Denken, zu welchem wir uns reflectirt und nicht unmittelbar verhalten. In Griechenland war die Tragödie ein aus dem nationalen Bewußtsein unmittelbar hervorwachsendes Kunstwerk: für uns ist sie ein historisch vermitteltes. So fehlen uns — natürlich im Großen und Ganzen verstanden — die geistigen Voraussetzungen für das volle Verständniß der griechischen Sagen=Welt und für das specifisch=Griechische der Tragödie.

Mit diesem Umstande dürfte es zusammenhängen, daß Gluck in seinen Opern musikalisch groß ist im Ausdruck der einfachen Leidenschaft. Das aber, was wir das „Griechische" in seiner Musik nennen, ist etwas Negatives, nemlich das Verzichten auf lebhaftes Colorit, das Zurückdrängen des specifischen Wesens der modern romantischen Musik: der Polyphonie. Die kühle, vornehme Zurückhaltung, die Abwesenheit der eigentlich romantischen Elemente der Musik, die fremdartige Ruhe und Einfachheit legen wir Moderne als das „Griechische" aus. Von einem speciell und positiv griechischen Colorit kann bei Gluck nicht wohl im Ernste gesprochen werden. Diesen positiv griechischen Charakter, der unter anderem in dem Reichtum der Chorlyrik hätte bestehen müssen, hat Gluck gar nicht angestrebt. Es handelte sich auch für ihn gar nicht um den Gegensatz von Antik und Modern, sondern einfach um den von Musik und Poesie. Daß er nicht in das bunte Leben der Gegenwart griff, sondern in die griechische Sagenwelt, lag in der Zeit und verstand sich von selbst. Aber eben darum behält Gluck, so menschlich wahr seine Musik ist, (um des Stoffes willen) für uns etwas Fremdes, gleichwie die grie=

chischen und lateinischen Dichtungen Hutten's und der früheren Humanisten.

Das erste große Meisterwerk, mit welchem Gluck das Ideal des »Dramma per musica« im Gegensatz zur »opera seria« verwirklichte, war sein Orfeo (Orpheus und Euridice), der in Wien 1762 zum ersten Mal über die Scene gieng. Darauf folgte am 16. Dez. 1767 die „Alceste" und 1769 „Paris und Helena". Hatte der Orpheus einen großen Erfolg gehabt, so blieb die Wirkung der beiden letzteren Dramen unter Gluck's Erwartung. Zwar fanden sie beim unbefangenen Publikum um ihrer hinreißenden Wahrheit und Ausdrucks= kraft willen ungetheilten Beifall. Aber „die Halbgelehrten, die Kunstrichter und Tonangeber, eine Klasse von Menschen, die unglücklicher Weise sehr zahlreich ist und zu allen Zeiten dem Fortschritt der Künste tausendmal nachtheiliger war, als die Unwissenden"[1]), fielen darüber her. Man urtheilte bös= willig von Zimmerproben aus; dem einen waren die Melo= dien zu rauh, die Uebergänge zu hart und unvermittelt, den andern war die Harmonie zu arm, kurz, die Musiker zeigten, daß ihnen der Begriff dramatischer Musik völlig abhanden ge= kommen war. — In Italien hieng man am Schematismus, in Deutschland fehlte noch das Verständniß, denn Lessing und Winkelmann waren noch nicht tonangebend. Gluck blickte hoff= nungsvoll auf die große Oper in Paris. Dort war der Boden bereitet und der große Blick vorhanden.

Er componirte für Paris „Iphigenie in Aulis" und reiste 1773 dorthin ab. Mit eiserner Ausdauer und mit Hilfe seiner Schülerin, der Dauphine Marie Antoinette, überwand er die sich ihm entgegenstellenden Hindernisse. Die erste Auf= führung am 16. April 1774 errang einen durchschlagenden Erfolg.

Aber der Erfolg weckte den Parteikampf. Die Anhänger

---

1) Vorr. zu Paris.

der national-französischen Lully-Rameau'schen Oper, die der italienischen, welche durch Piccini, einen Schüler Leos, vertreten war, und die Partei Glucks bekämpften sich mit aller Leidenschaft und Zähigkeit, so daß die „Armide" (23. Sept. 1777) nur mäßigen Erfolg hatte, wogegen Gluck mit der „Iphigenie in Tauris" (18. Mai 1779) einen entscheidenden Sieg errang. Rousseau, bisher sein erbittertster Gegner, trat zu ihm über. — In Deutschland verstanden und würdigten ihn die Dichter (Klopstock, Herder [1]), Wieland); die Musiker wandten sich mit wenigen rühmlichen Ausnahmen, zu denen Reichard und Salieri, letzterer Glucks Schüler, gehörten, schmollend und schmähsüchtig von ihm ab: Handwerksborniertheit, Brodneid und Eifersucht oder altgewohntes Hängen am Schlendrian waren schon damals in der Musikerwelt nur allzu sehr verbreitet, es war dies das verhängnißvolle Erbtheil des zünftigen Musikantentums. —

Wenn es jedoch die einzige wirkliche Genugthuung für den Künstler ist, von den Besten seines Fachs und von den größten Geistern der Zeit sich verstanden und anerkannt zu sehen, so war Gluck trotz aller Anfeindungen seitens der Musiker ein glücklicher Künstler. Zuletzt lebte er in Wien, wo er sich mit Hingebung der Ausbildung seines Schüler's Salieri wiedmete und das Aufgehen des Sternes Haydn noch erlebte. An der

---

[1] Herder: „der Fortgang des Jahrhunderts wird uns auf einen Mann führen, der, diesen ganzen Trödlerkram werthloser Töne verachtend, die Nothwendigkeit einer innigen Verknüpfung rein menschlicher Empfindungen und der Fabel selbst mit seinen Tönen einsah. Von jener Herrscherhöhe, auf welcher sich der gemeine Musikus brüstet, daß die Poesie seiner Kunst diene, stieg er hinab, und ließ, soweit es der Geschmack der Nation, für die er in Tönen dichtete, zuließ, den Worten, der Empfindung, der Handlung selbst seine Töne nur dienen. Er hat Nacheiferer, und vielleicht eifert ihm bald Jemand vor: daß er nemlich die ganze Bude des zerschnittenen und zersetzten Opern-Klingklangs umwirft und ein Odeum aufrichtet, ein zusammenhangend lyrisches Gebäude in welchem Poesie, Musik, Action und Decoration eins sind". —

Vollendung eines Tondrama's „Die Danaiden" und an der Fertigstellung der Composition von Klopstock's „Hermannsschlacht" hinderte ihn längeres Siechtum. Klopstock war unter den Dichtern sein Liebling; mehrere „Oden" Klopstocks hat er componirt oder, wenn uns der Ausdruck gestattet ist, mit musikalisch-declamatorischen Accenten versehen: denn er bewahrte in der Musik der deutschen Dichtung gegenüber die ganze Pietät und keusche Zurückhaltung, welche nach seiner Ansicht der Tonkunst gegenüber von der Poesie zukam. — Gluck starb am 15. Nov. 1787, 73 Jahre alt.

Seine Größe beruht ausschließlich in der dramatischen Musik und auch auf diesem Gebiet vorwiegend in dem Ausdruck des Tragischen. Was er auf dem Gebiet der reinen Musik geschaffen hat (einige „Sinfonien bezw. Ouverturen"; ein de profundis), oder was er auf dem Gebiet der komischen Oper versucht hat, ragt nicht eben gewaltig über das Zeitgenössische hervor: in der reinen Musik war ihm mancher überlegen. Was ihm in der Musikgeschichte seine einzige Stellung zuweist, das ist sein »Dramma per musica«, seine Meisterschaft im tragischen Styl, die durch ihn bewirkte Reformation der Oper, die Wiederbelebung des ursprünglichen Ideal's derselben. Man ist versucht — wie schon so oft geschehen — ihn mit Lessing und Winkelmann zu vergleichen. Mit jenem theilt er den hellen Blick und die schneidend scharfe Kritik im Dienst der Wahrheit; mit diesem den Sinn und die hohe Begeisterung für die classische Antike. Als Musiker, wie als Mensch war er durchaus und allseitig gebildet, ein Mann der Worte, wie der Noten; für uns Epigonen ist er ein hellleuchtendes Beispiel davon daß nur die Künstler das Beste in ihrem Fache treffen und erreichen können, die in erster Linie an sich selbst arbeiten und sich selbst erziehen, damit sie mit der Geistesbildung ihrer Mitwelt gesättigt auf der Höhe der Zeit stehen. Künstlerische Redlichkeit und Lauterkeit, Strebsamkeit und Idealität, Vielseitigkeit und Gründlichkeit der Geistesbildung, haben Gluck zum Meister aller Zeiten gemacht, denn ohne sie wäre er nicht einmal ein Hasse geworden. —

2. Abschnitt.
Die Classiker der Instrumentalmusik.
Ueberblick.

Der Vater der Instrumentalmusik nach moderner Weise ist Johann Sebastian Bach mit seinen individuell gegliederten und charaktervollen Suiten gewesen. Der volle Erbe seines Geistes wurde erst Beethoven. Zwischen Bach und Beethoven fällt die Vervollkommnung und theoretische Begründung der Instrumentaltechnik, welche die Vorbedingung der selbständigen Instrumentalmusik war (Quanz „Versuch einer Anweisung, die Flöte traversière zu spielen", Leopold Mozart „Versuch einer gründlichen Violinschule" 1750, Agricola „Anleitung zur Singekunst" 1757) und die Ausbildung der Kunstform, in welcher die reine Instrumentalmusik zur classischen Vollendung kam, nemlich der Sonatenform.

Der Name Sonata bedeutet einfach „Klangstück" und steht mit dem inneren Wesen der Musikform, welche conventionell die Sonatenform genannt wird, in keiner bedeutungsvollen, wesentlichen und inneren Beziehung.

Zu unterscheiden ist von vorneherein die Sonate als ein cyklisches Ganzes von mehreren Tonstücken und die Sonate als Musikform von eigentümlichem Bildungsgesetz, als die auf das Grundgesetz der Homophonie, nemlich die Symmetrie der Glieder, und auf das Princip des modulatorisch vermittelten Gegensatzes gegründete Form der thematischen Entwicklung. —

Die Sonate als cyklisches Ganzes von mehreren Tonstücken ist aus der Suite entstanden, die Suite vielleicht[1]) aus der „Partie" (italienisirt partita), mit welchem Namen man eine bestimmte Aneinanderreihung von verschiedenen, charakteristischen, in Tonart, Rhythmus und Tempo contrastirenden Tanzweisen bezeichnete, wie sie sich zunächst innerhalb des Kunstpfeifertum's conventionell festgesetzt hatte. Wohl die Sweelinck'sche Schule

---

1) Vgl. Spitta, J. S. Bach I S. 680 ff.

übertrug diese Form des Tanzreihen's auf das Clavier: in der Regel beginnt das Ganze mit der Allemande (einer „aufrichtig deutschen Erfindung" nach Mattheson), dann folgt die Courante, worauf Gique und Sarabande oder je nur einer der beiden Tänze den Schluß bildete. Der Name „Partie", Partey, partita verallgemeinerte sich dabei und bezeichnete überhaupt ein aus mehreren Theilen bestehendes Ganzes. Die Franzosen fügten vor der Allemande gerne die Ouverture (später auch Sinfonie oder Präludium) ein, am Schlusse kleine charakteristische Tänze (Gavotte, Menuett, Rigaudon, Passepied, Bourrée Chaconne u. s. f.), und da sie die Formen auf den „pronouncirtesten Rhythmus" zurückführten und damit vollends ausbildeten, behielt das Ganze den französischen Namen »suite«. —

Von der „Suite" unterscheidet sich die gleichzeitige „Sonate" nur dadurch, daß sie nicht bloß aus Tänzen besteht und auch nicht nothwendig Tänze enthalten muß, dagegen ihrem ersten Satze solche folgen lassen kann.

Ursprünglich nemlich bezeichnet die „Sonata" ein klanggesättigtes auf volle Besetzung berechnetes Instrumentalstück; Prätorius (1619) unterschied sie von der »canzona« als ein Stück „gravitätisch und auf Motettenart" gesetzt. Joh. Gabrieli begründete die Kirchensonate, die einsätzig war, mit der Zeit, unter dem Einfluß der Lully'schen Ouverture auch aus zwei im Tempo rc. contrastirenden Sätzen sich aufbaute. Corelli fügte mit Freiheit zwei solcher Satzpaare zusammen. „Das Hauptprincip der Sonate besteht sonach im Wechsel zwischen langsamen, breitgezogenen und raschen, meist fugirten Sätzen, die auch im Tact gerne miteinander contrastiren, und werden Tänze angewendet, so müssen sie im Allgemeinen nach diesem Princip eingeordnet werden".

Die viersätzige Kirchen- und Kammersonate (welche der Gabrielischen Kirchensonate und der weltlichen Orchestersonate oder der Suite, dem Tanzreihen) als ein Neues gegenübertrat, übertrug Kuhnau auf das Clavier, während das Orchester die Suite behielt, dagegen im „Concert" ein aus 3 Sätzen bestehendes cyklisches Ganzes besaß. Indem Philipp Emanuel Bach die Claviersonate auf die 3 Sätze des Concerts reducirte, war der Cyklus des Concert's und der Sonate bei aller Verschiedenheit des inneren Baues — der Orchester- und der Solo-Sonate in eines zusammengefallen.

Die Umbildung der polyphonen Satzweise in die homophone vollzog schon Domenico Scarlatti mit seinen einsätzigen Claviersonaten.

Von der Kammersonate gieng die dreisätzige, bezw. viersätzige cyklische Form, mit dem streng gearbeiteten ersten Satz an der Spitze, auf das Orchester zurück, die Sinfonie (Orchestersonate) verdrängte die Suite.

Die erste Aufgabe war, die Instrumentalmusik von den Fesseln des strengen Contrapuncts zu befreien, das war die Aufgabe, welche Philipp Emanuel Bach löste; die zweite Aufgabe war, die künstlerische Ordnung und individualistische Verwendung des Orchesters zu lernen, dies war Vater Haydn's Werk; die dritte war: aus dem geistreichen, feinen Spiel mit Instrumenten und Melodien das mit idealer Schönheit gesättigte Kunstwerk herauszubilden, das that Mozart, der insofern als der Classiker bezeichnet werden kann, als in seinen Werken das musikalisch Schöne in seiner Reinheit zur vollkommensten Darstellung gekommen ist. Mit Beethoven tritt die Tonkunst schon in den Dienst des Gedankens, der Idee oder des Zeitbewußtseins (wie man will! wir streiten nicht um den Ausdruck). Denn es ist die Aufgabe jeder Kunst, nicht bloß durch die Nahebringung des Schönen Genuß, Erquickung und Freude zu gewähren, sondern durch Realisirung des Idealen auch ihrerseits an der ethischen Befreiung und Verklärung der Welt mitzuarbeiten und in diesem Sinne mit den die Zeit bewegenden Gedanken und Strömungen sich in bewußte Berührung zu setzen, beziehungsweise mit ihnen lebendige Fühlung zu gewinnen. Wo eine Kunst als Culturmacht in die Realität eingreift, da büßt sie freilich stets an idealer Schöne und Unberührtheit ein; aber sie gewinnt dafür stählende Kraft und wird eine bahnbrechende Macht, wird eine Priesterin und Prophetin des Volkes und der Zeit. Damit, daß sie dem Gedanken sich weiht, gibt sie das eigene Gesetz noch nicht auf. Denn eine ideale Kunst bleibt sie ja gerade nur dadurch, daß sie das ihr eingeborne Schaffens-Gesetz treu einhält. In diesem Sinne wird Mozart's musikalischer Genius der erste sein an unvergänglicher, jugendlicher Schönheit; aber Beethoven's Genius wird ihn überragen an Bedeutung.

 a. Vorgeschichte. Bach's Söhne [1]).

1) cf. Bitter, die Söhne Bachs, Berlin 1868.

Das Erbe des großen Bach übernahmen zunächst seine Schüler und Söhne. Jene hatten nur den Contrapunctisten und Orgelmeister Bach abgelernt; diese hatten wohl des Vaters Weitherzigkeit und Begabung, aber sie besaßen nicht den heilig strengen Ernst und das zarte künstlerische Gewissen des großen musikalischen Erzvaters. —

Friedemann Bach (der „Hallische Bach"), der nach Philipp Emanuel's Zeugniß „den Vater ersetzen konnte", wird das Opfer des Mangels an sittlichem Halt. Reich begabt, liebenswürdig und schön in seinem Aeußeren; als Meister überall, wo er sich zeigt, anerkannt, scheucht er durch Hochmuth, Zerstreutheit und Fahrlässigkeit alle von sich und verfällt zuletzt der Trunksucht. Des großen Bach „Liebling", der so reiche Hoffnung erweckt hatte, verkommt zu Berlin in der Gosse (1774), in ihm ist das fahrende Genie des älteren Musikantentums noch einmal wach geworden. Treu, aber mäßig begabt ist Johann Christof Bach (der Bückeburger). Sehr begabt, aber ohne wahrhaft künstlerischen Ernst zeigt sich der Londoner Bach Johann Christian. Sie alle sind als Musiker keineswegs unbedeutend, aber sie erscheinen unbedeutend als die Erben des universalen Bach: es ist ihnen nicht zu Theil geworden, epochemachend, ja auch nur bedeutungsvoll in das Musikleben einzugreifen.

Die bedeutendste Stelle in der Musikgeschichte nimmt unter Bach's Söhnen derjenige ein, welcher ursprünglich nicht zum Musiker bestimmt war, Carl Philipp Emanuel, geb. am 14. März 1714 zu Weimar. Wie alle seine Brüder hatte er eine umfassende und gediegene Schulbildung in der Thomasschule zu Leipzig erhalten. Später studirte er jura in Frankfurt a. O., leitete daselbst einen von ihm ins Leben gerufenen Musikverein und wurde dadurch mit dem als Kronprinz in Rheinsberg residirenden Friedrich II. bekannt. Derselbe berief ihn nach Rheinsberg als Accompagnisten, später nachdem er die Regierung angetreten hatte, (1740) als „Kammermusiker" (Cembalist) nach Berlin.

Die Stellung daselbst war zwar ehrenvoll, aber für einen offenen und geraden Künstlersinn zu abhängig. Bach besaß einen harmlosen aber nach Umständen scharfen Sarkasmus, der ihn allem nach dem Berliner Hofe mit der Zeit verleidete. Bach nahm daher im Jahre 1767, da der König ohnehin durch ernste Sorge für sein Land, das an den Wunden des kaum beendigten siebenjährigen Krieges blutete, von der Kunst abgezogen war, einen Ruf an das Hamburger Johanneum an.

Dort entfaltete er eine reiche Thätigkeit als Componist und Dirigent. Sein launiges und gefälliges Wesen, seine vielseitige Bildung, sowie seine ausgedehnte Gastlichkeit gewannen ihm viele Freunde und machten ihn in Hamburg zum Mittelpunkt der edleren, musikalischen Bestrebungen. Er starb in hohen Ehren am 14. Dez. 1788, in der Musikgeschichte der „Hamburger Bach" genannt.

Die Bedeutung Philipp Emanuel's liegt nicht blos darin, daß er das Erbe seines großen Vaters in seiner Weise und nach dem ihm anvertrauten Maß treu verwaltet hat, wie seine Kirchenstücke („Heilig", „Passionscantaten", „Ramlers Auferstehung", „Himmelfahrt Jesu", „Die Israeliten in der Wüste", neben Litaneien, Liedern, Oden 2c. 2c.) zeigen, oder daß er gegenüber der genialen Zerfahrenheit seines Bruders Friedemann das Künstlertum auf dem Grunde ernster Charakterfestigkeit nach dem Bilde seines Vaters repräsentirt, wenn auch in bedeutend verjüngtem Maßstab, sondern darin, daß er die Entwicklung wirklich weitergeführt und Neues begründet hat. Mit dem Londoner Bach theilte er die Richtung auf die gebildete Gesellschaft, den höfischen Salon, und darum die Fähigkeit glatterer, leicht faßlicher Formgebung, wie sie dem streng massiven Johann Sebastian, der für das Münster im gothischen Styl, für Gott und sich selber schrieb, nicht eignete; mit dem guten Bückeburger hatte er vom Vater die Solidität und Gebiegenheit des Handwerks gemein; beide überragt er an Begabung, wenn er gleich darin seinem älteren Bruder Friedemann nachstand.

Seine Berufslaufbahn, entsprechend seinen persönlichen Gaben, hat ihn zum Begründer des modernen Clavierspiels gemacht, sofern er in seinem „Versuch über die wahre Art, das Clavier zu spielen" das im „Wohltemperirten Clavier" verschlossene, einer späteren Nachwelt vorbehaltene herrliche Vermächtniß Johann Sebastian's der damaligen Gegenwart mundgerecht gemacht hat. — Er erhob ferner die Kammersonate zu einem geschlossenen Ganzen und wurde dadurch der Begründer der Kammermusik, die gleich nach ihm zur classischen Vollendung kam. Ja, sofern die Kammermusik sowohl in ihrer Form (Sonate — Sinfonie) als in ihrer Zusammensetzung (Duo, Trio, Quartett 2c.) die Seele der modernen Instrumentalmusik ist, kann man von Philipp Emanuel Bach sagen, daß er der Schöpfer des freien Instrumentalstyls sei, welcher im Gegensatz zu der das Verschiedenartigste nur lose an einander anreihenden Suite in den drei Sätzen (Allegro, Andante, Rondo) ein Ganzes geben will und an die Stelle der strengen Contrapunctik die freie melodisch-thematische Arbeit setzt. So ist er nicht nur indirect, sondern direct, sofern Haydn sich an seinen „Sonaten für Kenner und Liebhaber" bildete, dessen Vorgänger und Lehrmeister, und wir können seine Bedeutung für die Haydn-Mozart'sche Kunstepoche (des „galanten", „ewig jungen" Kammerstyls) in Mozarts eigene Worte fassen, der ihn einst in Hamburg besuchte: „er ist der Vater, wir sind die Bub'n; wer von uns was rechts kann, hat's von ihm gelernt". Kaum geringer, als der Einfluß Ph. Em. Bach's auf die classische Epoche ist der des gediegenen Johann Joseph Fux (geb. 1660, † 1741) anzuschlagen, welcher 40 Jahre lang als Oberkapellmeister zu Wien unter den Kaisern Leopold I., Joseph I. und Karl IV. gewirkt hat. Er verband mit der Gewandtheit und Natürlichkeit der italienischen

Schule deutschen Ernst und deutsche Strenge, die Solidität seiner Satzweise war anerkannt, wie er denn einer der ersten Contrapunctiker seiner Zeit, jedenfalls aber der erste Theoretiker gewesen ist. Seiner Operncomposition war vielleicht seine Gründlichkeit in Satz und Entwicklung minder günstig; von seinen zahlreichen Kirchencompositionen (Messen, Motetten u. s. f.) behaupten viele heute noch ihren Werth. Durch sein berühmtes Lehrbuch des Contrapunct's „Gradus ab Parnassum" ist er, wenn auch damals nicht mehr unter den Lebenden, der Lehrmeister Haydn's und Beethoven's geworden, von denen der erstere als Kapellknabe zu St. Stefan seinen Sarg geleitete.

b. Geistiger Boden.

Vergl. O. Jahn, Mozart II. 64 ff. — Thayer, Beethoven I. S. 266 ff.

Von dem ernsten, in erster Linie die schulmäßige Gediegenheit pflegenden Norddeutschland geht die Entwicklung jetzt über auf das katholische, lebensfrohe, heitere, ein fröhliches Genußleben verstattende Oesterreich. In Norddeutschland arbeitete die Kunst fast ausschließlich für die Kirche oder für die Oper; mit Emanuel Bach hatte sie die Richtung auf die gebildete Gesellschaft eingeschlagen und zwar konnte nur diejenige Gesellschaftsschichte dabei in Betracht kommen, welcher Reichtum und gesellschaftliche Situation einen frohen und behaglichen Lebensgenuß erlaubten: in Hamburg die kaufmännische Aristokratie, in Oesterreich der begüterte Adel. Einen eigentlich gebildeten Mittelstand, der tonangebend auf das geistige Leben eingewirkt hätte, gab es noch nicht; die „Gebildeten", d. h. diejenigen, welche durch Kunst oder Gelehrsamkeit irgendwie von hervorragender Bedeutung waren, fanden noch Raum als „Salz" in der Adelsgesellschaft, welche das Privilegium feiner Bildung ausschließlich beanspruchte und ihrerseits darauf hielt, daß die Vertreter des Geburtsadels auch wirklich den Adel

feiner Geistesbildung sich erringen und in der Gesellschaft bethätigen mußten.

Die Musik wird in diesen Kreisen ein bedeutungsvoller
Factor des gesellschaftlichen Genußlebens. So geistig und edel
auch die Kunst von den abeligen Kennern aufgefaßt wurde, sie
war doch immerhin Sache des Genusses und hieraus erklärt
es sich, daß die Musik, gegenüber dem strengen und ernsten
Charakter der norddeutschen in der Kirche wurzelnden Musik,
jetzt etwas Genußfrohes, den Stempel sonniger Freudigkeit,
erhält. Auf die Norddeutschen, „die" nach Reichards Worten,
„alle an die Bach'sche Schule gebunden waren", mochte diese
sonnige Helle der Wiener Tonkunst leicht den Eindruck der
Leichtfertigkeit machen. Dasselbe Merkmal, welches uns das
einseitige Eifern norddeutscher Meister gegen „das Ge-Mozarte"
begreiflich macht, erklärt uns auch die großartige Popularität,
welche die Werke der Wiener gewonnen haben, weil sie dem
Ernst der Schule gegenüber eine gewisse sinnliche Frohheit, eine
unerschöpfliche Frische und einen jugendlichen Glanz ausstrahl-
ten, wie man's noch bei keinem Musiker bisher gefunden hatte.
Es erinnerte diese neue Musik an die Leichtlebigkeit der Italiener; aber vor diesen hatten die Wiener doch wieder die
deutsche Gründlichkeit und Gediegenheit voraus. Die Leichtlebigkeit des Oesterreicher's, die frische Sinnlichkeit, welche sich
gerne im Gefolge des Katholicismus findet, war bei diesen
Meistern gepaart mit deutscher Herzlichkeit und künstlerischem
Ernst, so daß ihre Meisterwerke eine überaus glückliche Verbindung des Guten der norddeutschen Schule mit dem Guten
der italienischen Schule darstellen.

Die Musikform, welche die Classiker der Instrumentalmusik ausbildeten, war die der Sonate, beziehungsweise der
Sinfonie.

Die Wirkung beruht bei dieser Form zunächst und hauptsächlich im Contrast. Nach dem Princip des Gegensatzes ordnen
sich die Sätze des Ganzen: das feurige Allegro, das liebhafte

Andante, das lebhafte Rondeau, welchem später das frische und heitere Menuett als schroffer Gegensatz des Andante noch vorangeht. Im einzelnen Satze wiederum bildet sich nach dem Princip des Gegensatzes Thema und Gegenthema, Satz, Gegensatz, Seitensatz ꝛc., gliedert sich die Durchführung und Gruppirung, bestimmt sich die Vertheilung der Klangfarben, der Wechsel von Licht und Schatten ꝛc. Der allem contrastirenden Wechsel im Einzelnen zu Grunde liegende Gegensatz ist der — dem Volkslied entnommene — Gegensatz von Tonika und Dominante, welche gleichsam die beiden Pole oder Angelpunkte bezeichnen, zwischen welchen die Tonbewegung verläuft und in denen sie zur Ruhe gelangt. Wirkt ferner der erste Satz (Allegro) vorwiegend durch die Entgegensetzung der Themen, welche die contrapunctische Bedeutung und die musikalische Kraft des Thema's darthut, so wirkt das Andante (Abagio) mehr durch den Gegensatz der verschiedenen Beleuchtung und Färbung, Steigerung und Milderung Eines Themas (in Dur und in Moll). Das Rondeau gibt in der Regel einen liebhaften — oft dem Volksgesang oder der Volksmusik überhaupt entnommenen — Satz in immer neuer Umrahmung, und verbindet so beide Arten der Gegensätzlichkeit.

Diese Form hat mit Einfügung des Menuets festgestellt der erste der Wiener Classiker

1. Josef Haydn.

Quellen: **Griesinger**, G. A., Biographische Notizen über Haydn. Leipzig 1810.

Dies, A. Ch., Biographische Nachrichten von Josef Haydn. Wien 1810.

Arnold, J. F., Joseph Haydn, seine kurze Biographie und ästhetische Darstellung seiner Werke. Erfurt. 2. A. 1825.

Carpani, G., Le Haydine ovvero lettere su la vita e le opera del celebre Maestro Gius. Haydn. 2. A. Padua 1823.

De la Fage, A., Sur la vie et les ouvrages de Joseph Haydn. Paris 1841.

Karajan, Th. G. v., J. Haydn in London 1791 u. 1792. Wien 1861.
Wurzbach, Josef Haydn und sein Bruder Michael. Wien 1861.
C. A. Ludwig, Jos. Haydn. Nordhausen 1807.
C. F. Pohl, Josef Haydn I. Berlin 1875. (Im Vorwort dieses ersten Specialwerks von Bedeutung und Sicherheit über Haydn siehe weitere Quellen.)

1. Lebensumstände.

Josef Haydn wurde, als das älteste unter 20 Kindern, am 31. März 1732 zu Rohrau, einem Dorfe in Niederösterreich geboren. Der Vater war ein einfacher Wagner, die Mutter eine fromme, pünktliche Frau. „Meine Eltern, sagt Haydn selbst, haben mich schon in der zartesten Jugend mit Strenge an Reinlichkeit und Ordnung gewöhnt: diese beiden Dinge sind mir zur zweiten Natur geworden". Früh ward er zu Fleiß und Sparsamkeit angehalten. Aber auch der ideale Zug fehlte dem Haus nicht. Der Vater, der neben dem Handwerk „von Natur aus ein großer Liebhaber der Musik war", besaß eine hübsche Stimme und hatte auf seiner Wanderschaft die Harfe spielen gelernt und damit an Sonntag-Nachmittagen manches Stück Geld verdient, indem er den Bauern zum Tanz spielte oder den Gesang seiner Frau begleitete. Der Knabe durfte wohl manches Mal mit. Seine frühesten musikalischen Eindrücke bildeten also die niederösterreichischen Volkslieder, die er seine Mutter zur Harfe singen hörte, und die volksmäßigen Tänze und Märsche, mit welchen der Vater die Bauern zu tractiren hatte.

Da der Kleine frühe schon musikalische Begabung zeigte, so nahm ihn ein Verwandter, Johann Matthias Frank, Schulmeister in Haimburg, zu sich. Hier lernte Haydn in strenger und harter Schule sämmtliche Instrumente des Orchesters spielen. Was er diesem Unterricht verdankte, hat Haydn selbst später dankbar anerkannt: „Ich verdanke es diesem Manne noch im Grabe, daß er mich zu so vielerlei angehalten hat, wenn ich auch mehr Prügel, als zu essen bekam". Es war für den späteren Meister der Instrumentalcomposition von besonderer Wichtigkeit, daß er schon so frühe die Individualität jedes Orchesterinstruments nach Charakter und Leistungsfähigkeit praktisch kennen lernte. 1739 kam er 8 Jahre alt von dem K. Hofcompositor und Domkapellmeister bei St. Stefan in Wien, Georg Reutter, selbst aufgefordert, als Chorknabe nach Wien. Es eröffnete sich ihm damit die großartige Aussicht, einmal Schulmeister oder gar Cleriker zu werden. Der eifrige Junge trieb aber neben dem Latein und dem bischen Musikunterricht, den er officiell erhielt, auf eigene Faust Studien mit Fux' »gradus ad parnassum« und Matthesons „Vollkommenem Kapellmeister", und legte so einen guten Grund für seine spätere Laufbahn.

Die Mutirung seiner schönen Sopran=Stimme kostete ihn die Chorknabenstelle und der November 1749 fand ihn hilflos auf der Straße in der großen Stadt, da er von Seiten der unbemittelten, kinderreichen Eltern auf keine Unterstützung rechnen konnte. Ein gutherziger Freund, Tenorist Spangler, gewährte ihm Obdach und Haydn fristete sein Dasein mit einigen Musikstunden und „schleppte sich mit Unterrichtung der Jugend ganzer 8 Jahre kummerhaft herum"; eine Chorsängerstelle bei den barmherzigen Brüdern trug auch ein Weniges ein, dazu gieng er mit musikalischen Gesellen »gassatim musiciren" — ein armseliges, mühseliges Dasein! Da that sich ihm in der Stunde der äußersten Noth ein gutes Herz auf: der Posamentirer Buchholz lieh dem Jüngling ohne Interessen 150 fl. zum Fortkommen. Trotz aller bisheriger Misère, die ja trotz des edlen Anlehens noch kein Ende, hatte war der kindlich anspruchslose Jüngling dabei glücklich; die jugendliche Elasticität und der künstlerische Genius halfen ihm über alles Widerwärtige hinweg. Er erzählt selbst: „Wenn ich an meinem alten, von den Würmern zerfressenen Clavier saß, beneidete ich keinen König um sein Glück". In dieser Zeit des Ringens um äußere und innere Selbständigkeit fielen ihm die „Sonaten für Kenner und Liebhaber" von Philipp Emanuel Bach in die Hände; diese bildeten die Muster und die Grundlage seines eigenen Schaffens: denn wo Phil. Em. Bach aufhörte, eben da knüpfte Haydn an. „Wer mich gründlich kennt", sagt er selbst, der muß wissen, daß ich dem Emanuel Bach sehr vieles verdanke, daß ich ihn verstanden und sehr fleißig studirt habe."

In demselben Hause, dessen Mansardenstube der junge Künstler inne hatte, wohnte der gefeierte Operntextdichter Metastasio und die mit demselben nahe befreundete Familie Martines. Haydn gelangte „zu der Ehre", der Tochter Marianne Martines Clavierstunden geben zu dürfen. Bei dieser Gelegenheit lernte er den italienischen Operncomponisten und Gesanglehrer Porpora kennen, der ihn als Accompagnateur für seine Singstunden annahm und ihm dafür Unterricht in der Composition ertheilte. Zwar mußte Haydn in dieser Stellung viel schlucken, denn der maestro behandelte ihn wie seinen Bedienten — aber Haydn war ja vom Leben nicht verhätschelt worden, und er lernte dafür vieles „in dem Gesange, der Composition und der italienischen Sprache", deren Kenntniß für den Musiker schlechthin nothwendig war. Freundliche Sonnenblicke gewährten dem frischen und strebsamen Meister Einladungen des Herrn von Fürnberg auf Weinzirl, wo Haydn die erste Veranlassung zur Composition von Streichquartetts fand und wo ihm die freundlichste Ermunterung zu Theil wurde. Durch Empfehlungen Fürnbergs erhielt Haydn im Jahre 1759 die Stelle eines Kapellmeisters bei dem Grafen Morzin, in welcher Stellung er seine erste Sinfonie componirte und mit der Tochter des Friseur Keller eine zeitlebens unglückliche Ehe einging.

Das Jahr 1761 brachte unsern Meister in eine würdige Stellung als Kapellmeister des Fürsten Esterhazy, dessen Hause er bis an sein Lebensende angehörte. In dieser Stellung hatte Haydn, wie damals jeder Kapellmeister, vor allem die Aufgabe, fleißig zu componiren; ein treffliches Orchester, welches ihn verstand und würdigte, brachte seine Compositionen sofort zur Aufführung; hier reifte Haydn schnell zur Meisterschaft heran. Schon früher waren, ohne sein Vorwissen, Werke von ihm gedruckt worden; der große Absatz, den die gefälligen, reinlich und gründlich gearbeiteten und doch reizend melodischen Sachen gefunden hatten, machte seinen Namen mehr und mehr berühmt, ohne daß er selbst sich dessen in seiner Bescheidenheit bewußt war.

In den dreißig Jahren, welche Haydn theils zu Eisenstadt, der Residenz des Fürsten, theils zu Wien zubrachte, entstanden die meisten seiner Werke und allem nach war er in dieser Stellung glücklich und zufrieden. Ein gewisser Salomon aus Cöln, welcher in London Concerte von classischer Musik veranstaltete, hatte Haydn schon früher zu einer Reise nach London bewegen wollen; aber der Meister hatte aus Pietät gegen seinen Fürsten entschieden abgelehnt.

Erst als der Tod des Fürsten das Verhältniß löste, gelang es dem genannten Concertunternehmer, Haydn nach England zu entführen. 1790 trat er die Reise an und fand in London, was ihm Deutschland im Großen bis jetzt noch versagt hatte, so sehr er in einzelnen Kreisen anerkannt war, enthusiastische Verehrung und reichen, materiellen Lohn. Dadurch wurde seine Schaffenskraft mächtig angespornt. Es entstanden in London die herrlichen sogen. 12 Londoner Sinfonien, die ewig jungen, nie veraltenden, die auch jetzt noch nicht fleißig genug können aufgelegt werden.

Haydn blieb das erste Mal anderthalb Jahre, das zweitemal (1794) zwei Jahre in London. So sehr man ihn daselbst zu halten suchte, so glänzend die Aussichten waren, welche sich ihm eröffneten, wenn er blieb: er war ein zu guter Oesterreicher, um anderswo glücklich leben zu können, als in der lebensfrischen, schönen Kaiserstadt an der Donau.

Als gefeierte europäische Berühmtheit kehrte er nach Wien zurück, kaufte sich ein ländlich gelegenes Haus und lebte in behaglicher Unabhängigkeit, ganz seinen Compositionen und dem Unterricht seiner Schüler gewidmet bis an sein Ende, welches am 31. Mai 1809 erfolgte.

Er hatte im Ganzen 118 Sinfonien, 83 Streichquartette, 60 Sonaten, 14 Opern, 5 Marionettenopern, 5 Oratorien, 42 Lieder und Duetten, 3 Messen und zahllose Motetten, Tänze, Märsche u. ä. componirt. Die Früchte der gemächlichen Muse seiner letzten Jahre waren hauptsächlich die „Schöpfung", „die Jahreszeiten" und „die sieben Worte".

2. Künstlerische Bedeutung.

Haydn's Persönlichkeit kennzeichnete schlichte Einfachheit, Treue[1]) und Selbstlosigkeit, gepaart mit seltener Pünktlichkeit im gesammten Thun und Lassen und mit einer kindguten, durchaus naiven Frömmigkeit.

An die Spitze seiner Partituren pflegte er die Worte »in nomine Domini« oder »soli Deo gloria«, an den Schluß die Worte »laus Deo« zu setzen. Er selber dankte Gott, „der ihn vor Hochmuth bewahrt habe", und wenn er, ein 76jähriger Greis, bei der Aufführung der Schöpfung, als die Stelle „Es werde Licht" jubelnden Beifall weckte, abwehrend die zitternden Hände ausstreckte und sprach: „Nicht von mir, es kommt von oben!" so war das bei ihm keine Phrase, sondern der Ausdruck seiner innersten Ueberzeugung und Denkweise. Erzählt er doch gerade in Beziehung auf die „Schöpfung", daß er „noch nie so fromm gewesen" sei, als während der Zeit, in welcher er an der Schöpfung gearbeitet habe: „täglich fiel ich auf meine Kniee nieder und bat Gott, daß er mir Kraft zur glücklichen Ausführung dieses Werkes verleihen möchte". Und ein andermal: „wenn es mit dem Componiren nicht weiter gehen wollte, so gieng ich mit dem Rosenkranz im Zimmer auf

---

[1] Ein Augenzeuge erzählt, daß Haydn, wie er von London als ein weltberühmter Mann zum erstenmal in sein väterliches Haus zurückkehrte, auf der Schwelle der Wohnstube niedergekniet sei und sie geküßt habe! Der ganze Haydn!

und ab, und betete einige Ave und dann kamen die Ideen wieder".

Seine Kunst war ihm eine Gabe Gottes und jeder glückliche Gedanke ein besondres Gnadengeschenk. Daraus' erklärt sich seine Neidlosigkeit und Selbstlosigkeit in Anerkennung andrer. Wie bescheiden er allezeit dem jungen Mozart den ersten Rang zuerkannte, ist durch zwei Aeußerungen von ihm verbürgt: „ich weiß, daß Mozart der größte Componist ist, den die Welt gesehen hat", und (es handelte sich darum, daß er für Prag gleichfalls wie Mozart eine Oper schreiben sollte) „da hätte ich viel zu wagen, indem der große Mozart schwerlich Jemand anders an der Seite haben kann. — Mich zürnt es, daß dieser einzige Mozart noch nicht bei einem kaiserlichen oder königlichen Hofe engagirt ist".

Die fromme Bescheidenheit, mit welcher er in allen seinen Werken Gottes Gabe sah, ließ ihn auf Pietät auch bei seinen Schülern dringen, welche auf ihre ersten, gelungenen Werke die Bezeichnung »élève de Haydn« setzen mußten. Die naive, katholische Frömmigkeit, die freilich auch etwas äußerlich an der Observanz klebte, war eine unüberwindliche Schranke zwischen ihm und dem mit energischem, tief bohrendem Denken begabten Beethoven, den er einmal einen „Atheisten" nannte.

Haydn's künstlerische Bedeutung liegt hauptsächlich in dem, was er auf dem Gebiete der Kammer- und der Instrumentalmusik geleistet hat.

Er hat dem Orchester die Zunge gelöst, hat es seine Muttersprache gelehrt, indem er die einzelnen Instrumente individualisirte. Das Streichquartett wird zum geistreichen Gespräch von vier realen Individualitäten, jedes Instrument ist charakteristisch behandelt und das Thema in bezeichnender Weise jedem Instrument angepaßt. In dem Orchester, das noch bei Gluck nur ein allgemeines Colorit trug, wird es bei Haydn lebendig: er hat jedem Instrument den Eigenton abgelauscht durch langjährige Vertrautheit und hat eine so große Virtuosität in der technischen Behandlung der Orchestermasse gewonnen, daß dieselbe zu einem gegliederten Organismus wird, in welchem jedes Individuum seine selbständige Bedeutung behält und ihr gemäß behandelt wird. Das Orchester wird unter seiner Hand zum Widerhall der vielstimmigen Natur: es trillert, zwitschert, schäckert, lacht, jubelt nach einander, alles voll Sonnenschein und Leben. Denn der ideale Charakter, der seinem ganzen Schaffen aufgedrückt ist, ist der einer fröhlichen Jugendlichkeit und unerschöpflichen Frische. Dankbar faßt Haydn die Gedanken auf, die ihm „von oben" zukommen, und verfolgt sie mit einer Pietät, mit einer naiven Freude, mit einem unverwüstlichen Humor und einer unermüdlichen Treue, daß auch der Hörer unwillkürlich davon ergriffen wird. Ist doch der Meister selber bis in das höchste Alter ein Kind im edelsten Sinne des Wortes geblieben! So lange die Musik die Bestimmung hat — und diese hat sie jedenfalls, wenn es auch nicht ihre einzige und letzte ist — die Fesseln, welche das alltägliche Leben mit seinen Sorgen und Widerwärtigkeiten dem Menschengemüt anlegt, freundlich zu lösen und den Geist unvermerkt in die sonnige Unschuld und Harmlosigkeit der goldenen Kindheit hinüberzuleiten, so lange wird „Vater Haydn" jung bleiben und werden seine Klänge die Herzen erquicken und erfrischen.

Diese sonnige Heiterkeit hängt nahe zusammen mit der scrupulosen Sauberkeit und Pünktlichkeit, welche Haydn, der nie componiren konnte, wenn er nicht salonfähig angezogen war, in seinem Schaffen kennzeichnet. Da ist alles wie ausgeblasen, reinlich und nett, fertig und correct; da findet sich nichts Störendes, Hemmendes, Ungehöriges, nichts was nicht zur Sache gehörte oder nur da wäre, weil es interessant ist.

Solche Fertigkeit und Reinlichkeit in der Arbeit gibt dem Werke das Aussehen der unmittelbarsten Natürlichkeit, so daß man den Eindruck hat: so muß es sein! und meint, es sei alles gleichsam nur aus dem Aermel geschüttelt — aber sie ist

in Wahrheit das Resultat überaus treuer Sorgfalt und gründ=
lichen Studium's, jahrelang geübter Pünktlichkeit und großer
Strenge gegen die eigene Phantasie. Schon darum, weil ein
Werk, das alle Erdschwere und alle Spur der Arbeit abgelöst
hat, gerade auf die größte Kunst und ernstlichste Arbeit zu=
rückweist, kann Haydn nicht genug den Jüngern der Kunst
empfohlen werden. Der alte Herr ist tiefer und gelehrter, als
er es Wort haben will, und wenn seine Musik auch nicht zum
Reflectiren ist, so ist das in einer so reflexionsreichen Zeit, wie
der unsrigen, kein Schaden! Bei keinem andern lernt sich die
geistvolle Behandlung des Orchesters so leicht, wie bei Haydn,
denn keiner besitzt diese Durchsichtigkeit, Reinlichkeit und Klar=
heit, welche sofort die Einsicht in den Bau gestattet.

Auf dem Gebiete der heroischen Oper konnte der naive
Styl Haydn's nichts Durchschlagendes schaffen. Zwar hat sich
Haydn recht ernstlich eingebildet, mit seiner Musik „etwas"
auszudrücken: das zeigen die Ueberschriften verschiedner seiner
Sinfonien und Sinfoniesätze, wie „Gespräch Gottes mit
einem verstockten Sünder", „Abreise einer armen befreundeten
Familie nach Amerika", (Klagen der Zurückbleibenden, See=
fahrt, Rückkehr ꝛc. ꝛc.), Elena Greca, il poltrone u. s. w. —
Aber ernstlich haben diese Ideen sein Schaffen, das ein rein
musikalisches und ausschließlich nach der musikalischen Lo=
gik verfahrendes war, nicht beeinflußt. Seine kindlich klare
Individualität gestattete ihm nicht den Ausdruck großer Leiden=
schaften: sein Gebiet war das einfach Lyrische und das naiv
Komische; der Ausdruck des herzlich Innigen ist ihm am besten
gelungen.

Auf dem Gebiete des Oratoriums schuf er ein Meister=
werk in der „Schöpfung" — nur ist dasselbe kein Oratorium,
denn der breite, epische Styl fehlt gänzlich, sondern ein ly=
risches Idyll von wunderbarer Frische und Jugendschöne. Es
wird nicht die große Gottesthat in epischer Großartigkeit dar=
gestellt, sondern die feiernde Freude eines dankbaren Menschen

an den Wunderwerken der Schöpfung, die von einem zum andern sich jubelnd steigert, bildet den idealen Gehalt des Werkes. So lieblich schön, innig-fromm und großartig in ihrer Art diese Musik ist, so wenig läßt sie sich mit der von Händels Oratorien vergleichen: es steht da eine von Sonnenschein übergossene, liebliche Landschaft gegen in Erz gegossene Heldengestalten. Die Tonmalereien, welche nicht das Bild der Entstehung, sondern das Wesen des Entstandenen malen, vollenden den Charakter des Idylls. Noch mehr trägt diesen idyllischen Charakter das Oratorium „Die vier Jahreszeiten", (musikalische Feier des Landlebens).

Das Oratorium „Die sieben Worte des Erlösers am Kreuz" ist ursprünglich reine Instrumentalmusik und verräth diesen Ursprung in allen Theilen. Es ist eine fromme, innige Musik, voll herzlicher Andacht, aber ohne kirchlichen Charakter, gleichsam eine andächtige Carfreitags-Feier unter Jesu Kreuz, in der aber nicht die Kirche, sondern das einfache Menschenkind, Vater Haydn selbst, spricht.

Ueberall also, auch in den objectiven Formen der Kirchenmusik, tritt uns das Bild eines kindlich reinen und originalen Gemüts entgegen und wer Haydn recht kennen gelernt hat, wird daher Strauß Recht geben: „man kann ihn nicht kennen ohne ihn zu lieben".

Anhang.

Haydn's Schule.

An Haydn reihen wir den oben angeführten **Carl Ditters von Dittersdorf** an (geb. 1739, † in großer Dürftigkeit 1799), den Componisten von „Doctor und Apotheker", der auf dem Gebiete der Kammermusik neben Haydn und Mozart trefflliches schuf, dem aber, wenn er auch selbst Haydn an breiter

---

1) S. 263.

Popularität und derbem Humor übertrifft, die ächte Genialität, der feine Sinn und der feine Adel der Form abgeht.

In seinen Weisen steckt noch der Vagabund, wie er denn auch persönlich dem Vater Haydn an Noblesse der Gesinnung weit nachstand und ein „fahrendes" Leben führte. Originalität und prächtiger Volkshumor machen seine Quartette würdig, daß man sie wieder aus der Vergessenheit, in die sie durch Haydn und Mozart gezeigt worden sind, hervorzieht.

Haydn ist der Urheber und geistige Mittelpunkt einer Schule geworden, welche durch seine Schüler Gyrowetz, Rosetti, Wranitzky, Pleyel, Neubauer (Gyrowetz, geb. 1763 zu Budweis, † zu Wien 1850, äußerst fruchtbar auf allen Gebieten (Oper „der Augenarzt"). — Rosetti, Franz Anton, geb. 1750 zu Leitmeritz in Böhmen, starb 1792 zu Ludwigslust in Schwerin. — Ignaz Pleyel, das 24. Kind eines Schullehrers zu Ruppertsthal bei Wien, gestorben zu Paris 1830, beherrschte den Musikalienmarkt eine Zeit lang gänzlich, kam aber rasch aus der Mode. — Wranitzky oder Wraniczky, geb. 1756, † 1808 als Kapellmeister in Wien, gleichfalls fruchtbar auf allen Gebieten der Musik, besonders auch auf dem der Oper. Neubauer, geb. 1760, † 1795, vertreten ist. Keiner dieser Schüler — die seit Riehl — unter dem die Sache treffenden Namen „der göttlichen Philister" zusammengefaßt werden, hat den Meister nur annähernd erreicht; die Manier Haydn's wurde festgehalten ohne seine Genialität und Ursprünglichkeit, ohne seine unerschöpfliche Erfindungskraft. Dagegen ist es das Verdienst dieser ehrbaren, in ihren Leistungen bei aller Langweiligkeit, Zopfigkeit und bei allem Schematismus, doch innerlich gesunden und nüchternen Meister, die Hausmusik und den Dilettantismus in's Leben gerufen und gefördert zu haben. Die Tonkunst, welche bis daher nur durch Kirche und Theater auf das Volk eingewirkt hatte, wurde jetzt zu einer gesellschaftlichen Macht, freilich eben dadurch, daß diese Meister nach dem Vorgange Haydns das volkstümliche Tanzlied in ihre Werke verpflanzten. Das eigentliche Volk, sofern man es von der gebildeten Gesellschaft noch unterscheiden muß, blieb freilich vorderhand von dem directen kulturgeschichtlichen Einfluß der Wiener Musik noch unberührt, soweit dieser nicht durch die Kirche ins Volk drang. Dem 19. Jahrhundert, das berufen war, die Ideen der Humanitätsbewegung in vernünftigem Maß zu realisiren, blieb es vorbehalten, dem Volk seine Kunst wirklich in die Hand zu geben mit der Neubelebung des vierstimmigen Liedergesangs. Einstweilen war es schon von hohem Werte, daß durch die „göttlichen Philister" an dem häuslichen Herd der Sinn für die edle Tonkunst geweckt wurde.

Wenn jene Meister, bei aller Anerkennung ihrer in ihrer Art tüchtigen und zeitgemäßen Leistungen, doch im Schematismus verflachten und versandeten, ähnlich dem dürren und dünnen Rationalismus der Aufklärungszeit, so kam die Tonkunst nach der Seite ihrer Formschönheit zur herrlichsten Blüte in den Werken von Haydn's jüngerem Freund und Zeitgenossen: Mozart.

2. Mozart.

Quellen: W. A. Mozart, von O. Jahn. Leipzig 1856—59. 2. A. 1867.

Oulibischeff, Biographie Mozart's neu herausgegeben von L. Gantter. 1859 :c. :c.

Köchel, Ritter L. v., Chronol. themat. Verzeichniß sämmtlicher Tonwerke Mozart's. 1862 (Leipzig).

Nohl, L., Mozart's Leben. Leipzig 1870. 2. A. 1877.

Nohl, Mozart's Briefe. Salzburg 1865.

Niemtschek, F., Leben des k. k. Kapellmeisters W. A. Mozart. Prag 1798.

Bucher, W. Mozart. Ein Lebensbild. Lahr (O. J.).

Nissen, G. N. v., Biographie W. A. Mozart's. Leipzig 1828.

Schlosser, J. W. A. Mozart. Biogr. Prag 1828.

I. Leben und Entwicklungsgeschichte.

Johann Chrysostomus Wolfgang Amadeus Mozart wurde

am 27. Januar 1756 zu Salzburg geboren, das jüngste unter 7 Kindern. Der Vater war Vicekapellmeister des Erzbischofs von Salzburg, ein gebildeter, gewandter Mann von seltener Umsicht und gründlicher, gediegener musikalischer Bildung. Schon von frühester Jugend an legte Wolfgang einen außerordentlichen Tonsinn an den Tag; der Vater machte sich die Ausbildung der „Gottesgabe" in seinem Sohne mit aufopfernder Vatertreue zur Lebensaufgabe. Das Kind war außerordentlich zarten, liebebedürftigen Gemüts; mit sorglicher Vorsicht hielten Vater und Mutter alles fern, was den Frieden und die ruhige Entwicklung des Kindes stören konnte. Ueberhaupt war es die Atmosphäre treuer Liebe, in welcher Mozart seine Kindheit verbrachte, der Hausstand war auf kirchliche Religiosität und strenge Sittlichkeit gegründet, und auf diesem Grunde erhob sich ein gemütvolles, selbst die Magd, den Vogel und den Hund Bimberl mit herzlicher Liebe umfassendes Familienleben. Bei aller rücksichtsvollen Zartheit und Sorgsamkeit war der Vater Mozart eine Kant'sche Natur: die Maximen seiner Erziehung waren strenge Ordnungsmäßigkeit und Pünktlichkeit. Unnachsichtig forderte er die mögliche Leistung und verlangte dabei die größte Reinlichkeit und unbedingte Correctheit.

Schon im 4. Lebensjahre erhielt der junge Wolfgang Clavierunterricht in Gemeinschaft mit seiner Schwester Anna Maria. Von den Mythen, welche der Enthusiasmus über Mozarts Jugend reichlich gebildet hat, bleibt unter allen Umständen das, daß Mozarts Talent wirklich ungewöhnlich war; wie denn auch kaum von einer Entwicklung, als vielmehr von einer durch weise Erziehung geleiteten Entfaltung seiner Gaben zu reden ist.

Als Mozart 6 Jahre alt war, machte der Vater die erste Concertreise mit seinen 2 Kindern nach Wien und München; (1762). Der Beifall und Enthusiasmus, den sie fanden, galt ohne Zweifel in erster Linie den Wunderkindern, nur in zweiter der Kunst; das phänomenale Talent erregte Staunen und Bewunderung. Ganz so auch auf einer zweiten nach Paris, London und Holland unternommenen Reise. In Paris erschienen bei Gelegenheit dieser Reise Mozart's erste Werke (vier Sonaten für Clavier und Violine).

Nach eifrigen contrapunctischen Studien, welchen das Jahr 1767 gewidmet war, folgte 1768 eine zweite Reise nach Wien, wo Mozart von Josef II. freundlich empfangen wurde, aber schon das Intriguenwesen und die gemeine Niedertracht des schlechten Virtuosen- und Musikantentums erfahren mußte. Die auf den Wunsch von Kaiser Josef II. geschriebene Oper »la finta simplice« konnte er trotz der ihm zur Seite stehenden kaiserlichen Gunst nicht zur Aufführung bringen.

Während ihm in Deutschland Künstlerneid und Künstlerlaune hindernd in den Weg traten, fand er in Italien, das er 1769 zum ersten Male sah, verdienten Enthusiasmus. Für Italien schrieb er Mithridates, König von Pontus" (Carnevalsoper für Mailand); »Ascanius in Alba« (für Maria Theresia); 1772 »il sogno di Scipione«, »Lucio Silla«. In Deutschland brachte ihm München das beste Verständniß entgegen; für die Münchner Oper componirte er »la finta Gardiniera«, und fand damit enthusiastischen Beifall. Allein es blieb beim bloßen Beifall. Mit Bewerbungen, die er in München, Mannheim und Paris um diese Zeit einreichte, fiel er durch und mußte nach den schönen Erfolgen, die er auf diesen Reisen errungen hatte und die ihm zeigen mußten, daß er schon zu den bedeutendsten Tonsetzern und zu den beneidetsten Künstlern gezählt werde, nach Salzburg zurückkehren. Dort war er seit 1770 mit 150 fl. jährlich als „Concertmeister" angestellt. Der Erzbischof Hieronymus, wider den Willen des Volks gewählt, war ein Mann von scharfem Verstand und eindringender Energie, welcher die verkommene geistliche Verwaltung scharf reorganisirte und straffes Regiment hielt; eigenwillig, hart, rücksichtslos, wo es galt, seine Meinung durchzubringen, („in Salzburg gewöhnt man einem das Widersprechen ab") konnte er eine andre Größe neben sich nicht dulden; Mozart setzte er schon darum herunter, weil etwas hinter ihm steckte. Dazu kam seine Verachtung des deutschen Wesens und insbesondere des „Salzburgischen"; seine Abneigung gegen Leute kleinerer Statur — kurz Mozart hatte an ihm einen harten, hochfahrenden, strengen Gebieter, der ihn durchaus nicht aufkommen ließ.

Das Gebahren des „Herrn", der selbst alle seine Räthe, soweit sie nicht dem hohen Adel angehörten, mit „Er" anredete, übte auch auf das Verhalten der Diener gegen Mozart Einfluß. Seiner Musik schenkte man in diesen Kreisen geringe Aufmerksamkeit. Ueber eine „gnädige Attention" gieng die Wertschätzung des großen Künstlers nicht hinaus. Ueberhaupt war die Musik in Salzburg eben „gnädigst wohlgeneigtes Amusement". Es war schon etwas besondres, wenn einer der Herren der Musik wirklich zuhörte, wo die „Kavaliers eine Prise Tabak austauschen, sich schneuzen, räuspern oder einen Discours anfangen".

Die Salzburger Musiker selbst boten einem ideal gestimmten Künstlergeist nichts Anziehendes, die Musiker „sind liederlich", Mozart „kann sie nicht leiden". Der gediegene Leopold Mozart stand mit wenigen Gleichgesinnten ziemlich allein.

So war Mozarts Salzburger Leben, soweit es die künstlerische Seite betraf, ein drückendes, schwer beengtes, aus dessen Fesseln er sich loszureißen sehnte und nur nicht losriß aus Pietät gegen den Vater, dessen Wunsch es war, daß Mozart noch in Salzburg bleibe, wo er, der Vater selbst, seine Studien leiten konnte.

Da waren künstlerische Reisen für den jungen Meister wahre Lichtblicke, so schwer auch der Fürst=Bischof sie ihm machte, welcher „es nicht leiden konnte, wenn man so ins Betteln herumreise". Ein solcher Lichtblick war die Münchener Reise 1781, bei welcher Mozart seine, ganz im Gluck'schen

Styl gehaltene, heroische Oper »Idomeneo« zur Aufführung brachte. Die Oper fand enthusiastischen Beifall. Für Mozart (20 Jahre alt) bezeichnet sie die Hinwendung zum edlen, deutschen Styl, wie ihn Gluck repräsentirt; nur daß der geniale Meister Mozart den edlen aristokratischen Vorgänger, den er im Ausdruck und in der Noblesse der Formen erreicht, noch übertrifft in der Ungezwungenheit, Freiheit, organischen Selbstverständlichkeit der Composition.

Dasselbe Jahr befreite ihn endlich vom „Bettelort Salzburg"; sein Erzbischof nahm ihn nach Wien mit, wo er sich in Prunk und souveräner Würde entfalten, und zu diesem Zweck auch seine Künstler produciren wollte. Es gab eine heftige Scene zwischen Herr und „Diener", deren Abschluß die handgreiflich und unzweideutig ertheilte Entlassung des jungen Meisters war.

Mozart blieb nun in Wien; noch im selben Jahre verheirathete er sich mit Constanze Weber, die er sich „entführt" hatte und die ihm eine aufopfernd treue Gattin geworden ist. In der seligsten Bräutigamsstimmung componirte er auf Wunsch des Kaisers Joseph II. die „Entführung aus dem Serail"; die übersprudelnde Laune und herrliche Jugendfrische des Werkes überwand alle Intriguen der Sänger und Kapellmeister; die Oper fand rauschenden Beifall.

Der Genius, der Salzburger Fessel entledigt, entfaltet, hoch aufathmend in der Luft der Freiheit, nun seine Schwingen. Schlag auf Schlag folgt Meisterwerk auf Meisterwerk: 1785 das Oratorium »Davidde penitente«; die Streichquartette für Haydn, die Quintette; das liebreizende Singspiel „der Schauspieldirektor", endlich auf Anregung des Kaisers, der eine „deutsche Oper" neben der italienischen gründen wollte, die „Hochzeit des Figaro", dieses herrliche Werk, in dessen Tönen die Sonne Italiens leuchtet und die Düfte der Orangen wehen, das eingetaucht ist in die reife Sinnlichkeit und tiefe Gluth des Südens. Auf Glucks Grundlage bewegt sich der Genius schon mit voller Grazie, Freiheit und Leichtigkeit.

Die Intriguen der Sänger brachten es zu Stande, daß der Figaro in Wien glänzend Fiasko machte, trotz des persönlichen Einschreitens des Kaisers gegen die Schuldigen.

In Prag dafür fand die Oper volles Verständniß und liebevolle Aufnahme. Mozart tief ergriffen von der aufrichtigen Begeisterung der Prager, schrieb ausdrücklich für Prag den „Don Juan". („Weil mich die Prager so gut verstehen, so will ich auch eine Oper ganz für sie schreiben.") In Prag wurde der Don Juan begeistert als das größte Meisterwerk der Zeit aufgenommen, in Wien fiel er gegen Salieris „Axur" durch.

1788—90 wandte sich Mozart dem Studium und der Bearbeitung des ihm besonders sympathischen Händel zu; daneben entstanden die Sinfonien in G moll und D dur und die Oper Cosi fan tutte. Auch eine Reise nach Leipzig fiel in diese Zeit.

Seine Productionskraft war unablässig thätig; wo er stand und gieng, was er sah und hörte — immer arbeitete die musikalische Phantasie. Es war, als ob jeder äußere oder innere Eindruck sich ihm unmittelbar in Musik umsetzte und ein Klangbild in ihm erzeugte.

Bedenkt man jedoch, wie neben der Composition noch zahlreiche Lehrstunden ihn beschäftigten, so begreift man, daß durch so ungeheure Arbeit die physische Kraft bald erschöpft sein mußte. Todesgedanken verdüsterten ihm die letzte Zeit seines Lebens; er arbeitete mit einer fieberhaften Hast und Ruhelosigkeit, als gälte es, dem Tod noch die Werke abzutrotzen, zu deren Vollendung er sich berufen fühlte. Seine Anstrengung gieng dabei oft so weit, daß er seine Umgebung über der inneren Welt, in der er lebte, vergaß, ja daß er während der Arbeit ganz entkräftet zurücksank und bewußtlos zur Ruhe gebracht werden mußte — ein Beweis, mit welcher Hingebung des ganzen Menschen Mozart seiner Kunst gedient hat. Philiströse Denkungsweise, die es nie fassen kann, daß ein Mensch dem vorgezeichneten Ideal auch seine Lebenskraft freudig aufopfern kann, mag sich an Mozarts Art stoßen und „Wehe" rufen, wenn dieser Mann zeitweise der versiegenden Lebenskraft mit außerordentlichen, künstlichen Reizmitteln zu Hilfe kommen mußte. Wir wissen, daß wer mit Aufopferung aller Kraft in seinem Kreis das Beste thut, ewigen Lebens würdig ist und eine Ewigkeit in die rasch enteilende Minute niederlegt.

Es ist Dank den unermüdlichen, tief gründenden, unparteiischen Bemühungen des mit einer peinlichen Akribie verfahrenden Otto Jahn gelungen, Mozart von allen den Flecken reinzuwaschen, welche Neid und Verläumdung oder auch falscher Enthusiasmus in sein Bild gebracht haben, und es ist von Jahn nachgewiesen, daß alle die Anekdoten, welche über den „Säufer", „Weiberfreund", Champagnertrinker" Mozart im Schwange gehen, nur Mythen oder gehässige Lügen sind. In welchem Ansehen Mozart in sittlicher Hinsicht bei dem Publikum stand, beweist die Entstehung der Sage, er sei an Gift gestorben.

Den einzigen Anlaß zu dem übertreibenden Gerede über lockeren Lebenswandel gaben die wenigen Wochen, während deren Mozart unter Schikaneders Leitung die Zauberflöte componirte. Er war in dringender Noth, Druck aller Art lastete auf ihm; er verstand es mit den Verlegern nicht; einen Ruf nach Berlin (3000 Thlr.) hatte er aus Liebe zu seinem Kaiser abgelehnt; die Erfolglosigkeit seiner edlen Bestrebungen hatten ihn verbittert, das Heimweh nach seiner in Baden abwesenden Frau verstimmt: da hat er wohl, verführt von dem leichtsinnigen Schikaneder, sich in den Strudel der Gesellschaft, mehr als sonst, hineinreißen lassen. Irgend Unedles, (ja nicht einmal absichtlicher Leichtsinn) kann jedoch einem Manne nicht nachgesagt werden, der mit 800 fl. jährlichen Gehalts auskommen mußte und dabei eine Uneigennützigkeit besaß, die nur allzusehr mißbraucht wurde.

Die „Zauberflöte" war beinahe fertig, als Mozart einen neuen Auftrag erhielt: ein Requiem zu schreiben. Mit wahrer Lust ergriff Mozart die Aufgabe: „denn es verlange ihn, ein Werk auszuarbeiten, das seine Freunde und Feinde noch nach seinem Tode studiren sollen". Zugleich erklärte er ahnungsvoll: „das Requiem schreibe ich für mich".

Den „lieben Pragern" zu lieb unternahm er zwischen hinein die Composition der Oper »la clemenza di Tito«, welche zum Zweck der Krönungsfeierlichkeiten Leopolds II. sollte aufgeführt werden. In 18 Tagen, halb im Wagen, halb im Wirthshaus, mußte die Oper geschrieben werden. Der Erfolg entsprach der Arbeit nicht. Krank („er gebrauchte fortwährend Arznei, sah blaß aus, seine Miene war traurig") und niedergeschlagen kehrte er zurück. Von trübem Ernst beherrscht schrieb er das Requiem, durch welches er sich immer mehr in Todesgedanken hineinarbeitete.

Indeß hatte die „Zauberflöte", dieses ur- und kerndeutsche Werk den bis daher nur von Kennern verstandenen Meister mit Einem Schlag zum populärsten Manne gemacht. Der Erfolg war ungeheuer. Der ungarische Adel setzte dem Meister aus freiem Antrieb 1000 fl. aus, eine Amsterdamer Gesellschaft noch mehr, er erhielt die ehrenvolle Ernennung zum Kapellmeister an St. Stefan — aber er lag im Sterben — es war zu spät. „Eben jetzt soll ich fort, da ich ruhig leben könnte; jetzt meine Kunst verlassen, da ich nicht mehr als Sclave der Mode, nicht mehr von Speculation gefesselt, den Regungen meiner Empfindung folgen, frei und unabhängig schreiben würde, was mein Herz mir eingibt. Ich soll fort von meiner Familie, meinen armen Kindern in dem Augenblicke, da ich im Stande wäre, für ihr Wohl zu sorgen, habe ich es nicht gesagt, daß ich das Requiem für mich schreiben würde?"

Auf dem letzten Schmerzenslager trat seine ganze Herzensgüte in rührender Weise zu Tage; er blieb freundlich und geduldig, sorgte liebevoll für Kinder und Schüler und blieb der selbstlose, treue Mensch, der er immer gewesen.

Der Geistliche, der gerufen wurde, ihm das Sacrament zu spenden, weigerte sich, dem Sänger des Requiems den Liebesdienst zu erweisen, denn dieser war ja ein — Freimaurer!

Den Tag vor seinem Tode sang er noch aus der Partitur des Requiem mit seinen Freunden Schack, Hofer, Gerl; das »lacrimosa« erstickten seine Thränen.

Er starb am 5. Dez. 1701, 35 Jahre alt, nach den einen Aerzten an Hirnentzündung, nach andern am hitzigen Frieselfieber, wieder nach anderen an Brustwassersucht. Die Sage, er sei an Gift gestorben, gründet sich auf Mozarts eigene Vermuthung, welche jedoch der krankhaft gesteigerten Stimmung zuzuschreiben ist.

Am 6. Dez. wurde die Leiche im Stefansdome eingesegnet. Nur wenige Freunde waren zugegen; bei der Beerdigung war wegen des schlechten Wetters außer den Nächstbetheiligten Niemand.

Der Sarg kam, da die Mittel gänzlich fehlten, in die Armengruft. Als nach einigen Wochen die Wittwe, die in Folge der Alteration in eine schwere Krankheit gefallen war, das Grab aufsuchen wollte, konnte es ihr Niemand mehr zeigen. Wie der große Bach, so sollte auch Mozart nur in seinen Werken fortleben — auch die letzte Erinnerung an seine irdische Existenz fehlt. Kein Mensch kennt die Stätte, da seine Asche begraben ist.

Die Wittwe fiel bitterer Noth anheim. Sie mußte sich, um die schwarzen Verläumdungen zu widerlegen, welche noch über Mozarts Grab den Weg zum Ohr des Kaisers fanden, persönlich an den Kaiser wenden und dieser verwilligte ihr eine Pension von 250 fl. Der Nachlaß Mozarts wurde um 1000 Ducaten an Aubré verkauft. Die 30000 fl. Schulden, welche die böswilligen Neider dem Verstorbenen andichteten, giengen zu 2000 fl. zusammen (darunter allein 250 fl. für die Apotheke und 800 fl. an Freunde geliehen!).

Die Wittwe heirathete später den dänischen Legationsrath von Nissen. Von den beiden Söhnen Mozarts wurde der ältere ein geachteter Beamter, der jüngere ein tüchtiger Pianist.

Mozarts Andenken wurde durch Schwanthalers Statue in Erz, durch das Mozarteum in Salzburg und durch die Mozartstiftung geehrt. Das schönste Denkmal hat er sich selber in seinen unvergänglichen Werken gesetzt.

II. Charakteristik.

1. Mozarts Persönlichkeit ist am feinsten und treffendsten von Otto Jahn gezeichnet worden, auf dessen Werk wiederholt hinzuweisen ist, da trotz der exemten Bedeutung, welche Mozart in der Musikgeschichte einnimmt, wir es uns versagen müssen, den vorgezeichneten Rahmen unserer Darstellung, welche sich mit wenigen Grundstrichen begnügen muß, zu überschreiten.

Mozart war in erster Linie eine ächte und ursprüngliche Künstlernatur, für welche die höchste Befriedigung diejenige war, welche die Nahebringung des Schönen gewährt und welche in der unmittelbaren Anschauung und Realisirung des Ideals liegt. Unbezwinglicher Schaffenstrieb und unermüdliche Schaffenskraft, so lange der Körper nur aushielt, flossen aus dieser innigen Vereinigung der persönlichen Willenskraft mit dem künstlerischen Streben.

Den seelischen Grund bildete eine liebevolle, rückhaltlose Hingebung und eine reiche Empfänglichkeit für alles Schöne, ein feines Gefühl für alle reinen Eindrücke und zarte Empfindsamkeit gegenüber von allem Widrigen und Störenden. Schon als Kind war er eine anschmiegende, zuthuliche Natur, leicht ergriffen und leicht zu Thränen gerührt. Was er that, das that er mit ganzem Herzen und mit voller Hingebung; was er als Mensch oder Künstler anfaßte, darein legte er sich ganz, darein versenkte er den ganzen Menschen. Diese Ganzheit und Rückhaltlosigkeit in allem lähmte freilich andrerseits die energische Reactionskraft gegen Unedles, Gemeines; wohl stand ihm schlagfertiger Witz zu Gebote, aber in der Regel zog er sich tief verwundet zurück, wenn ihm wirklich nahe getreten wurde.

2. Wie im Leben, so war er in seinen Werken. In allem ist er der ganze Mozart: nie ist etwas obenhin oder gleichgültig gearbeitet, alles ist mit dem ganzen Menschen gemacht, alles trägt den Stempel der Individualität, weil die ganze Persönlichkeit beim Werke war und sich ins Schaffen hineingelegt hat. Dies erklärt die innige Beseeltheit, wie die ernste, strenge Gründlichkeit seiner Musik. Es herrscht bei aller Kraft und Tiefe lebensvoller Empfindung strenges Maß und jene feinfühlige Zurückhaltung, welche allein der in gründlicher Schule gewonnene künstlerische Tact gebietet. Wohl ist das musikalische Schaffen Mozarts Element: das zeigt die Leichtigkeit der Bewegung, die Ursprünglichkeit der Conception, die Weichheit der Conturen, die Abwesenheit jeder Spur von mühevoller Arbeit; da ist nirgends etwas Gemachtes oder mühsam Ergrübeltes, sondern alles voll Frische, Unmittelbarkeit, Natur und Wahrhaftigkeit. Aber auf der andern Seite ist in allem und jedem Mozart's ganze Kunst: nirgends ist etwas von genialer Nachlässigkeit zu bemerken; auch der strengste Contrapunctiker wird an Mozart nichts auszusetzen finden.

Die Beseeltheit im Verein mit dem Adel der Formgebung gießt über Mozarts Werke einen nicht weiter definirbaren, sonnigen Glanz aus, der selbst dem Schmerze, wo er musikalisch dargestellt wird, etwas himmlisch Verklärtes gibt (Requiem). Mit Einem Wort, es kommt bei Mozart das musikalisch=Schöne zur vollsten und ausschließlichen Darstellung — das verleiht seinen Werken jenen wahrhaft berückenden Zauber, dem kein unbefangenes Menschenkind wiederstehen kann. Die vollquellende mit seelischem Gehalte getränkte Melodie ist Trägerin des Schönen selbst, bei aller sinnlichen Fülle und

Kraft abgelöst von der Erdschwere, geistig und leichtgebaut — so wie es eben das Schöne als der Geist in sinnlicher Form selber ist.

Jene oben berührte Weichmüthigkeit und Lenksamkeit des Wesens, vermöge welcher Mozart der Außenwelt und den mit Gewalt auf ihn eindringenden Eindrücken die volle Energie nicht entgegensetzen konnte, verleiht seinen Melodien eine rührende Weichheit, einen elegischen Schmelz, etwas Jungfräuliches, den Charakter zarter Weiblichkeit. Alles aber ist immer wieder in künstlerisches Maß zurückgenommen und strahlt im Glanze der Schönheit.

Daß Mozart dann und wann der Mode hat Rechnung tragen müssen, daß er also hie und da uns Modernen „zopfig" erscheint, das hängt viel weniger mit seiner Passivität zusammen, als mit seiner persönlichen Lebensstellung. Welcher Mensch könnte sich so völlig von seiner Zeit und seiner Umgebung loslösen, daß er nirgends ihre Spuren verriethe? Das Ewige, der Genius kommt, Gott sei Dank, immer in Menschengestalt, wie sonst könnte er uns liebenswürdig nahe treten und verstanden werden?

Mozart der Musiker tritt uns am deutlichsten in seinen Instrumentalcompositionen entgegen. Der tiefgründende Künstler-Verstand und die geistreiche Logik des Contrapunctisten ist zum lauteren, volltönenden Gesang verklärt.

Gegenüber von Haydn's präciser Kürze und schlagender Prägnanz wachsen bei Mozart die Formen schon etwas in die Breite.

Mozarts Kammermusik (unbedingt classisch sind unter den Claviersonaten die „Fantasie und Sonate" in Cmoll und die Sonaten in B, A, D, und F; unter den übrigen Kammermusikwerken: die 6 Quartette, die Quintette und das Clavierquartett) steht an Concision der Haydn's nach, überragt diese aber an vollströmender Cantilene und packender Stimmung.

Wie Haydn so schlägt auch Mozart gerne den Ton des

Volksmäßigen an. Es blickt häufig der ächte Wiener Humor aus den Melodien hervor.

In den größeren Instrumentalwerken, den Sinfonien (Es dur, Gmoll, Cdur 1788) und den Clavierconcerten („Sinfonien mit obligatem Flügel") tritt an die Stelle von Haydn's fröhlichem Tonspiel ein ernsteres Pathos, das kein andres ist, als das Pathos der Schönheit. Die Klangfarben sind lieblich gemischt, nur selten finden sich grellere Schattirungen; das Pathos ist gemildert, gedämpft, abgeklärt; über der Bewegung schwebt Friede, über der Leidenschaft maßvolle Ruhe.

Die völlige Beherrschung der Form und die Meisterschaft im ausdrucksvollen Gesang mußten Mozart auf dem Gebiete der dramatischen Musik besondere Erfolge sichern.

Anfänglich folgte Mozart den italienischen Vorbildern. Mit dem „Idomeneo" betrat er Gluck's Bahnen; mit den sogenannten „classischen" Opern hatte er Gluck's Einseitigkeiten überwunden und ein völlig neues geschaffen (außer „Idomeneo": „Entführung" „Figaro" „Don Juan" »Cosi fan tutte« „Titus" „Zauberflöte").

An die Stelle von Gluck's gedämpften Farbentönen tritt das lebhafte, leuchtende Colorit (im Don Juan das Colorit des Südens; in der Entführung das „orientalische Colorit"; in der Zauberflöte das urdeutsche u. s. f.). An die Stelle von Glucks die Handelnden und ihre Leidenschaften mehr nur in großen Umrissen zeichnender Charakteristik tritt eine bis in's kleinste Detail gehende Personal- und Situationscharakteristik; Gluck's vornehme, kühle Zurückhaltung weicht einer sich mit voller Gewalt und Unmittelbarkeit in die Sache und in die Personen hineinlegenden Sympathie, wie das der herzlichen Hingebung in Mozarts Wesen entspricht.

Mozarts Gestalten sind nicht Menschen überhaupt, sondern ganz bestimmte, dem realen Leben entnommene Menschen, in einer bestimmten, der bunten Wirklichkeit entsprechenden Situation und Umgebung; Glucks Marmorgestalten haben Leben und Farbe, Fleisch und Blut angenommen.

Mit einer Feinheit, Treue und Beweglichkeit, wie sie nur die völlige Beherrschung der Orchestermittel und der musikalischen Grammatik gewährt, sind sie vom Kern ihres Wesens aus gezeichnet und in ihrem bestimmten Wesen festgehalten durch die wechselnden Situationen hindurch. Unerreicht sind in Bezug auf die individuelle Charakteristik die Finale's und Ensemble's überhaupt, welche trotz der Mannigfaltigkeit und Vielheit des im Einzelnen zu Charakterisirenden die Einheit der Gesammtstimmung der Situation wahren. Hier feiert wirklich die Polyphonie den höchsten Triumph. Diese Einheit bei aller Mannigfaltigkeit und Individualisirung beruht wesentlich darauf, daß die Musik nie in decorativer Weise schildert oder die Situation äußerlich nachzeichnet, sondern nach dem Ausdruck der die Handlung tragenden und aus ihr resultirenden Gefühlsmomente und Stimmungen strebt; daß die Musik also die Handlung nicht etwa äußerlich begleitet, sondern gleichsam deren innere Seele ist. Hieraus erklärt es sich, daß die Musik auch für sich selbst etwas Ganzes und Geschlossenes darbietet; denn nirgends überschreitet sie die feine Linie des Schönen und die Grenze des musikalisch Darstellbaren. Mozart ist daher zwar über Gluck hinausgegangen in lebensvoller Charakteristik des Ganzen und Einzelnen, aber ohne dem Begriff des **lyrischen** Drama's untreu zu werden. Daß er der Virtuosität und dem Geschmack der Zeit mehr Rechnung hat tragen müssen, als es der sich selbst harte und keusche Gluck vermocht hätte, erklärt sich wiederum aus Mozarts persönlichen **Verhältnissen**, nicht aus etwaiger Künstlerschwachheit. Denn auch was er — gegen seine eigentliche Intention — der Virtuosität anbequemt hat, ist schön und geistvoll, durch seine Hand geadelt und gerechtfertigt, wenn auch der Sache nach nicht nachahmenswert.

Indem Mozart die reservirte „hellenische" Stimmung des

Gluck'schen Drama's hinter sich ließ und seine Musik dem bunten Leben und seinen Gestalten zuwandte, wurde er der Begründer der romantischen Oper, in welcher die Musik ohne Zurückhaltung ihre ganze, volle Kraft entfalten kann. In dieser Hinsicht sind „Don Juan", „Figaro" und „Entführung" für die Entwicklung der Oper aller Style von bahnbrechender Bedeutung geworden, die Hellenomanie war gebrochen.

In der „Zauberflöte" aber wird die Culturgeschichte nicht bloß Mozarts idealstes, sondern auch sein bedeutendstes Werk erkennen müssen. An der Hand einer armseligen Wort= reimerei ist das Heiligste und Höchste ausgesprochen, was gleichsam dem ringenden Zeitalter auf dem Herzen lag. Die ideale, mit heiligem Ernst und lieblicher, treuherziger Unschuld gesättigte Musik gibt auch den Worten eine wunderbare Weihe und sie erscheinen um ihrer kindlichen Einfalt willen wie das Stammeln des Kindes, welches das Höchste, nach dessen Ver= ständniß sein Geist begehrt, in kindlich unbehülflichen Worten darzuthun sich bemüht. Daher ist der Zauber, den diese Oper auf jedes reine, kindliche, nicht blasirte Menschengemüt ausübt, derselbe, wie der, durch welchen uns die Kindheit gefangen nimmt in ihrer süßen Unschuld, mit der Wahrheit und dem tiefen Sinne, der im unschuldsvollen Spiele liegt.

Das deutsche Volk rang seit langem, zumal in Oesterreich, nach Freiheit von den Fesseln nächtigen Geistesdruckes und finsteren Zelotismus'. Kaiser Joseph II. kämpfte mit freudiger Energie für das aufdämmernde Tageslicht; Mozart, wie alle edleren Geister der Zeit, suchte die Erlösung in den Formen und Ideen der Freimaurerei, die damals jedenfalls nachhaltiger und aufrichtiger das Gebot der allgemeinen Menschenliebe verkün= bigte und übte, als die vom zelotischen Haß beherrschte Kirche. Mit rührendem Ernste und kindlicher Einfalt hieng man an den äußeren Formen und Observanzen des Ordens und schob dem Spiele den tiefsten Sinn unter. Das bedenke unsere Zeit und lächle nicht über die kindliche Einfalt des Textes der Zauberflöte!

In den Klängen tönt das Ewige selbst. Das, wozu Lessings Nathan uns erst mit langen Worten überreden muß, klingt in der Zauberflöte hell und unwiderstehlich: das Sehnen nach Licht und Tag! Darum leuchtet etwas wie der Glanz des anbrechenden Tageslichts von den Tönen der Zauberflöte: es weht daraus wie Morgenwind, der die Schatten vertreibt und die Sonne heraufführt.

Nicht bloß aus Opposition gehörte ja Mozart dem Freimaurerorden an: er fand darin, was die ultramontane Gläubigkeit und Intoleranz längst verloren hatte, was den innersten Kern seines eigenen Wesens bildete: die Liebe.

Er selbst hieng dabei allezeit mit innerlicher Frömmigkeit an den schönen Formen seiner Kirche. Das schönste Zeugniß davon ist sein letztes Werk: das Requiem, welches kurz nach der Zauberflöte entstand und in Klang und Haltung diesen Zusammenhang verräth. Bekanntlich hat der Meister das Werk nicht mehr vollenden können. Sein Schüler Süßmaier erhielt den Auftrag, das noch Fehlende zu ergänzen, was ihm, der durch Mozart noch mit dem Plan des Ganzen und den einzelnen Intentionen vertraut war, am leichtesten werden mußte. Süßmaier, der sich so völlig in Mozarts Art hineingelebt hatte, daß z. B. die Handschrift beider sich fast in nichts unterschied, löste die Aufgabe mit solchem Geschick und Glück, daß noch heute über die von ihm nicht bloß ergänzten, sondern nach der Erinnerung und vielleicht auf Grund aufgefundener Brouillons neucomponirten Stücke: sanctus, benedictus, agnus Streit ist, ob sie Mozart angehören oder Süßmaier. Uns scheint es ein großes Unrecht zu sein, aus einseitigem Mozartcultus das Werk treuer Pietät zu verunglimpfen. Daß man Süßmaier „der Lüge" zeihen konnte, ist im Grunde das beste Lob, das ihm für sein Werk werden konnte.

Im Gegensatz zu Mozarts sonstigen Kirchenwerken (6

Messen, Litaneien, Vespern und dem einzig schönen, verklärten Ave verum), welche in demselben Sinne kirchlich sind, wie die Werke der neapolitanischen Schule, welcher sie sich anschließen, trägt das Requiem streng deutschen Charakter, gemildert durch zarte, weiche Melodik und lichte Schönheit.

Die Stimmung des Menschen, der den letzten Dingen unmittelbar entgegensieht, ist mit hinreißender Empfindungsgewalt darin zum Ausdruck gekommen: von den Schrecken des letzten Gerichtes bis zum seligsten Gottesfrieden der Verklärung.

Die Musik athmet eine tiefe, herzliche Frömmigkeit, die Formen des Kirchenstyls sind streng eingehalten; gerade die reine Subjectivität, welche auch dieses Werk von den Werken des objectiven Kirchenstyls scheidet, verleiht ihm jene tiefe Anziehungskraft und Sympathie, vermöge deren es so viele Gemüter schon getröstet und erquickt hat. In diesem Sinne behaupten wir allerdings: es ist nicht Kirchenmusik im strengen Sinne, sondern herzlichfromme, tief ernste, wahrhaft religiöse Musik.

Fassen wir alle Züge des Mozart'schen Genius zusammen, so erscheint er, weil Wollen und Können, Form und Inhalt, Ideal und Wirklichkeit sich in seinen besten Werken decken und sein Pathos kein anderes war als das der Schönheit, als der Classiker im engsten Sinne, als der verkörperte Genius des musikalisch-Schönen in seiner Abgezogenheit von jeder Nebenabsicht und jeder Nebenbedeutung.

Wenn es das höchste Glück ist, das einem sterblichen Menschen zu Theil werden kann: Ewiges zu schaffen und dessen sich bewußt zu sein, dann ist auch Mozart bei allem Jammer, der ihn angefaßt hat, ein glücklicher Mensch gewesen.

Anhang.

Die Schule Mozarts.

An Mozart schloßen sich eine Reihe trefflicher Musiker an, unter denen wir Albrechtsberger (geb. 1736, † 1808) als Theoretiker und Kirchencomponist, Festa, (geb. 1799 zu Magdeburg, † 1826, am bedeutendsten in der Composition des

Streichquartetts), Romberg, (Andreas, geb. 1767 zu Vechte bei Münster, † zu Gotha 1821; tüchtig auf allen Gebieten der Composition; am bekanntesten ist „die Glocke"), Onslow (1784—1853) als tüchtige praktische Musiker hervorheben. Der Letztere kann freilich nur in weiterem Sinne zur Schule Mozarts gerechnet werden. Eine genaue Charakteristik dieser Männer liegt nicht im Rahmen unserer Darstellung, welche nur die Aufgabe hat, die bahnbrechenden, eine neue Epoche begründenden Meister eingehender zu behandeln.

Die Aufgabe der Schule Mozarts war es, das feine Formgefühl zu wecken und zu schärfen, der deutschen Musikerwelt zum Bewußtsein zu bringen, daß Ebenmaß, verklärte Ruhe bei aller Leidenschaft der Bewegung, und melodischer Fluß wesentliche Bedingungen der Kunst nach der formalen Seite hin sind. Bei Mozart hielt dem auf die Schönheit der Form gerichteten Streben eine reiche musikalische Phantasie, die aus allen und jeglichen Erlebnissen und Eindrücken Nahrung zog und sich immer neu befruchtete, das Gleichgewicht.

Eben das macht ihn zum Classiker, daß die schöne Form bei ihm erfüllt ist von ächt musikalischem Gehalt, daß andererseits der Gehalt die Form nie sprengt, sondern beides organisch eins ist; bei ihm ist nie bloße Form, sondern immer beseelte Form und schön geformter Gehalt. Von allen Ausschreitungen, zu welchen der Mangel einer allseitigen Bildung den einseitigen Techniker leicht verführt, behütete ihn sein glücklicher, ästhetischer Tact und sein gründlicher in guter Schule gereifter Geschmack.

Anders wurde es bei den Jüngern, welche die Form Mozarts, seine Art und „Mache" copierten, ohne den Geist und das ewig junge Wesen des Meisters zu besitzen. Der geringste Fehler war da noch der immer mehr aufkeimende, einseitige Formalismus und Handwerksgeist in der Kunst, das Schlimmste war, daß man, in der falschen Meinung, die formelle Technik sei die Kunst selbst und die ganze Kunst, sich in den Künstlerkreisen vielfach der Nothwendigkeit gründlicher, allseitiger Menschenbildung überhoben meinte und in der Ueberschätzung der natürlichen Gaben völlig vergaß, daß der Künstler nur dann auch in der scheinbar formalsten Kunst etwas Rechtes bieten und zu Stande bringen könne, wenn er selbst vom Hauche der Idealität berührt ist und den Adel der Gesinnung und des Herzens gewonnen hat, der immer nur die Frucht redlicher Geistes- und Herzensbildung ist. Es kam eine Zeit, die nur von Mozart's wunderbaren Gaben fabelte, aber von seiner treuen Arbeit an sich selbst nichts mehr wissen wollte.

Solchem Schablonismus und falschem Naturalismus trat der von der Strenge des nordischen Geistes berührte und von Bachs heiligem Künstlerernste getragene Beethoven entgegen. Der originale, menschliche Gehalt als die Frucht tiefer Herzensbildung, beginnt die Form zu beherrschen und fängt an, sie zu zersprengen.

3. Beethoven.

Quellen: Schlosser, J., Ludwig van Beethoven. Prag 1828.

Wegeler und Ries, Biogr. Notizen über L. v. Beethoven. Coblenz 1838.

Moscheles, I., The life of Beethoven etc. etc. 2. Ed. 8. London 1841.

Lenz, Beethoven. Cassel 1855—1860.

Oulibicheff, Beethoven, ses kritiques et ses glossateurs. Deutsch von C. Bischoff. Leipzig 1859.

Schindler, Biographie von L. v. Beethoven. 3. A. Münster 1860.

Marx, L. v., Beethoven's Leben und Schaffen. 3. A. Berlin 1874.

L. Nohl, Beethoven's Leben. Wien 1864/67.

— Beethovens Briefe rc. Stuttgart 1868.

Fricke, W., L. v. Beethoven. Bielefeld 1870.

Wagner, R., Beethoven. Leipzig 1870.

Thayer, L. van Beethovens Leben. I. Berlin 1866.

Hiller, L. v. Beethoven. Leipzig 1872.

Lenz, Kritischer Catalog sämmtlicher Werke Beethovens rc. Hamburg 1860.

Nottebohm, Beethoven's Skizzenbuch. Leipzig 1865.

J. v. Seyfried, Beethovens Studien. Hamburg 2. A. 1853.

1. Leben und Bildungsgeschichte.

Beethoven's Leben ist in ganz besonderem Sinne die Bildungsgeschichte des musikalischen Menschen in ihm und beansprucht daher ein eingehendes Interesse.

Ludwig van Beethoven wurde am 16. Dezember 1770 in Bonn geboren. Die Familie stammte aus einem alten niederländischen Geschlechte, welches ursprünglich in der Nähe von Löwen zu Hause war. Schon Beethoven's Großvater Ludwig van B. war nach Bonn gekommen und hatte es daselbst durch Fleiß und Tüchtigkeit vom einfachen Musikus bis zum allgemein geachteten Hof-Kapellmeister gebracht. Seine Gattin war, vielleicht in Folge schwerer Familienerlebnisse, in eine bedenkliche Neigung zum Trunke verfallen und gereichte dem Hause zu schwerer Sorge.

Von ihr hatte Johann von Beethoven, der Vater des großen Meisters, diese bedenkliche Neigung geerbt. Schon in jungen Jahren soll er ein unstätes Wesen verrathen haben. Von Haus aus gutmüthig, verfiel er, da er der Misère keine tiefere Bildung entgegensetzen konnte, mit der Zeit einem leichtfertigen, launenhaften und herrischen Treiben. Jene aufopfernde Vatertreue, welche so sorgsam über Mozart's Jugend gewacht hatte, lernte der junge Beethoven nicht kennen. Er scheint vor seinem haltlosen Vater wenig Achtung gehabt zu haben, wiewohl er aus Pietät niemals das Geringste auf ihn kommen ließ. Um so inniger hielt er an der Mutter (Maria Magdalena geb. Keverich, Wittwe eines gewissen Johann Layin, kurfürstlich Trier'schen Kammerdieners), welche als eine stille, etwas leidende Frau geschildert wird. Auch dem Großvater schenkte der Knabe zärtliche Liebe und bewahrte ihm dieselbe sein ganzes Leben hindurch.

Von den fröhlichen Spielen der Jugend wußte der junge Beethoven wenig. Aeußerlich kräftig, fast plump gebaut, gehörte er zu den ungelenken, schwerfälligen Gemütern, welche nicht leicht den Rang gewinnen zum Anschluß an andre.

Dazu kam, daß er, weil er schon frühe musikalisches Talent äußerte, mit unerbittlicher Strenge zu musikalischen Uebungen angehalten wurde. Der Vater ertheilte ihm selbst den ersten Unterricht auf dem Clavier und auf der Violine. Nach des Vaters Meinung sollte das Talent des Kindes mit der Zeit eine Erwerbsquelle für die in ihren Mitteln und Aussichten heruntergekommene Familie werden. Daher wurde mit höchst einseitiger Energie auf die Ausbildung und Entfaltung dieses Talents bei der Erziehung hingewirkt. Zwar besuchte der Knabe auch die öffentliche Schule; aber die Schulbildung wurde von Seiten des Vaters durchaus als Nebensache, gleichsam als nothwendiges Uebel betrachtet. Schon im 13. Lebensjahre verließ Beethoven die Schule für immer. Nie hätte der Meister den Mangel einer gründlichen Schulbildung überwunden, wenn er nicht später mit eiserner Energie darnach gerungen hätte, das in den Jugendjahren Versäumte nachzuholen.

Mit 9 Jahren erhielt er an Tobias Pfeifer (1779) einen neuen Clavierlehrer. Für diesen, der, wie es scheint, im Hause wohnte, war der Knabe ein reines Lehr=Object. Denn zu jeder Zeit, wenn es dem Lehrer gefiel und bequem war, selbst Nachts, wenn die Herren spät aus dem Weinhause kamen, mußte der Knabe, der dann mitten aus dem ersten Schlafe gerüttelt werden mußte, an das Clavier sitzen. Beethoven's Nerven haben also schon in früher Jugend den Treff erhalten.

Geordneter und gediegener war der Unterricht, welchen Beethoven von dem Hoforganisten van der Eeden erhielt (1780), welcher sich aus Pietät gegen den Großvater seiner annahm. Als Eeden starb (1781), ersetzte ihn dessen Nachfolger im Amte, Christian Gottlob Neefe, auch bei Beethoven.

Neefe war in der strengen Bach'schen Schule gebildet; er

führte mit sicherer Hand und ausdauernder Treue auch seinen Schüler in die strenge Schule ein: Bachs „Wohltemperirtes Clavier" und Philipp Emanuel Bachs „Sonaten für Kenner und Liebhaber" bildeten die Grundlagen des Unterrichts. Vielleicht beurtheilte Neefe die kindlichen Compositionsversuche Beethoven's etwas zu streng und zu pedantisch: für diesen selbst war es von besondrem Segen, daß er noch zur rechten Zeit in die strenge Zucht der altdeutschen Schule kam. Denn in seiner unmittelbaren Umgebung hörte er nur italienische Klänge. Als er 1783 für Neefe stellvertretend die Oper zu dirigiren hatte und fortan an' den Platz vor das Cembalo im Orchester gestellt war, da flutheten die vielbewunderten Opern der Zeit auf seine junge Phantasie herein und es hätte seine musikalische Entwicklung sicher einen andern Gang genommen, hätte er nicht bei dem trefflichen Johann Sebastian Bach bereits den strengen kritischen Ernst sich angeeignet gehabt, der sich durch Flitter und Glanz der Mode und durch den rauschenden Beifall der Menge nicht mehr bethören ließ, sondern in erster Linie nach Geist und Gehalt in der Kunst fragte.

So floß Beethoven's Jugend freudlos hin, allein mit künstlerischem Lernen und Arbeiten ausgefüllt. Von dem 11jährigen Knaben rühmte das Cramer'sche Magazin: „er würde gewiß ein zweiter Mozart werden, wenn er so fortschritte, wie er angefangen". Er spielte damals schon das „wohltemperirte Clavier" fertig und hatte auch in der Composition tüchtige Versuche gemacht.

Der Plan des Vaters, aus Beethoven ein berühmtes Wunderkind, wie Mozart, zu machen, wollte gleichwohl nicht gelingen. Es fehlte dem Knaben dazu an Grazie und an Leichtigkeit der Bewegung. Die Hoffnung, in andrer Weise seinen Plan zu erreichen, veranlaßte den Vater, seinen Sohn zu dem größten Clavierspieler der Zeit, zu Mozart nach Wien zu schicken (Mai 1787).

Mozart empfieng den untersetzten, „vierzehnjährigen"[1] Jüngling mit liebenswürdiger Freundlichkeit, war aber selbst damals mit der Composition des Don Juan so beschäftigt, daß er ihm nicht die rechte, eingehende Aufmerksamkeit des Lehrers schenken konnte; daß er jedoch in Beethoven den Genius erkannte, beweisen die Worte, die er über Beethoven's Clavierspiel an anwesende Freunde richtete: „auf den gebet Acht, der wird noch einmal von sich reden machen!" Es wiegt dieses Wort um so schwerer, als der schwerfällige Beethoven im Clavierspiel weit hinter den „Wunderkindern" Hummel und Scheibl zurückstand, von deren Preis die Wiener Salons damals voll waren.

Beethoven seinerseits berichtete von dieser Reise, daß nur zwei Persönlichkeiten sich ihm tief und dauernd eingeprägt haben: Kaiser Josef und — Mozart.

Aus den Studien, welche dem jungen Meister um so erwünschter sein mußten, als er bisher des systematischen Unterrichts — den bei Neefe abgerechnet — entbehrt hatte und einen großen Theil der Kraft und Zeit im praktischen Berufe hatte verwenden müssen, riß ihn der Tod seiner Mutter.

Von Mitteln entblöst kam er nach Bonn zurück und traf die geliebte Mutter, an welcher sein Herz mit inniger Zärtlichkeit hieng, am Sterben. Dasselbe Jahr raubte ihm seine Schwester Margaretha: er stand daheim verwaist und einsam da. „O wer war glücklicher als ich", klagte er, „da ich noch den süßen Namen Mutter aussprechen durfte, und er wurde gehört! Wem kann ich ihn jetzt sagen? den stummen, ihr ähnlichen Bildern, die mir meine Einbildungskraft zusammensetzt!" — —

Zur Trauer, zu dem Gefühl der Verwaistheit kam noch pecuniäre Misère und die Demüthigung, welche die zunehmende Trunksucht des Vaters dem mit einem peinlichen Ehrgefühl ausgestatteten Jüngling bereitete.

---

1) Der alte Beethoven machte seinen Sohn aus leicht zu errathenden Gründen um 2 Jahre jünger.

In dieser trüben Zeit, in welcher Beethoven mit hypochondrischer Melancholie rang, gieng ihm eine neue Heimat auf, als er in die Familie Breuning eingeführt wurde und daselbst bald wie das Kind vom Hause aus- und eingieng.

Er fand in der geistvollen Frau von Breuning eine wahrhaft mütterliche Freundin, die Geist und Tact besaß, um auf das ebenso ungelenke als leicht verletzliche Gemüt des jungen Genies erziehend einzuwirken. In der Familie, welche durchaus auf der Höhe der Zeit stand und mit Bildung gesättigt war, fand Beethoven reiche Gelegenheit, die empfindlichen Lücken seiner Bildung auszufüllen. Die großen Dichter Deutschlands, Klopstock, Lessing, Gellert, Gleim lernte er in diesem Kreise kennen. Auch die Erstlingswerke von Göthe und Schiller fanden bei den jungen Breunings begeisterte Aufnahme und warmes Verständniß. Durch diese wurde der junge Meister auch in die Welt der Antike eingeführt und mit der classischen Literatur vertraut gemacht: die Odyssee ist von jener Zeit an eines seiner Lieblingsbücher geblieben. Shakespeare und Milton fehlten selbstverständlich in diesem Kreise nicht. Dabei herrschte im Hause keineswegs ein steifer, ästhetisirender Ton: die jungen Leute sorgten für jugendliche Frische, welche jezuweilen zur Ausgelassenheit werden mochte. — Das religiöse Element war durch den Vormund der jungen Breunings vertreten, einen feingebildeten und liebenswürdigen Prälaten, der dem durch Joseph II. vertretenen Geiste der Aufklärung huldigte.

In dieser Atmosphäre wurde der junge Beethoven „fröhlich". Sein einsames, ängstlich verschlossenes Wesen thaute in der herzlichen Freundschaft auf, die ihn umgab. Er sah sich geliebt und verstanden. Durch die Beziehungen zu dem Hause Breuning öffneten sich ihm die Kreise der feineren Geselligkeit, wie sie sich z. B. im Zehrgarten zusammenfanden; da traf er mit Romberg, Reicha, den beiden Kügelgen und vielen Künstlern und Gelehrten zusammen.

Es war eine Zeit frischen Strebens und in künstlerischer

Hinsicht freudiger Entwicklung. Seine Gönner, voran der feinfühlende Graf Waldstein (dem die Sonate op. 53 C dur gewidmet ist) mahnten ihn, gerade die eigene Art festzuhalten und sich darin nicht irre machen zu lassen. Sein Spiel, wie sein Tonsatz mußte, da er an der Orgel und bei dem ernsten Bach gelernt hatte, den die herkömmliche „galante" Art gewöhnten Musikern hart und schwerfällig erscheinen und es mag Beethoven von ihnen manches tadelnde Wort gehört haben. Aber die feiner empfindenden Kenner mußten die Gedankentiefe und die Vollwichtigkeit seiner Compositionsweise schon damals ahnen. Man wird kaum fehlgreifen, wenn man annimmt, daß viele von den zwischen 1795 und 1802 veröffentlichten Werken, und unter ihnen gerade diejenigen, welche neben dem Ernst der Conception einen herrlichen Schwung und sonnige Freudigkeit athmen (op. 1. 3. ? das Septett?), der Entstehung nach in diese Zeit fallen, welche der Meister selbst seine schönste genannt hat.

Daheim freilich lugte das Elend aus allen Winkeln. Der Vater sank immer tiefer und die häusliche Zerrüttung nahm so zu, daß einer der Söhne, Johann, sich gerichtlich zum Haupt der Familie machen lassen mußte.

Beruflich war Beethoven in dieser Zeit theils an der Orgel, theils im Theater als Cembalist oder Bratschist beschäftigt. Glucks und Mozarts Opern erschienen, wenn auch selten, so doch regelmäßig auf dem Repertoire.

Was endlich die Herzenszustände des Jünglings betrifft, so erzählen die Freunde und Zeitgenossen, daß er in jener Zeit des Sturm und Drangs nie „ohne eine Liebe" gewesen sei. Er mußte einen Gegenstand haben, mit welchem sich sein liebebedürftiges Gemüt zusammenschließen konnte, dem er mit stürmischer Heftigkeit sein Dasein weihen konnte, wenigstens im Geiste — denn, das ist bezeichnend, seine Liebe blieb platonisch, unausgesprochen, der Gegenstand erfuhr in der Regel nichts davon, aber seine liebesschweren Adagios und feurigen Allegros erzählen davon.

So schön sich für Beethoven die Verhältnisse in Bonn, das eigene Daheim ausgenommen, gestaltet hatten, blieb es gleichwohl der sehnlichste Wunsch seines Herzens, wieder in die musikalische Metropole der damaligen Zeit zu kommen und sein Talent unter den Augen der dortigen großen Meister Haydn und Mozart gründlich auszubilden. Haydn war er schon früher einmal gelegentlich (in Godesberg) vorgestellt worden. 1792 kam Haydn auf seiner Rückreise von London nach Wien wieder nach Bonn und nahm genauere Einsicht von mehreren Arbeiten Beethoven's; dadurch ließ er sich bestimmen, den jungen Künstler als Schüler anzunehmen. Mit der Zusicherung eines landesherrlichen Stipendiums von 100 Ducaten und das Herz voller Hoffnungen verließ Beethoven seine Vaterstadt, als eben die Revolutionsheere heranrückten, und langte 1792 in Wien an, um bei Haydn, wie er sich vorsetzte, noch einmal neu und von Grund aus zu studiren.

Die beiden Männer harmonirten jedoch dem innersten Wesen nach nicht miteinander. Haydn war ohne Zweifel damals mit Plänen und Arbeiten für die nächste Londoner Reise beschäftigt; so viel Interesse er dem Schüler schenkte, so war es doch nicht die Art von Aufmerksamkeit, deren Beethoven gerade damals bedurfte. Dieser hatte in Bonn schon viel componirt; aber die Verschiedenartigkeit des Eindrucks, welchen seine kecken Gänge und Harmonien auf die Hörer gemacht hatten, mochte ihn mißtrauisch gegen sich selbst gemacht haben, so daß er das Verlangen empfand, das Studium des Contrapuncts von Grund aus noch einmal zu beginnen, um dadurch sicher zu werden im Urtheil über die Eingebungen seiner künstlerischen Phantasie, um das rechte Maß und einen klaren Blick über die letzten und unverrückbaren Gesetze seiner Kunst zu gewinnen. Dazu konnte ihm ein eigentlicher Theoretiker nützlicher sein, als Haydn, der damals weder Zeit noch auch wohl Lust hatte, den Arbeiten des Schülers diejenige strenge und kritische Aufmerksamkeit zu schenken, an der gerade Beethoven gelegen sein mußte, sondern der dessen Genie so viel überließ, daß er ihm Fehler und Incorrectheiten stehen ließ.

So sehr dies Beethoven empörte und dem gefeierten Meister entfremdete, so bewahrte er doch Haydn äußerlich die durch die Klugheit gebotene Pietät, nahm aber, um dennoch zu seinem Ziele zu kommen, daneben Unterricht bei dem freundlichen Schenk, dem Meister im komischen Styl und humoristischen Componisten des Dorfbarbiers. Es war Beethoven erwünscht, als 1794 Haydn's Reise nach London, auf welche ihn Haydn mitnehmen wollte, den äußeren Vorwand gab, bei Albrechtsberger, dem tüchtigsten Theoretiker unter den damaligen Wiener Musikern, Unterricht zu nehmen. Daneben bildete er sich bei Schuppanzigh im Violinspiel aus. Es geht aus dem allem hervor, daß Beethoven, welcher sich der Systemlosigkeit seiner bisherigen musikalischen Erziehung wohl bewußt war, mit allen Kräften an sich arbeitete und darnach strebte, mit Beiseitelassung der naturalistisch-genialen Fertigkeit, noch einmal erst die strenge Schule durchzumachen, wobei Fux's System ohne Zweifel die Grundlage bildete.

Zu den Enttäuschungen, die Beethoven in Wien erfuhr, gesellte sich bald auch pecuniäre Bedrängniß. Außer einem oder zwei Quartaltheilen erhielt er in Folge der Kriegswirrnisse von jenen versprochenen 100 Ducaten nichts. Schon am 18. Dez. 1792 starb der Vater und überließ dem Sohne die Sorge für das Fortkommen der Brüder. Franz Ries, sein edler, uneigennütziger Freund hat ihm auch damals, wie schon früher, ausgeholfen. Von 1794 an lebte der junge Meister völlig ohne Gehalt. —

Sein Talent und die Empfehlungen Waldstein's öffneten ihm jedoch die besten und feinsten Kreise des Wiener Adels und der Wiener Künstlerwelt. Schon 1794 finden wir ihn, als Gast des Fürsten Lichnowsky, in recht ordentlichen Ver=

hältnissen. Bald war er der ausgesprochene Liebling der Aristokratie; Lichnowsky setzte ihm einen festen Jahresgehalt von 600 fl. aus. Sein Name hatte beim Publikum bereits einen vollen Klang, als er 1795 zum ersten Mal öffentlich auftrat und durch die Herausgabe der Trio's op. 1 sich mit Einem Schlag den Ruhm eines der ersten Componisten der Gegenwart auf dem Gebiete der Instrumentalmusik errang.

Beethoven, berufen, gerade auf diesem Gebiete das Größte zu leisten, hätte zu keiner glücklicheren Zeit nach Wien kommen können, welches damals insbesondre der Mittelpunkt für die Instrumentalmusik war. Hier war durch Haydn und Mozart das Verständniß und der Geschmack geschärft und gebildet worden; zwar gab es kein musikalisches Publikum im modernen Sinn; die aristokratische Kammermusik und Sinfoniemusik erfreute sich hauptsächlich der Liebe und Protection seitens des hohen Adels, für welchen musikalischer Geschmack und musikaliche Bildung damals ein Erforderniß der adeligen Bildung überhaupt war.

Der Adel protegirte die edle Musik in der That wirksam: fast jede bedeutende Adelsfamilie besaß ihre eigene Kapelle — vom vollen Orchester bis herunter zum einfachen Streichquartett oder Pianisten; jede derselben bedurfte neuer Musik: daher war die Nachfrage nach Kammer- und Instrumentalmusik überaus groß und auch junge, unbekanntere Talente waren bei tüchtiger Arbeit im Stande, für ihre Werke Absatz zu finden.

Da sich der Adel während der Saison in Wien zusammenfand, so kam dadurch eine größere Anzahl vortrefflicher Instrumentalisten in der Stadt zusammen. Zu größeren Aufführungen wurden durch Uebereinkommen die Musiker der verschiedenen Kapellen zu Einem Orchester vereinigt, so daß bei den zweimal im Jahr stattfindenden Concerten im Burgtheater die Zahl der Mitwirkenden oft auf 400 und noch mehr stieg.

Hier waren also die äußeren Mittel zu einer vortrefflichen Darstellung der Meisterwerke vorhanden. Aber auch der in diesen Kreisen herrschende Geschmack kam damals der Richtung Beethoven's entgegen. Der musikalische „Patriarch" von Wien, Baron van Swieten, der in den Kennerkreisen den Ton angab, hatte die Aufmerksamkeit der Kenner wieder auf Bach und Händel gelenkt und dadurch ein Element des gediegenen, strengen Ernstes in den Wiener Geschmack gebracht, der sonst im Grunde das Sonnig=Heitere im Tonspiel vor allem andern liebte.

Das war es denn zunächst, was Beethoven mitbrachte: den hohen Ernst und die für jene genußfreudige Gesellschaft wunderliche Originalität Bachs. Man staunte hauptsächlich darüber, daß er die Präludien und Fugen Bachs mit nie gehörter Kraft und Fertigkeit vortrug. Van Swieten z. B. ließ, wie Schindler erzählt, Beethoven in der Regel „spät fort, weil dieser sich bequemen mußte, noch eine Anzahl von Fugen von Seb. Bach zum Abendsegen vorzutragen".

Ueberdieß mußte es dem jungen, originellen Meister leicht werden, in den Augen der Kenner — nur mit diesen hatte er von vorneherein zu thun — als der erste zu gelten; denn Mozart war todt; Haydn lebte wohl noch und war auch von allen Seiten hoch gefeiert: aber Beethoven war gegen ihn etwas völlig Neues; die Wucht seiner Klänge stach von Haydn's reinlicher, leichter Frische zu sehr ab, als daß man beide nur hätte miteinander vergleichen können. Unter den übrigen in Wien anwesenden Instrumentalcomponisten: Kozeluch, Eberl, Förster, Banhall u. a. fand Beethoven keinen Rivalen, der sich entfernt mit ihm hätte messen können.

Endlich trug zum Sieg seiner Musik auch seine in hohem Grade aristokratische Persönlichkeit bei. Beethoven war nicht der Mann, wie noch Mozart es eben sein mußte, um in vornehmen Kreisen mit der Musik „aufzuwarten" — er verlangte ein aufmerksames Publikum; zum Spiel nöthigen ließ er sich nie. Er war der Mann, seinem Spiel und seiner Kunst auch äußerlich Achtung zu verschaffen und mit „göttlicher Grobheit" die anspruchsvollen Halbkenner fern zu halten.

So ist die Zeit von 1794—1801 für ihn in jeder Hinsicht die Zeit des rüstigen Mannesalters und der künstlerischen Reife. Was er noch in Bonn concipirt hatte, wird jetzt der in strenger Schule geübten Kritik unterworfen. Jene herrlichen Trio's op. 1 eröffneten eine große Reihe von rasch aufeinanderfolgenden Werken, deren Aufeinanderfolge nach der Entstehungszeit übrigens nicht genau bestimmt werden kann, da nach vielen Anzeichen die Opuszahl in dieser Hinsicht nichts beweist. Aus diesem Grunde erscheint es auch gewagt, in der Reihenfolge seiner Editionen gleichsam die Denksteine seiner inneren Entwicklung zu erblicken. Das natürlich läßt sich nicht in Abrede ziehen, daß Beethoven's Schaffen tiefer und innerlicher als bei einem andern Componisten mit seinem ganzen inneren Leben und Fortschreiten verflochten war, so daß man, ohne gerade durch die Werke ein genaues Abbild der Seelenentwicklung im Einzelnen geben zu wollen, doch sagen kann: wer diese Werke nicht blos technisch sondern psychologisch verstehen will, muß die Persönlichkeit des Meisters genauer kennen lernen: denn sie schließt uns diese Werke auf, in denen so vieles — zumal in den letzten — dunkel bleibt ohne die Beziehung auf das Innenleben des Meisters. —

Beethoven hatte nunmehr in Wien ein gesichertes und behagliches Dasein; er wurde vom Adel geliebt und geehrt, ja fast auf den Händen getragen, und man verkehrte auf gleichem Fuße mit ihm. Die Damen, vor allem die Fürstin Lychnowsky, die eine „Glasglocke über ihn machen" möchte, verhätschelten ihn förmlich. Gleichwohl entbehrte er jener gleichmäßigen Gemütsfreudigkeit, jenes sonnigen Frohsinnes, der wahrhaft glücklich macht. Es war sicherlich nicht etwa die Sorge um die Existenz und das Fortkommen seiner drei Brüder, was ihm das Leben verbitterte und zu Zeiten sein Gemüt verdüsterte, so daß die ganze Welt ihm „wie mit einem

Trauerflor" verhüllt erschien, — denn diese Sorge war nicht
so sehr drückend — sondern sein unglückliches Naturell. Dieses
konnte freilich durch die Misère seiner Jugend, durch den Un=
dank seiner Brüder und durch manche wirklich bittere Erfahrung
an Freunden, denen er, von Natur mißtrauisch und zögernd,
das ganze Herz und die volle Liebe zugewandt hatte, nicht
besser gemacht werden. Es war aber — und dieses gewiß
in erster Linie — an seiner Verbitterung und Verdüsterung
ein Uebel schuld, welches für den Musiker das schwerste ist,
das ihn treffen kann, und dessen wesentliches Symptom es ist,
daß es das Gemüt verdüstert und den Menschen mißtrauisch
stimmt: Beethoven litt seit seinem 30. Jahr an zunehmender
Taubheit. Nehmen wir hinzu, wie sein ohnedies unge=
lenkes, in freudigen und traurigen Stimmungen überaus hef=
tiges und ungestümes Wesen ihm den Verkehr mit der in
glatten, nichtssagenden Formen sich bewegenden feineren Welt
erschweren mußte, so begreifen wir nicht blos die verschiedenen
einander diametral entgegengesetzten Urtheile über seine Person,
sondern auch den schroffen Wechsel von Stimmungen, der sein
Leben, wie seine Arbeiten beherrscht: in welchen die tiefe Resig=
nation neben dem wundervollen Humor steht, der bitterliche
Titanentrotz unmittelbar in den unter Thränen lächelnden
Schmerz umschlägt.

Seine schwermüthige Stimmung, die übrigens damals
immer wieder der freudig erregten, oft wild lustigen wich,
sobald es gelang, ihn anzufassen und kräftig aufzurütteln,
spricht aus dem folgenden Brief (1800): „Ich kann sagen, ich
bringe mein Leben elend zu, meine Ohren sausen Tag und
Nacht fort; seit zwei Jahren fast meide ich jede Gesellschaft,
weil es mir nicht möglich ist, den Leuten zu sagen: ich bin
taub! Hätte ich irgend ein anderes Fach, so giengs noch eher,
aber in meinem Fache ist das ein schrecklicher Zustand; dabei
meine Feinde, deren Zahl nicht gering ist, was würden die
dazu sagen! Um dir einen Begriff von dieser wunderbaren

Taubheit zu geben, sage ich dir, daß ich mich im Theater ganz dicht an's Orchester anlehnen muß, um den Schauspieler zu verstehen. Die hohen Töne von Instrumenten, Singstimmen, wenn ich etwas weit weg bin, höre ich nicht; im Sprechen ist es zu verwundern, daß es Leute gibt, die es niemals merkten; da ich meistens Zerstreuungen hatte, so hält man es dafür. Manchmal höre ich den Redenden kaum". Beethoven war erst 30 Jahre alt, als das Uebel anfing, ernstlicher und andauernder aufzutreten. Er hatte seine Laufbahn erst begonnen und hatte thatsächlich in Wien viele Neider und Feinde. Wir können es daher wohl begreifen, daß die Angst, völlig taub und dadurch unfähig zu werden, centnerschwer auf seinem ohnedies melancholischen Gemüt lasten mußte; „was es werden wird", schreibt er, „weiß der liebe Himmel. Ich habe schon oft mein Dasein verflucht; Plutarch hat mich zur R e s i g n a t i o n geführt. Ich will, wenn es anders möglich ist, meinem Schicksal trotzen, obschon es Augenblicke meines Lebens geben wird, wo ich das unglückseligste Geschöpf Gottes sein werde. — — O R e s i g n a t i o n — welch' elendes Zufluchtsmittel".

Wohl in Folge dieses Leidens wurde Beethoven mit der Zeit überaus verwundbar und reizbar; das hatte wiederum für seine sociale Existenz trübe Folgen: es erschwerte ihm die Freundschaft. Er stand gleichsam immer auf den Hinterfüßen, bereit, sich mit dem drohenden Sturm herumzuschlagen. Sein unglückliches Mißtrauen hat ihm viele Herzen entfremdet und hat später das Bild, das von ihm entworfen wurde, stark verdunkelt.

Gleichwohl war er der Freundschaft gerade jetzt mehr als sonst und mehr als andre bedürftig; sein Herz „d ü r s t e t e" nach Liebe; wo er sich liebend hingab, da gab er sich mit dem ganzen vollen Menschen hin: er kannte nur eine Liebe, welche das g a n z e Herz ausfüllt. Da, wo er sich zur Liebe berechtigt hielt, wurde ihm unglücklicher Weise bittere Ent-

täuschung zu Theil; kein Wunder, daß er nicht mehr traute.
Dazu war er am meisten mißtrauisch gegen sich selbst: die ergreifenden Selbstanklagen, mit welchen er sich quälte, wenn sein störrisches, ablehnendes Wesen ihm einen Freund entfremdet hatte, sind Beweise dafür.

So wechselt in seinem Gemütsleben schmerzliche Sehnsucht nach dem liebevollen Zusammenschluß mit einer treugesinnten Menschenseele immer wieder mit bitterer Entsagung und Enttäuschung; diese wieder mit titanischem Trotz, der ihn lehrt, kräftig um sich zu schlagen, sich zu wehren und sich nicht zu beugen unter die Wucht des „Schicksals".

In die Zeit, da diese wechselnden Stimmungen vorherrschten, fällt die Herausgabe (nicht Conception!) der Streichquartette op. 18, der ersten Sinfonie, des Oratoriums „Christus am Oelberg", des Septetts — sämmtlich Compositionen voll Sonnenscheins, Zeugnisse freudigen, rüstigen Schaffens.

Einen Abschnitt in seinem Innenleben bildet das Jahr 1801; ein leuchtender Glanz geht über sein Dasein hin: „etwas angenehmer lebe ich jetzt wieder, indem ich mich mehr unter die Menschen gemacht habe. Du kannst es kaum glauben, wie öde und traurig ich seit zwei Jahren mein Leben zugebracht; wie ein Gespenst ist mir mein schwaches Gehör überall erschienen, und ich floh die Menschen und mußte Misanthrop scheinen und bin's doch so wenig. Diese Veränderung hat ein liebes, zauberisches Mädchen hervorgebracht, das mich liebt und das ich liebe; o es sind seit zwei Jahren wieder einige selige Augenblicke". „Meine körperliche Kraft nimmt seit einiger Zeit mehr zu als jemals und so meine Geisteskräfte. Jeden Tag gelange ich mehr zu dem Ziel, das ich fühle, aber nicht beschreiben kann".

Es war eine glühende Liebe, die jetzt seinem ganzen Wesen einen freudigen Schwung verlieh. Dieser frohen, beseligten Zeit dürfen wir vielleicht die herrlichen Lieder „An die ferne Geliebte" zurechnen (der Conception nach!), in welchen jeder

Ton einen Tropfen Herzblut einschließt und aus welchen die edelste, tiefste, deutsche Liebe in ihrer himmlischen Reinheit und Gemütsfülle spricht. Ihr der Geliebten[1]) weihte er die wunderbare Cismoll („Mondschein"-) Sonate. Er liebte mit der Kraft eines Titanengemüts. Das ist die schwungvolle Zeit, da er trotzig meint: „ich will dem Schicksal in den Rachen greifen; ganz niederbeugen soll es mich gewiß nicht!" „O es ist so schön, das Leben tausendmal zu leben"!

Die Liebe brach rasch ab, denn die Geliebte heirathete. Beethoven war im Innersten erschüttert; wie das ergreifende Heiligenstädter Testament (bei Nohl S. 124) zeigt, schloß er jetzt ganz mit dem Leben ab. Aber die Kunst ließ ihn nicht los: gerade jetzt entstanden die ehernen Sinfonien, aus welchen titanische Kraft und heroisches Feuer sprühen. Jetzt erscheint der „Fidelio", das Triumphlied treuer, aufopfernder Liebe. In den Sonaten dieser Zeit klingen süße Jugenderinnerungen — erst jetzt ist er der volle, ganze Beethoven mit der stählernen Kraft und dem vollschlagenden Herzen in jedem Tone geworden.

Durch die immer mehr zunehmende Gehörlosigkeit vereinsamte der Meister mehr und mehr. Seine Weltanschauung nahm eine immer ernstere, geistigere Richtung an. Die kühle Resignation, mit welcher er früher hatte auskommen wollen, wich einer freudigen Hingebung an das „höchste Wesen", an Gott. Nur noch „der Ehre des Allmächtigen, des Ewigen, des Unendlichen" will er „seine Töne weihen". „Wenn ich mich im Zusammenhang des Universums betrachte, was bin ich und was ist der, denn man den Größesten nennt?"

Sein Gott ist nicht der Gott des Ultramontanismus, aber auch nicht das vage Universum, oder ein dürres Schema des Verstandes, sondern der **persönliche Vater**, der Allbeweger

---

[1]) Nach L. Nohl ist dieselbe nicht mehr zu bestimmen. Nohl, Eine stille Liebe zu Beethoven.

und Allbeleber, der „alles in sich Fassende", zu dem er das Zutrauen haben kann, daß er „ihn nicht verlassen werde", dem er nach schwerer Krankheit den „heiligen Dankgesang" anstimmen kann.

Beethoven war im Grunde weder Atheist, wie ihn Haydn schalt, noch Theist oder Deist — er war im innersten fromm, im übrigen war weder sein Denken, noch seine Persönlichkeit in einem landläufigen Schema unterzubringen. Der Stern, der ihm aufgegangen war und in seine Einsamkeit freundlich hineinleuchtete, war die Liebe Gottes.

Sein titanisches Ringen um Licht schließt in der neunten (D moll) Sinfonie mit dem „Evangelium der Humanität"

„Alle Menschen werden Brüder"

und mit dem aus dem Munde des verkannten Misanthropen doppelt ergreifenden Gruße

„Diesen Kuß der ganzen Welt".

Sein letztes Werk aber ist ein Kirchenwerk: die wunderſam mystische D dur-Messe, die er, wie Schindler erzählt, in einem Zustand „absoluter Erdenentrücktheit" componirte. „Vom Herzen möge es zum Herzen gehen" — mit diesen Worten deutete er selbst an, daß er mit diesem Werke in ganz besonderem Sinne etwas Persönliches geben wollte. In der That hat er darin das Bild eines faustischen Geistes hinterlassen, der nicht nachließ zu ringen, bis er Ruhe fand in Gott.

Es mag uns erlassen sein, alle die kleinlichen Kümmernisse zu erzählen, mit welchen sich der Meister tagtäglich mehr, als nöthig war, quälte und plagte. Seine künstlerische Thätigkeit ist davon glücklicherweise unberührt geblieben; sie hat ihn vielmehr immer wieder darüber hinausgehoben. Es ist bekannt, wie er Undank erntete von den Brüdern, von dem Neffen, dem er seine ganze Liebe zugewandt hatte, und von vielen Freunden. Diejenigen welche ihn näher kannten, sind ihm bis an's Ende treu geblieben.

Er starb am 26. März 1827, der Tod war für ihn Befreiung und Erlösung. Auf Erden hatte er das Beste geleistet, einen Rivalen hinterließ er nicht.

2. Künstlerische Charakteristik.

1. Beethoven war wesentlich Gemütsmensch; heftige, starke Leidenschaften bewegten ihn, die sich um so mehr in seinem inneren Leben geltend machten und dasselbe beherrschten, als er durch sein Gehörleiden auf die Einsamkeit angewiesen war und sich über das, was ihn wahrhaft bewegte, selten aussprechen konnte. Es ist bezeichnend, daß der tiefere Kern seines Wesens fast nur in Briefen zu Tage kommt und daß diese oft heftige Gefühlsausbrüche und Selbstanklagen enthalten, indem er sein thatsächliches, ungehöriges Benehmen rechtfertigen oder wieder gut machen will, sobald er zum Nachdenken über dasselbe gekommen ist und nicht mehr unmittelbar unter dem Druck des finsteren Mißtrauens steht, das in Folge der Taubheit sein Gemüt beherrschte. Zieht man nun aus dem Ungestüm seines Wesens alles das ab, was auf Rechnung seines körperlichen Leidens zu setzen ist, so erscheint Beethoven als eine starke Kraftnatur, stark im Lieben, stark im Hassen.

Dem entsprach auch die äußere Erscheinung: „denke dir (Rochlitz, Für Freunde der Tonkunst Bd. IV.) einen Mann von etwa fünfzig Jahren, mehr noch kleiner als mittler, aber sehr kräftiger, stämmiger Natur, gedrängt, besonders von starkem Knochenbau — — — von vollem, rundem Gesicht, rothe, gesunde Farbe, unruhige, leuchtende, ja bei fixirtem Blick fast stechende Augen; keine oder hastige Bewegungen; im Ausdruck des Antlitzes, besonders des geist- und lebensvollen Auges, eine Mischung oder ein zuweilen augenblicklicher Wechsel von herzlichster Gutmüthigkeit und von Scheu; in der ganzen Haltung jene Spannung, jenes unruhige, besorgte Lauschen des Tauben, der sehr lebhaft empfindet; jetzt ein froh hingeworfenes Wort, sogleich wieder ein Versinken in düsteres Schweigen; und zu alle dem, was der Betrachtende hinzubringt und was immerwährend mit hineinklingt: das ist der Mann, der Millionen nur Freude bringt, reine, geistige Freude". Er selbst nennt sich den "unbehülflichen Sohn Apollo's".

Der innerste Kern dieser Kraftnatur war ein tiefes Sehnen nach Liebe und Ergänzung, wie sich das rührend und ergreifend in seinen Briefen ausspricht. Die innere Kraft äußert sich aber auch in einem starken Selbstgefühl und in einem selbstbewußten Künstlerstolz.

Als Künstler bezeichnet Beethoven ein hoher, ächt germanischer Idealismus. Beethoven dachte von seiner Kunst so hoch als nur möglich. "Musik ist höhere Offenbarung, als alle Weisheit und Philosophie; sie ist der Wein, der zu neuen Erzeugungen begeistert. Ich bin der Bachus, der für die Menschen diesen herrlichen Wein keltert und sie geistestrunken macht; wenn sie dann wieder nüchtern sind, dann haben sie allerlei gefischt, was sie mit auf's Trockene bringen". So läßt ihn Bettina sagen und sicherlich hat sie die Worte nicht aus der Luft gegriffen. Für Beethoven war die Musik eine ethische Macht; sie soll dem Manne "Feuer aus dem Geiste schlagen", meint er selbst, und "wem seine Musik sich verständlich macht, "der muß frei werden von all' dem Elend, womit Andere sich schleppen".

Diesem Idealismus entsprach der eiserne Fleiß, mit welchem Beethoven zeitlebens an sich selbst gearbeitet und gebildet hat. Er besaß nicht die Unmittelbarkeit der musikalischen Empfindung, wie Mozart, dem sich jede äußere Anregung sofort in Musik umsetzte: Beethoven mußte tiefer bohren, mußte seine Ideen, die ihm nicht in so unerschöpflicher Fülle zuströmten, tiefer aus dem Innern hervorholen; sein Geist bedurfte daher der Anfrischung und Befruchtung durch die Berührung mit anderen großen Geistern: Shakespeare war neben

Homer sein »poète de prédilection«, dessen Gestalten seine musikalische Phantasie am meisten zum Schaffen anregten und in ihm die großartigen Entwürfe weckten. Klopstock war unter den Deutschen sein Liebling, bis er Göthe kennen lernte. „Seit dem Carlsbader Sommer (wo er Göthe persönlich kennen gelernt, 1811) lese ich im Göthe alle Tage — wenn ich nem= lich überhaupt lese. Er hat den Klopstock bei mir todt ge= macht. Sie wundern sich? Nun, lachen Sie? Aha, darüber, daß ich den Klopstock gelesen habe! Ich habe mich Jahre lang mit ihm getragen, wenn ich spazieren gieng und sonst. Ei nun, verstanden hab' ich ihn freilich nicht überall. Er springt so herum; er fängt auch gar zu weit von oben her= unter an; immer Maestoso! Des dur! Nicht? Aber er ist **doch groß und hebt die Seele** (das wollte B.). Wo ich ihn nicht verstand, dann rieth ich doch, so ungefähr. Wenn er nur nicht immer sterben wollte! das kömmt so wohl Zeit genug! Nun, wenigstens klingts immer gut. Aber der Göthe: der lebt, und wir alle sollen mitleben. Darum läßt er sich auch componiren" (so läßt ihn Rochlitz sagen in der Unterhaltung mit Beethoven) vrgl. Schlüter, a. a. O. S. 113 Anm.).

Mächtige Anregung zum künstlerischen Gestalten bot ihm außer den Dichtern der Umgang mit Mutter Natur; in ihr ist Ruhe, Wahrheit, Gesundheit. „Kein Mensch kann das Land so lieben, wie ich; geben doch Wälder, Bäume, Felsen den Widerhall, den der Mensch gibt" — schrieb der Meister, der im Sommer das Marschiren durch die freie Gottesnatur zum Tagewerk rechnete.

Das unermüdliche Streben, alles tief aufzufassen und demgemäß auch stets vom Centrum des Geistes aus zu ge= stalten, machte Beethovens Entwicklungsgang zu einem ununter= brochenen mühsamen Ringen nach dem „Ziel, das er fühlt, aber nicht beschreiben kann". Immer wieder fängt er, ein ächter Idealist, von vorne an, um ein sicheres Urtheil und den klaren künstlerischen Blick zu gewinnen. Seine Manuscripte beweisen, daß er auch bei der einzelnen Arbeit im Meiseln, und Verbessern sich nicht genug thun konnte. Die Musik genügte ihm nicht, wenn sie nur schön war: sie mußte Bedeutung haben, einzig sein, voll originalen Geistes und tiefen Gehaltes.

Aus dieser Sorgfalt in der Arbeit erklärt es sich, daß seine Musik jener sonnigen, ruhigen Abgeklärtheit und leichten Grazie entbehrt, welche uns an Mozart's, den Zauber der unmittelbarsten Natürlichkeit tragenden Werken entzückt und gefangen nimmt. Dafür finden wir bei Beethoven eine Gedrungenheit und Vollwichtigkeit der musikalischen Gedanken, wie er sie nur noch mit dem alten Bach theilt, eine Kraft, Saftigkeit und Sprechsamkeit der Melodie und eine eherne Logik in der thematischen Arbeit, welche, schon technisch angesehen, der Musik etwas Männliches, Stählernes verleiht. Da ist auch nirgends eine Spur von Phrase; da ist kein auch noch so kleines Sätzchen, das auch anders lauten oder wegbleiben könnte: es ist das Ganze ein wohlgegliederter Bau, in dem kein Stein fehlen darf und jeder einzelne auf dem rechten, ihm allein zukommenden Platze sitzt.

Dies hängt damit zusammen, daß Beethoven in den Tönen und Tongestalten etwas bestimmtes auszudrücken bestrebt ist. Die Ueberschriften, welche er vielen seiner Werke vorsetzte, beweisen das. Die Eroica soll das Andenken eines Helden feiern; die wundersam mystische Canzonetta für Streichquartett trägt die Ueberschrift: „heiliger Dankgesang eines Genesenen"; von der Cmoll-Sinfonie sagte Beethoven selbst „So klopft das Schicksal an die Pforten".

Schon im Breuning'schen Hause liebte es Beethoven, bestimmte Persönlichkeiten durch sein Spiel musikalisch zu zeichnen. Gleichwohl geben die in den Ueberschriften angedeuteten poetischen Ideen nur den Punkt an, von welchem die schaffende musikalische Phantasie ausgeht, die ihre großen Gestaltungen ganz aus dem eigenen Reichtum nimmt, bildet, verbindet — beeinflußt durch den poetischen Vorwurf, aber nicht im Einzelnen durch denselben bestimmt oder geleitet.

Daher gibt Beethoven's Musik nichts weniger, als eine objective Abschilderung oder scharfe Nachzeichnung von bestimmten, in den Ueberschriften angedeuteten, Vorgängen oder Gegenständen. Diese bezeichnen nur die Richtung, welche sein musikalischer Gedankenflug nimmt, die Grundfarbe, die das ganze Bild beherrscht, das ideale Schema, nach welchem die musikalische Phantasie ihre Gestaltungen aufruft, ordnet, vorbeiführt. Es ist bei Beethoven immer der ganze Mensch in dichterischer Thätigkeit, nicht bloß der musikalische; was den Menschen im Innersten bewegt, will er in die Tongestalten hineinlegen; die Last, die im innersten ihn drückt, will er ablösen im künstlerischen Formen und Gestalten, sich davon befreien, indem er sie sich objectiv macht. Die Form, in welcher er das allein vermag, ist die des specifisch musikalischen Gestaltens; dieses selbst steht aber so immer im Zusammenhang mit einem andersartigen, nicht specifisch musikalischen Gedankenflug: daher steht die musikalische Phantasie stets in Berührung mit der allgemein dichtenden, empfängt von ihr den Anstoß, die Richtung und das ideale Schema; aber sie schafft durchaus mit eigenen Mitteln, redet durchaus die eigene Sprache, borgt nicht von der Poesie.

So sind es nicht poetische Bilder oder bestimmte poetische Gestalten, Gedanken, oder Ideen, welche in Beethoven's Musik — objectiv angesehen — gleichsam verkörpert wären und durch die Töne hindurch von dem Hörer müßten errathen werden: was aus diesen Klängen uns entgegentritt, ist stets Beethoven selbst, die im Centrum bewegte, reiche Individualität desselben! Was uns die großartigen Tongestalten offenbaren, ist der allezeit aus dem Vollen schöpfende, aus der Tiefe des Innern alles hervorholende, auf das höchste Ideal gerichtete Geist, der nichts obenhin berührt, weil ihn selbst alles in dem Mittelpunkt seines Ichs anfaßt, der, weil ihm selber das künstlerische

Schaffen zur ethischen Selbstbefreiung wird, alles was er gestaltet oder als gestaltungswürdig ergreift, unter dem idealen Schema des Kampfes und Sieges schaut. Das ist denn auch in letzter Beziehung der poetische Grundgedanke, der alle seine Schöpfungen beherrscht. Beethoven selbst liebt es, diesen tragischen Grundgedanken, welcher ja der seines eigenen inneren Lebens war, als „den Kampf mit dem Schicksal" zu bezeichnen.

Der Kampf mit dem feindlichen finsteren Element, das Ringen nach Licht und Sieg bildet das ideale Schema, nach welchem in erster Linie der breite Strom der sinfonischen Massenbewegung sich ordnet. Das Princip des Gegensatzes, welches das Wesen der Instrumentalmusik bildet, wird daher aufs Höchste gesteigert. Die thematischen Bildungen und Gegenbildungen gewinnen so sehr an Massigkeit und Kraft, daß sie für die aufnehmende Phantasie zu förmlichen Gestalten werden, die miteinander ringen; unwillkürlich wird das Spiel der schroffen musikalischen Gegensätze zum Bilde des Kampfes mit den finstren Gewalten, die dem Menschengemüt die Freiheit und den frohen Aufblick rauben, bis der Mensch sie bannt durch die siegende Kraft des Geistes.

Wir begreifen es völlig, daß eine Zeit, wie die Beethoven's, in diesen hohen Klängen den Widerhall der großen Kämpfe heraushörte, welche die Welt erfüllten, und daß sie darin die geheimnißvolle Offenbarung ahnte, nach welcher die besseren Geister in jener gegensatzreichen, gährungsvollen Zeit sich sehnten.

In den neun Sinfonien, die zusammen ein wahres Schicksalsepos ohne Worte darstellen, tritt der angedeutete Grundgedanke (als ideales Schema) immer deutlicher und greifbarer heraus: weniger noch in der „klaren, feurig strömenden" ersten (C dur, op. 21, 1799), die den Stempel eines durch sein Schaffen und schöpferisches Ordnen freudig gehobenen Geistes trägt; mehr schon die zweite (D dur, op. 36, 1800), im Wechsel der Gegensätze schon schroffere, aber im Ganzen festlich und

prächtig gehaltene, noch mehr die männliche, fest gefügte, in
satte Farben getauchte B dur Sinfonie (1806 op. 60); am
prägnantesten und ergreifendsten aber die große Schicksalssin=
fonie in C moll (op. 67, 1807).

Die dritte Sinfonie (Es dur, op. 55, 1804, eroica) ge=
staltet den Grundgedanken unter Anlehnung an das Bild eines
großen, idealen Helden, der durch Kampf und Todesnacht hin=
durch zur Unsterblichkeit aufsteigt. Die siebte, 1813 op. 92
„zum Besten der Invaliden aufgeführt") tönt in majestätischen
Klängen den Jubel des großen Befreiungsjahres aus und ist
eine freudige, hoheitvolle Feier des durch heißen Kampf ge=
wonnenen Sieges. Auch die neunte Sinfonie (D moll, 1824,
op. 126) erscheint zunächst als musikalische Feier des Friedens;
aber die Gegensätze von Kampf und Sieg, Krieg und Frieden
vergeistigen sich und es tritt uns auch hier Beethoven selbst
nahe im verzweifelten Ringen nach innerer Befreiung: die Lö=
sung aller Räthsel und damit die höchste seligste Freude gibt
ihm das Evangelium der Humanität, so wie es jener Zeit auf
der Zunge lag und die edlen Geister der Zeit es verkündigt
hatten. Allzuviel wird man in diese vergeistigte Schöpfung
nicht hineinsymbolisiren dürfen, wenn man Beethoven nicht
Unrecht thun will. Der von den Menschen ausgeschlossene, ver=
kannte Misanthrop verkündigt in ergreifenden, einfachen Klängen
die Lösung, die sein liebebedürftiges Herz gefunden hat in der
alle Menschen umfassenden Liebe.

Die sechste (F dur, op. 68), die Pastoralsinfonie, führt
den Grundgedanken unter Anlehnung an das Bild eines Spa=
zierganges aus. Sie ist die musikalische Feier jenes sympa=
thischen Widerhalls, welchen die Natur in ihrer Größe und
Hoheit, in ihrem heiligen Frieden und in ihren tobenden
Stürmen dem Menschengemüt zurückgibt; jener Sympathie,
welche freilich der Mensch in die Natur und in ihre Laute erst
hineinträgt; die aber der Natur jene heilende und ethisch be=

freiende Kraft verleiht, durch die das kranke Gemüt gesundet, welches sich in ihren mütterlichen Schooß flüchtet.

Die achte Sinfonie endlich dürfte als die humoristische Ausführung des tragischen Gedankens anzusehen sein. (Vrgl. übrigens über die einzelnen Sinfonien die feinsinnige Darstellung bei Schlüter, a. a. O. S. 120 ff. und die geistestrunkenen aber congenialen Schilderungen W. A. Hoffmanns, in dessen „Phantasiestücken", oder Elterlein, Beethoven's Sinfonien nach ihrem idealen Gehalt. Dresden 1870).

Im engen Rahmen des Streichquartetts, Duo's, Trios, oder der einfachen Claviersonate tritt uns dasselbe ideale Schema entgegen und mit ihm Beethoven's Wesen selbst. Die Gehaltsfülle drängt die Form in die Breite, die Gegensätze werden auch hier vollwichtiger, die Farben satter, die Harmonien schärfer, die Melodien saftiger, als bei Haydn und Mozart. Beethoven will auch in diesen Schöpfungen sich aussprechen, während jene in erster Linie Musik machen wollten.

Ganz besondre Kraft und Tiefe entfaltet Beethoven, weil er eben die ganze, volle, empfindungsschwere Individualität in die Töne legt, im lyrischen Liede. Mit den Liedern „an die ferne Geliebte" weist er hinaus auf die spätere Entwicklung, die ihn wohl in der Virtuosität detaillirter musikalischer Charakteristik überholt aber an lyrischer Empfindungsfülle und seelenvoller Innigkeit nicht erreicht hat (s. im nächsten Abschnitt).

In der Oper steht Beethoven, dem die leichte Beweglichkeit des Dramatikers abgieng, hinter Mozart zurück, was die dramatische Charakteristik betrifft, dafür ist im „Fidelio" jeder Ton aus dem Herzen geholt, die Musik wirkt um der inneren Dramatik willen, wenn man so sagen darf, um der lyrischen Wahrheit und wunderbaren Idealität willen, wahrhaft überwältigend. Vermöge des vorwiegend lyrischen Charakters und der Fülle von Seele ist „Fidelio" eine specifisch deutsche Oper, auf dem musikalischen Gebiete von derselben Bedeutung, wie Schillers Louise Millerin es auf dem dramatischen war.

Am wenigsten eignet sich ein so durchaus subjectiver Componist zum Kirchenmusiker. Was Beethoven an Kirchenwerken componirt hat (Messe in C dur, Missa sollennis in D dur op. 123) ist durchaus subjectiv gehalten. In der D dur-Messe redet nicht die Kirche, sondern etwa ein „Faust", dem der Glockenton und Ostergesang das Heimweh nach dem seligen, frommen Glauben der Kindheit weckt, der in schmerzlichem Ringen sich an die heiligen Worte anklammert, bis er darin Frieden und Licht findet. Mit Einem Wort, es ist auch hier Beethoven, der mit uns redet: der aus den Kämpfen mit Zweifel und Unmuth nach Friede und Glauben ringende Mensch, der endlich in dem Mysterium, das die Kirche demüthig und glaubensvoll feiert, die letzte und seligste Lösung aller Räthsel a h n t. Daraus erklärt sich die Unruhe, ja die oft wilde Bewegung der Musik in der Messe, welche in nichts mehr an die ruhevolle, gemessene Kirchenmusik der alten Zeit erinnert.

Endlich sind die Gellert'schen „geistlichen Lieder" (voran das „Bußlied") Zeugniß von dem religiösen Pathos, dem Beethoven durchaus nicht fremd war, wenn es ihm nur in ungesuchter Herzlichkeit und Wärme nahe trat ohne hierarchische Arroganz oder engherzige Prätension.

Fassen wir die einzelnen Züge unseres Bildes zusammen, so ist Beethoven's Musik weder eine rein sinnliche, allein durch Schönheit des Klanges wirkende, noch aber eine symbolisch-moralisirende oder poetisch spielende, sondern eine wahrhaft ethische: entsprungen aus dem Drange, mit ihren Mitteln das Höchste und Heiligste, das „Unaussprechliche" zu offenbaren, den Menschen im Mittelpunkt seines Wesens zu treffen und über das kleinliche Elend der Erde emporzuheben. So wirkt diese Musik auch auf uns ethisch: sie berührt uns nicht obenhin; sie erschüttert, um zu reinigen und zu beruhigen; sie erschüttert durch das aufrührerische alle Saiten erklingen lassende Stürmen der Gegensätze, aber sie beruhigt durch die eherne

Logik und den heiligen Ernst, wodurch die Gegensätze gelöst und geklärt werden.

Da es die Eigentümlichkeit des **deutschen** Geists ist, überall auf den Kern der Individualität zurückzugehen und immer aus dem tiefsten Grunde derselben zu schöpfen, so bezeichnet die in eminentem Sinne **persönlich** gehaltene Musik Beethoven's die Rückwendung von dem Haydn-Mozart'schen Kosmopolitismus der Kunst zur germanischen Eigenart, welche die individuelle Originalität und den geistigen Gehalt in erster Linie betont, aber leicht darüber die Schönheit und Klarheit der Form außer Auge läßt und schwerfällig wird. In Beethoven selbst, der mit energischer Strenge auch in formeller Hinsicht stets an sich gearbeitet hat, tritt uns das germanische Element entgegen im vollsten Einklang mit dem Gesetz der Schönheit. Wird er auch im Alter allzu erdenentrückt, allzu spiritualistisch — wirklich unschön wird er nie. — Erblicken wir in Mozart den Genius der Musik überhaupt, so mag man in Beethoven, dem nach Innen gekehrten, den der **deutschen** Musik erkennen. Liegt es nahe, Mozart mit Händel zu vergleichen, so erscheint Beethoven als der Erbe des ehrwürdigen Johann Sebastian Bach. —

III. Haupt-Abschnitt.

Die Geschichte der nachclassischen Musik [1]) (von Beethoven bis zur Gegenwart).

1. Allgemeine Charakteristik.

Die Entwicklung, welche die Musik, getragen von der allgemeinen Geistesentwicklung, seit Beethoven genommen hat, ist

---

1) Vergl. insbesondre wegen der jeder Biographie beigegebenen Verzeichnisse der Werke La Mara, Musikalische Studienköpfe aus der Jüngstvergangenheit und Gegenwart. I—III. Leipzig, 1. A. 1868 (neueste A. 1877).

noch zu wenig abgeschlossen, als daß es möglich und für eine objective Geschichtsdarstellung räthlich wäre, sie unter eine einheitliche, kunstgeschichtliche Kategorie zu bringen. Das, was der Musik bei aller Zersplitterung nach nationalen, localen und persönlichen Eigentümlichkeiten und Interessen gemeinsam ist und ihr somit, im Ganzen gesehen, doch einen einheitlichen Charakter verleiht, ist die Physiognomie des modernen Geistes= leben's. Inniger als je vorher ist jetzt der Contact zwischen der Kunst und dem Leben; die gewaltigen Bewegungen, welche das Culturleben unsres Jahrhunderts erst erschüttern und dann allmählich umbilden, finden getreuen Widerhall in den Strö= mungen, welche sich in der Kunstentwicklung geltend machen; die Kämpfe, welche sich auf dem Gebiete des allgemeinen Geisteslebens erheben, finden ihren Spiegel und Nachhall im Leben unsrer scheinbar so harmlosen Kunst. Ja in dem Maße, als das Volksbewußtsein sich aus der Lethargie der trüben Restaurationsperiode herausarbeitet und neue Energie gewinnt, nimmt auch das gesammte Volk an unsrer Kunst Antheil und diese wird so eine Volksmacht, wie nie vorher. Unerbittlich tritt jetzt an den schaffenden Künstler die Forderung heran, auf der Höhe des Zeitbewußtseins sich zu erhalten und sich mit der geistigen Bildung des Volkes, dem er angehört, zu erfüllen.

Hieraus ergibt sich freilich, daß das rein künstlerische Interesse etwas zurücktritt vor dem culturgeschichtlichen und nationalen: es macht sich in der Kunst selbst das Verlangen geltend, die Masse in das künstlerische Interesse hereinzuziehen, sie zum künstlerischen Verständniß heraufzubilden und letzteres in die weitesten Kreise zu verbreiten. Die Kunst strebt nach engerer Fühlung mit dem Gesammtgeist, schöpft ihren geistigen Gehalt aus dem Eigenleben des Volkes und, indem auf Seiten des Volkes diesem Streben ein allgemeines Bedürfniß, am Leben der Kunst theil zu nehmen, entgegenkommt, ersteht der Kunst= dilettantismus, welcher — ein bedeutsames Merkmal der neuen Entwicklung — die Tonkunst zu einer der vornehmsten Bildungsmächte der modernen Gesellschaft erhoben hat.

Der eigentliche Fortschritt in der Entwicklung zeigt sich demgemäß weniger auf dem Gebiet der Tonkunst selbst. In dieser Hinsicht trägt die neuere Entwicklung unverkennbar den Stempel des Epigonentums. Trotz der großartigen Ausbildung der Technik auf allen Gebieten, trotz der ungeahnten Vermehrung der Ausdrucksmittel hat eben das künstlerische Schaffen jene energische Concentration der Gesammt-Individualität auf die Sache selbst verloren; es fehlt den besten Werken der neuesten Zeit jene bezaubernde Ursprünglichkeit und überwältigende Ganzheit, jene innere Harmonie und Großheit, welche die Meisterwerke der Classiker kennzeichnet. Die Frische leidet unter der Reflexion, die Kraft unter den Widersprüchen der Zeit und unter der Vielseitigkeit der sie bewegenden Interessen; an die Stelle der aus dem Vollen schöpfenden Genialität tritt vielfach ein geistreicher Manierismus und sein berechnender Eklekticismus; ja auch das beste, was die Zeit hervorgebracht hat, ist vom rein-musikalischen Standpunkt aus betrachtet, doch nur eine Nachblüte der classischen Herrlichkeit, um so bedeutender und größer, je näher es diese streift.

Der Fortschritt der Entwicklung besteht mehr in der wachsenden culturgeschichtlichen Bedeutung unserer Kunst, darin, daß sie aus einer aristokratischen, nur von Kennern geübten Kunst zu einer demokratischen Volkskunst wird. Die schaffenden Künstler legen den Schwerpunkt ihres Schaffens mit Vorliebe in die Oper, in welcher der Künstler am schnellsten und leichtesten die Fühlung mit dem Volke und die Sympathie der Zeit gewinnen zu können hofft. Auch das Gebiet der reinen Musik bleibt von diesem Zuge nach großer Popularität nicht unberührt. Die auf feines, technisches Verständniß rechnende Kammermusik tritt zurück hinter der an das Durchschnittsverständniß sich wendenden, ebendarum auch stärker und bunter auftragenden **Concert-** und **Salonmusik**. Ueberhaupt ist es in dem Zuge, der die Entwickelung beherrscht, begründet, daß das Interesse an der reinen Musik im Vergleich mit der von den Classikern beherrschten Periode nachläßt, und die Musik das Wort sucht, welches das Verständniß erleichtert und der Musik das Interesse auch der nicht specifisch musikalisch Gebildeten erhält. Zu einer Bedeutung, wie kaum im Reformationszeitalter, kommt deßhalb das **Lied**; und weil das nur gelesene oder gesprochene Lied bedeutungslos verhallte, wenn es nicht Leben, Fleisch und Blut erhielte durch die Weise, die es dahinträgt und zündend die Massen eint in dem Gedanken, den das Lied ausspricht, so ist es in erster Linie die Musik — in der prägnantesten und wirksamsten Form der **Volksweise** —, wodurch das Lied in unsrem Jahrhundert eine wahre Volksmacht geworden ist. Der zündende Gedanke, welchen die Volksweise dem ganzen Volke aneignete, ist oft genug des Volkes Führer, das Losungswort der großen Bewegungen geworden.

Diese Vorliebe für die angewandte d. h. für die mit der Poesie verbundene Musik hat zu einer Verrückung der Grenzen und zu einer Verwirrung der Begriffe geführt, welche wiederum ein bezeichnendes Merkmal des modernen Kunstlebens ist. Indem man gewöhnt wurde, die Musik nur darauf anzusehen, ob sie wirkungsvoll und charakteristisch sich an das Wort anschmiege und mit ihren Mitteln dem Wortgedanken wirklich gerecht werde, vergaß man über diesem Einen, der dramatischen Wahrheit und Treue, daß die Musik als Kunst auch ihr eigenes ästhetisches Gesetz hat: die Einheit und Schönheit der organisch-gegliederten Form. Was für die dramatische, oder überhaupt für die angewandte Musik in erster Linie gefordert werden mußte, wurde unwillkürlich auf die Musik überhaupt übertragen, indem man das Vermögen derselben, gegebenen Stimmungen mit drastischer Wahrheit und Kraft zu folgen, mit dem Vermögen, durch sich selbst mit rein musikalischen Mitteln einen gedankenhaften Inhalt zu erzeugen, d. h. Inhalt und Gehalt verwechselte.

So stehen sich bald mehr bald weniger feindselig zwei Richtungen gegenüber, von welchen die eine auf rein ästhetischem Boden steht und in erster Linie auf die musikalische Schönheit, die architektonische Klarheit und Correctheit, mit Einem Wort auf organisch gegliederte Formen bringt, welche in sich selbst fertig sind und aus sich selber heraus ohne dichterischen Commentar können künstlerisch genossen und verstanden werden. Wir können diese Richtung bezeichnen als die des feinen Formgefühls.

Die andere Richtung steht mehr auf dem Boden der Poesie; ihr kommt es mehr auf den „Inhalt" oder „Gehalt" der Musik an, ohne daß sie sich jedoch völlig klar darüber wäre, was nun eigentlich dieser „Inhalt" sei, indem die Einen darunter überhaupt musikalische Gehaltsfülle und Originalität verstanden, Andere den im Kunstwerk ruhenden Gehalt von Poesie, wieder andere eine „Idee", d. h. förmliche Gedankenreihen, welche durch die Musik angerufen und vorgestellt werden sollten, so daß die letzte ohne diese Idee nicht völlig verstanden werden kann. Diese Richtung gieng jedesmal aus der Opposition reformatorisch gesinnter Geister hervor, wenn in der Kunst leerer Schematismus oder Formalismus zu herrschen anfieng. Sie ist demnach wesentlich kritischer Natur und hat nicht blos auf dem Gebiete der angewandten, sondern auch auf dem der reinen Musik ihre volle Berechtigung in dem Streben nach Idealität und Geistigkeit der Kunst gegenüber von pedantischem Scholasticismus oder sinnbethörendem Materialismus.

Das Interesse der objectiven und gerechten Geschichtsdarstellung nöthigt uns, von vornherein zwischen reiner und angewandter Musik zu unterscheiden und beide in der Darstellung zu trennen. Die musikalische Aufgabe ist bei beiden verschieden und dies begründet auch die Verschiedenheit des Maßstabs der Beurtheilung bei beiden.

Gibt es doch vortreffliche Musiker, welche auf dem Gebiete z. B. der dramatischen Musik verhältnißmäßig wenig Bedeutendes geleistet haben, und andrerseits mäßige Musiker, welchen als Dramatikern hohe Bedeutung zuerkannt werden muß. Die Gerechtigkeit verbietet, den Einen an der Aufgabe des Andern zu messen. Beide sind ja Künstler und ihre Bedeutung richtet sich zunächst darnach, ob und wieweit sie ihrer Zeit und ihrer speciellen Aufgabe genug gethan und auf die Kunstentwicklung in irgend einer Richtung Einfluß geübt haben.

2. Darstellung im Einzelnen.

1. Abschnitt.

Die Formen und Style der reinen Musik.

I. **Die Richtungen des feinen Formgefühls.**

Ueberblick.

Die große Zeit der Revolution und der Freiheitskriege, deren hohe Stimmungen in Beethovens Klängen Widerhall gefunden hatten, wich der traurigen Restauration. An die Stelle des selbstbewußten Humanitätsstolzes und der herrlichen, nationalen Begeisterung trat, als das Resultat der allgemeinen Erschlaffung, ein blasirter Kosmopolitismus.

Die in lichter Schönheit leuchtenden Meisterwerke Beethoven's, aus welchen ein starker und reicher Geist sprach, waren wohl der großen und schwungvollen Zeit verständlich und sympathisch gewesen. Dem schwächlichen Geist der Restaurationsepoche waren sie unzugänglich: gerade das Urgermanische und Gigantische in Beethoven's Wesen war einem Geiste zuwider, der alles, was sich auf politischem oder literarischem Gebiete irgendwie geltend machen wollte, ängstlich zu nivelliren bemüht war.

Nur allzuschnell räumte der Heros der modernen Musik den Thron in der Gunst der Menge dem italienischen Meister Rossini. Das war Musik, die dem blasirten Emigrantentum und der allgemeinen Ermüdung der Geister zusagte; denn sie brachte die sinnliche Schönheit zur anmuthvollen Erscheinung, ohne die geringste geistige Anstrengung zu verlangen oder eine höhere Stufe der musikalischen Bildung bei dem Hörer vorauszusetzen. Es war eine kosmopolitische Musik, welche sich weder an nationale Sympathien, noch an besondre Bildungskreise oder Bildungsgrade, sondern einzig an das Allen gemeinsame sinnliche Gefallen wandte.

Wie aber deutscher Ernst und deutsche Gediegenheit auch in jener trüben Zeit voll Frivolität und Leichtsinn auf allen Gebieten ein Plätzchen behauptete, so auch auf dem unsrigen. Mit großer Treue hielt ein Kreis von Musikern an dem von der classischen Zeit überkommenen Erbe fest. Die Tüchtigkeit der künstlerischen Gesinnung konnte es freilich nicht hindern, daß über der Opposition gegen das Rossini'sche Princip des sinnlichen Genusses ihr gediegener Ernst sich zur tristen Pedanterie verengte, und daß sie trotz aller Treue in der Festhaltung der classischen Mache dem blendenden Zauber von Rossini's sprudelnder Genialität nicht wehren konnten.

Mit dem kecken Muth der Jugend trat in Opposition ebensowohl gegen die classische Scholastik als gegen den Indifferentismus und Kosmopolitismus Rossinis die Romantik mit der Forderung der Originalität und Neuheit, und mit energischer Betonung des nationalen Elements.

Wie jedoch die Restauration am wirksamsten nicht durch Revolution oder deutschtümelnde Opposition, sondern durch Vertiefung der allgemeinen Bildung überwunden wurde, so mußte auch erst eine Vertiefung des künstlerischen Bewußtseins durch allseitige Bildung eintreten, um ebenso den Scholasticismus der Wiener Schule, als den Materialismus Rossini's und den Spiritualismus der Romantiker zu überwinden und eine wahrhaft neue, die bisherigen, widerstrebenden Elemente harmonisch ineinander auflösende, hart an die Classicität streifende Epoche herbeizuführen, die des Mendelssohn'schen **Classicismus**, welcher ein an den alten Meistern geübtes Formgefühl mit strengem Ernste und romantischer Geistesfülle vereinigte.

1. Rossini. Cherubini. Die Wiener Schule.

Quellen: Struth, B., Rossini, Sein Leben und Wirken, seine Werke und Charakterzüge. Leipzig, o. J.

Wendt, A., Rossini's Leben und Treiben, vornehmlich nach den Nachrichten des Herrn v. Stendal geschildert. Leipzig 1824.

1. Rossini gehört zwar, sofern er wesentlich Operncomponist ist, in unsern zweiten Abschnitt, verdient aber auch hier insofern eine kurze Erwähnung, als seine Opernmusik auch auf die Musik überhaupt nicht ohne Einfluß geblieben ist. Die reiche Melodienfülle gewöhnte an leichtes musikalisches Genießen; der Mangel aller thematischen Arbeit entfremdete das große Publikum den kunstvoll gefügten classischen Werken. Wer gefällig und im Sinne der Menge componiren wollte, der mußte auf strenge Arbeit verzichten und darauf ausgehen, leichtgeschürzte Melodien zu erfinden. Aber wo Rossini's Genialität wahrhaft Frisches und Gesundes schuf, da brachten es die charakterlosen deutschen Nachahmer höchstens zu schäferlicher Süßigkeit und weinerlicher Sentimentalität, die denn freilich in die parfümirte Salon-Luft der Metternich'schen Gesellschaft taugte.

Gegenüber dem corrumpirenden Einfluß der Rossini'schen Oper auf die deutsche Musik und die deutsche Künstlerschaft war die Wiener Schule im vollen Rechte.

Sie schloß sich an Beethoven, oder besser gesagt, an Mozart an und hat in der Geschichte das hohe, unbestreitbare Verdienst, wenigstens in den engeren Kreisen der Kennerschaft den Sinn und das Verständniß für die strenge Form, wie sie von den Classikern herrührte, wach erhalten zu haben. Indem sie gegenüber der sinnlichen Melodienverschwendung Rossinis die verstandesmäßige Arbeit und die technische Gründlichkeit hervorkehrte, hat sie für die Ausbildung und Weiterbildung der Technik des Satzes nicht wenig geleistet; endlich ist nicht ihr geringstes Verdienst die meisterliche Ausbildung der künstlerischen Fertigkeit, zumal des Pianofortespiels.

Bei alledem begreift es sich leicht, daß die schwerschreitenden Kapellmeistersarbeiten der Wiener Schule, so sehr sie auch die Achtung der Kenner genossen, neben dem frischen Naturalismus Rossini's sich nicht halten konnten. War es doch Beethoven selbst so gegangen, der mit der formalen Meisterschaft, mit der Gediegenheit und Gedrungenheit der thematischen Arbeit und dem Glanz der Melodie einen die Form fast durchbrechenden Geistesgehalt verbunden hatte, der den Jüngern abgieng.

So mußten die redlichen Meister mehrfach ihren Lohn allein in dem Bewußtsein suchen, daß sie für die Zukunft, für eine ernstere und bessere Generation, wirkten.

Von classischem Geiste genährt erscheint Joh. Nepomuk Hummel (geb. am 14. Nov. 1778, Kapellmeister des Fürsten Esterházy bis 1816, dann Hofkapellmeister in Stuttgart, 1830 in Weimar, † 1838 als Kapellmeister zu Preßburg), Mozarts Schüler und Vertrauter, der aber von Beethoven's Geist nicht unberührt geblieben ist. Zwar ruhte seine Bedeutung hauptsächlich im brillanten Pianofortespiel und er ist darin der Vater der Wiener Clavierschule. Aber auch als Componist (Messen in Emoll, Hmoll, Ddur; verschiedene Opern, Cantaten, Concerte für Clavier, Septett, Trio u. a.) verräth er zumal auf dem Gebiete der concertirenden Kammermusik classischen Geist, wenn gleich vielfach das virtuose Formen- und Passagenspiel schon etwas zu sehr hervortritt.

Neben ihm steht, ausgezeichnet durch gediegene Bildung und künstlerische Strenge Ignaz Moscheles (geb. 30. Mai

1794 zu Prag, Schüler Salieris und Albrechtsbergers, 1825 Professor an der Akademie in London, zuletzt Professor am Conservatorium zu Leipzig, † am 10. März 1870). Auch er ist in erster Linie der Meister im Pianofortespiel und seine besten Werke (8 Concerte, besonders das in G moll, Etuden, Trio, Sextuor u. a.) sind auf's engste mit dem Clavier verwachsen; sie verrathen den Virtuosen, die stark hervortretende Reflexion ist auf den Glanz der Tongebung gerichtet, aber der strenge Ernst der classischen Schule beseelt ihn durch und durch, überall ist es ihm um die Sache, um die hohe Kunst selbst zu thun; auch wo er zwischen den Classikern und den Romantikern vermitteln will, bleibt er der vom classischen Geiste genährte Meister. Unvergessen ist seine Wirksamkeit in Leipzig. Seinen „Studien" (études) kommt in der Clavierliteratur bleibende Bedeutung zu.

Im Anschluß an diese beiden Meister erwähnen wir noch als Vertreter der Wiener Schule den fleißigen Karl Czerny (1791—1857 „Schule der Geläufigkeit"), Steibelt („Etüden"), Wölfl u. a. — Unter dem Einfluß des Mozart'schen Geistes stand Johann Ludwig Dussek (geb. 9. Febr. 1761 zu Czaslau in Böhmen, † 20. März 1820 zu St. Germain), der Freund und Vertraute des gleichfalls für die Musikgeschichte bedeutenden Prinzen Louis Ferdinand von Preußen, nach dessen Tod er erst nach Frankreich übersiedelte. Dussek's Claviersonaten behaupten heute noch einen hohen Rang unter den Werken für das Pianoforte, während seine übrigen Compositionen ziemlich verschollen sind. Geistig, wenn auch ohne positiven, äußeren Zusammenhang gehört zu der classischen Schule noch Muzio Clementi, als Componist der Vertreter der Claviersonate, die sich bei ihm in ihrer präcisesten, prägnantesten und reinlichsten Form vorfindet; als Claviervirtuos Mozart's Rivale, als Clavier- und Compositionslehrer wieder seinerseits das Haupt einer Schule, welche die Traditionen der classischen Schule auf den Vertreter des modernen Classicismus Mendelssohn vererbte, sofern dieser ein Schüler Ludwig Berger's war, eines der bedeutendsten Jünger Clementi's. Clementi, geb. 1752 in Rom, zeigte schon als Knabe von 7 Jahren bedeutendes Talent für Musik, componirte schon mit 14 Jahren eine Messe, welche die Aufmerksamkeit des Engländers Bedford auf ihn zog. Derselbe nahm den Knaben nach England, wo Clementi seine zweite Heimat fand. Seine Reisen führten ihn nach Paris, nach Wien (wo er vor Josef II. mit Mozart einen musikalischen Wettstreit zu bestehen hatte, der jedoch unentschieden blieb), Berlin, Petersburg. Sein bedeutendstes Werk außer den Sonaten, die in der That Muster der Gattung sind, weniger bedeutend durch Tiefe und Größe der Gedanken, als durch Reinlichkeit der Factur und ebenmäßige, fließende Entwicklung, ist sein Etüdenwerk »Gradus ad parnassum«. Er starb am 9. März 1832. — Sein bedeutendster Schüler ist Johann Baptist Cramer, der Sproß einer aus Schlesien stammenden Musikerfamilie, geb. zu Mannheim am 4. Febr. 1771, der schon frühe nach London kam, wo er Clementis Schüler und bald ein gefeierter Virtuos auf dem Clavier wurde. Von seinen zahlreichen Werken hat sich nur sein Etudenwerk bis heute erhalten. — Gleichfalls Schüler Clementi's waren Alexander Klengel (1784—1852), bedeutender Contrapunctist, (Dresden), Ludwig Berger (1777—1839), Mendelssohn's Lehrer und beliebter Clavier- und Liedercomponist (Berlin) und John Field, der hauptsächlich mit seinen »notturnos« Anklang gefunden hat (geb. zu Dublin 1782, † nach einem bewegten Leben zu Moskau 1837). — Unter den Virtuosen die ihrer ganzen geistigen Auffassung nach der Wiener Schule angehören, freilich mit einseitiger Richtung auf die Virtuosität seien noch Kalkbrenner und Thalberg erwähnt.

An die Wiener Schule reihen wir endlich einen Meister, welchen nicht geradezu zu den Classikern zu zählen gewiß jedem, der seine Werke kennt, schwer fällt, da er an Tiefe und Kraft der Erfindung, an Hohheit und Reinheit der künstlerischen Gesinnung und an Klarheit und Vollendung der Form den Classikern kaum etwas nachgiebt: das ist der Italiener Maria Luigi Zenobio Carlo Salvatore **Cherubini**, geboren zu Florenz am 8. Sept. 1760, wo sein Vater als Cembalist am Pergola-Theater angestellt war. Frühzeitig wurde sein Talent für Musik entdeckt und gepflegt. Schon mit 13 Jahren schrieb er ein Te deum, ein Miserere, ein Credo, ein Dixit Deus, und eine Messe. Die Gunst Leopold's II., des Großherzogs von Toscana verschaffte dem jungen Künstler den Unterricht des ascetischen und gründlich gelehrten Pater's Sarti, welcher seinen Schüler mit den Schätzen der italienischen Kirchen-Musik vertraut machte und damit für immer seinem Schaffen einen ernsten Hintergrund und festen Boden gab. Cherubinis erste Opern (Quinto Fabio 1780, Armida 1782, Adriano in Syria 1782, Giulio Sabino, »La finta principessa«, im italienischen Styl gehalten) brachen seinem Namen Bahn. Es erfolgte 1784 eine Reise nach London, 1786 eine solche nach Paris, wo er vom Jahre 1788 an sich bleibend niederließ, mit der Leitung der neugegründeten italienischen Oper betraut wurde und zugleich am Conservatorium Unterricht ertheilte. Es folgten die Opern »Lodoiska« (1791), »Elisa« 1794, »Medea« 1797, »Les deux journées« („Der Wasserträger") 1800, »Fanisca«. Während der Herrschaft Napoleon's, welchem der selbstgenugsame, zurückhaltende, wenig höfische, ernst gemessene Meister unsympathisch war, zog sich Cherubini zurück; 1805 kam er nach Wien, kehrte jedoch bald darauf wieder nach Frankreich zurück, wo er in stiller Zurückgezogenheit lebte, bis die Restauration ihm mit der Leitung der Kirchenmusik an der Schloßkapelle und mit der Inspection (1816), später Direction (1821) des Conservatoriums den seiner würdigen Platz anwies. Von Opern spendete Cherubini noch »Les Abencerages« (1816), »Ali Baba« (1833), nachdem er freilich die Höhe auf dem Gebiet der dramatischen Musik im „Wasserträger" erreicht hatte.

Das bedeutendste schuf er in der Kirchenmusik: Messe in F, Missa solemnis in D, Krönungsmesse in A, Requiem in C, Requiem für Männerstimmen in D, Credo a capella. Auf diesem Gebiete darf er sich mit den Größten messen.

Aber auch seine Werke für Kammermusik (Streichquartette, ein Quintett, Claviersonaten), stellen sich würdig neben die besten.

Was den Meister, der, mit Ehren überhäuft, am 15. März 1842 starb, von den Classikern scheidet, das ist ein gewisser Mangel an unmittelbarer Frische und Ursprünglichkeit des Schaffen's: Größe, Ernst, Würde, Klarheit und Durchsichtigkeit der Form, edles Maßhalten, Tiefe der Gedanken — das alles theilt er mit den Classikern; aber was ihm jenen gegenüber fehlt, das ist das Seelisch-Warme, unmittelbar Ergreifende, die Energie und Frische der Empfindung, welche über die Werke der Classiker den Zauber unvergänglicher Jugend ausgegossen hat; darum behält seine Musik immer etwas Vornehmes, Unnahbares, wie der ganze Mann es hatte; sie stimmt zur Andacht, reißt zur Bewunderung und Verehrung hin, aber es will ihr nicht recht gelingen, die Herzen zu erwärmen und höher schlagen zu machen.

In der classischen, Mozart-Beethoven'schen Ära wurzelt mit seinem ganzen Wesen und Schaffen endlich Franz Lachner (geb. 2. April 1804 in Rain), Schüler von Stabler und Sechter in Wien, zuletzt Generalmusikdirektor in München, † 1874). Seine Opern (Katharina Cornaro, Benvenuto Cellini) und Oratorien, seiner Zeit Achtung gebietend, haben ihn nicht überlebt; auch seine trefflichen, innerlich gesunden und kräftigen Instrumentalwerke (Sinfonien und Suiten) sind vielfach zurückgelegt worden, aber ihr Gehalt bürgt dafür, daß sie wieder aufleben werden, wenn die farbenschimmernden Werke, denen sie haben weichen müssen, abgeblaßt sein werden. Denn Lachner hat die Alten nicht bloß copirt, er hat auch von den modernen Richtungen gelernt und sich assimilirt, was zu seiner Art harmonieren konnte. —

Es liegt in der Natur der „Schule", daß sie Gefahr läuft, über der formalen Technik des Satzes oder der Ausführung den geistigen Gehalt zu verkürzen. Leicht erhält die Kunst dann den Charakter des Philisterhaften und Zopfigen und der Cultus der Form wird zum Scholasticismus. Gegen die Veräußerlichung und Entgeistung der Form wandte sich, zuletzt freilich in das andre Extrem umschlagend

2. Die Schule der älteren Romantiker.

Die Geistesströmung, welche wir mit dem Namen der Romantik bezeichnen, datirt vom Jahre 1815. Die nationale Strömung wurde durch die heilige Allianz gekreuzt, eingeengt und abgebrochen. Die Opposition der officiellen Staatsgewalt gegen die unklare und gährungsvolle Bewegung, das entschiedene Festhalten der maßgebenden Autorität am Traditionellen und Wohlerprobten, die Angst vor dem Neuen, der Widerwille gegen jegliche Aeußerung einer über das Niveau des Gewöhnlichen hervorragenden Geistesgröße brachte in die nationale Bewegung jenen Zug von Bitterkeit, jenes herbe Frontmachen gegen alles Hergebrachte und Officielle, und jenen Cultus des Germanentums, des Urwüchsigen und Naturwüchsigen, der nicht selten zum Cultus der burschikosen Formlosigkeit wurde.

Das Gegenbild der politisch-nationalen Bewegung war die Romantik auf literarischem und kunstgeschichtlichem Gebiet. Das dämmerige Mittelalter erschien dem Nationalgesinnten als die Blütezeit deutscher Sitte und Mannheit, nationaler Herrlichkeit und Größe. Rückwärts wandte sich daher die volle Sympathie, der drückenden Gegenwart und ihrer traurigen Enttäuschungen überdrüssig. Die Vorliebe für mittelalterliche Stoffe, sei's aus der Zeit nationaler Größe, sei's aus dem Gebiet der Sage war das Eine bezeichnende Merkmal der Romantik, welches sich naturgemäß vor allem in der Poesie und im Zusammenhang damit in der Oper geltend machte. Aber auch auf dem Gebiet der reinen Musik verräth sich die romantische Stimmung in der Vorliebe für das Dämmernde, Mystische, Schwebende in Harmonie und Modulation.

Wie ferner die nationale Bewegung in bittere Revolutionslust und burschikose Deutschtümelei ausartete, so kam auch in die Kunst eine heftige Opposition gegen das Akademische, Ueberlieferte, Classische, welche wiederum ein charakteristisches Merkmal der Romantiker ist. Der Opposition gegen das Hergebrachte entsprach in der Praxis eine gewisse Willkür in der Behandlung der Form, eine Rücksichtslosigkeit gegen die officielle Regel, eine Identificirung des Geistreichen mit dem Geistvollen, eine einseitige Cultivirung des Frappanten und unmittelbar Packenden — lauter Züge, welche der romantischen Musik mehr oder weniger anhaften.

Die positive Seite dieser Opposition ist die Betonung der Originalität und des Gehalts. Die Musik soll Geist haben und unmittelbar auf den Geist wirken. Diese Wirkung dachte man sich nicht als eine rein musikalische; nicht so, daß das Kunstwerk durch die unmittelbare Nahebringung des Schönen den Geist anfasse, erhebe und läutere, sondern so, daß die Töne eine Idee, ein Unaussprechliches, symbolisch anschauen machen. Naturgemäß sah man auf dieser Seite die Musik jetzt darauf an, ob sie etwas Tiefes ahnen ließ; nicht auf sinnliche Klangschönheit, auch nicht auf Gründlichkeit und Gediegenheit der Arbeit, sondern allein auf Sprechsamkeit und Bedeutungsfülle kam es hier an. Das Schöne wurde dem Gedankenreichen untergeordnet. So berechtigt die Richtung auf pointirten Ausdruck, dieser reflectirte Idealismus, gegenüber dem reflexionslosen Naturalismus Rossini's und dem scholastischen Schlendrian der Formalisten war, so gefährlich war sie für die künst=

lerische Auffassung überhaupt, indem sie unwillkürlich an die Stelle der Schönheitslinie das Princip des Geistreichen, Interessanten, oder des Effects setzte und leicht zu einer Verrückung der eigentlichen Aufgabe der Musik führte. Zwar sind die großen Vertreter der romantischen Richtung vor den Ausschreitungen in's Unschöne und Häßliche bewahrt worden durch ihren feinen Schönheitssinn, insbesondre sind die älteren Romantiker viel zu gut geschulte Musiker gewesen, um in das Extrem zu verfallen; wir dürfen sie unbedingt zu den Musikern des feinen Formgefühls rechnen; aber kleinere Geister, denen der Sinn für den Adel der Form nicht angeboren war, mochten durch die Unterschätzung der „Form" und durch die allzuenergische Betonung eines von ihr getrennt gedachten „Inhalts" leicht zu völliger Mißachtung und Zersprengung der Form verleitet werden.

Die malerischen und poetischen Mittel der Tonkunst erhalten folgerichtig bei den Romantikern besondre Bedeutung: der schroffe Gegensatz von Licht und Schatten, Glanz und Trübe, Leidenschaft und Humor — die Klangfarbe, die Figur, die Instrumentencombination, kurz alles was zur musikalischen Charakteristik gehört, wird auf's Schärfste ausgebildet. Dem Naturalismus Rossini's und dem Formalismus der Wiener gegenüber kann diese Richtung als ein strenger Spiritualismus — der Intention nach — bezeichnet werden.

Der erste, Beethoven zeitlich und geistig am nächsten stehende, durch classische Formschönheit sich auszeichnende Romantiker ist Schubert.

Durchdrungen von der wahren Aufgabe der Musik, in strenger Schule gebildet, aber aus Ueberzeugung der Romantik zugethan, erscheint Spohr als das Opfer des Widerspruchs, der in der Romantik lag.

Der ausgesprochene Vertreter der Richtung, welcher er durch lebhafte Agitation gegen den „Zopf" Bahn bricht, ist Karl Maria von Weber.

a. Franz Peter Schubert.

Quellen: Vrgl. Kreißle, Franz Schubert, eine biographische Skizze. Wien 1861.

Reißmann, Franz Schubert, sein Leben und seine Werke. Berlin 1873.

Neue Zeitschrift für Musik, Bd. 51.

La Mara, Musikalische Studienköpfe (Nr. 2). Leipzig 1868. 2. A. 1874.

G. Nottebohm, Thematisches Verzeichniß der im Druck erschienenen Werke von F. Schubert. Wien 1875.

1. Das Leben dieses Meister's bietet wenig bemerkenswertes; wie des alten Bachs Leben, so bewegte sich auch das Schuberts in den engsten Kreisen und gieng völlig in der künstlerischen Production auf.

Franz Peter Schubert wurde am 31. Jan. 1797 zu Wien in der Vorstadt Himmelpfortgrund geboren. Sein Vater war Schulmeister in Lichtenthal. Die ersten Eindrücke, welche das Kind empfieng, waren die eines äußerst einfachen, aber gemütvollen Familienlebens, dessen Zierde und ideale Weihe die holde Musica bildete, wie es ja in der guten alten Zeit für einen Schulmeister Ehrensache war, Musik zu verstehen und zu üben.

Der kleine Franz zeigte von früh auf Anlage zur Musik. Den ersten Unterricht erhielt er von seinem Vater und von seinem älteren Bruder Ignaz. Später wurde er dem Cantor Michael Holzer übergeben, der ihn im Orgelspiel, Gesang und Violinspiel unterrichtete.

Durch Salieri's Verwendung, der den Knaben bei Gelegenheit einer Prüfung singen hörte, wurde er, 11 Jahre alt (1708), in das K. K. Convict aufgenommen. In diesem wurde neben den gewöhnlichen Unterrichtsgegenständen hauptsächlich Musik getrieben. In dem Convictoren-Orchester, welches regelmäßig die Werke der besten Meister zur Aufführung brachte, nahm Schubert bald eine hervorragende Stellung ein. Durch fleißiges Studium guter Musik, ganz besonders durch die „Hausmusik", d. h. durch fleißiges Quartettspiel mit Vater und Brüdern befruchtete er seine Phantasie. Im Convict wie im Vaterhause waren Haydn und Mozart die Propheten, die als die ersten galten. Sie wurden auch Schuberts Leitsterne; an ihren Werken hat er seinen Formensinn ausgebildet und geschärft. Zu Beethoven, mit welchem er 30 Jahre in derselben Stadt lebte, hat er in schüchterner Entfernung, mit unbegrenzter Verehrung aufgeschaut.

Hatte schon M. Holzer von Schubert gemeint: „Er hat die Harmonie im kleinen Finger!" so fand auch der neue Lehrer, der Musikdirektor Ruczizka: „Der hats vom lieben Gott gelernt!" Die überraschenden Fortschritte, welche er machte, sowie die große Fruchtbarkeit, welche er im Componiren entfaltete, veranlaßten Salieri, sich des Jünglings anzunehmen und ihm, weit über die Zeit des Aufenthaltes im Convict hinaus, Unterricht zu ertheilen.

Nach fünfjährigem Aufenthalt im Convict trat Schubert, um der Conscription zu entgehen, als Gehilfe bei seinem Vater ein. Drei Jahre hat er mit Pflichttreue in der Schulstube ausgehalten und der Schulstaub hat den künstlerischen Trieb nicht zu ersticken vermocht. Er fuhr fort, rastlos zu componiren.

Schon im Convict war der „Erlkönig" entstanden. Schuberts Phantasie fand Nahrung in allem, was sich ihm irgend Anregendes darbot. Er glich darin Mozart, daß jede Begegnung ihn musikalisch anregte und jeder Eindruck sich ihm unwillkürlich zu Musik gestaltete.

Der Schulstube müde folgte er der Aufforderung eines Freundes, Heinrich von Schober, bei ihm in Wien zu wohnen. Dieser führte ihn in den künstlerisch anregenden Kreis ein, da Moriz von Schwind, Ludwig Schnorr von Carolsfeld, die Dichter Mayrhofer und Bauernfeld, der edle Feuchtersleben, unter den Musikern Franz Lachner u. a., die bewegende Elemente waren, und in welchem Schubert den begeisterten Sänger seiner Lieder, den Hofsänger Vogl, fand, der ihn immer und immer wieder zur Liedercomposition trieb und dem Erlkönig Bahn gebrochen hat. Hier blieb Schubert, mit Ausnahme einer kurzen Anstellung als Clavierlehrer bei Esterhazy, dessen Tochter Karoline das Ideal seiner Träume und der Gegenstand seiner schwärmerischen, unausgesprochenen Liebe gewesen sein soll. Den mehrfachen Reisen nach Ungarn, welche er aus Anlaß dieser Beziehungen machte, verdankt das »divertissement à la hongroise« und eine Reihe von Tänzen den Ursprung. Dem Volk abgelauschte Weisen suchte er künstlerisch zu gestalten.

Zwei Bewerbungen um Kapellmeistersstellen schlugen trotz Salieris warmen Empfehlungen fehl; er blieb somit auf unermüdliches Schaffen angewiesen und es war auch im Grunde die künstlerische Hervorbringung die einzige, seinem Naturell entsprechende Thätigkeit. Er war äußerlich ungelenk und unbehilflich, infolge davon schüchtern und bescheiden. Fand er auch Freude an einer heiteren, dann und wann ausgelassenen Geselligkeit, so war seine höchste Lebensfreude doch das Componiren und das genießende Sichgehenlassen in guter Musik.

Davon zeugt die enorme Zahl seiner Werke. Freilich folgte der künstlerische Verstand nicht immer der rastlos thätigen Phantasie und nicht alle seine Werke behaupten die gleiche Höhe. Dennoch hätten sie ein besseres Schicksal verdient, als sie es zu Schuberts Lebzeiten gefunden haben. Für die Zeitgenossen war er zu ernst. Aber er fand den reichsten Lohn seiner Arbeit im Beifall der Kenner und im Schaffen selbst. Daß er der ersten einer war, hat er gewußt, wenn auch seine übergroße Bescheidenheit es ihn nie hat äußern lassen.

Als er am 19. Nov. 1828 starb, erst 32 Jahre alt, war er nur von wenigen in seiner Bedeutung erkannt. Sein Grab fand er nahe bei dem Grabe Beethovens wie er es sich gewünscht.

2. Schubert hat auf allen Gebieten der Composition Bedeutendes geleistet. An Reichtum der Phantasie und musikalischer Erfindungskraft kann keiner mit ihm verglichen werden, als Mozart. Ihm gleicht er auch in der Naivetät des Schaffens [1]). Es ist bezeichnend, daß Beethoven, als er Schubert's Lieder kennen lernte, ausrief: „wahrlich in Schubert wohnt ein göttlicher Funke!" Es ist alles natürlich, frisch, gesund, wie es nur bei dem Künstler von Gottesgnaden sein kann.

Aber was sich bei ihm vermissen läßt, das ist die Gründlichkeit der übrigen Bildung, welche allein dem ganzen Menschen und seinem Schaffen die volle Harmonie und das sichere Ebenmaß verleiht. Strenges Maß und feste Architektonik, Geschlossenheit und Gedrungenheit der Form sind häufig dem Sichergehenlassen der schaffenden Phantasie in dem Strom unversieglich hervorquellender Einzelgestalten zum Opfer gefallen. Der Zauber seiner Meisterwerke auch auf dem Gebiete der Sinfonie und Sonate ruht weniger in der imponirenden Gewalt, welche das organisch-gefügte Kunstwerk ausübt, als in der tiefen, ergreifenden Lyrik, welche sie durchzieht: in der landschaftlichen Stimmung, der prächtigen Färbung und Beleuchtung, der Beredsamkeit seiner blühenden Cantilene, der Mannigfaltigkeit reizvoller Combinationen. Darüber vergißt man gerne, daß er häufig zu breit wird. Es ist weibliche Jungfräulichkeit, die uns mit Schubert's Klängen gefangen nimmt; die stählerne Männlichkeit Beethovens erreicht er selten oder nie.

Das bedeutendste mußte demnach Schubert im lyrischen Liede leisten. Denn hier bedingte der poetische Rahmen schon die geschlossene Form. Mit den „Müllerliedern" und der „Winterreise" erreicht er unbedingt die classische Meisterschaft. Würdig schließt er sich im Liede an den Componisten des

---

1) Als ihm einst eins seiner Lieder in fremder Abschrift vorgelegt wurde, rief er: „Schaut's, das Lied is nit uneb'n, von wem ist denn das?" Er kannte sein eigen Kind nicht.

Liederkreises „An die ferne Geliebte" an. Dem Idealismus Beethovens tritt bei Schubert ein gewisser Realismus zur Seite, der insbesondre in den Müllerliedern überaus glücklich die Sache trifft, während in die Winterreise schon Töne der überreizten Sentimentalität der Zeit hineinklingen.

Unter den 7 Sinfonien ragt durch Farbenpracht und an die Classiker anstreifenden harmonischen Bau die glänzende C dur hervor. Auf dem Gebiet der Kammermusik hat er Werke ersten Rangs aufzuweisen (Clavierquintett, Octett, 3 Quartette, Trios in B und Es u. a.); seine Sonaten für das Pianoforte kommen zwar denen Beethovens nicht gleich, aber von allen andern am nächsten.

Weniger glücklich war Schubert auf dem Gebiete der Oper („Alfons und Estrella" 1821, Fierrabras 1823, Sakontala, ein Bruchstück, „Zwillinge" eine Jugendarbeit) auf welchem er zwar Beifall, aber keinen durchschlagenden Erfolg fand. Es fehlte ihm für das Drama der concise Ausdruck; er war zu einseitig Lyriker. Bei aller Schönheit im Einzelnen, bei aller Lieblichkeit in der Detailzeichnung fehlt die männliche Zusammengefaßtheit und Geschlossenheit, welche wir vom Dramatiker verlangen. Dagegen war Schubert geschaffen für das Melodram („Zauberharfe") und das Singspiel. Eine liebreizende Gabe ist das Singspiel „der häusliche Krieg" (1823).

Auf dem Gebiete der Kirchenmusik nimmt Schubert jedenfalls eine bedeutende Stellung ein, wenn es auch seinen Kirchenwerken gleichfalls an der imponirenden Großartigkeit des Ganzen und an der granitenen Männlichkeit und Objectivität gebrechen dürfte, welche von ächter Kirchenmusik gefordert werden muß (Messe in Es, G, B. etc., Oratorium „Lazarus").

Fassen wir das ganze Bild seines Wirkens zusammen, so erkennen wir in Schubert einen der bedeutendsten Meister aller Zeiten, welchem zur vollen Classicität nur jene Selbstzucht gefehlt hat, welche die allseitige Bildung gewährt. In dem Vorwalten der poetischen Phantasie, in dem Realismus und Farbenglanz seiner Töne verräth er den Romantiker. Aber das Formgefühl, das ihn über dem landschaftlichen Colorit und dem Ausdruck der Leidenschaft doch niemals die feine Zeichnung und die sichere Contur vergessen ließ, reiht ihn unmittelbar den Classikern an.

b. Ludwig Spohr.

Quellen: L. Spohr's Selbstbiographie, Cassel und Göttingen 1860, Wiegand.

Malibran, Spohrs Leben. Leipzig 1860. Vgl. Riehl, a. a. O. II. S. 132.

War Schubert Romantiker aus Naivetät, so ist es Spohr aus Ueberzeugung. Aber die künstlerische, von der Romantik genährte Phantasie litt bei ihm — gerade umgekehrt wie bei Schubert — unter der Herrschaft des künstlerischen Verstandes.

1. Ludwig Spohr war der Sohn eines Arztes, geboren zu Braunschweig am 5. April 1874. Den ersten Unterricht im Violinspiel erhielt er von einem französischen Emigré, der sich in Seesen niedergelassen hatte, wohin Spohrs Vater gezogen war. Die überraschenden Fortschritte, welche der Knabe, der ursprünglich nicht zum Musiker bestimmt war, machte, veranlaßten den Vater, dem Knaben neben einer tüchtigen Schulbildung eine gründliche musikalische Schule zu gewähren. Daher übergab er ihn dem Violinisten Eck in Braunschweig, mit welchem Ludwig schon im 16. Lebensjahre eine Kunstreise nach Rußland machte.

Eine selbständig unternommene Concertreise (1804) errang ihm den Ruf eines vollendeten Violinvirtuosen.

Spohr war von Anfang an auf formelle Festigkeit und solide Gründlichkeit in der Musik gewiesen worden. Sein Lehrer in der Theorie, Hartung, war ein Mann der strengen

Schule, Spohrs Vorbild war Mozart. Classische Form und thematische Dialektik hat er allezeit angestrebt und als das erste Erforderniß des Kunstwerks erkannt.

Mit 21 Jahren war er Kapellmeister in Gotha und glücklicher Gatte der Harfenspielerin Dorothea Scheibler, welche ihn von nun an auf seinen Wanderungen begleitete (1813 nach Wien („Faust"), („Das befreite Deutschland") 1817 Italien, 1819 England), bis er sich 1822 in Cassel als Hofkapellmeister bleibend fesseln ließ.

Hatte der Violinvirtuose Spohr überall enthusiastischen Beifall gefunden, so mußte sich der Musiker und Componist Spohr durch vielfache Kränkung und Zurücksetzung durchkämpfen. In seine Jugend hatte Mozarts Sonne geleuchtet, in Wien hatte er zu Beethoven, dem Manne der 9. Sinfonie, während des Wiener Kongresses staunend aufgeblickt — für ihn war der hereinfluthende Rossinismus und die von Wien aus herrschendwerdende weichliche Sentimentalitätsmusik eine harte bittre Prüfung. Nur mit Mühe vermochte er in Cassel Haydn, Mozart und Beethoven auf seinen Concertprogrammen zu erhalten. Schon weil er mit männlichem Ernst selbst den Launen des Hofes gegenüber für die Reinheit und Heiligkeit der Kunst eintrat und seine ganze Autorität als Künstler und Virtuos, für die Idealität einsetzte, hat Spohr ein unvergängliches Verdienst in der modernen Musikgeschichte. Es zeugt ferner von einem feinen Verständniß für die Aufgaben und Bedürfnisse der modernen Zeit, daß Spohr zu Cassel einen Singverein von Dilettanten in's Leben rief. Damit sicherte sich der Kunst-Musiker die Wirkung auf die Gesellschaft und leitete die künstlerische Heranbildung derselben ein, deren Frucht das allgemeinere Kunstverständniß und der edlere Geschmack des Kunstdilettantismus unsrer Zeit ist.

Seine dienstliche Stellung in Cassel, die er der Kapelle gegenüber mit Humanität, den Launen des Hofes und des Publikums gegenüber mit Festigkeit bekleidete, war an Widerwärtigkeiten jeder Art reich. Dem alten Manne wurde gar manche ungerechte Kränkung zugefügt: aber er fand, ein edler Idealist, seine volle Befriedigung nur im rastlosen Schaffen. Er steht ebenso bedeutend in seinen vielen Werken für Instrumentalmusik da, wie in der Oper (Sinfonien, vier Doppelquartette, viele Quartette, Concerte, Sonaten u. a.) und im Oratorium. Durchschlagende Wirkung hatte unter den Opern nur „Jessonda"; die andern „Faust" „Zemire und Azor" „Alchymist" „Die Kreuzfahrer" „Der Berggeist" sind Literaturopern geblieben, wenn sie auch einzelne Aufführungen erlebten. Unter den Oratorien hat sich das Oratorium „Die letzten Dinge" durch die edle Einfachheit des Textes und die schwungvolle, reine Musik allgemeine Popularität errungen; weniger gelang es den übrigen, sich einzubürgern („des Heilands letzte Stunden" „Vater unser" „Fall Babylons"). Ein Requiem, das er kurz vor seinem Tode begann, blieb unvollendet. Er starb, ein treuer Vorfechter der reinen Kunst mitten in einer auch im Kunstleben verworrenen und unklaren Zeit, am 22. Okt. 1859, nachdem er noch das Neuaufblühen classischen Geists in Mendelssohn mit erlebt hatte. Er war „der letzte jener ernsten, echten Musiker, deren Jugend noch von der hellstrahlenden Sonne Mozarts unmittelbar beleuchtet war". „Er war ein redlicher ernster Meister seiner Kunst, der Halt seines Lebens war Glaube an seine Kunst, und dieser Glaube machte ihn frei von jeder persönlichen Kleinheit", so hat ihn Rich. Wagner treffend und liebevoll gezeichnet.

2. Spohrs kunstgeschichtliche Bedeutung ist eine doppelte: als Violinist hat er die deutsche Schule des Violinspiels begründet: im Bach'schen Geiste wird hier aller Nachdruck auf Kraft und Reinheit des Tons, Noblesse und ungekünstelte, unmanirirte Weise des Vortrags gelegt. Der Künstler soll das Werk spielen, nicht sich selbst.

Als Componist erscheint Spohr in erster Linie als der Vertreter der an Mozart großgewachsenen gediegen ernsten

Form, die er in den Dienst des romantischen Geistes stellte. Wie er ein vielseitig und wissenschaftlich gebildeter Mann war, so sympathisirte er lebhaft mit den edlen Bewegungen seiner Zeit, den literarischen wie den politischen (kurz vor seinem Tode trat er — trotz seiner amtlichen Stellung — in den Nationalverein ein). Daher wandte er sich in der Oper den romantischen Stoffen zu aus voller Ueberzeugung und mit Absicht. Was er hier geleistet und welche Fortschritte er angebahnt hat, werden wir unten sehen. Auf dem Gebiete der reinen Musik hat ihm die Romantik eher geschadet als genützt: die Ideenschwere drückt seinen musikalischen Gedankenflug nieder, engt sein Schaffen ein und hemmt ihm die Freiheit der Bewegung. Spohr will zu viel ausdrücken, feilt und schärft zu sehr im Dienst des Gedankens; aber die strenge Schule, der gediegen-musikalische Verstand erlaubt ihm dabei doch keine scharfen Pointen, keine drastische Abgerissenheit, keine gewaltsame Wendung — es bleibt ihm für die Detailzeichnung und Detailfärbung nur die Modulation übrig, die er denn auch so oft anwendet, daß seine Musik hie und da etwas Schwimmendes, Verschwebendes, Elegisches erhält, wo er gerade das Gegentheil beabsichtigt. Gleichwohl ist er, wenn ihm auch Beethoven's Großheit und gewaltige Individualität fehlt, in jeder Note gediegen, tüchtig, ein D e u t s c h e r durch und durch. Die Romantik hat ihn vor der Pedanterie, die Schule vor der romantischen Negation der Schönheitslinie bewahrt. Er ist ein ganzer Künstler, ein Meister im vollsten Sinn des Worts, der uns den classischen Idealismus vererbt hat, aber kein bahnbrechender Genius, der für die n e u e n Ideen, denen er als gebildeter Mensch huldigte, auch das entsprechende künstlerische Gewand hätte finden können.

Weniger befangen vom classischen Geiste, keck und kühn den romantischen Ideen zugethan ist der eigentliche, consequente Vertreter der Richtung

c. Karl Maria von Weber.

Quellen: C. A. v. Weber's hinterlassene Schriften. 2. Bde. Leipzig 1828.

Karl Maria von Weber. Ein Lebensbild. Von Max Maria von Weber. Leipzig 1864—66.

C. M. von Weber, Eine Lebensskizze nach authentischen Quellen von F. W. Jähns. Leipzig 1873.

H. A. Köstlin, C. M. v. Weber. Fr. Silcher. Stuttg. 1877.

Ist Spohr's Persönlichkeit der Ausdruck deutscher Gediegenheit und Tüchtigkeit, sein künstlerisches Wirken die Frucht allseitiger Bildung und strenger Schule, so tritt uns in Weber der geniale Mensch entgegen, der vom Leben mehr gelernt hat als von der Schule, dem Regel und Gesetz nur so weit etwas galten als sie seinem Genius dienten, der keinen Anstand nimmt, die Fesseln der Schule zu sprengen, wenn er sich als Künstler im Rechte hiezu glaubt. Als Schriftsteller und Musiker kämpft er mit feuriger Entschiedenheit gegen die aus der classischen Zeit stammende musikalische Scholastik und ihre, wie es seinem ideenschwangeren Genius vorkommt, allzudrückenden Fesseln; er kämpft vollbewußt gegen den classischen Formalismus: auch bei der reinen instrumentalen Musik will er vor allem andern sprudelnden Inhalt, zündende Geistesblitze, packende Gedanken, hinreißendes, die Hörer im Innersten aufrührendes Pathos. Die Musik soll aufregen, ergreifen, begeistern. Für den milden Glanz der classischen Schönheit, für jene organisch in sich selbst gegliederte und in sich selbst ruhende, das Gleichgewicht und harmonische Maß in allen Theilen wahrende Musik, die ebenso innerlich beruhigt und erquickt, wie sie den ganzen Menschen erfaßt und ergreift, hatte Weber weniger Sinn; er ist ein Mann des zündenden Effects, der augenblicklichen, wenn auch edlen Wirkung; sein Publikum ist nicht der kleine Kreis der Kenner und Auserwählten, „die Kammer", sondern das Volk:

er wendet sich am liebsten an das Volk selbst im Theater, oder wenigstens an den gefüllten Concertsaal.

Ein solcher Mann war von Haus aus zur Wirkung in's Große auf die Masse, also zum **Dramatiker** bestimmt, und es liegt Weber's Bedeutung ganz wesentlich auf dem Gebiete des volksthümlichen Musikdrama's, auf diesem ist er nahezu Classiker.

Auf dem Gebiete der reinen Musik brachte er eine größere Freiheit der Bewegung, einen Reichtum neuer Combinationen, Farben, Wendungen, durch welche die Sprechgabe der Tonkunst und ihr Vermögen, bis in's feinste Detail hinein zu charakterisiren, ungemein gesteigert wurde; dagegen fehlte ihm die classische Ruhe und sichere Haltung. Anders stellt sich die Sache im Drama, wo die volle Wirkung durch den poetischen Gedanken erzielt und dadurch der einseitig erregenden und überraschenden Wirkung der Musik im Einzelnen durch das Ganze das Gleichgewicht gegeben wird.

Karl Maria von Weber wurde am 18. Dez. 1786 zu Eutin geboren. Sein Vater Franz Anton von Weber gehörte einem einst begüterten Adels-Geschlechte Niederösterreichs an, war aber durch seine Manie für Musik und Bühne, die sich mit künstlerischem Leichtsinn vereinte, in seinen Verhältnissen heruntergekommen. Aus einem vornehmen Hofcavalier war er zuletzt ein wandernder Schauspieler geworden; bei Karl Maria's Geburt war er augenblicklich bürgerlicher Kapellmeister in dem holstein'schen Städtchen Eutin. Es war ein fahrendes Musikantenblut in dem lebhaften Mann, und diese unstäte Unruhe, die nirgends Halt machen konnte, ist in den Sohn übergegangen. (Wie bekannt, war Franz Anton v. Weber der Onkel von Mozarts Gattin (Constanze Weber) und es war also Weber mit Mozart verwandt.)

Der Vater führte mit seinen Kindern, die er in seiner Weise sorgfältig erzog, ein unruhiges Wanderleben. Mit Leidenschaft verfolgte er den Gedanken, aus einem seiner Söhne ein musikalisches Genie zu erziehen; Karl Maria zeigte Anfangs am wenigsten Begabung, beziehungsweise Lust dazu, er versuchte sich lieber in der Malerei, die seiner lebhaften Phantasie mehr zusagte, als die trockenen Anfangsgründe der Musik. Erst als er während eines durch die kriegerischen Verhältnisse herbeigeführten längeren Aufenthalts in Salzburg in Michael Haydn's Schule gegeben wurde, erwachte seine Liebe zur Tonkunst und mit ihr sogleich die Schaffenslust und Schaffenskraft. Schon 1798 erschienen 6 Fughetten, die unter Haydn's Augen entstanden waren, im Druck.

Der Vater, Karl Maria's eigentümliche Begabung richtig beurtheilend, suchte ihn von Anfang an der Bühne zuzuführen; er wandte sich daher 1798 nach München, wo unter Karl Theodor die Oper in besonderer Blüte stand. Hier erhielt er Unterricht in der Composition bei dem Hoforganisten Kalcher, der auf das Wesen des strebsamen Jünglings sorgfältig eingieng. „Dem klaren, stufenweise fortschreitenden, sorgfältigen Unterrichte Kalchers verdanke ich größtentheils die Herrschaft und Gewandtheit im Gebrauche der Kunstmittel, vorzüglich in Bezug auf den reinen, vierstimmigen Satz, die dem Tondichter so natürlich werden müssen, soll er rein sich und seine Ideen dem Hörer wiedergeben können, wie dem Dichter Rechtschreibekunst und Silbenmaß" (so bekennt W. selbst).

Daneben betheiligte er sich an Wallishauser's (als Sänger „Vallesi") Akademien als Pianist und machte gewaltige Fortschritte. Ein Unglücksfall in Kalchers Wohnung (Feuer verzehrte den Kasten, in welchem Webers Compositionen aufbewahrt wurden) machte Weber eine Zeitlang an seinem Berufe irre. Mit der ihm eigenen, unruhigen Hast widmete er sich dem von Sennefelder eben erfundenen Steindruck, in welchem er auf Veranlassung seines Vaters schon einen guten Anfang gemacht hatte. Er siedelte mit dem Zwecke, einen lithographischen Notendruck zu begründen, nach Freiberg über. Aber die unwiderstehliche Liebe zur Tonkunst erwachte schon auf der

Reise dorthin wieder und in Freiberg angekommen, componirte er in kurzer Zeit für das dortige Theater die Oper „das stumme Waldmädchen", nach seinem eigenen Ausspruch „ein höchst unreifes Produkt, nur hie und da nicht ganz leer von Erfindung".

Nach kurzem Aufenthalt in Freiberg gings wieder auf die Wanderung und 1801 zu längerem Aufenthalt nach Salzburg, wo unter den Augen von Michael Haydn die reizende komische Oper „Peter Schmoll und seine Nachbarn" entstand (ebenso „six pièces à quatre mains op. 3"). Im Sommer 1801 betrat er die classische Stadt der Musik, Wien.

Hier wurde Abt Vogler[1]), ein wunderlich aus Tiefsinn, Gelehrsamkeit und Pedanterie gemischter Mann, sein Lehrer. Mit scharfem Blick erkannte dieser, was dem vorwärtsdrängenden Genie noch fehle: die strenge Schule, und nöthigte ihn, auf das eigne Schaffen vorläufig zu verzichten und erst die strenge Schule der Classiker durchzumachen. Weber thats mit „Entsagung" und schon nach einem Jahr erklärte ihn Vogler für fertig. 1804 nahm er die Stelle eines Kapellmeisters in Breslau an, aber bald galt er einer nur die ökonomische Seite des Theaters ins Auge fassenden Verwaltung und einer dem Schlendrian huldigenden Partei der Musiker „als Verschwender und Jäger nach Idealzuständen" und mußte schon 1806 seine Entlassung nehmen. Aus den drückenden Verhältnissen, die hierauf folgten, da er selbst wie sein Vater kränklich war, befreite ihn der Ruf des Herzogs Eugen von Württemberg, der ihn nach Karlsruhe (Schlesien) berief. Als der Krieg den Herzog veranlaßte, seine Kapelle aufzulösen, kam Weber auf die Verwendung des Herzogs hin in die Dienste des Herzogs Louis von Württemberg nach Ludwigsburg als dessen Secretär. Allein Weber kam hier in

---

1) Georg Josef Vogler, geb. zu Würzburg 1748, gest. zu Darmstadt 1814.

Kreise, die seinen Jugendübermuth nur allzusehr herausforderten; der geniale Künstler gab sich ganz dem Lebensgenusse hin und, wenn er auch der Tonkunst immer noch treu blieb, so gehörte er ihr doch nicht mehr ganz an. Seine Versuche fand Spohr, der ihn in Stuttgart flüchtig kennen lernte, „dilettantenmäßig" — das sprunghafte Wesen konnte dem an den Classikern genährten Kunstsinn Spohr's nicht behagen. Weber selbst schloß sich innig an Franz Danzi an, der in jener Zeit die Leitung der Stuttgarter Hofkapelle übernommen hatte, bis eine Katastrophe seinem Aufenthalt in Württemberg ein Ende machte. Er war, ohne seine Schuld, in eine zweideutige Hof-Affaire verwickelt worden und wurde auf königlichen Befehl sammt seinem Vater 1810 über die Grenze gebracht. Von nun an bezeichnet Strenge gegen sich selbst, Gewissenhaftigkeit und Pünktlichkeit im gesammten Thun und Lassen seinen Weg. Der Jüngling ist zum Manne geworden und auch der Künstler hat sich selbst gefunden.

Noch in Ludwigsburg-Stuttgart hatte Weber die Oper „Silvana" und eine Reihe brillanter Clavierwerke (op. 10, 12, 21) geschrieben. Jetzt warf er sich, geläutert und zum Bewußtsein seiner selbst gebracht, der Kunst als „erlösender" Macht in die Arme.

Er wandte sich nach Mannheim, wohin Danzi's Empfehlungen ihn geleiteten und wo er sich als Pianist und Componist schnell Achtung und Beifall errang.

In Darmstadt genoß er noch einmal neben Meyerbeer den Unterricht des Abts Vogler. Der künstlerische Wandertrieb führte ihn fort und fort in die Ferne und endlich nach längeren Aufenthalten in München und Mannheim nach Berlin (1812). Der Aufenthalt in der durchgeistigten Atmosphäre der „Metropole der Intelligenz", der Umgang mit einer sehr kritisch gerichteten Gesellschaft trug wesentlich zur inneren Reife des Meisters bei. Die Lücken seiner Bildung kamen ihm hier zum vollen Bewußtsein; er selbst, schon früher mit der Feder thätig, wurde zum Kritiker mit voller Absicht; sein Schaffen nahm eine klare Richtung an. Zwar die Musiker Zelter, Righini u. a. verhielten sich kühl gegen ihn, aber warme Theilnahme fand er dafür bei den Dichtern Brentano, Tiedge u. a.

1813 übernahm er die Leitung der Oper in Prag, die er völlig umgestaltete. Der Meister im Bühnenwesen zeigte sich in den alle Seiten desselben umfassenden Organisationen. Weber war nicht blos Künstler der Musik, sondern überhaupt: die Oper faßte er nicht nach ihrer musikalischen Seite allein, sondern in ihrer gesammten künstlerischen Bedeutung auf.

Die Begeisterung der Freiheitskriege entzündete den mit dem Volk lebhaft sympathisirenden Künstler. Es entstanden die Weisen zu „Leyer und Schwert", die Webers Namen mit Einem Schlage volksthümlich machten. Nachdem er das „geistige Spital" (Prag), wo er jeder Anregung entbehrte, verlassen und wieder drei genußreiche Jahre in Berlin zugebracht hatte, nahm er einen Ruf nach Dresden an (1817), mit welchem ihm der Auftrag gestellt wurde, „eine d e u t s c h e Oper zu gründen". Das Volk war erwacht, der nationale Geist war hell aufgeflammt: das war der Boden, auf dem Weber, der eben nicht blos Kammer- und Salonmusiker sein konnte, sondern dem die Fühlung mit dem Geiste der Nation die Bedingung des Schaffens und ihre Sympathie der Sporn dazu war, seinen Genius entfalten konnte. Alles bisherige ist daher nur als Vorarbeit für die nun folgenden Meisterwerke anzusehen. Dazu hatte er unstät wandern und überall wieder neu zu lernen anfangen müssen, um auf dem Gebiete der deutschen Volksoper das Meisterwerk zu schaffen. In Dresden entstand „Preciosa" „Der Freischütz" „Euryanthe" „Oberon": mit ihnen hat Weber, geleitet und getragen von der geistigen Bildung seiner Zeit, den Gedanken vollendet, der dem deutschen Singspiel zu Grunde gelegen war und der Zauberflöte die Herzen gewonnen hatte.

Damit ist uns zugleich der rechte Gesichtspunkt für Weber's

Beurtheilung gegeben. Seine Bedeutung liegt weniger auf dem musikalischen Gebiete, als auf dem kunstgeschichtlichen und culturgeschichtlichen. Die Musik als solche hat er nicht wesentlich weitergeführt, aber er hat der Musik, indem er sie in den sympathischen Contact mit dem Volksgeist brachte, eine völlig neue, sociale Bedeutung gesichert: was bisher das Privilegium feiner Kreise gewesen war, hat Weber dem Volke geschenkt. Durch seine universelle Bildung und seine fruchtbare kritische Feder hat er den Musikern ein neues Bewußtsein ihrer künstlerischen und socialen Stellung und der Musik ein Bewußtsein von ihrer allgemeinen culturgeschichtlichen Aufgabe gegeben.

Wenn man also bei der Beurtheilung von Weber dem Musiker sich hüten muß, unter dem Eindruck des jugendlichen Schwungs und des blendenden Glanzes seiner Arbeiten, diese zu überschätzen, wenn man zugestehen muß, daß manche etwas zu sehr den Stempel geistvoller Virtuosität tragen und bei allem Glanz der Conception und allem Reichtum der Phantasie, wie er ihn namentlich auf dem Gebiet des Rhythmus entfaltet, doch vielfach der gediegenen, gründlichen Durcharbeitung entbehren — so gebührt Weber dem Künstler in der Geschichte der Musik, die eben nicht bloß Geschichte des Tonsatzes ist, eine der ersten Stellen. Er hat die gesammte Musik im Bewußtsein der Nation zur Culturmacht erhoben. Ihm gebührt daher noch ein eingehendes Wort bei der Besprechung der dramatischen und volksthümlichen Musik.

Weber überlebte seine Meisterwerke nicht lange. Er starb auf einer Kunstreise, ferne von der Heimat, in London 1836; er war der erste Künstler, an dessen Tod die ganze Nation Antheil nahm; Liebe und Theilnahme aber galt nicht sowohl dem „Musiker", als vielmehr dem Sänger des „Freischützen".

Weber selbst hat durch seine Entwicklung den Beweis geliefert, daß die Romantik erst auf dem Gebiete der Oper ihre vollen Triumphe feiern kann. Auf dem Gebiete der reinen Musik führte sie, consequent durchgeführt, zu einer Tonsymbolik, einer verstandesmäßigen Auffassung der Musik, welche für die Kunst als solche schädlich war und zu Ausschreitungen ins Häßliche Anlaß gab. Eine Musik galt den einseitigen Romantikern, wenn sie nur interessant war und Sinn hatte; ob sie schön war, kam erst in zweiter Linie zur Sprache. Man verlangte Charakter und packende Frische, aber man mußte auch „bezeichnende" Häßlichkeit und musikalische Zeichendeuterei in Kauf nehmen.

Es war ein Glück, daß der romantischen Zeichenkrämerei und dem italienischen Melodientaumel eine Rückwendung zur Classicität vorbeugte, durch welche Kammer und Theater, Volk und Kenner versöhnt wurden; man mußte sich der Verschiedenheit der musikalischen Aufgaben und der unvergänglichen Gesetze der Form wieder bewußt werden. Diese bewußte Hinwendung zur classischen Form vollzog Mendelssohn und er wurde damit das Haupt einer neuen Schule, welche von der scholastischen Richtung, die sich an die Classiker unmittelbar anschloß, schon dadurch sich unterschied, daß nun als die rechte Grundlage der musikalischen Meisterschaft die allgemeine, vielseitige Menschenbildung verlangt wurde. Wo diese fehlt, und damit die Fähigkeit, das „Alte" nicht nur zu copiren, sondern von den Alten zu lernen, wie das Neue gemacht wird, da wird und wurde der Mendelssohn'sche Classicismus wiederum zum scholastischen Schematismus und zur pedantischen Classomanie. —

3. **Der Classicismus, die Mendelssohn'sche Schule.**

a. **Felix Mendelssohn-Bartholdy.**

Quellen: Lampadius, F. Mendelssohn-Bartholdy. Ein Denkmal für seine Freunde. Leipzig 1848.
Neumann, W., Felix Mendelssohn-Bartholdy. Cassel 1854.
Dr. Karl Mendelssohn-Bartholdy, Göthe und Felix Mendelssohn. Leipzig 1861.

H. **Giehne**, Mendelssohns verdienstvolles Wirken als deutscher Tondichter. Carlsruhe 1873.

A. **Reißmann**, Felix Mendelssohn-Bartholdy, sein Leben und seine Werke. Berlin 1873.

F. **Hiller**, F. Mendelssohn Bartholdy Briefe und Erinnerungen.

Mendelssohn's Briefe I. und II. Leipzig 1861 ff.

S. **Henselt**, die Familie Mendelssohn. Berlin 1879. —

Felix Mendelssohn=Bartholdy wurde am 3. Febr. 1809 zu Hamburg geboren als der Sohn Abraham Mendelssohn's und Enkel des berühmten Philosophen Moses Mendelssohn. Der Vater war Banquier, ein feingebildeter, außerordentlich gewissenhafter und durch Adel der Gesinnung ausgezeichneter Mann; die Mutter eine liebenswürdige, überaus fein gestimmte und zart empfindende Natur. Das Familienleben im Hause, in welches uns Mendelssohn's Briefe einen reizenden Einblick thun lassen, war ein überaus gemütvolles, getragen von der herzlichsten gegenseitigen Liebe und Harmonie; eine warme Religiosität, gesättigt mit dem milden Geiste einer ächt humanen Bildung, gab ihm die Weihe. Die besten Geister der Gesellschaft Berlins, Gelehrte wie Künstler, fanden sich gerne in diesem Hause zusammen und so waren die frühesten Eindrücke, die Mendelssohn empfieng, solche, die in ihm ein feines Gefühl für das Edle, Zarte und Schöne ausbilden mußten. Der reine Schönheitssinn, der durchaus nichts Häßliches, weder in ästhetischer, noch in sittlicher Hinsicht verträgt, war ihm, wie einst Mozart, schon angeboren und fand in dem Geiste, der im Hause waltete, reiche Nahrung. Gerade wie Mozart verband auch den jungen Mendelssohn eine tiefe Pietät mit seinem Vater, der ihm freilich auch seinerseits ein wahrer Leopold Mozart war, indem er mit väterlichem Rath und aufopfernder Sorge über der Entwicklung des Sohnes wachte und — dies freilich in ganz anderem Maße als es der Vater Mozart's, der ein armer Musikus war, thun konnte —

mit seinen reichen Mitteln dem Sohne die Bahn zu seinem vorgesteckten Ziel ebnete.

Frühzeitig zeigte sich bei Felix und seiner Schwester Fanny eine außerordentliche Begabung für Musik und er erhielt bei Berger, dem Schüler Clementi's, Unterricht im Pianofortespiel, bei Zelter, dem Gründer der Berliner Singakademie, Unterricht in der Composition. Auch Moscheles nahm sich, so lange er sich in Berlin aufhielt, des talentvollen Knaben an.

Wiewohl Felix schon im 9. Jahre öffentlich auftrat und schon im 15. Lebensjahre meisterliche Compositionen herausgab (Quartette op. 1. 2. 3. 4), so drang der Vater doch in erster Linie auf allseitige Bildung; erst als Cherubini, welchen der Vater 1825 mit dem jungen Felix aufsuchte, diesen lebhaft zum Beruf des Künstlers aufmunterte, weihte Felix mit voller Entschiedenheit sein Leben der Kunst, bezog aber, mit einer trefflichen humanistischen Bildung ausgerüstet, (1827) vorher noch die Universität Berlin, um Vorlesungen allgemein bildender Art zu hören. Schon früher war er bei Göthe eingeführt worden, dessen imponierendes und doch so durchaus harmonisches, classisches Wesen, läuternd und stärkend auf ihn einwirkte.

Die öffentliche Künstlerlaufbahn begann er 1829 mit einer Reise nach London, die er auf Moscheles Einladung hin unternahm. Seine liebenswürdige Persönlichkeit, sowie seine allseitige geistige und gesellschaftliche Bildung gewann ihm schnell die Herzen, die Ouverture zum Sommernachtstraum, welche er noch während seiner Studienzeit componirt hatte, errang sofort den stürmischen Beifall der Engländer. Schon jetzt zeigte Mendelssohn eine Formbeherrschung, eine Sicherheit und ein Ebenmaß, wie das seit den Classikern nicht mehr dagewesen war. Aber es war diese Glätte der Form, diese strenge Oekonomie hier gepaart mit romantischem und durch und durch poetischem Geist, welcher überdies unter der läuternden Zucht einer tiefgründenden Bildung stand; wo in der Form die Leidenschaft und die Macht der Stimmung sich geltend macht, da geschieht es mit einer fast reservirten, abgeklärten Ruhe und Kühle; es ist ein vornehm griechisches Wesen, was Mendelssohn von Anfang an charakterisirt.

Die Reihe seiner Arbeiten zeigt für den Beobachter einen Fortschritt insofern, als er im Anfang sich noch an die Vorbilder (die altdeutschen Classiker Händel und Bach, und die modernen Mozart und Beethoven) anlehnt, allmählich aber darin die persönliche Eigenart heraustritt, die wesentlich in der harmonisch-maßvollen Zurückhaltung des Pathos und in der völligen Freiheit der Form-Behandlung liegt. Die hochpoetische Ouverture „Meeresstille und glückliche Fahrt", wie die zum „Sommernachtstraum", die schottische Sinfonie und Sonate, die „Hebriden" sind duftende Blüten der ersten Reise in England und Schottland, und bereits Denkmale vollendeter künstlerischen Reife.

Mendelssohn's Leben fließt durchaus eben und harmonisch hin; im Zusammenhang damit können wir bei ihm nicht wie z. B. bei Beethoven von einer Entwicklung reden, die das Resultat erschütternder Erfahrungen gewesen wäre, seine künstlerische Individualität bleibt sich vielmehr gleich; er reift wohl in die Breite und Fülle, entfaltet ein immer bedeutenderes Wirken; aber dieses selbst zeigt immer denselben, schön gestimmten, hellenischen Künstlergeist.

Nach einer Reise über München, Salzburg, Wien, Venedig betrat er 1830 zum ersten Male Italien. Wie einst Händel, so fühlte auch er sich sonnig angehaucht von dem herrlichen Lande und es wurde sein Wesen zu heller Freudigkeit und Lebensenergie gesteigert. Durfte er sich doch mit vollem Genusse all den großen und bunten Eindrücken des herrlichen Landes hingeben und, ohne um seine Existenz sorgen zu müssen, nur der eigenen Bildung und künstlerischen Erstarkung leben im anregenden Umgang mit den gelehrten und künstlerischen Kreisen, die dort sich allezeit zusammenfinden, während Mozart seiner Zeit auch in Italien nur auf die Theater angewiesen war und um Geld componiren mußte. Um so mehr läßt Mendelssohn auch das ganze Leben auf sich wirken, nicht etwa die italienische Musik, die ihm durchaus keine hohe Achtung einflößt: „ich verdanke dem, was nicht die eigentliche, unmittelbare Musik ist, den Ruinen, den Bildern, der Heiterkeit der Natur, am meisten Musik", sagt er selbst.

Von Italien zurückgekehrt begab er sich nach München, wo er sich der Ausbildung seiner geistvollen Schülerin Josefine Lang mit besonderer Aufopferung annahm; sodann, um Immermann zu einer Oper zu gewinnen, nach Düsseldorf. Aber dieser Versuch, wie alle andern, einen Operntext nach seinem Geschmack zu erhalten und musikalisch zu gestalten, schlug fehl. Mendelssohns hochgebildetem Geiste genügten die Texte nicht, oder, wenn sie auch poetisch trefflich waren, so waren sie nicht geeignet, gerade ihn zum musikalischen Schaffen anzuregen; es fehlte ihm wohl die Leidenschaft, deren der ächte Dramatiker bedarf; er war dem bramatischen Stoff gegenüber zu kritisch und zu reservirt; da wo er bramatisch schuf, war er wirklich selbst durch den Geist des Stückes hingerissen worden: in der „Antigone", im „Oedipus" und im Bruchstück „Loreley".

In Düsseldorf hatte Mendelssohn neben der Leitung des Gesangvereins, der Winterconcerte und der Kirchenmusik im Theater mit Immermann sogenannte Mustervorstellungen zu geben. Die „Tragödie" von Heine und der „Paulus" sind die großartigsten Früchte seiner dem Dilettantismus zugewendeten Künstlerthätigkeit. Die Wirksamkeit am Theater wurde ihm durch allerlei Mißhelligkeiten verbittert, denn er war der Musiker für die gebildete Welt, nicht gewöhnt sich mit den Intriguen des Bühnenlebens herumzuschlagen.

Seine glänzendste Thätigkeit konnte Mendelssohn erst in Leipzig entfalten, wohin er 1835 als Direktor der Gewandhausconcerte berufen wurde. Hier eben entfaltete er seine culturhistorische und sociale Bedeutung im vollsten Maße und

Leipzig wurde der Ausgangspunkt für jene weitgreifende musikalische Reformation, die sich an Mendelssohns Namen knüpft. Leipzig war hiezu der geeignete Ort: nordischer Ernst verband sich hier mit sächsischer Gemütlichkeit; deutscher Geschmack herrschte vor. Ein treffliches Orchester und der verhältnißmäßig gebildete Geschmack erlaubten ein ausgedehntes Wirken: unter Mendelssohns Zauberstab erstanden vor den überraschten Deutschen Händel und Bach, die längst vergessenen, Beethoven, der unverstandene; ein frischer Windhauch classischen Geistes wehte durch die ganze musikalische Welt. Es dämmerte im Bewußtsein der Künstlerschaft das Gefühl von der Wichtigkeit ächter, tiefgründender Menschenbildung für die Kunst und von dem genauen Verhältniß, in welchem Seelenadel und Adel des Schaffens stehen! Mit Einem Male fragte man wieder nach den ewigen Gesetzen der Schönheit und des Maßes. Die geniale Persönlichkeit, welche den Classicismus vertrat, war selbst die beste Garantie dafür, daß der Classicismus nicht, wie einst, in trockenen Schematismus ausarten sollte: er war erfüllt mit der Bildung der Zeit, stand auf der Höhe ihres Bewußtseins und war durchdrungen von dem Gefühle für das, was dem modernen Geiste entsprach: **von den Classikern lernen, der Interpret des modernen Geistes zu werden**, das war die Losung der neuen Zeit; an den classischen Werken das Verständniß für die Kunst und zwar auch für die der Gegenwart zu gewinnen, war die Losung für das Publikum. Dem entsprach Mendelssohns Wirksamkeit: neben den classischen Werken brachte er mit liebevollem Verständniß und selbstloser Hingebung auch das gute Neue zur Aufführung. Er selbst, in seinen eigenen Werken, stellte am klarsten und auf die vollendetste Weise die Vereinigung des Classischen und Modernen dar: seine „**Sinfonien**", so nahe sie in Satz, Stimmführung und überhaupt in der Form die Classiker anstreifen, athmen doch frischen, romantischen Geist und sind durchaus neu und reizvoll; es sind farbenreiche Stimmungs- oder noch besser

Landschaftsbilder, an welchen die classischen, weichen Conturen uns entzücken, während die Farben, so reich sie gemischt sind, doch maßvoll gedämpft sind und nichts Grelles oder Buntes sich findet, was den gebildeten Geschmack verletzen könnte. Die „Lieder ohne Worte" sind, so wenig die Sache etwas Neues ist, voll Individualgehalt, sprechende Stimmungsbilder in engem Rahmen, d. h. Tongedichte. Das reifste und gewaltigste Werk ist sein Oratorium „Paulus", zugleich ein epochemachendes Denkmal der Zeitrichtung (zum ersten Male aufgeführt auf dem Düsseldorfer Musikfest am 22. Mai 1836).

Aus dem nüchternen Rationalismus hatte Schleiermacher die Menschen zu einer gemütvollen religiösen Anschauungsweise zurückgeführt. Lebendig erstanden die Gestalten der heiligen Schrift vor dem durch die gewaltigen Ereignisse geläuterten Bewußtsein des Volkes: — die Sympathie wandte sich mit Vorliebe den ersten schönen Zeiten des Christentums zu, in welche die theologische Kritik auch das denkende Forschen ernst und liebevoll zugleich zurückgelenkt hatte. Es war das menschliche Interesse an den Kämpfen und Leiden der Verkündiger des Evangeliums, was dem Schriftstudium seinen Zauber verlieh. Das Oratorium „Paulus" führt den größten Apostel vor unser Auge in seinem menschlichen Ringen und Wirken: Händels Objectivität und grandiose Haltung ist hier einer subjectiven, ganz in die Stimmung des Helden sich hineinlegenden Darstellung gewichen. Paulus ist den Tönen nach der uns sympathische Mensch, nicht der für unser Gefühl in unnahbare Ferne gerückte biblische Heros. Dieser Zug herzlicher Sympathie, dieser Geist weicher Milde charakterisirt das Werk, das „ein Werk des Friedens und der Liebe"[1]) ist. In der Form lehnt sich Mendelssohn an Händel und Bach an, verjüngt sie aber mit frischem Gesang und modernem Farbenreichtum.

---

1) So Schumann.

Das Meisterwerk zündete; der „Paulus" ist eine reformatorische That gewesen. Es entstanden, im Zusammenhang mit dem von Mendelssohn geweckten classischen Geiste Dilettantenchöre, die mit Begeisterung und Feuer das Werk einübten und so an und durch Mendelssohn Sinn und Verständniß auch für die herbe Größe des verschollenen Bach gewannen. So hat Mendelssohn in die gebildete Gesellschaft den Geist ernsten Musikstrebens gegossen und alle die schönen Kennzeichen und Offenbarungen guten Verständnisses, die Kennzeichen eines seit dem Reformationszeitalter nicht dagewesenen musikalischen Aufschwungs im Volke sind auf Mendelssohn zurückzuleiten, der im Oratorium, in der Hausmusik, im Volkslied leuchtende Muster aufstellte, welche von kleineren Meistern nachgeahmt wurden, bis die reformatorische, musikalisches Leben zündende Bewegung selbst bis in die kleinsten Dörflein hinausgeleitet war.

Persönlich war er freilich der eigentlichen Volksmusik nicht besonders zugethan, wiewohl er das 1. deutsch=vlämische Sängerfest selbst leitete. Aber indem er zunächst für die Haus= und Gesellschaftsmusik wahrhaft classische Werke schuf und so neben dem Theater eine neue selbständige Kunststätte, das Haus und die Gesellschaft, in's Leben rief, gab er allen jenen auf Verallgemeinerung der Kunst gerichteten Bestrebungen einen festen Mittelpunkt, ein edles Vorbild, einen neuen Heerd.

Unter diesen Gesichtspunkt sind nicht bloß der „Elias", sondern auch die Compositionen zu den Chören der Sophokleischen Dramen „Antigone" und „Oedipus auf Kolonos" zu stellen, welche er auf die Aufforderung Friedrich Wilhelm's IV. hin für die Berliner Bühne schuf.

Der Gedanke, welcher dem König und Mendelssohn dabei vorschwebte, war derselbe, wie der Gluck's und der Florentiner, nemlich: die classische Tragödie durch die moderne Musik wieder zu beleben. Mendelssohn ergriff, hingerissen von dem Geiste der gewaltigen Dichtung, die Aufgabe voll Begeisterung. Wie man auch vom ästhetischen Standpunkte aus das Unternehmen beurtheilen mag, die antike Tragödie selbst auf die moderne Bühne zu bringen: that man es, so läßt sich keine schönere Vermittlung zwischen dem modernen und antiken Bewußtsein denken, als Mendelssohn's in Colorit und Haltung so herrliche, schwungvolle, wenn auch, bei allem hellenischen Farbenton, durchaus romantische Musik. Der Gesammteindruck der Darstellung ist allezeit ein überwältigender, am reinsten aber dann, wenn an die Stelle der scenischen Darstellung die vollendete Recitation einer einzigen Darstellerin tritt, indem die Musik hier voll und kräftig auf unsre Phantasie wirken kann und uns griechischen Himmel und griechischen Sonnenschein und antikes Leben vorzaubert, ohne daß wir durch die Mängel einer vielgliedrigen Darstellung aus der Täuschung gerissen oder zerstreut werden. Reiner und concentrirter ist dann auch die Wirkung der Dichtung selbst, deren Schönheit und Kraft doch auch, neben dem allgemein menschlichen Gehalt, in dem, hellenisches Bewußtsein voraussetzenden Detail der Bilder aus hellenischem Leben und hellenischer Sage liegt. So erscheinen auch diese Werke, wiewohl für die Bühne bestimmt, als akademische Werke im edelsten Sinn, die am schönsten zur Darstellung kommen, wenn classisch gebildete Jünglinge die Ausführung der Chöre übernehmen. Die „Walpurgisnacht" ist ebenfalls, nur auf dem romantischen Gebiet, ein Werk für die gebildeten Dilettanten oder gebildeten Künstler, nur ihnen zugänglich und nur von ihnen darstellbar.

Ganz nach derselben Richtung hin wirkt eine weitere reformatorische That: die Gründung des Leipziger Conservatoriums, welches am 3. April 1843 eröffnet werden konnte. Dem Grundgedanken, daß musikalische Meisterschaft nur auf dem Grunde tiefer Bildung und im Zusammenhang mit ihr erstehen könne, war hier praktische Folge gegeben, die Musik, bisher vielfach eine Sache des Zufall's, oder rein individueller

Richtungen und Moden, wird Gegenstand einer von wissenschaftlichem Geiste getragenen Schule. —

Wir zeichneten nur die Hauptmomente in dem reichen Wirken des edlen Meisters, die ihn uns in seiner Bedeutung als Reformator des gesammten deutschen Musikwesens erscheinen lassen; denn auf alle Gebiete des musikalischen Lebens und Strebens hat er befruchtend, vertiefend, läuternd eingewirkt.

Leider dauerte dieses reiche Leben nur allzukurz. Mendelssohn, der seit 1836 in glücklichster Häuslichkeit lebte, verzehrte in rastloser Arbeit seine Kraft; seine Wirksamkeit auf den verschiedensten Musikfesten, seine Thätigkeit für Organisation der Künstlererziehung, wie er sie in Berlin vergeblich, in Leipzig mit großem Erfolge entfaltete, seine Reisen, seine rastlose Compositionsarbeit — alles das griff seine Gesundheit an. Unerwartet durchflog Deutschland die Trauerkunde, daß der junge Meister an den Folgen eines Nervenschlags am 4. Nov. 1847 dahingerafft worden. Wie bei Weber, ja noch mehr trauerte das ganze Volk; und die Allgemeinheit der Trauer um einen „Musiker", nach dessen Leben und Sterben einst nur die „Kenner" gefragt hatten, ist der sprechendste Beweis für die hohe Bedeutung nicht bloß seiner edlen Persönlichkeit, sondern auch der von ihm vollbrachten Sendung.

Es war wirklich Niemand da, der ihn ersetzen konnte; denn keiner besaß so das Vertrauen Aller und keiner genoß eine so allgemeine Popularität wie er, aber die Saat, die er ausgestreut hatte, ging auf und brachte edle Früchte.

Seine geschichtliche Bedeutung liegt nicht bloß in dem was er dem Musiker von Fach geschenkt hat, wiewohl seine Meisterwerke mit den Besten aller Zeiten sich messen können, sondern vor allem darin, daß er durch seine eigene edle Erscheinung das Musiker- und Künstlertum zu Ehren gebracht und durch seine Werke die Tonkunst zur Weihe des häuslichen und öffentlichen Lebens erhoben hat.

b. Die Schule Mendelssohns.

Mendelssohns Persönlichkeit wirkte auch nach seinem Hinscheiden in doppelter Richtung fort, einmal in der Schaar von Schülern und Gesinnungsgenossen, die seine Compositionsweise zum Muster nahmen, nach der specifisch-musikalischen Seite hin, sodann nach der kunstgeschichtlichen Seite in den zahlreichen, überall unter seinem Einfluß auftauchenden Bestrebungen, welche die Ausbreitung des Kunstverständnisses und die Veredlung des Kunstgeschmackes sich zur Aufgabe machten.

Unter denjenigen Musikern, welche in der Compositionsweise Mendelssohn's Vorbild folgten und in erster Linie bestrebt waren, die feine Schönheitslinie einzuhalten und erst auf Grund tüchtigen Studiums der Classiker sowie innerhalb der Grenzen des feinen Geschmacks die eigene Individualität sich entfalten zu lassen, steht voran Ferdinand Hiller, der geistvolle Essayist und Freund Mendelssohns (geb. 24. Oktober 1811 zu Frankfurt a. M., Schüler von Alois Schmitt, Hummel und Vollweiler, derzeit in Cöln als Director der Rheinischen Musikschule, Ritter ꝛc. ꝛc.; Oratorien: „Saul", „Zerstörung Jerusalems"; Cantaten: „Christnacht", „Rebekka", »Ver sacrum« u. a.; Messen, Sinfonien, Quartetten, Trio, Lieder u. s. f.) und Niels William Gade, ein musikalischer Ossian (geb. 22. Febr. 1817 in Kopenhagen; seit 1848 in Kopenhagen. Hauptwerke: die Concertcantaten, „Comala", „Erlkönigs Tochter", „Frühlingsbotschaft", „Kreuzfahrer"; Sinfonien: C moll, B dur, A moll, G moll, Ouverturen: „Hamlet", „Im Hochland", „Michel Angelo", „Nachklänge aus Ossian"; Kammermusikwerke: Quintett, Octett, Sonaten, Lieder). Beide haben sich mit Vorliebe den Aufgaben der reinen Musik zugewandt und auch da, wo sie dramatische Vorwürfe bearbeiteten, immer in erster Linie den Musiker reden lassen. Beide haben auch am meisten Erfolg auf dem Gebiet der Sinfonie, der Hausmusik und Cantate errungen. Würdig reiht sich ihnen ein zweites Paar an: Julius **Rietz** (geb. 1812 zu Berlin, † als Hofkapellmeister in Dresden) und der Violinspieler Ferdinand **David** (gestorben als Concertmeister am Gewandhaus in Leipzig 1874), die beide durch deutsche Gediegenheit und classische Formschönheit sich auszeichnen, ohne freilich ihre Individualität in dem Maße wie Mendelssohn von den Fesseln der Schule loslösen zu können. An Ernst des Schaffens und Bedeutung der Gedanken ragt unter allen hervor Moritz **Hauptmann** (geb. 13. Okt. 1792, Schüler Spohrs, † 1868). Eine Reihe Namen von größerem oder geringerem Gewicht wären noch anzuschließen, wie **Eckert** („Käthchen", „Wilhelm von Oranien", „Ruth", „Judith"), **Sterndale Bennet**, **Verhulst**, **Taubert** (Lieder, Trio, Opern), **Reinecke** („König Manfred", „Der einjährige Posten". „Ein Abenteuer Händels". „Belsazar", „Schneewittchen". Sinfonien, Kinderlieder u. a.) **Rheinberger**, **Rheinthaler** („Jephta") u. a.). Doch mag es an den angeführten genügen.

Eine weitere segensreiche Frucht von Mendelssohns Wirken war der rege Eifer, mit welchem allerseits das Studium der Classiker in Angriff genommen wurde. Bach und Händel drangen und bringen immer mehr in beispiellos billigen Ausgaben unter das Volk. Mit dem zunehmenden Verständniß wächst überall der Eifer und die Lust an guter Musik.

Daß aber die Popularisirung der Kunst nicht zur Verflachung führe, dafür sorgen die in großer Zahl neu entstandenen Conservatorien (Leipzig, Köln, München, Stuttgart, Mannheim, Würzburg, Frankfurt a. M. ꝛc.), indem hier die Kunstübung an der Hand des Studiums der Classiker gelehrt und möglichst auf eine solide allgemeine Bildung basirt wird. Je mehr die Conservatorien sich von der Versuchung, durch die Virtuosität besonders begabter Zöglinge glänzen und Reclame machen zu wollen, frei halten, je mehr sie es sich zur Aufgabe machen, durch Ausbildung eines guten Künstlerstamm's und einer Reihe gut geschulter Musik=Lehrer und Dilettanten, ebenso durch Verbreitung pädagogischer Musikwerke und guter Classiker=Ausgaben mit Hilfsmitteln und Fingerzeigen für Verständniß und Ausführung (wie z. B. der Breitkopf und Härtel'schen Gesammtausgaben von Mozart, Beethoven, Palestrina, der Cotta'schen von Faißt und Lebert besorgten Ausgabe classischer Clavierwerke, der Hallberger'schen Classiker=Ausgabe, der Pohl'schen Editionen und vieler andern) sich nicht bloß den guten Einfluß auf die Entwicklung der Musik überhaupt zu wahren, sondern auch auf das Verständniß und den Geschmack der Lehrerwelt und des Volks läuternd und bildend einzuwirken, desto mehr werden sie aus bloß technischen Fach=Schulen zu wirklichen Bildungsanstalten, welche im Organismus des Volkslebens ebenso fest Wurzel fassen werden, wie humanistische Anstalten. Nur dann werden sie auch ihre Aufgabe erfüllen und dem edlen Geiste Mendelssohns treu bleiben.

In der Musikerwelt selbst zeigt sich die Frucht des neuen Aufschwungs der Musik in erneutem Studium der Technik der einzelnen Instrumente.

Anmerkung. Vertreter der Virtuosität seit Beethoven.

1. Violine: Italienische, auf den vollen, runden Gesangston gerichtete Schule: Paganini, Sivori, sowie der Spanier Sarasate und der Engländer Ole Bull.

Pariser Schule, als deren Haupt der Italiener Viotti zu betrachten ist († 1824) (Geistreiche Pointirung): Rode, Baillot († 1842), Beriot, R. Kreutzer († 1831) Vieuxtemps († 1830), Alard, Ernst.

Deutsche Schule (Gesang und Kraft des Ausdrucks, Objectivität des Vortrags): Spohr, Molique, Joachim, Mayseder, Lauterbach, Laub, Singer, Wien, K. Müller, Jean Becker, Wilhelmj.

2. Violoncello: Romberg, Bohrer, Dotzauer, Kummer, Grützmacher, Menter, Goltermann, Krumbholz, Tabisius, Lindner u. a.

3. Clarinette: Bärmann, Hermstädt, Iwan Müller.

4. Horn: Schunke, Johmann. Posaune: Queisser, Belde.

5. Flöte: Fürstenau, Heinemeyer.

6. Pianoforte: Thalberg, Kalkbrenner; Mendelssohn selbst, Pollini († 1847), Tausig, F. Hiller, Moscheles, Mortier de la Fontaine u. s. f.

Insbesondre nahm das Orgelspiel und damit die Orgel=

composition erneuten Aufschwung; der alte Bach nimmt wieder die Orgelbank ein und wer auf der Orgel will Tüchtiges leisten, der muß es ihm recht zu machen suchen (Rinck (1770 bis 1846), Vierling (1759—1813), Stolze (1801—68), Markull, Volckmar, Ritter, Herzog, Faißt, Scherzer, van Eycken ꝛc. ꝛc.). Auch in dieser Beziehung ist der Aufschwung auf Mendelssohns directen und indirecten Einfluß zurückzuleiten. Die Geschichte muß sich, was die Gegenwart betrifft, damit begnügen, nur skizzenhaft anzudeuten. Die ausführliche Darstellung und Beurtheilung des Musikwesens der Gegenwart ist Sache nicht geschichtlicher Darstellung, die es mit dem zu thun hat, was geschehen, was geworden und aus der Vergangenheit hervorgewachsen ist, sondern der Kritik. —

Im Zusammenhang mit diesen ernsten Bestrebungen, für die gesammte Kunstbildung eine feste Grundlage und einen sicheren Maßstab zu gewinnen, steht das rege Interesse für die Theorie. Es bedarf nur die Erwähnung der Namen von Moritz Hauptmann, Bernhard Marx, Lobe, Richter u. a., um anzudeuten, wie viel auf diesem Gebiete geschehen ist.

Der pädagogischen Werke, der Schulen für Clavier, Violine, Cello, Gesang, und zwar hier mit Bezug auf die Aufgaben sowohl des Kunstgesangs, als des Schul- und Volksgesangs sind es so viel, daß dem Bedürfniß wohl für längere Zeit Genüge geleistet ist.

Die große Gefahr, welche der ganzen Richtung auf gründliche Technik und Schulung nahe liegt, ist allein die, daß wiederum über dem Aeußern, der technischen Bildung und Fertigkeit, der Geist zu kurz komme.

Dieser Einseitigkeit wehrte und wehrt heute noch mit Glück die an Mendelssohn's würdigen Zeitgenossen Schumann sich anschließende Schule der kritischen Romantiker.

II. Die Richtung der kritischen Reflexion.

Die von Mendelssohn ausgehende musikalische Reformation hatte in der Zurückwendung vom leeren Formenspiel zu der strengen Gediegenheit der classischen Meister einerseits, von der romantischen Unterschätzung der Form zur classischen Schönheit der Form andrerseits bestanden.

Gleichwohl ist Mendelssohn ein Romantiker; denn er war mit dem Geiste der modernen Bildung erfüllt und der geistige Gehalt, den er in seinen Werken niederlegte, war durchaus vom Geiste des neunzehnten Jahrhunderts, das auf allen Gebieten frisches Leben und kühnes Streben verlangt. Die Romantik ist bei Mendelssohn nur durch seine gediegene und vielseitige Bildung, sowie durch einen besonders feinen Tact und geübten Geschmack beschränkt. So war er wirklich der Mann, der „die Gegensätze der Zeit in seiner liebenswürdigen Persönlichkeit versöhnte" [1]).

Es war deßhalb ganz natürlich und in der Strömung des Zeitgeistes gelegen, daß sich neben Mendelssohn und förmlich unter seinen Augen eine neue romantische Richtung ausbildete, die im Grunde nur die Fortbildung der älteren ist. Dieselbe wendete sich in erster Linie gegen Schlendrian und Handwerksmäßigkeit in der Kunst und strebte darnach, die Poesie in den Tönen zur Geltung zu bringen. Diese Romantik stand also der Mendelssohn'schen Richtung nichts weniger als feindlich gegenüber, sondern ergänzte sie vielmehr, indem sie die von Mendelssohn geforderte Vertiefung der Kunst durch gründliches Studium der Classiker und allseitige Menschenbildung noch verschärfte durch die Forderung der Geistigkeit und Idealität.

Gründlichkeit und Gediegenheit der Arbeit galt dieser Schule ebenso viel wie der Mendelssohn'schen; aber man drang hier mit besonderem Nachdruck darauf, daß die Composition „eine wirkliche Kunstoffenbarung enthalte" und nicht „bloß Fingerarbeit" sei; man verlangte „Gedanken, inneren geistigen

---

1) Worte Rob. Schumanns.

Zusammenhang, alles in frischer Phantasie gebadet", und gewöhnte sich so, das Kunstwerk nach seiner geistigen Physiognomie, nach seinem Stimmungsgehalt zu betrachten und zu studiren. Lag der Schwerpunkt der Mendelssohn'schen Reformation mehr auf dem Gebiete der Musik selbst, so fällt der der romantischen Opposition mehr auf das Gebiet der ästhetischen Betrachtung. Die Romantik erzeugte eine Kritik, die sich nicht mehr mit der musikalisch-technischen Analyse des Kunstwerks begnügte, sondern in die poetische Stimmungswelt einzudringen strebte, welche das Kunstwerk erzeugt und in ihm Gestalt gewonnen hat. Dadurch wurde das musikalische Kunstwerk dem allgemeinen geistigen Verständniß näher gebracht und der geistige Gehalt der Tonkunst in den Bereich des allgemeinen Bewußtseins aufgenommen, so daß von nun an die Tonkunst ein lebensvolles Element des allgemeinen Geisteslebens bildet.

Der geistvollste und bedeutendste Vertreter dieser auf die geistige Durchdringung des musikalischen Kunstwerks gerichteten Romantik ist Robert Schumann, der neben Mendelssohn am meisten bestimmend auf unser heutiges Musikwesen eingewirkt hat. Wenn Mendelssohn die Musik zum Element der allgemeinen Bildung erhoben hat, so ist es das Verdienst der von Schumann ausgehenden musikalischen Kritik, die Musik zum Gegenstand des Wissens, die Gedankenwelt der Tonkunst zum Element des allgemeinen Bewußtseins erhoben zu haben.

Die Forderung, daß die Musik „Gedanken" haben müsse, führte zu Mißverständniß und Uebertreibungen. Schumann selbst gab dazu den äußeren Anlaß durch die Ueberschriften, welche er vielfach seinen Werken vorsetzte. Diese sollen die Phantasie des Hörers auf den Punkt hinlenken, in welchem der musikalische Gedanke sich mit dem poetischen Gedanken berührt, welcher gleichsam den idealen Faden der Composition darstellt. Dadurch soll das specifisch-musikalische Verständniß durch die viel zugänglichere Vorstellungswelt der Poesie mit ihren concreten Gestalten erläutert und erleichtert, und dadurch auch dem musikalischen Laien die Ideenwelt der Tonkunst zugänglich gemacht werden.

Hieran knüpft sich leicht die Vorstellung, die Musik stelle bestimmte, concrete (logische) Gedanken und Vorstellungen dar; und es entstand eine Richtung, welche es sich zur Aufgabe machte, „Gedanken", die mit den Tönen doch zunächst in keiner wesentlichen und nothwendigen Beziehung stehen, musikalisch auszusprechen, ein Gedankenbild mit Tongewinden nachzuzeichnen, welche natürlich nicht durch sich selber reden oder etwas bedeuten, sondern, auch in der musikalischen Structur, erst durch die leitende Vorstellung, das „lösende Wort", verständlich werden. An die Stelle von Schumann's Princip, daß Musik nur sei, „was innen erklungen ist" und „aus der Tiefe der musikalischen Empfindung klingt", trat die Tonsymbolik mit dem Princip, was groß und tief gedacht ist und Bild eines hohen Gedankens ist, verdient allein den Namen des Kunstwerks. Musikalische Gedankenmäßigkeit und logische Gedankenmäßigkeit, der specifisch musikalische Gedanke und die concrete durch das Tonbild angerufene, sich leicht mit demselben associirende Vorstellung der Phantasie überhaupt wurden mit einander vermengt und verwechselt.

Wir erhalten so innerhalb der romantischen Richtung zwei durchaus von einander zu unterscheidende Schattirungen, deren eine Schumann und seine Schule repräsentirt, deren andre wir als die Neuromantiker bezeichnen wollen. Wenn die Schumannianer trotz aller Freiheit in der Behandlung der Form und trotz aller Betonung der „Geistigkeit" doch die organische Gliederung der Musikformen festhalten, so erscheinen unter den Händen der Neuromantiker mehr freigebildete, lose in sich zusammenhängende, einen der Musik als solcher fremden Gedanken umspielende Tongewinde.

1. Robert Schumann und seine Schule.

a. Robert Schumann.

Robert Schumann, Eine Biographie von Joseph von Wasielewsky. Dresden 1858.

A. Reißmann, Robert Schumann, sein Leben und seine Werke. Berlin 2. A. 1876.

Schumanns hinterlassene Schriften. 4 Bde. Leipzig 1854.

A. v. Meixner, Friedrich Wieck und seine beiden Töchter Clara Schumann und Marie Wieck. Leipzig 1875.

Louis Ehlers, Schumann und seine Schule in der „Deutschen Rundschau". 1876 Dezember.

Robert Schumann wurde am 8. Juni 1810 zu Zwickau geboren. Der Vater war Buchhändler, ein Mann von großer Geschäftstüchtigkeit und praktischem Verstand ohne eigentliche musikalische Begabung. Die Mutter soll eine schwärmerisch angelegte Frau gewesen sein. Jedenfalls war in Schumanns Familie wenig musikalischer Sinn zu Hause, wenn er auch frühzeitig bei einem etwas pedantischen Lehrer Unterricht auf dem Clavier erhielt. Früh schon regte sich in ihm der musikalische Gestaltungstrieb; doch ist es interessant, zu beobachten, daß es ihm dabei mehr um das poetische Gestalten, als um die Musik an sich zu thun ist; daß die allgemeine Phantasie über die specifisch=musikalische entschieden vorwaltet.

In Leipzig, wo er die Universität, um die Rechtswissenschaft zu studiren, bezog, fand sein Musiksinn mächtige Anregung, zumal, da er die Jurisprudenz „eiskalt und trocken" fand. Von Leipzig siedelte er nach dem romantischen Heidelberg über, wo er in Thibaut, dem Verfasser des goldenen Büchleins über die Reinheit der Tonkunst, nicht bloß einen trefflichen Lehrer des Rechts, sondern auch einen gediegenen Kenner der Tonkunst fand, in dessen Hause er Anregung und Aufmunterung genug fand. Schumann schwärmte damals für Jean Paul, dessen Muse ihm innerlichst verwandt war;

die feine Zeichnung jener eigentlich musikalischen Stimmungen, die der Schilderung durch Worte fast unerreichbar sind, jener gemütvolle Humor und die seltsam blühende, gedankenschwere Sprache bei dem Bayreuther Meister mutheten Schumann so lebhaft an, daß er ihm allezeit schwärmerisch treu blieb. Ein Ausflug nach Italien (1829) stimmte den Jüngling noch poetischer als sogar Jean Paul und verleidete ihm das juristische Studium, so daß er, nachdem er sich mit Erfolg in musikalischem Gestalten (»papillons«) versucht hatte, 1830 ganz zur Musik überging.

Sein erster Plan, sich unter Friedrich Wieck's Leitung in Leipzig zum ausübenden Künstler auf dem Clavier auszubilden, scheiterte, da eine Lähmung an der Hand ihm diese Laufbahn unmöglich machte. Mit Eifer lag er nun dem Studium der Composition unter Heinrich Dorn's Leitung ob.

Als Erstlinge erscheinen bald ein Heft Variationen und die „Papillons", letztere ein noch unreifes, aphoristisches Werk, zu gedanken- und bilderschwer, als daß die einzelnen Gestaltungen in klaren Umrissen heraustreten könnten.

In Leipzig fand sich eine Anzahl jüngerer, strebsamer Musiker mit Schumann zusammen, die mit dem herkömmlichen Schlendrian zerfallen waren, (unter ihnen der talentvolle, leider so jung verstorbene Louis Schunke); und „eines Tags fuhr durch die jungen Brauseköpfe der Gedanke: laßt uns nicht müßig zusehen, greift an, daß es besser werde, daß die Poesie der Kunst über dem Virtuosenzeug zu Ehren komme". Wieck, Schumann, Schunke, Knorr traten zusammen, um die „Neue Zeitschrift für Musik" zu gründen, die im Gegensatz zu der rein kapellmeistermäßigen Kritik Matthesons und der rein technischen Analyse, die Rochlitz begründet hatte, sich die Aufgabe stellte, eine Kritik zu üben, „welche durch sich selbst einen Eindruck hervorbringt, dem gleich, welchen das Original hinterläßt". Ganz dem reformatorischen Wirken Mendelssohn's entgegenkommend und dasselbe Ziel anstrebend durch Kritik und

Theorie, welches Mendelssohn praktisch verfolgte, stellte sich der Kreis der „Davidsbündler" zur Aufgabe: Kampf gegen die „Philister und Goliathe", „anerkennungsvolles Hinweisen auf die älteren großen Meisterwerke, offenen Kampf gegen die gehaltlosen, unkünstlerischen Erzeugnisse der Neuzeit und Aufmunterung junger strebsamer Talente".

Das war eine geschichtliche That, und nicht weniger als Mendelssohn hat dadurch Schumann zur Wiederbelebung classischen Geists beigetragen.

Die musikalischen Schöpfungen dieser Periode (Concert, Sonate, Davidsbündlertänze, Kreisleriana, Novelletten, die wunderbare Sonate in Fis moll „durch die Liebe", die seine Brust erfüllte, „veranlaßt") tragen den Stempel eines jugendlich kecken, drängenden und frischen Schaffens: romantische Gedanken- und Bilderschwere, Farbenglut und Gedrängtheit der Wendungen gestatten, sie mit Jean Paul's Dichtungen zu vergleichen. In Schwung und Kraft verrathen sie den ächten musikalischen Dichtergenius, dem nur noch Ebenmaß und Oekonomie in der Gedankenentfaltung fehlte.

Sein Leben fand seinen Frieden und festen Halt, als er am 12. September 1840 mit Clara Wieck, der großen Clavierspielerin und Tochter seines Lehrers getraut wurde; sein künstlerisches Wesen fand die nöthige Abklärung und Läuterung unter dem Einfluß der edlen Erscheinung Mendelssohns, der sich 1835 in Leipzig niederließ und das „goldene Zeitalter" der Gewandhausconcerte heraufführte.

Mit tiefer Verehrung schaute Schumann zu dem krystallklaren, classischen Künstlergeist auf, der „jeden Tag Gedanken vorbrachte, die man gleich in Gold hätte graben mögen[1])".

Hatte das Liebesglück dem Künstler während des „Lieder-

---

1) Alle diese Citate stammen aus Schumanns Munde. Die hinterlassenen Schriften des Meisters können nicht oft und warm genug empfohlen werden. D. P.

jahres" (1840) die herrlichsten Blüten musikalischer Lyrik in seinen Liedern (s. u.) abgelockt, so entstanden jetzt, sichtlich unter dem Einfluß der Mendelssohn'schen Klarheit die classisch abgerundeten größeren Meisterwerke: die feurig dahinströmende Sinfonie in Bdur, das lyrische Gedicht (Cantate?) „Paradies und Peri", eine mit dem blendenden Zauber des Südens und der brennenden Farbengluth des Orients übergossene Schöpfung, mit welcher in Bezug auf die classische Schönheit, ächt deutsche Keuschheit in den Mitteln und Treue des Colorits nur noch die „Walpurgisnacht" verglichen werden kann.

1843 trat auch Schumann als Lehrer an dem von Mendelssohn eröffneten Conservatorium ein; überall repräsentirt er Mendelssohns getreuen, ihn ergänzenden Freund, nicht, wie schon gesagt worden, seinen Antipoden. Mit der Feder verfolgt er genau die von Mendelssohn ausgehende Bewegung, der Reform den Weg zeigend und auf das Ziel weisend.

Seine leidende Gesundheit nöthigte ihn bald darauf, nach Dresden überzusiedeln, wo er in der Stille und Zurückgezogenheit ganz nur der Composition leben wollte. Die nahezu classische Cdur Sinfonie, die wegen ihres Mangels an dramatischer Kraft und Gedrungenheit an Erfolgen arme, aber an lyrischer Musik im besten Sinne so reiche Oper Genoveva sind neben zwei Trios und Kl. S. die Früchte dieser Periode. Außer den zahlreichen Blüten romantischen Geistes („Phantasiestücke" und „Nachtstücke", „Kinderscenen", „Jugendalbum", „Humoresken") in welchen der Dichter in den Tönen nahezu redet, schuf Schumann noch ein großartiges Denkmal der ächten Romantik in den „Scenen aus Faust" (1849); nur die dramatische Vollendung und Concision fehlt: die classische Form-Schönheit zumal in den lyrischen Partien, und die Fülle der tiefsten Empfindung lassen das Werk als würdiges Gegenstück zu Göthes Faust erscheinen.

Quantitativ nimmt Schumanns Schaffen nicht ab; ja ge-

rabe die letzten Jahre bringen zahlreiche Compositionen, die
überaus farbenreiche, geistsprühende, in den Andante=Sätzen
wahrhaft seraphische Es dur Sinfonie, die Sinfonie in D moll,
eine Messe, ein an wunderbarer Schönheit überreiches Requiem,
„der Rose Pilgerfahrt", Sängers Fluch, der Königssohn, das
Glück von Edenhall" u. a. bis op. 148), aber qualitativ
machte sich ein schweres Gehirnleiden schon schmerzlich bemerk=
bar, indem die Mehrzahl dieser Werke nicht mehr die frische
und energische Schöpferkraft verrathen, wie die früheren. Er
war 1850 als Musikdirector nach Düsseldorf berufen worden
und dorthin übergesiedelt; der Begeisterung, die ihn empfing,
folgte bald allerlei Mißstimmung, Mißverständniß und gegen=
seitige Enttäuschung. Er hatte bittere Erfahrungen zu machen,
an denen er um so schwerer trug, als sein Gehirnleiden ihm
die seelische Reaction raubte. Eine trübe Schwermuth la=
gerte sich über sein Gemüt, die sich allmälich zum Wahnsinn
ausbildete, von dem er am 29. Juli 1856 durch den Tod er=
löst wurde.

Sein Wesen zeichnete in gesunden Tagen jugendliche
Frische, tiefe Bildung, warmes und freudiges Verständniß für
das Schöne und Hohe in jeder Form, wie er denn, zumal
Mendelssohn gegenüber, von Eifersucht nichts wußte. Er
hatte es wahrlich auch nicht nöthig. Haben wir in Mendels=
sohn den classischen „Maler", der Landschaften in warmem
Colorit und weichen Conturen gezeichnet, so ist Schumann
der Dichter in Tönen, dessen Wendungen etwas Sprech=
sames haben, so eindringlich, concis, so prägnant fast, wie
das Wort: er ist ein Märchenerzähler und Zimmerträumer,
ein deutscher Hausfreund — darin dem einzigen Bach ähnlich,
wie Mendelssohn mehr dem plastischen Händel gleicht. Ueber=
ragt ihn Mendelssohn an plastischer Vollendung, an Ebenmaß
und innerer Harmonie, so hat er vor Mendelssohn voraus
die leuchtende Farbenpracht, den wundersamen Tiefsinn, den
Reichtum und die Prägnanz der Gedanken, die sprühende Kraft

und Unmittelbarkeit packender Empfindung. In dem Ausdruck des Duftes der romantischen Sagen- und Märchenwelt begegnen sich beide. Eins aber sind beide darin, daß sie ächt deutsche Meister waren, durchdrungen vom Geist germanischer Bildung und gerichtet auf das Schönheitsideal sowie es der Deutsche faßt, der keine Schönheit kennt ohne Wahrheit, Lauterkeit und Geist.

b. Schumann's Schule.

Der Einfluß Schumanns zeigte sich in erster Linie in der erneuten Aufmerksamkeit, welche man der geistigen Seite der Tonkunst schenkte, in dem neuerwachten Interesse an der Geschichte der Musik, an dem Leben und geistigen Wesen der einzelnen Componisten, überhaupt in dem Aufschwung, welchen die gesammte Musikwissenschaft genommen hat. Die Theorie suchte man tiefer zu begründen, der Geschichtswerke, Biographien 2c. erstand eine ganze Legion.

Nachhaltigen Einfluß übte Schumann ferner auf die Virtuosität aus, indem nach seinen Principien neben der vollendeten technischen Meisterschaft ein durchgeistigter, die Individualität des Tondichters im Spiel treu wiedergebender Vortrag gefordert wird, der nur das Resultat eines eindringenden Verständnisses des Meisters selbst und einer vielseitigen, tiefgegründeten Bildung sein kann. Auch hier bekämpft er das Handwerk und die bloße „Fingerarbeit". Die großen Pianisten der Zeit, Clara Schumann, Liszt, Rubinstein, Bülow, Pruckner 2c. 2c. sind mehr oder weniger durch Schumann in ihrem Spiele vergeistigt worden.

Die Schumann'schen Lieder ferner riefen auf dem Gebiete des Gesanges eine Umwälzung hervor, indem sie neben und auf Grund technischer Schulung ein feines, poetisches Verständniß, also hohe geistige Bildung von dem Vortragenden verlangen. Dafür erheben sie sich auch weit über den Begriff des „Liedes" und sind im höchsten Sinne des Worts musikalische Neugestaltungen des Gedichts (s. u.).

Unter Schumann's Schule im engeren Sinne verstehen wir die Reihe mehr oder weniger bedeutender Meister, welche sich speciell in der Composition an Schumanns Art und Weise angeschlossen haben und in Folge davon mit der Form freier verfahren, in erster Linie die Aufgabe verfolgend, charakteristisch, originell und gegenständlich zu componiren.

In Schumanns Schule reihen wir, obwohl er derselben nicht eigentlich angehört, den edlen Polen Frédéric Chopin¹) (geb. 8. Febr. 1810 in Zelazowawola bei Warschau; gebildet von Elsner, dem Director des Conservatoriums in Warschau; durch das Unglück seines Vaterlands nach Paris verschlagen, wo er eine zweite Heimat fand, und der Liebling der vornehmen Welt wurde, † 17. Okt. 1849). Das schwärmerische, feurige Wesen und das Vorherrschen des nationalen Colorits in seinen Compositionen (Mazurken, Walzer, Notturnos, Concerte, Trio) stempelt ihn zum ächten Romantiker. Die hochpoetischen Tänze, aus denen das ergreifende Pathos des seines Vaterlands beraubten Polen spricht, gehören zum feinsten und geistvollsten, was die Tonkunst in diesem Genre nur je hervorgebracht hat.

Auch Rubinstein (geb. 1829 in der Wallachei) ist zu den Romantikern der Schumann'schen Richtung zu rechnen („Oceansinfonie", „dramatische Sinfonie"), wiewohl er ihr nicht eigentlich angehört, vielmehr selbständig dasteht.

Unter Schumanns Gesinnungsgenossen und Schülern im engeren Sinne nennen wir den edlen, früh heimgegangenen Louis Schunke, den sinnigen und geistreichen Stefan Heller (geb. 1815 zu Pest; Etüden, Blumenstücke, Spaziergänge eines Einsamen u. s. w.), den frischen, feingestimmten, wegen der Durchsichtigkeit seiner Werke näher bei Mendelssohn stehenden

---

1) F. Liszt, Frédéric Chopin. Leipzig 1879.

Adolf Henselt und vor allen Johannes Brahms (geb. 7. März 1833 in Altona; Claviertrios, Quartetten, Serenaden in D und A für kleines Orchester, Sonaten ꝛc., ein deutsches Requiem, Triumphlied), der den Schumann'schen Geist wohl am bedeutendsten aufgefaßt hat und mit dem meisten Erfolg repräsentirt. Erfolgreich und glücklich vertritt Max Bruch die Schule (geb. 1838 zu Cöln; neben kleineren Sachen: Sinfonie in Es dur, „Loreley" „Friethjofsage"). Doch bildet dieser mit den folgenden Volkmann (geb. 1815; D moll-Sinfonie, Ouverture zu Richard III., Trios ꝛc.), Goldmark (geb. 1832 in Ungarn; Ouverture »Sakuntala«, Oper: „Königin von Saba"; Quartetts, Lieder ꝛc., „Ländliche Hochzeit" Sinfonie), Heinrich Hoffmann („Frietjof-Sinfonie) und Arnold Krug schon den Uebergang zu der neuromantischen Schule.

Wenn der Mendelssohn'schen Schule die Gefahr des Formalismus drohte, so muß sich die Schumann'sche vor einem einseitigen, die materialen Elemente der musikalischen Schönheit unterschätzenden Spiritualismus hüten. Die Gefahr, welche ihr droht, ist die eben bei Besprechung der Romantik angedeutete: daß über dem Geistreichen, Bedeutsamen, Interessanten die dem Kunstwerk wesentliche maßvolle Ruhe und Oekonomie zu kurz kommt. Hier, wie beim folgenden Abschnitt, haben wir kurz zu sein, da wir nur die Richtung zeichnen. Die Vertreter derselben, die der Mehrzahl nach ihr Wirken noch nicht abgeschlossen haben, gehören ja der Geschichte noch nicht an, sondern der zeitgenössischen Kritik.

2. Die Neuromantiker (Manieristen).

Das musikalische Element weicht dem phantastisch-poetischen; die Musik an sich gilt nichts mehr, sie verdient den Namen einer Kunst, im Gegensatz zum „schönen Tonspiel", nur in dem Maße, als sie eine faßbare, greifbare, ja vorstellbare Idee ausdrückt. Die organischen Musikformen werden zerschlagen, an ihre Stelle tritt die scharf zugespitzte Tonphrase, das stark leuchtende Colorit, der piquante Rhythmus. An die Stelle des organisch das Kunstwerk erzeugenden und zur musikalischen Einheit zusammenschließenden thematischen Grundgedankens tritt die „poetische Idee", deren Symbol (eine charakteristische Tonfigur, Melodie, ıc.) je nach dem Gang der gedachten Handlung in verschiedener Beleuchtung und Färbung wiederkehrt, ähnlich der charakteristischen Figur der Arabeske, oder dem Bild einer Tapete. Die Musik für sich selbst ist nicht verständlich: im Ganzen als Einheit, wie im Detail der Zeichnung wird sie gerechtfertigt, erklärt und verstanden durch die außer ihr liegende, von ihr nachzubildende Vorstellung.

Ob diese Richtung über die Kraft und die Aufgabe der reinen Musik als einer allerdings poetischen, aber auch architektonisch-organischen Kunst hinausschießt, ob sie die unberechtigte Uebertragung eines auf dem Gebiet der dramatischen Musik wohl berechtigten Princips auf das der reinen ist — das hat die Geschichte, welche die geschichtlichen Formen nur zu begreifen, nicht ästhetisch zu richten hat, nicht zu entscheiden. Dies ist vielmehr Sache der besonnenen, auf festem Grund ruhenden Aesthetik der Tonkunst, die uns noch fehlt.

Die Vertreter der neuromantischen Schule auf dem Gebiet der reinen Musik sind in erster Linie die Franzosen Berlioz und Félicien David, der Ungar Franz Liszt und dessen Schule in Deutschland.

a. Hector Berlioz, geb. zu Côte Saint-André im Isère-Departement den 11. Dez. 1803, studirte ursprünglich Medicin, trat dann gegen den Willen seines Vaters ins Pariser Conservatorium ein und wurde, da ihm der Vater die Subsistenzmittel entzog, Chorist an einem kleinen Vaudeville-Theater. Seine Cantate „Sardanapal" errang 1830 den Preis und er erhielt ein Reisestipendium für Italien. Nach Paris zurückgekehrt gab er eine Reihe von Werken heraus (sinfonie phantastique, sinfonie mélologue, »Harald« (1833), die Oper

Benvenuto Cellini, die Cantate Romeo et Juliette (1839), ein Requiem (1837), Hymne à la France (1843).

Seine Werke fanden wenig Anklang, sie wurden nirgends verstanden und auch in Deutschland, wohin er zweimal Reisen machte, wurde ihm nur die Anerkennung, daß er als origineller und geistreicher Componist angestaunt wurde; warme Sympathie fand er nicht. Fortan lebte er in ziemlicher Zurückgezogenheit in Paris; seine Ideen, die in der Composition nicht durchschlagen wollten, brachte er als Kritiker im journal des débats zur Geltung und seine reiche Begabung für die Behandlung des Orchesters stellt sein theoretisches Werk („Kunst der Instrumentirung") in glänzendes Licht.

Als er starb (9. März 1869), da feierten die Franzosen mit Pietät den „großen Todten", und bekannten voll Achtung, daß sie ihn nicht verstanden haben (Festival der großen Oper 1870).

Berlioz knüpft formell an die 9. Sinfonie von Beethoven an und bildet ein Mittelding zwischen Oper und Sinfonie aus, die Sinfonie=Cantate, d. h. eine Verbindung von Vocal= und Instrumental= Solo= und Ensemblesätzen, die unter dem einheitlichen Gesichtspunkt einer bestimmten poetischen Idee zum Ganzen zusammengefaßt werden. Wie berechtigt und wie wenig dem Wesen der Musik widersprechend dieser Gedanke an sich ist, haben uns manche ähnliche Werke der Classiker bewiesen (die Pastoralsinfonie, die 9. Sinfonie). Während aber bei den Classikern die Mottos der einzelnen Sätze und die Ueberschriften des Ganzen nur den Rahmen bezeichnen wollen, innerhalb dessen die Musik sich ausbreitet nach ihrem eigenen Gesetz und mit den ihr eigenen Mitteln, so daß das einzelne Stück vom rein musikalischen Standpunkt aus fertig, einheitlich geschlossen und verständlich ist; während bei Beethoven und auch noch bei Schumann (Nachtstücke u. a.), die charakteristischen Laute des Objects, die Naturlaute, nachgeahmt werden, damit der Contact zwischen der musikalischen Stimmung und dem vorgestellten

Object erhalten und durch diese unwillkürliche Erinnerung an zwei dieselbe Stimmung erzeugende Ursachen, die musikalische und die poetische, eine um so intensivere Gesammtwirkung erzielt werde, dient hier die Musik zum äußerlichen Nachmalen und Abmalen der vorgestellten Gegenstände und Erlebnisse d. h. sie verläuft in eine etwas realistische Tonmalerei: es entstehen keine wirklich musikalischen Stimmungsbilder, sondern eine Reihe von nur durch das äußerliche Band der im Programm gegebenen Vorstellung zusammengehaltenen geistreichen Wendungen, interessanten Detailzeichnungen, frappanten Anklängen an äußerliches Geschehen u. s. w. Die Musik leistet in Treue des Colorits, Reichtum der Farbenpracht, Schärfe der Beleuchtung und Sicherheit der Zeichnung noch nie Dagewesenes: aber es fehlt ihr die organische Einheit und damit die musikalische Seele; es sind lauter Glieder, denen der lebendige Organismus fehlt.

Die Schuld hieran trägt offenbar nicht die Gattung, welche vielmehr dem Musiker reichste Gelegenheit zur Bethätigung der musikalischen Schöpferkraft und zur Entfaltung rein musikalischer Gedanken gibt; sondern das unglückliche Naturell des Franzosen, dem es nicht gegeben war, die Objecte seiner Phantasie poetisch aufzufassen d. h. nach ihrer Wirkung auf Phantasie und Gemüt, dem es an lyrischer Begabung durchaus fehlte, und der, weil vom berechnenden, speculirenden Verstande befangen, die Naivetät des Schaffens völlig verloren hatte. Berlioz' Musik ist eine Combination von Geist und Intelligenz, eine Kette von neuen Klängen, ein Zeugniß von ungeheurer Virtuosität im Instrumentiren, geistreich pointirt, interessant, aber ohne Musik und ohne Seele. Berlioz selbst fühlte das und sagte es offen: „wenn ich Musik von Mozart höre, so drückt mich ein kleiner Alp, wenn ich Musik von Haydn höre, so drückt mich ein großer Alp". — So wenig er Sinn und Verständniß für die eigentümliche Kraft und Lyrik der Tonkunst besaß (wie ihm denn auch nur die Dramatiker Gluck,

Weber — Beethoven, der gealterte, seine Ideale waren) so hoch steht er da um des Ernstes und der Reinheit seines künstlerischen Strebens willen. Er war zum Dichter zu unpoetisch, zum Musiker zu unmusikalisch, zum Maler zu musikalisch und zum Opernschreiber zu poetisch.

Gibt Berlioz eine Kette von Charakter- und Situationszeichnungen so versucht

b. **Franz Liszt** (geb. 22. Okt. 1811 zu Raiding in Ungarn; Schüler von Czerny, Salieri und Reicha in Wien, der größte Claviervirtuose des Jahrhunderts und das Haupt der modernen Schule des Pianofortespiel's (Bülow, Pruckner, Mehlig u. a.); der begeisterte Vorkämpfer für Wagner's Musik und damit das Haupt der von Wagner's Theorie beherrschten Tonschule; auf allen Gebieten der Composition thätig: Graner Messe, Krönungsmesse; Oratorien: Heilige Elisabeth, Christus; Orgelcompositionen, Faustsinfonie mit Chor u. a.), mit Schrift und Tönen der geistreichste Vertreter der Richtung, in seinen „**sinfonischen Dichtungen**" (Bergsinfonie, Mazeppa, Preludes, Tasso, Prometheus, Orpheus, Festklänge, Dante, Faust, die Ideale, die Hunnenschlacht, Hamlet) geschlossene musikalische **Charaktere** zu geben. Vor Berlioz hat er die Einheit des leitenden poetischen Gedankens voraus, den er in schroff auseinandertretenden Gegensätzen in Einem fortlaufenden Tongewinde entwickelt. Seine Vorwürfe sind wirklich poetisch und bieten der musikalischen Darstellung ein reiches Feld dar, weil die Tonkunst mit ihren reichen Mitteln gerade für die Zeichnung menschlicher Grundbestimmtheiten besonders geeignet ist. Ob aber Liszt nicht gleichfalls zu sehr das äußerliche des poetischen Vorwurfs erfaßt und zur Darstellung bringt, ob er nicht dann und wann, die naive Wirkung der Töne verschmähend, in decorativer, statt musikalisch **dichtender** Weise darstellt, bleibe noch dahingestellt, denn Liszt gehört zu den ächten Künstlern, die ihrem Ideal rastlos ihr Lebenlang nachfolgen, ohne auf einer Station abzuschließen. Eine allseitige und abschließende Würdigung des Künstlers ist zur Zeit nicht möglich, so lange noch der Kampf der Parteien die rechten Grenzen verrückt und das Urtheil befangen macht.

Der von Liszt eingeschlagenen Richtung folgen unter den bedeutenderen Componisten der Gegenwart: Joachim Raff, überaus geistreicher Eklektiker (geb. 1822, Opern: „Samson", „Dame Kobold", „König Alfred"; Sinfonien, Streichquartette, Quintett in Edur; Cantaten: „Dornröschen", „Liebesfee", „Lenore", „Sängers Fluch", „Nirwana"); Glinka (1803—1867) (Opern: „Das Leben für den Czar", Rußlan und Ludmilla, Orchesterwerke. Kamarinskaja, Ouverturen u. s. f.); Lassen („Frauenlob", „König Oedipus"), Weißheimer („Theodor Körner"), Damrosch, Götze, die beiden Ritter, Dräseke, Félicien David (geb. 1810; Sinfonie-Ode »Le désert«, „Christof Columbus" u. a.), Saint-Saens (geb. 1835 zu Paris; Sinfonien in Es dur, F moll, A dur, D moll; »La danse macabre«, »Le Rouet d'Omphales« u. a.), Seifriz („Ariadne auf Naxos") Gottfried Linder, Huber (Sinfonische Dichtungen) u. a.

Der letztgenannte bezeichnet ausdrücklich die Aufgabe der Sinfonie, also der reinen Musik, so:

„Ein neues Terrain wird sich die Musik erobern, wenn wir in die Musik die declamatorische Melodie einführen, indem wir der Dichtkunst folgen, einen Grundgedanken (Melodieanfang, Motiv) wie der Dichter weiterspinnen, in immer neue Empfindungsphasen führend stets umgestalten, psychologisch aufbauen, um endlich zu einem erschöpfenden Schlußworte zu gelangen. Eine solche Melodie wird etwas dem lyrischen Gedicht analoges sein.

Folgen wir so dem Zuge der Zeit, individualisiren wir die einzelnen Stimmen (Melodien) und bauen wir sie in derselben Weise, so wie die Einzelmelodie psychologisch auf, so wird durch die Contraste ein Conflict herbeigeführt, der mit dem Triumphe des berechtigtsten unter den auftretenden Individuen (Melodien) endigen wird. So haben wir etwas dem Drama Analoges, eine Sinfonie, die selbstverständlich mit diesem Satze zu Ende ist".

Bei aller Anerkennung des redlichen Ernstes, mit welchem eine Reihe strebsamer Musiker sich an der Sisyphus=Arbeit versucht, in „psychologischem Aufbau" eine Art Drama ohne Worte nur mit Tönen darzustellen, bleibt es ein verhängniß= volles Wagniß, die Tonkunst wider ihr innerstes Wesen zum Sprechen zwingen zu wollen, während sie doch zum Singen be= rufen ist. Die Folge des Irrtums, der die Musik als die Sprache der Empfindung, als die Tonsprache und nicht in erster Linie als eine in Tönen bildende Kunst auffaßt, zeigt sich darin, daß über dem Streben, genau auszudrücken, deut= lich darzustellen, nicht bloß die Anmuth und Schönheit der ton= lichen Bewegungsform, sondern auch die Klarheit und Durch= sichtigkeit der musikalischen Construction verloren geht: daß die Musik zuletzt musikalisch gar nichts, und dichterisch nur Un= verständliches ausspricht. Die Unterordnung der gesanglichen Melodik wie überhaupt der musikalischen Architektonik (die der Musik als einer an die Form der Bewegung gebundenen Kunst wesentlich ist) unter das Princip dramatischer Charakte= ristik und Prägnanz mag im Tondrama am Platze sein; in der reinen, vom Wort losgelösten Musik, die durch sich selbst zunächst doch als Musik wirken soll, führt sie zur Auflösung der organisch=musikalischen Einheit: an die Stelle eines archi= tektonisch schön und sinnvoll gegliederten, sich aus sich selbst auf= bauenden Tonbaues tritt ein Gewinde von geistvoll pointirten, geistreich charakterisirten Miniaturbilderchen — die sich zum ächten Kunstwerk der Musik verhalten, wie Mosaikarbeit zum lebensvollen Oelgemälde eines Meisters.

2. Abschnitt.

Die Formen und Style der angewandten Musik.

A. **Die Geschichte der Oper im neunzehnten Jahrhundert.**

Quellen: Fink, G. W., Wesen und Geschichte der Oper. Leip= zig 1838.

Schneider, L., Gesch. der Oper u. des K. Opernhauses in Berlin. Berlin 1852.

Schletterer, H. M., das deutsche Singspiel von seinen ersten Anfängen bis auf die neueste Zeit dargestellt. Augsburg 1863.

Lumey, B. reminiscences of the opera. 8. London 1864.

Falcrantz, C. I., om de historiska förberedelserna till operadramat. 8. Stockholm 1872.

Hanslick, die moderne Oper. Berlin 1875.

Ueberblickt man die gesammte Entwicklung der Oper seit Mozart und Beethoven, so fällt in erster Linie der genaue Zusammenhang derselben mit der Entwicklung des allgemeinen Bewußtseins ins Auge. Es scheint fast, als hätte jede Wandlung, jede bedeutsame Richtung desselben auch auf diesem Gebiete sich ein Denkmal setzen wollen.

Zunächst treten die Style nach den drei Nationalitäten Italien's, Frankreich's, Deutschland's auseinander, gerade so wie die politische Entwicklung, entgegen den kosmopolitisch-nivellirenden Ideen der französischen Revolution und des Kaiserreichs eine staatlich gesonderte wird.

Gleichwohl schließt die staatliche Sonderung die in der Solidarität der europäischen Gesellschaft begründete Gemeinsamkeit des Lebens und Empfindens nicht aus; die Anstöße, die Frankreich, seit langer Zeit der neuerungssüchtige Staat und seit 1789 der traditionelle „Träger des modernen Geistes", gibt, pflanzen sich fort in Italien und Deutschland. Aber in Deutschland, dem Herzen Europas, vollzieht sich der geistige Kampf der sich kreuzenden und widersprechenden Ideen und Geistesströmungen, der von den gewaltsam zurückdämmenden Einflüssen der heiligen Allianz zwar niedergehalten, aber nicht aufgehalten werden konnte.

Deutschland ist scheinbar der sclavische Nachahmer Frankreichs: aber was dort als Experiment leichtfertig und obenhin probirt wird, das wird in Deutschland Gegenstand des nachhaltigsten, ehrlichsten Kampfes, des gewissenhaftesten geistigen Ringens, und kommt hier allein zur Klärung und Auseinanderſetzung. Auch in der Oper wird Deutſchland erſt vom italieniſchen Styl, dann vom franzöſiſchen Styl beherrſcht, aber der ſcheinbaren Präponderanz des Ausländiſchen geht die eigene, innere Erſtarkung zur Seite; mit deutſcher Gründlichkeit wird das Fremde durchgemacht, bis der nationale Geiſt genugſam erſtarkt iſt, um das Fremde in energiſcher Negation niederzuſchlagen und die eigene Art ſiegreich geltend zu machen. Deutſchland erſcheint in kunſtgeſchichtlicher, wie in politiſcher Beziehung nicht blos als das Herz, ſondern auch als das Gewiſſen Europas.

Am Eingang des Jahrhunderts begegnen wir in Frankreich und Deutſchland noch dem Geiſte Gluck's und Mozart's; die franzöſiſchen Vertreter desſelben ſtehen im Contact mit dem Geiſte ihrer Zeit.

Dem heroiſchen Geiſte der langen Kriegsjahre folgte trübe Erſchlaffung; dem entſprach, daß der ſüße Styl des „Landes der Sonne", der Styl des dolce far niente, mit reißender Schnelligkeit in Deutſchland und Italien die Geiſter feſſelte, der Styl des Italieners Roſſini; zur Herrſchaft kam jetzt die reine, fröhliche Genußoper, die keinen höheren Anſpruch macht, als zu unterhalten und nach mühevollem Tagewerk zu erfriſchen und zu erquicken.

Das nationale Leben in Deutſchland hatte in dieſer Zeit einen gewaltigen Rückgang erfahren; das ſpecifiſch D e u t ſ ch e war in die enge Form des territorialen Patriotismus, des Particularismus, eingeſchränkt, der im Bundestag den nationalen Gedanken der Freiheitskriege genügend realiſirt ſah. Dem politiſchen Philiſter, ſoweit er überhaupt in der Kunſt deutſch dachte, entſprach die Oper der deutſchen Philiſter, die in doppelter Geſtalt auftrat: einmal als die Oper der Mozart'ſchen Schablone, die in der Muſik wenigſtens zäh an deutſchem Geiſt und deutſcher Ehrlichkeit feſthielt, wenn auch in philiſterhafter Engherzigkeit; dann aber auch leider als die Oper des blaſirten Philiſtertums, das identiſch iſt mit jenem selbstsüchtigen, vaterlandslosen Weltbürgertum, dessen bewegende Seele das Geld ist. So erhalten wir in Deutschland, und wir begreifen darin die ganze Bewegung, die drei Formen: die große französische Oper, die italienische Genuß-Oper, die bürgerliche deutsche Oper. Diesen Allen ist die Indifferenz gegen das nationale Element sowie gegen das wirkliche Bewußtsein der Zeit gemeinsam; alle wollten nichts weiter sein, als eben Opern, die durch Musik unterhalten.

In den höher gestimmten Geistern, die sich dem nivellirenden, blasirten Geist der Restauration nicht beugten, lebte die Bewegung von 1813 fort; in Poesie und Musik führte dieselbe zur Ergründung und Erfassung des eigenen Wesens, des Volksgeistes und des Nationalgeistes, welche die Romantik sich zur Aufgabe machte; in dem Maße freilich, als die Erforschung der romantischen Zeit deutschen Glanzes Selbstzweck wurde und von der Gegenwart sich entfernte, auf welche sie doch bildend, reinigend und läuternd einwirken sollte, verlor sich die romantische Literatur aus dem Volkstümlichen in's träumerisch Phantastische und ging des lebendigen Contacts mit dem frischen Volksleben verlustig; ebenso ging es auf dem Gebiete der Oper: die Romantiker, die älteren und neueren, wurden die Träger des nationalen Gefühls und Strebens; in dem Maße aber, als das „Romantische" Hauptsache wurde und der romantische Geist nicht in lebendige Sympathie und Fühlung mit der Gegenwart gebracht wurde, mußte die romantische Oper aus einer Volksoper zur Literaturoper werden.

Dieser Gefahr der Entfremdung vom Boden des wirklichen Lebens tritt wieder das realistische Frankreich mit der die Realität drastisch darstellenden **historischen Situationsoper** entgegen. Die Verbindung des realistischen Zugs der neufranzösischen Oper mit dem idealistischen der Romantiker wird in Deutschland versucht und ein wahrhaft nationales Drama zu schaffen wird wenigstens als Aufgabe ernstlich ins Auge gefaßt.

Innerhalb dieser, unter dem culturgeschichtlichen Gesichts=
punkt entworfenen Entwicklung macht sich fort und fort der alte
Gegensatz geltend, welcher von Anfang an im Begriffe der an=
gewandten Musik liegt: der Gegensatz der „Gluckisten" und
„Piccinisten". Es leuchtet ein, daß gerade diejenige Richtung,
welche die Oper von dem hohen Standpunkt des Volksdramas
aus auffaßte, auch dem Inhalt vorwiegend Rechnung tragen
mußte und von vorneherein geneigt war, die Musik nach Gluck'=
schen Principien der Dichtung völlig unterzuordnen. Dies
war vorwiegend bei den Romantikern der Fall, in beschränk=
terem Maße bei den älteren, in voller Consequenz des Prin=
cips bei den Neu=Romantikern.

Andrerseits werden diejenigen, welche in der Oper nur
ein Mittel zur Unterhaltung des Publikums erblicken, und
dieselbe nicht als poetisch=musikalisches Kunstwerk, sondern eben
als eine besondre Gattung von Musik auffassen, bei welcher
der Text nebensächlich ist und nur dazu dient, die Unterlage
für dramatisch wirksame Musik abzugeben, in erster Linie auf
selbständig ausgearbeitete, durch sich selbst einleuchtende und
musikalisch wohlgefällige Formen dringen.

Die Berechtigung, welche man dem einen oder andern
Princip zugeben will, hängt von der Berechtigung ab, welche
man überhaupt dem Ideale der Oper als eines Musikdrama's
vom ästhetischen Standpunkte aus zuerkennt. —

Eingedenk der Bestimmung unsres Buches müssen wir uns
im Folgenden auf eine kurze Skizzirung des Entwicklungs=
ganges beschränken.

1. Abtheilung.

Die Oper des Kosmopolitismus.

1. Die heroische Oper französischen Styls.

In Frankreich fanden sich allein die großen Verhältnisse
vor, welche die Pflege der Gluck'schen Traditionen gestatteten.

Von hier aus aber fanden die durchschlagenden Werke immer den Weg auch nach Deutschland. —

Am treuesten den Gluck'schen Intentionen folgend componirte der von Deutschland adoptirte Italiener Antonio Salieri (geb. 1750 zu Legnano, † 1825 in Wien) der ehrgeizige Rivale Mozarts, der mit seinem ganz im Gluck'schen Styl gehaltenen, aber weniger Gewalt und Kraft verrathenden „Axur, König in Ormuz" einst den Don Juan ausgestochen hatte.

In Frankreich kann zur Gluck'schen Richtung ferner Etienne Henri Mehul gerechnet werden (geb. 1763, † zu Paris 1817), der in „Josef und seine Brüder" ein den classischen Mustern ebenbürtiges Meisterwerk hinstellte, welches feine Charakteristik, Wahrheit des Ausdrucks und Wärme der Empfindung mit schlichter Einfachheit und melodischer Schönheit verbindet, so daß dieses Werk immer jung bleiben wird.

Glucks bedeutendster und am meisten selbständiger Nachfolger war der Componist des französischen Kaiserreichs Gasparo Spontini, geb. den 15. Nov. 1774 zu Majolati im Kirchenstaat, † den 29. Jan. 1851. Von Gluck hat er die Größe der Auffassung geerbt; von Glucks antiker Weihe und vornehmer Ruhe unterscheidet ihn jedoch energisches Pathos und gewaltig hinschreitende Handlung. Er ist realistischer als der ideale Gluck: die Weisen und Klänge, die er anstimmt, harmoniren zu dem Glanz und der kriegerischen Pracht des siegreichen Cäsaren; ja sie sind eine künstlerische Wiedergabe der Zeitstimmung; daher auch die Sympathie, die er mit den Meisterwerken „Vestalin" (1807) und „Ferdinand Cortez" (1809 zum spanischen Kriegszug) bei den kriegsbegeisterten, Gloiretrunkenen französischen Massen fand. Als das moderne, antikisirende Römertum Napoleons I. zusammenbrach, war auch Spontini's Kraft halb gebrochen, d. h. die künstlerische Production dauerte wohl fort, aber ohne den hohen Schwung, der sie bisher beseelt hatte, denn es fehlte der ihr günstige Boden, die sie tragende Stimmung. Die „Olympia" (1819) ließ die Franzosen der Restauration kalt; in Berlin, wohin Spontini 1819 berufen wurde, war wohl militärischer Sinn vorhanden, aber der soldatische Geist Berlins war ein andrer Geist, als jener, welcher die Massen unter der phänomenalen Erscheinung des Cäsaren entflammt hatte: statt des Geists des sporenklirrenden Eroberertums waltete hier der Geist überaus nüchterner strenger Arbeit, der Geist „des königlichen Dienstes". Hier schuf Spontini nur noch „Gala= und prunkende Hofopern".[1] („Nurmahal", „Alcidor", „Agnes von Hohenstaufen"). Darf Gluck im vollen Sinne ein antik=hellenischer Geist heißen, so ist in Spontini das antike Römertum verkörpert.

Mehr mit Mozart als mit Gluck verwandt ist **Cherubini** in seinen Opern „**Ifigenia in Aulis**" (1788), „**Lodoiska**", „**Medea**", „**Faniska**", („**Elisa**", „**Demophon**"); diese Opern sind großgedachte Werke; was jedoch dem vornehmen Geiste Cherubinis abgeht, ist Feuer und warme Empfindung; er ist wie Gluck, ja noch mehr, kühl und aristokratisch. Die Oper „**der Wasserträger**", die aus dem Leben gegriffen ist, fand um der warmen Empfindung und der treuen Einfalt der Auffassung willen die volle Sympathie, welche den heroischen Opern Cherubinis um ihrer Vornehmheit willen vorenthalten geblieben ist (vgl. S. 351).

2. Die Genußoper italienischen Styls.

Die italienische Oper ist oben[2] eingehend charakterisirt worden. Das Princip der reinen, sinnlichen Klangschönheit, des musikalischen Genusses, herrschte so sehr darin vor, daß ein Kritiker Abbé Arnaud, sagen konnte: es sind diese Opern nur des concerts dont le drame est le prétexte.

Die bedeutendsten Vertreter des Genres sind oben schon

---

1) Schlüter S. 156.
2) S. 174.

aufgezählt worden und es sind nur etwa der von Mozart leicht beeinflußte **Righini** (1756—1812) und als Halbmeister etwa noch **Paer** (1771—1839) und Simon **Mayer** (ein Deutscher von Geburt) zu erwähnen. Es wäre die italienische Oper niemals wieder zu dem Ansehen gekommen, das sie einst besessen hat, denn von den besten Meistern, wie Cimarosa („heimliche Ehe"), Fioravanti („Dorfsängerinnen") bürgerte sich nur einzelnes dauernd ein; hätte nicht das italienische Princip des frischen, lauteren, schönen Gesangs seinen Genius in Gioachimo Rossini gefunden, dessen perlende Weisen die Welt gefangen nahmen und Mozart und Beethoven eine Zeit lang vergessen machten.

Rossini[1]) wurde am 29. Febr. 1792 in Pesaro, einer kleinen Landstadt in der Romagna geboren. Der Vater war ein reisender Musikant, die Mutter war Sängerin; die Bühne war die Heimat des Knaben, die Routine seine Schule. Erst mit 17 Jahren gewann er Liebe zur Kunst; nach dreijährigem Studium componirte er schon eine Oper „Demetrio", die zu Rom aufgeführt wurde, und 1813 den „Tancred", welcher seinen europäischen Ruhm begründete.

Es folgen nun in ununterbrochener Reihe, meist auf Bestellung gearbeitet: „Italienerin in Algier", „Aureliano in Palmira"; 1816 »il Barbiere di Seviglia«, „Elisabetta", „Othello"; „Aschenbrödel", „Diebische Elster", „Armida", „Moses", „Richard und Zoraide", „Semiramis", „Belagerung von Korinth" ꝛc. Nach längerer Pause erschien 1829 die große Oper Tell (in Paris).

Der Beifall, welchen das müde Europa dem süßen Sang des Schwans von Pesaro spendete, glich einem förmlichen Rausche. Zu Wien, wo noch Beethoven lebte und wirkte, errang der leichtblütige Melodienverschwender Triumphe, welche ein Mozart oder Beethoven sich nie hätten träumen lassen

---

1) Edwards, H. S., The life of Rossini. London 1869.

dürfen. In England verstand er die reelle Seite seines Schaffens besser als einst Haydn ins Auge zu fassen; 1823 kam er nach Paris und als er das Ende seiner unumschränkten Weltherrschaft (1817—1830) gekommen sah, verzichtete er auf weiteres Schaffen und lebte in behaglicher Ruhe auf seinem Landgut bei Paris.

Er starb am 14. Nov. 1868 zu Passy (bei Paris), ein „Requiem" als Vermächtniß hinterlassend.

Wie einst Spontini getragen und gehoben worden von dem kriegerischen Geist des Kaiserreichs, so verdankt auch Rossini seine Weltherrschaft nicht blos den Opern selbst, sondern der Zeitstimmung der Restauration, für welche die Kunst Rossinis der entsprechende musikalische Ausdruck war.

Er schrieb, wiewohl er im Stande war, im strengen Styl zu schreiben, wenn er wollte, mit Absicht nur für die Sänger und für das Publikum, so wie es war: er schrieb den Sängern und Sängerinnen jeden Ton vor, wählte aber dafür die ihnen geläufigen und bei ihnen beliebten Gänge und Fiorituren; er war auch ein Mann von seltener Routine.

Mit dieser seltenen Kenntniß der Bedürfnisse der Sänger und der Wünsche des Publikums verband er geniale Begabung: eine reiche, unerschöpfliche Erfindungskraft und einen feinen Sinn für Wohlklang und gerundete Form.

Im „Barbier" zeigt er sich als Meister der Charakteristik, im Tell als Meister der guten Schule. Kann auch seine Musik niemals im deutschen Sinn für schön gelten, weil ihr dazu die hohe Weihe des Ernstes fehlt, so ist es doch frische, geistvolle, sanglustige Musik. Auf dem Gebiet der komischen Oper ist Rossinis „Barbier" noch nicht übertroffen worden. Die Vorwürfe der Schablonenhaftigkeit und leeren Phraseologie, welche Rossini von deutscher Seite gemacht werden, treffen mehr die Richtung als ihn selbst, wie er denn diese Fehler da, wo er nicht eben eine italienische Oper schreiben wollte z. B. im Tell völlig abgelegt hat. In den italienischen Opern wollte er

keine Mufikdramen geben, sondern Gesang, das Drama machen
dann die Sänger. Um Rossini richtig zu beurtheilen, muß
man ihn vom italienischen Standpunkt aus beurtheilen. Dann
erscheint er wirklich als der genialste Vertreter des italienischen
Genres. —

Was bei Rossini Gesundheit und strotzende, sprühende mit=
unter herzlich leichtsinnige Frische war, das wird zur Senti=
mentalität bei Bellini (1802—35) („Norma", „Montecchi
und Capuletti", „Nachtwandlerin") und zur rein äußerlichen
Berechnung bei den Donizetti (1797—1848) („Lucia di
Lammermoor", „Lucrezia Borgia"), Mercadante und an=
dren Epigonen Rossini's. In einzelnen Werken („Norma")
vertreten auch diese Meister das Genre nicht unwürdig; für
die Weiterbildung desselben aber haben sie nichts von Bedeu=
tung geleistet.

3. Die deutsche Oper der Schablone.

In der deutschen Oper herrscht zwar seit 1813 Mozarts
Schablone, aber nicht sein Geist. Was bei Mozart genialer
Wurf gewesen, wird bei den Epigonen typische Manier. Zwar
ist an den Vertretern der Mozart'schen Schule in der Oper
der redliche Ernst in ihrem Kampfe gegen die Rossini'sche Me=
lodienschlürferei anzuerkennen: ehrenwerte deutsche Gesinnungs=
tüchtigkeit lag demselben als Motiv zu Grund; dem Publikum
aber war es im Grunde nicht zu verargen, wenn es die per=
lenden, bei aller Leichtigkeit und Eleganz doch immer genialen
Weisen Rossinis den trockenen, gelehrt gearbeiteten Partituren
der Schablonisten vorzog. Daß man Beethoven und Mozart
vergaß, ist unverzeihlich; daß man die Epigonen übersah, läßt
sich am Ende schon begreifen.

Am nächsten steht noch bei Mozart Peter von Winter
(1754—1825), Kapellmeister in München, der Gluck'sches Pa=
thos und Mozart'sche Schönheit anstrebte. („Das unterbrochene
Opferfest"). In Josef Weigl (1766—1846), („Schweizer=

familie") macht sich bereits das Philistertum etwas geltend, aber in tief gemütvoller Weise. Zumsteeg in Stuttgart (1760 bis 1802) („Geisterinsel") weist bereits auf die Romantiker hin.

Man könnte die Richtung der Epigonen als die eines musikalischen Spießbürgertums bezeichnen, das eben des neuen Inhalts entbehrt und eines solchen aus behaglicher Gemütsruhe sich erwehrt, aber innerhalb seiner Grenzpfähle sich lebendig zeigt und sich des Schönen und Guten in allen Ehren erfreut. Das sind die „göttlichen Philister", denen wohl war in ihrer naiven Beschränkung; hierher rechnen wir noch die soliden, gediegenen und bedeutenden Kapellmeister, wie Gläser (1798—1868) („Des Adlers Horst"), Lindpaintner (1791 bis 1856) („Vampyr", „Lichtenstein"), in der Oper sogar Franz Lachner, („Katharina Cornaro", „Benvenuto Cellini").

Hierher gehören aber noch viele andre, die an diese drei nicht anreichen, die mit ihrem Wesen gar nicht weiter hinauswollten, als auf Mozart zurück. Eine einseitig handwerksmäßige Bildung hat die Musikerzunft dem allgemeinen Bewußtsein entfremdet: außerhalb der Geistesbewegung ihrer Zeit stehend sahen sie häufig mit borniertem Zunftstolz auf das, was die Herzen andrer Menschenkinder bewegte, als auf etwas herunter, worüber der Künstler weit erhaben sei. Sie glaubten alles gethan zu haben, wenn sie gediegene Musik zu läppischen Textbüchern gemacht hatten. Oder andre begnügten sich, wenn sie von Mozart nur einen Hieb hatten, und waren glücklich mit seiner Form, gänzlich vergessend, daß wir nur das Wie? in der Kunst von den Classikern lernen können, das Was? aber aus dem Volksgeiste selbst schöpfen müssen und daß das ganz besonders in der Oper gilt.

Diese wackeren musikalischen Pedanten haben, wenn sie auch die Entwicklung der Tonkunst nicht eben förderten, immerhin das Verdienst, für die Erhaltung eines guten musikalischen Geschmacks gesorgt zu haben. Hoch stehen sie über jenem blasirten Philistertum, das nicht einmal mehr auf musikalische Hebung des Publikums bedacht ist, sondern auch darin allein und ausschließlich auf die verdorbenen Gelüste speculirt und, was die Schöpferkraft nicht leisten kann, durch allerlei sinnliche, lüsterne und unsittliche Reizmittel zu ersetzen sucht. Die Oper der blasirten Zote, wie sie die sumpfige Luft der unter dem eisernen Despotismus des zweiten französischen Kaiserreichs sich breit machenden Gesellschaft erzeugte, ist die letzte häßliche Frucht der verfehlten Restauration, die alles Aufstrebende, Schwungvolle, Edle, statt es in die rechte Bahn zu leiten und in den Dienst der höchsten Interessen zu stellen, in roher Brutalität zertrat. Daß die raffinirte Zote, bei welcher die Tonkunst nur gemeine Kupplerdienste versieht, auch im deutschen Volke hat Eingang finden können, ist für den Bildungs-Stand der das Theater besuchenden Gesellschaft in Deutschland ein bedenkliches Zeichen. Namen dieser Richtung gehören im Grunde nicht mehr in die Musikgeschichte, sondern in die Culturgeschichte. Der begabteste, aber auch ungezogenste Vertreter ist Jean Jacques Offenbach. — Wahrhaft erquickenden Eindruck machen dieser Richtung gegenüber die deutschen Vertreter der bürgerlichen komischen Oper, wie Lortzing[1]) (geb. in Berlin 1803, † daselbst 20. Jan. 1851), („Waffenschmied", „Czaar und Zimmermann", „Undine", „Der Wildschütz"). Gesunder Gesang, herzliche, schlichte Treue, ein gemütlicher, biedrer Humor entschädigen bei ihm leicht und reichlich für die spießbürgerliche Beschränkung, denn der Spießbürger der uns in Text und Musik bei Lortzing begegnet, ist doch immer ein ehrlicher, fröhlicher, gediegener Deutscher ohne Falsch und Tücke.

Auf dem Gebiete der komischen Bürgeroper erhielt sich nicht nur deutsche Geradheit und Ehrlichkeit, sondern auch — was den deutschen Pedanten gegenüber hoch anzuschlagen ist

---

1) Düringer, A. Lortzing, sein Leben und Wirken. Leipzig 1851.

— deutsche Frische und Herzlichkeit. Zu ihnen zählt als der treuherzigsten einer Vincenz Lachner („'s'letzte Fensterln"); ferner noch Franz von Suppé, Wolff und endlich, als der moderne Wenzel Müller, Strauß („Indigo", „Carneval in Rom", „Fledermaus", „Fatinitza" u. s. w.), dessen Opern freilich nichts weiter als Tanzmusik mit unterlegtem Texte darstellen.

2. Abtheilung.

Die nationale Oper.

1. Idealistische Richtung: Die älteren Romantiker.

a. In Deutschland.

Beethovens Fidelio, dieses mit wahrhaft deutschem Geist getränkte Werk, war vergessen. Die Zauberflöte liebte man noch um der schönen Melodie willen, aber man zog in dieser Hinsicht doch im Grunde Rossini vor. Für das national-germanische Element in diesen monumentalen Werken hatte die Zeit noch keine Sympathie und noch kein Verständniß, oder beides — nicht mehr.

Das nationale Bewußtsein, soweit es nicht im deutschen Philistertum untergieng, verlor sich in die verschollene deutsche Sagenwelt, verflüchtigte sich zu müssigem Träumen und phantastischem Schwelgen im romantischen Mittelalter. Andrerseits spitzte sich die nationale Gesinnung aber auch zu jener rohen Deutschtümelei zu, welche im altdeutschen Brauch und in der altdeutschen Sitte, aber auch im Mißbrauch und in der Unsitte den deutschen Geist, in der Form eines aufgesteiften Deutschtums das Wesen selbst zu haben meinte. Was auf literarischem Gebiete die Romantiker, auf socialem die kecken Burschenschafter waren, das vertraten in der deutschen Theaterwelt die älteren Romantiker: Spohr, Weber, Marschner.

Spohr schlug einen grundbeutschen Ton an in seinem „Faust"; aber zu sehr in der strengen Schulfessel befangen vermochte er sich in der Oper nicht zu packender Popularität zu erheben. Die „Jessonda", ein Werk, dessen Musik den märchenhaften Glanz des Orients ausstrahlt, liegt unsrem Bewußtsein zu ferne, um auf andre als Gebildete, mit Literatur und Geschichte vertraute Kenner einen überwältigenden Zauber auszuüben.

Dagegen war Weber dazu geboren, den Geist der Freiheitskriege und die ganze Keckheit der romantischen Richtung in Tönen auszudrücken. Denn Weber war durch das Leben geschult worden, seine Künstlerfahrten hatten ihn nicht wie Spohr bloß mit dem Publikum der Concertsäle, sondern mit dem Volke selbst bekannt gemacht: sein Geist war vielseitig gebildet, sein Sinn war offen für alle Eindrücke, für alle Bedürfnisse, voll Sympathie für alles, was das Volk bewegte. Da wo es mehr auf das feine Gefühl und auf die Geistesbildung überhaupt ankommt, als auf die musikalische Handwerksfertigkeit, gelang es ihm immer. Seine Lieder „Mein Schatz der ist auf die Wanderschaft hin", „Schlaf' Herzens Söhnchen", „Leyer und Schwert" trafen das Volk im Herzen; es waren, trotz einzelner romantisch-manirirter Wendungen, ächte, wahre, herzliche Volkslieder, in welchen Wort und Ton in eins aufgegangen scheint. Recht eine Perlenschnur von Volksliedern, welche auf's glücklichste den Ton und die Beleuchtung des sonnigen Landes am Ebro, so wie die Romantiker davon träumten, getroffen haben, ist das Schauspiel „Preciosa". Das deutsche Volk fühlte die Wahrheit der Waldstimmung auch aus der spanischen Verkleidung heraus: die Lieder schlugen durch. Aber „ins Schwarze" hat erst der „Freischütz" getroffen; der deutsche Waldeszauber, die Keuschheit deutscher Liebe, das Leben und Treiben des Volks tönt uns in Weisen von unnachahmlicher Frische, Volksthümlichkeit und kräftiger Herzlichkeit im „Freischütz" entgegen. Es ist der Freischütz ein lyrisches Volksstück, das, wenn man es der melodramatischen Elemente entkleidet, dem ächt deutschen Liederspiel nicht ferne steht. Nicht weil er eine romantische Oper ist, sondern weil darin gerade das grundbeutsche Volksgefühl, aus dem die Romantik ursprünglich hervorgewachsen ist, zum Klang geworden ist, weil das Volk in jedem Ton den eigenen Herzschlag erkannte, deßwegen gewann der „Freischütz" diesen ungeheuren Erfolg, diese großartige Popularität, wie sonst nie eine Oper. — Zu dem ächt volkstümlichen Grunde, der trefflich entworfenen Handlung, der Wahrhaftigkeit und Natürlichkeit der Typen des deutschen Volkslebens, die auf Einmal an die Stelle der „Sängerschablonen" treten, kommt noch die Meisterschaft der dramatischen Charakteristik, vermöge welcher Gestalt und Handlung mit einer Treue und Schärfe musikalisch gezeichnet sind, wie es noch nicht dagewesen war. Hier kam Weber die Farbentiefe, die ihm eignete, zu Gute: die reiche Mischung von Gegensätzen, der schroffe Wechsel der Gedanken, das brennende, stark aufgetragene Colorit — was alles bei den „Aquarellen" seiner Salonmusik zu scharf schien, hier bei den Lampen that's ungeheure Wirkung. Der Freischütz ist die erste eigentliche Volksoper der Deutschen seit der „Zauberflöte" und dem „Fidelio".

Auf den „Freischütz", das ächteste Volksstück, kam eine romantische Literaturoper: „Euryanthe" (für Wien 1823); die Musik ist vortrefflich, schwungvoll, geistreich, charakteristisch; aber der Ideenkreis ist nicht volkstümlich, sondern einseitig romantisch; die Musik sank durch den Text in der Liebe des Publikums. Der Euryanthe erging es wie Spohr's Faust. Glücklicher war der Wurf, den Weber mit dem „Oberon" that; das liebliche Colorit, die liebförmige Abrundung im Detail, die leichtere Begleitung des Orchesters bahnten dem „Märchen" überall den Weg.

Unter Weber's Nachfolgern gelang Heinrich Marschner (geb. zu Zittau 16. August 1795, † zu Hannover 14. Dez.

1861) vermöge seines derben Realismus das Düstere, das Schauerliche und der bittre Humor, („Vampyr" 1828 „Hans Heiling" 1833 „Templer und Jüdin" 1829), wogegen ihn an ächter Volkstümlichkeit, wenn auch nicht an dramatischer Kraft und Charakteristik, der lieberreiche Conradin Kreutzer (1782 bis 1849) weit überragt. Der „Verschwender" ist ein Volksstück von bester Art, voll Gesundheit und Wahrheit, Kreutzer's Preciosa; das „Nachtlager von Granada" ist sein Freischütz, von diesem aber abstehend so weit als das Genie zweiten Ranges von dem des ersten. Die gesunde Frische und der deutsche, gemütvolle Grundton reihen auch dies Werk, dem schulbegeisterte Techniker und Classomanen nur ein mitleidiges Lächeln gönnen, zu den besten ihrer Zeit. Unter den Lebenden gehört Weber's Schule an Julius Benedict (geb. 24. Dez. 1804 in Stuttgart), erst in Neapel, dann in London („Der Alte vom Berge", „Die Bräute von Venedig", „Der Zigeunerin Warnung" u. a.).

b. In Frankreich

schlug den nationalen Ton mit großem Erfolg zuerst wieder der liebenswürdige geistreiche Boildieu an, ein Schüler Cherubini's (geb. 15. Dez. 1775 zu Rouen, † 1834 zu Jarey bei Paris). An Mozarts Opern hatte er die leichte, elegante Melodienbildung und die Correctheit der Ausarbeitung gelernt; in der Operette, die er zuerst pflegte, hatte er den volkstümlichen Ton gewonnen. Sein »Jean de Paris« kann mutatis mutandis seine „Euryanthe", der „Calif von Bagdad" sein Oberon und „Rothkäppchen" seine Preciosa heißen; aber »la dame blanche« ist sein Freischütz: gediegene Arbeit, reiche Erfindungskraft, liebenswürdige Zeichnung und feine, geistreiche Charakteristik neben herzlich wahrer Volkstümlichkeit haben mit Recht dieses Werk, das nirgends über sich selber hinausstrebt,

sondern anspruchslos die Grenzen des Genres, des Volks-
stücks¹), einhält, überall populär gemacht.

2. Realistische Richtung. Die historische Situationsoper.

a. in Frankreich die sog. Neuromantiker.

Es lag der Romantik das Streben zu Grunde, in der Vergangenheit das eigene, nationale Selbstgefühl wieder zu gewinnen. Vielfach aber verlor sich dieselbe gänzlich im Irrwald
der träumerischen, phantastischen Märchenwelt und verlor, vielleicht aus instinctmäßigem Widerwillen gegen eine trübe und
gemeine Wirklichkeit, alle Berührung mit der Gegenwart. Die
Sympathie des Volkes war aber nun mit den ächten Volks-
stücken schon angerufen worden und es bedurfte nur eines
glücklichen Wurfs, um die Interessen, welche das Volksleben
wirklich bewegten und im tiefsten Grunde aufrührten, auf die
Bühne zu bringen und so die Oper zu einer eigentlichen Zeit-
macht zu gestalten.

Diesen Wurf that Daniel François Esprit Auber (geb.
zu Caen in der Normandie 1784, † 1871) mit der „Stummen
von Portici".

Auber war ursprünglich zum Kaufmann bestimmt, gieng
aber später zur Tonkunst über und machte unter Cherubini
gründliche Studien. Während Boildieu mehr das Volkstümliche vertritt und daher durch sein gemütvolles Wesen besonders uns Deutsche anspricht, pflegt Auber das Salonmäßige,
die geistreiche, aber realistische Conversationsoper; er imponirt
und überrascht durch geistreiche Erfindung, feine und witzige
Einfälle; er gefiel, weil er, selbst mit seiner piquanten Frivolität, sich an die Pariser Gesellschaft wandte, so wie sie war.
Insbesondre charakterisirt ihn die meisterhafte Behandlung des

---

1) Das ist doch wesentlich die Bestimmung der »opéra comique«.

Gegensatzes, vermöge deren er im Komischen prächtige Wirkung erzielt (la bergère chatelaine 1820; der Schnee 1822; Fra Diavolo (Meisterstück), Feensee, der schwarze Domino, Teufels Antheil ꝛc. ꝛc.). — Die Pariser Gesellschaft bekam jedoch wieder einmal das ruhige Salonleben satt: es gährte energisch und Auber wurde mit Einem Mal der Held und Verkündiger der Revolution durch die „Stumme von Portici" 1829, die in Belgien 1830 direct das Signal zur Revolution gab. Die Gegensätze werden hier in der Musik ins Grelle gesteigert, die Rhythmen verschärft, so daß die Musik wildleidenschaftlichen, aufregenden Charakter erhält. Was die Musik an realistischer Farbe und drastischer Kraft gewinnt, verliert sie freilich an idealer Schönheit und edlem Maß.

Die Julirevolution gieng vorüber; in der Revolutionsoper sah man jetzt nur noch die realistische Situationsoper und diese wurde jetzt das Ideal, welchem an der großen Oper in Paris nachgeeifert wurde: man gab die künstlerische Einheit, das musikalische Maß, das wahrhafte Pathos dran und schrieb nur noch für die Wirkung auf die Masse. In der Literatur vertrat diese nur auf den Effect und die Point gerichtete Strömung die französische Neuromantik: Victor Hugo voran mit seinem Cultus des Schauerlich-Grausigen, Wild-Romantischen, Ungeheuerlichen, Sonderbaren. Die Oper fand ihren Dichter in Scribe.

So verliert die Kunst wieder ihren nationalen Hauch; Auber wollte sich in der „Stummen" noch an's Volk, an die Zeit wenden und die „Stumme" verdient daher, eine romantische Volksoper zu heißen trotz der historisch-realistischen Schroffheit; jetzt wendet sich die Kunst rein nur an das große Publikum: sie will nicht irgend welche edle oder unedle Leidenschaft erregen, sondern bloß noch ergötzen, spannen, schrecken, oder unterhalten um jeden Preis. Diese historische Situationsoper, der es bei allen einzelnen Schönheiten und Feinheiten, die sich in ihr finden mögen, vor allem an aller Idealität und

Geistigkeit fehlt, vertritt am glänzendsten und aufrichtigsten neben Lichtern zweiten Ranges, wie Herold („Zampa"), Adam u. a. der reich begabte, fein berechnende, des Effects allezeit sichere Eklektiker Giacomo Meyerbeer (geb. 1794 in Berlin, seit 1826 in Paris, † 1864), der bei Zelter und dann bei dem Abbé Vogler die strenge Schule durchgemacht, in Italien die flüssige Cantilene, in Frankreich die feine, packende Rhythmik gelernt hatte und all' das mit wohlberechnender Klugheit und bewundernswerther Virtuosität zur musikalischen Wiedergabe der Scribe'schen Texte verwendete. Bei aller Begabung, welche Meyerbeer überall an den Tag legt, bei aller Anerkennung des wirklich Großen und Schönen, womit er die Musik beschenkt hat, sind seine Werke („Robert der Teufel" 1831; „die Hugenotten" 1836; „Prophet" 1849; „Nordstern", „Dinorah", „Afrikanerin") reine, mit greller Realität entworfene Tableaus, ohne wahrhaft künstlerische Zeichnung, ohne eigentlich idealen Hintergrund. Der realistische Zug der Zeit wollte es so und die Blasirtheit der revolutionsmüden Welt vermißte die Idealität nicht.

Meyerbeer's unstreitiges Verdienst aber ist es, die Musik mit einer Reihe neuer Effecte bereichert und insbesondre die Mittel feiner und grober Situations- und Personen-Charakteristik in großer Masse aufgehäuft zu haben.

In Frankreich folgte Meyerbeer's Fußstapfen Halévy 1799 bis 1862 („Jüdin"), in Italien Verdi (Ernani, Rigoletto, il Trovatore, La Traviata ꝛc. ꝛc. ꝛc.), in Deutschland Flotow (Martha, Strabella, Rübezahl u. a.), dessen frühere Opern viel Frisches und Volksthümliches haben, dessen spätere aber zu einseitig dem Effect dienen.

Die Hinwendung zur Idealität allein konnte der Oper, die als ein zusammenhangsloses Sinnenschaustück bei den besseren Geistern in Verruf gekommen war, wieder die Sympathie derselben zuwenden. Es mußte ein idealer Hauch über diese rea-

listische Musik kommen, sollte sie wieder eine leuchtende, farben=
reiche Volksoper im guten Sinne werden.

Eine Hinwendung zum Idealeren zeigt der in Meyerbeer's
Schule groß gewordene Gounod („Gretchen", „Romeo und
Julie", „Polyeukte"), ohne daß er jedoch im Stande wäre,
sich von den Fesseln der Meyerbeer'schen Schule ganz frei zu
machen. Warme, oft glühende Empfindung, schwellende Sinn=
lichkeit und derber Realismus in Colorit und Zeichnung cha=
rakterisiren ihn als Franzosen. Daß er Beßres will, zeigt die
Wahl seiner Textbücher, wenn es ihm gleich nicht entfernt ge=
lungen ist, deren Idealität zu erreichen. Aehnliches versucht
Thomas („Mignon", „Hamlet", „Psyche"), auch Massenet
(»Le roi de Lahore«) und Bizet („Carmen"). Die fran=
zösische Neuromantik führte von dem Cultus des Gräßlichen
und Sinnlosen in den Dienst des dramatischen Ideals zurück
Richard Wagner.

b. In Deutschland.
Das Musikdrama Richard Wagner's.

Quellen: Nohl, L., Richard Wagner, sein Leben und Wirken.
München 1869.
Wagner, R., Gesammelte Schriften und Dichtungen. Leipzig 1871.
Schuré, Le drame musicale. Paris 1875.

Wie Weber, so verdankt auch Wagner mehr der Schule
des Leben's, als dem eigentlichen Unterricht; das Ideal, für
das er kämpft und dessen theilweise Verwirklichung er erlebt
hat, ist die Errungenschaft seiner künstlerischen Lebenserfah=
rungen und die Frucht unermüdlicher, kritischer Reflexion.

Richard Wagner, geb. zu Leipzig den 22. Mai 1815,
war ursprünglich nicht zum Musiker bestimmt. Erst das An=
hören der Beethoven'schen Sinfonien, die freilich in der denk=
bar schönsten Ausführung (im Gewandhaus zu Leipzig) vor
seine jugendliche Phantasie traten, weckte in ihm die Begierde,

sich ganz der Tonkunst widmen zu dürfen. Er studirte für sich Logier's Generalbaßlehre und trat, damals 16 Jahre alt, plötzlich mit einer Sonate, einem Quartett und einer Arie vor die Seinigen, die darüber um so mehr überrascht waren, als der erste Clavierunterricht, den Wagner erhalten hatte, wegen Resultatlosigkeit hatte aufgegeben werden müssen. Der Unterricht begann auf's Neue jetzt, aber wieder mit wenig Erfolg. Denn noch fehlte dem unruhigen, von der Laune des Augenblick's mächtig beherrschten Jüngling die Lust zu ernstem und nachhaltigem Studium: er wollte schaffen, componiren, aber nicht lernen oder, wie man zu sagen pflegt, nicht harte Bretter bohren. Eine Ouverture, welche im Gewandhaus zur Aufführung kam, soll wegen ihrer Absonderlichkeit und Wunderlichkeit unverstanden geblieben sein.

Mit 18 Jahren bezog er die Universität, wo er die Romantik des deutschen Studentenlebens mit vollster Gewalt auf sich wirken ließ und dem Einfluß des jungen Literatur-Deutschlands unterlag. Erst Cantor Weinlig, dessen fester Leitung sich Wagner nun anvertraute, gewöhnte ihn an ernstes, solides Studium und gab seinem musikalischen Streben festen Grund und heilsame Zucht. Eine Oper „Die Feen" und eine zweite „Das Liebesverbot" zeigten, daß er sich nunmehr auf's Handwerk verstand. Die Musik dieser Opern war nach seiner eigenen Erklärung „nur der Reflex der Einflüsse der modernen französischen und selbst italienischen Oper auf sein heftig sinnlich erregtes Empfindungsvermögen".

Mit dem Jahre 1831 betrat Wagner die praktische Musikerlaufbahn als Kapellmeister zu Magdeburg. Eine übereilte Ehe, die ihm den ganzen Jammer einer gedrückten Existenz zu kosten gab, weckte in ihm den verzehrenden Wunsch, durch eine künstlerische Großthat aus der Erbärmlichkeit und Kleinheit seiner Verhältnisse herauszukommen. So concentrirte er sich mit aller Energie und nahm die Composition des „Rienci", angeregt durch Bulwer's gleichnamigen Roman mit vollem

Ernste auf. Er verfolgte sein Ziel auch, nachdem er in Riga eine neue Stellung erhalten hatte.

Vor ihm stand damals das Ideal der großen historischen Oper, wie sie Paris vertrat. „Die große Oper mit all' ihrer scenischen und musikalischen Pracht, ihrer effectreichen, musikalisch=massenhaften Leidenschaftlichkeit, stand vor mir; und sie nicht etwa bloß nachahmen, sondern, mit rückhaltloser Verschwendung, nach allen ihren bisherigen Erscheinungen sie überbieten, das wollte mein künstlerischer Ehrgeiz".

Nach Beendigung der beiden ersten Acte riß sich Wagner los und eilte, kühn dem Schicksal Trotz bietend, nach Paris. Dort allein hoffte er, wie einst Gluck, großen Sinn und große Verhältnisse zu finden. Er kannte keinen Menschen daselbst, er gieng im Vertrauen auf die eigene Kraft und auf seinen „Rienci".

Eine vierwöchentliche, stürmische Seereise reifte in seiner Phantasie die Gestalt des „Fliegenden Holländers", die schon früher bei der Lectüre Heine's einen tiefen Eindruck auf ihn gemacht hatte: „an meiner eigenen Lage gewann er Seelenkraft, an den Stürmen, den Wasserwogen, dem nordischen Felsenstrande und dem Schiffgetriebe gewann er Physiognomie und Farbe".

Das Schiff brachte ihn zunächst nach London. Von hier nach Boulogne, wo er mit Meyerbeer zusammentraf, welcher sich auf Grund der Partitur der zwei ersten Acte des Rienci warm des Landsmannes annahm.

Zunächst kam es zur Ausführung des Rienci noch nicht. Wagner griff, um nur einmal beim Theater vorzukommen, zum „Liebesverbot" zurück, welches von einem der Pariser Theater zur Aufführung angenommen wurde; er componirte ferner, um sich in der musikalischen Salonwelt durch Sänger einzuführen, mehrere französische Romanzen — aber sie erschienen zu schwer, zu wenig gelenkig und geschmeidig. Auch zur Aufführung des „Liebesverbots" kam es aus irgend welchen uns unbekannten

Gründen nicht. Immer tiefer mußte Wagner seine Hoffnungen herabstimmen und zuletzt zwang ihn die äußere Noth, Melodien aus „beliebten Opern" für das Cornet à piston zu arrangiren. Für diese tiefe künstlerische Demütigung rächte er sich durch bittere Artikel in der »Gazette musicale« und betrat hier zum ersten Male die Bahn des Musik-Schriftstellers und des musikalischen Revolutionärs („Eine Pilgerfahrt zu Beethoven", „Das Ende eines Musikers in Paris"). Seine Empörung richtete sich gegen die „ganze künstlerische Oeffentlichkeit der Gegenwart", gegen „unsere modernen Kunstzustände". Verstehen wir es recht, so gieng er, bewußt oder unbewußt, von der Frage aus, die für ihn so eminent praktisch geworden war: „warum kann ein Musiker, dem es so durchaus Ernst ist mit seinem Schaffen, sich nicht zur Anerkennung und zum Verständniß durchringen?" — Dieselbe Frage, unter deren praktischem Gewicht ein Beethoven oder Mozart ja auch bitter genug gelitten haben. Aber Wagner, der Musiker aus dem Zeitalter Darwin's, wehrte sich im Kampfe um's Dasein tapfer und schneidig. Der Bitterkeit, des Gefühls der Gekränktheit, das ihn über dem Zusammenbrechen seiner hohen Träume erfüllte, entledigte er sich auf literarischem Wege. Künstlerisch gewann er den wahren Stolz und das rechte Künstlerbewußtsein wieder durch ein auf keinen äußeren Erfolg gerichtetes, darum rücksichtslos nach der zu Grund liegenden Idee sich gestaltendes Schaffen: er gieng an den „Fliegenden Holländer". Die Tonkunst wurde sein rettender Engel zum zweiten Male. Daß die äußere Demütigung ihn nicht veranlaßte, um den Beifall der Menge zu buhlen, daß er im Gegentheil die Bahn äußeren Erfolges nun grundsätzlich und freiwillig verließ, da weiteres Nachgeben in der von ihm als falsch erkannten Richtung ihm Vorteil gebracht hätte, das macht ihn groß und versöhnt mit dem Irrtum, vermöge dessen er alle Schuld, warum er in Paris nicht durchdringen konnte, auf die äußeren Zustände schob und nicht daran dachte, daß die Ursache auch in ihm selbst, in dem Ungelenken und Schwerlastenden seiner Musik liegen könnte, sowie daß überhaupt jedes ächte Genie nur begriffen werden kann, wenn den Menschen Zeit gelassen wird, sich an die neue Art zu gewöhnen. Dieser Irrtum, der aus einem zu starken Selbstgefühl, aus einer auch für das bahnbrechende Genie allzu großen Selbstgewißheit entsprang, läßt sich wohl begreifen — denn wo kann ein Künstler, dessen Sprache Niemand versteht oder verstehen will, Trost finden anders als im Bewußtsein der Lauterkeit und Aechtheit seines Schaffens? — aber er hat ihm auch unendlich geschadet. Wagner durfte die persönliche Erfahrung nicht ohne weiteres generalisiren, wollte er dem Vorwurf der Selbstüberschätzung und Anmaßung entgehen.

So brach denn Wagner mit Paris völlig. Er zog sich aufs Land zurück und führte den „Fliegenden Holländer" rasch in Dichtung und Musik aus! Der „Spinnerinnenchor" und der „Matrosenchor" gaben ihm die freudige Gewißheit, daß er noch Musiker sei. Ein überraschendes Liebeszeichen aus der von ihm verlassenen Heimat war die Nachricht, daß der „Rienci" in Dresden zur Aufführung angenommen worden sei. Da erwachte, je eisiger er sich von der Pariser Luft angeweht fühlte, eine heiße Sehnsucht nach Deutschland in ihm und in dieser Stimmung fiel ihm das Volksbuch vom „Tannhäuser" in die Hände und ergriff ihn aufs tiefste. Ja, das war ja sein eigenes unklares Ringen, das war eben dieser Kampf zwischen Erde und Himmel, zwischen der sinnlichen genußfreudigen und der idealen ewigen Liebe. — Das mittelhochdeutsche Gedicht vom „Sängerkrieg auf der Wartburg" führte ihn sofort zur Dichtung „Lohengrin" und so hatte er in der Fremde, in unverstaubener Einsamkeit eine Welt künstlerischen Gestaltens sich erschlossen, für die er der Mann war, wie keiner, und in welcher er das gewinnen und gestalten konnte, was ihn dem deutschen Volke für immer wird theuer gemacht haben, wie man auch über seine Musik als solche denke.

Innerlich gründlich zu Deutschland bekehrt, mit dem im Mythus pulsirenden deutschen Volksgeist innig vertraut, kehrte er zurück. Zum erstenmal im Leben sah er den herrlichen Rheinstrom. „Mit hellen Thränen schwur ich armer Künstler meinem deutschen Vaterland ewige Treue". Mit aufjauchzender Freude schaute er zur Wartburg auf, an der ihn sein Weg vorüberführte; wie eine Freundin grüßte sie den wiedergekehrten Sohn.

Der „Rienci" kam am 19. Okt. 1842 zur Aufführung, und „in berauschender Weise wirkte der jugendlich heroisch' gestimmte Enthusiasmus, der denselben durchweht, auf das Publikum". Die Folge war die Ernennung Wagner's, der jetzt 29 Jahre alt war, zum Königl. sächsischen Kapellmeister, womit eine behagliche Lebensstellung gegeben war.

Mit frischer Energie und Lust schritt Wagner nun zur Aufführung des „Fliegenden Holländer's". Aber trotz der vortrefflichen Interpretation, welche dieses großartige Werk durch einen Tichatscheck und eine Schröter-Devrient fand, war die Aufnahme von seiten des Publikum's eine erschreckend kühle. Ganz natürlich, denn statt einer „Oper", wie man sie gewöhnt war, statt einer Reihe farbenprächtiger Tableaus, welche der Musik Gelegenheit zur Ausbreitung ihrer Schätze, zur vollen Entfaltung ihrer Schönheit und ihres Zaubers gewähren, trat dem Hörer hier eine tiefernste Handlung entgegen, die aus einem einheitlichen Kern hervorquellend, die volle Aufmerksamkeit und Hingebung von Seiten des Zuschauers fordert. Dem musikalischen Ohre mußten diese Töne, die dem Charakter der Dichtung entquollen waren, herb und fremdartig vorkommen. Wenn auch einzelne Schönheiten fesselten, so blieb gerade das, was für Wagner die Hauptsache war, die Stimmungstreue, die Einheit von Handlung und Musik, die Prägnanz des musikalischen Ausdrucks, die einheitliche Durchbildung und Uebereinstimmung des Ganzen und Einzelnen noch unverstanden. Nur der ehrwürdige S p o h r brachte dem ernsten und großartigen Werke das rechte Verständniß entgegen. Er drückte in einem herzlich warmen Briefe dem Künstler seine „innige Freude aus, einem jungen Künstler zu begegnen, dem man es in Allem ansehe, daß es ihm um die Kunst ernst sei". Diese Anerkennung eines Meisters, der, selbst vom Geiste der ernsten classischen Musik genährt, sich feindselig zum Opernwesen der Gegenwart stellte, mußte dem jüngeren Künstler alle Kränkung und Verkennung aufwiegen, die er erfuhr, und ihn in seinem Bestreben bestärken.

„Von jetzt an" — sagt Wagner selbst — verlor ich immer mehr das eigentliche Publikum aus den Augen; die Gesinnung **einzelner**, bestimmter Menschen nahm für mich die Stelle der Masse ein. Ich wandte mich unwillkürlich nun eben nicht mehr an die mir fremde Masse, sondern an die individuellen Persönlichkeiten, die mir nach ihrer Stimmung und Gesinnung deutlich waren. So gewann ich die Fähigkeit eines höheren **deutlicheren** Gestaltens. Ich streifte, ohne hiebei mit Absichtlichkeit zu Werke zu gehen, das gewohnte Verfahren des Gestaltens in das Massenhafte (der „großen Situationsoper") immer mehr von mir ab, trennte die Umgebung von dem Gegenstande, der früher oft gänzlich in ihr verschwamm, gänzlich ab, hob diesen desto deutlicher hervor und gewann so die Fähigkeit, die Umgebung selbst aus opernhafter, weitgestreckter Ausdehnung zu plastischen Gestalten zu verdichten".

Diesen Fortschritt von der reinen Situationsoper zu immer concentrirterer **Menschendarstellung** zeigt der „Tannhäuser", der sowohl poetisch als musikalisch noch um vieles durchsichtiger, plastischer gehalten ist als der „Holländer". Gleichwohl fühlte sich das Publikum auch von diesem ergreifenden Tondrama, trotz der trefflichen Darstellung eines Tichatschek und einer Schröder-Devrient angefremdet. Daß man hier einer ganz neuen, ganz andersartigen Schöpfung sich gegenüber fühlte, sprach auch Robert Schumann aus, der über eine Aufführung berichtete: „eine Oper, über die sich nicht so in Kürze sprechen läßt!

Gewiß, daß sie einen genialen Anstrich hat. Wäre Wagner ein so melodischer Musiker, wie ein geistreicher, er wäre der Mann der Zeit! Viel ließe sich über die Oper sagen und sie verdiente es, ich hebe es auf später auf!" Bekanntlich aber hat sich Schumann, dessen feinem Gefühl die unzarte und unkünstlerische Art, deren sich die Wagnerpropaganda befliß innerlichst widerstrebte, später ganz zurückgezogen.

Wagner fühlte sich durch die Aufnahme seines Werks nicht überrascht er konnte sie ja voraussehen aber vereinsamt. Je weniger er durchdrang, desto mehr war er genötigt, sein Ideal vor sich selbst klar herauszustellen.

Wieder lenkte sich die Erbitterung zunächst auf die äußeren Verhältnisse. Es wurde ihm klar, daß sein Ideal ganz andere Theaterverhältnisse voraussetze, als sie vorhanden waren. Diese letzteren aber erschienen ihm als die Frucht der socialen Zustände, welche einerseits eine Kluft zwischen der Kunst und dem Volke gerissen, andrerseits die Kunst zum bloßen „Amusement" der Geldaristokratie gemacht haben, während nur da eine wahre Kunst erblühen kann, wo sie ein Element des Volkslebens ist, ihren Stoff aus der Substanz des Volksbewußtseins nimmt, dieses selbst gestaltend, klärend, erhebend. Sehnsüchtig schweiften seine Blicke nach Hellas! Dort ja hat es eine solche ächte Kunst gegeben, die eine heiligende und reinigende Macht im Volk gewesen!

Zunächst, nachdem er seinem künstlerischen Schaffensdrang mit dem „Lohengrin" und seiner Ironie in den „Meistersingern" genügt hatte, führten solche Reflexionen auf das „historisch-nationale" Drama zurück. Die Gestalt des Rothbart tauchte auf: damit hoffte er im Volk zu zünden, die Liebe und Begeisterung seiner Nation zu gewinnen. Aber bald empfand er, daß der geschichtliche Stoff in seinem Vielerlei und seiner Vielschichtigkeit zur musikalischen Darstellung im wahren Sinne nicht passe; daß sich im besten Falle eine Situations=

oper ergäbe und darüber war er hinaus; solche Stoffe gehören dem „Schauspiel".

Auch ein Drama „Jesus Christus" gab er wieder auf. Alle Erwägungen führten ihn immer wieder auf den Boden zurück, den er mit dem „Tannhäuser" und mit dem „Lohengrin" betreten hatte: die Sage. Die deutsche Sage schafft die Gestalten, welche nur das verdichtete Volksbewußtsein darstellen; diese Gestalten, in welche das Volk sein ureigenstes Empfinden hineingedichtet, sein Ringen, Unterliegen und sein Siegen hineingelegt hat, lebendig vor dem Volke erstehen zu lassen, das Volk in den heiligen Kreis seiner eigenen Ideale hineinzuführen und dadurch reinigend und erhebend auf das Volksbewußtsein zu wirken, das in Stammessonderung darniederlag, im Volke selbst durch Nahebringung seines eigenen Genius, wie ihn der Mythus gestaltet, neues Brudergefühl und neue Hoffnung auf die eigene, schlummernde Kraft zu wecken, unbekümmert um das Geschrei der musikalischen Zunft, das schien eine hohe, eine begehrenswerte Aufgabe. Das aber kann nur das musikalische Drama leisten. Denn wirkungslos, wie verschwommene Nebelbilder aus einer fremden Welt, ziehen die Sagengestalten an uns vorüber, wenn ihnen nicht die Musik unser eigenes Fleisch und Blut gibt, sie lebenswarm erfüllt und so unserem Gefühl nahe bringt. Freilich muß auch die Sage von allen Schichtenbildungen, die sich ihr angelagert und übergelagert haben, gereinigt und auf ihren rein menschlichen Gehalt zurückgeführt werden. — Der großartigste und deutscheste Sagenkreis, der Himmel und Erde verbindet, und am reinsten deutsches Wesen und Empfinden spiegelt, ist der Sagenkreis des Nibelungenmythus. Ihn ergriff Wagner mit Leidenschaft und verfolgte ihn, um den mythischen Kern zu gewinnen durch alle Gestaltungen. So entstand sein „Ring des Nibelungen". In „Siegfried" soll das deutsche Volk den jugendlich schönen idealen Typus seines eigenen Wesens erkennen.

„Damit hatte ich (1848) eine neue, die entscheidendste Periode meiner Entwicklung gewonnen". Das Ideal stand jetzt klar vor mir. Die Unmöglichkeit, dasselbe auf dem Boden der gegebenen Verhältnisse auszuführen, leuchtete ebenfalls ein. Das brachte Wagner, der nichts weniger war als ein Politiker, in Verbitterung gegen die Gegenwart. Der Dresdener Aufstand kam; er schloß sich der Bewegung an, sie für etwas ganz anderes haltend, als sie sich herausstellte.

Er floh in die Schweiz. Von dort kämpfte er mit der Feder für seine Werke und für das Recht seines Ideals („Kunst und Revolution", „Oper und Drama"), freilich zunächst ohne jede Aussicht auf Erfolg. Da erwuchs ihm in Franz Liszt ein begeisterter Freund. Von Weimar aus drang das Verständniß für seine Richtung in immer weitere Kreise.

Die Gunst König Ludwigs II. von Bayern rief den Verbannten (der 1857 noch „Tristan und Isolde" geschaffen hatte) nach München und hier wurden seine Werke mit seltenem Entgegenkommen musterhaft gegeben. Von hier aus drangen sie überall hin, und fanden immer mehr Verständniß und Liebe.

Das Jahr 1876 endlich brachte dem kühnen und unermüdlichen Meister die Erfüllung seiner heißesten Wünsche. Der Nibelungenring kam in einem eigens erbauten Wagnertheater zu Bayreuth zur denkbar vollendetsten Aufführung, vor einem Publicum, das aus allen Gauen Deutschland's herbeigekommen war und dem neben dem königlichen Protector Wagner's auch das ehrwürdige Haupt der neugeeinten deutschen Nation anwohnte. Die ersten Künstler Deutschlands wetteiferten in Hingebung und Begeisterung, würdigere Verkörperung kann Wagner's Ideal nicht mehr finden. —

Worin besteht es?

Das klare und hohe Ideal, das Wagner vorschwebt, ist das deutsche Nationaldrama, welches auf deutschem Boden dem deutschen Volke das sein könnte, was auf griechischem Boden die hellenische Tragödie für das griechische Volk gewesen war.

In der Vereinigung aller Künste zur Verwirklichung dieses Ideals feiern alle den höchsten Triumph, denn die Aufgabe, welche das „Gesammtkunstwerk" sich stellt, ist die denkbar größte: auf das Gesammtbewußtsein des Volkes bestimmend, erhebend und läuternd einzuwirken.

Weil aber die mächtigste und unmittelbarste Wirkung nicht dem überredenden Wort, nicht dem entzückenden Klang zukommt, sondern der lebensvollen Handlung, die sich vor uns entwickelt, so ist die Handlung, das Drama die Hauptsache.

Diese Handlung, die das Leben im Kern anfaßt, — den Helden, in welchem das deutsche Volk sich selbst, sein Leiden und Ringen, sein innerstes Denken, Fühlen und Streben erkennen wird, zu schaffen, das ist die Aufgabe des wahren Volksdichters, der eben nicht für den Kenner und Recensenten, nicht für die Literaturgeschichte dichtet, sondern aus dem Vollen in's Volle, für die Nation und aus dem intensivsten Volksgefühl heraus. Dieser Dichter, das ist der Volksgeist selbst, der im Volkslied sich sein musikalisch-poetisches Kunstwerk geschaffen, und in der Sage die Gestalten der potenzirtesten Volksdichtung geschaffen hat.

Der Textdichter im engeren Sinne gleicht in gewissem Sinn nur dem Regisseur, der die schon vorhandene Dichtung bühnengerecht macht, für die Darstellung einrichtet.

Die Handlung zur höchsten dramatischen Wahrheit und eindringlichsten Kraft zu steigern, das ist die Aufgabe der einzelnen Künste, welche das Drama constituiren, und unter ihnen hat die Musik vor allem die Aufgabe: mit Einem Zauberschlag den Hörer ins romantische Reich der Dichtung zu entrücken, denn nur mit den Klängen wachsen die Menschlein, die auf der Bühne agiren, in die Heldengröße der Sagenwelt. Das sanfte Melos, das um die Sinne schmeichelnd sich legt, vollendet die dramatische Täuschung. Hier hat die reine Musik, die romantischste der Künste, freies Spiel und reiche

Gelegenheit, ihre volle Kraft zu entfalten (in der Introduction, in den Zwischenspielen ꝛc.).

Ihre zweite Aufgabe ist, die Handlung, die Situation und den Dialog, Rede und Gegenrede, zu begleiten und zwar in innigster Anschmiegung ans Wort, im engsten Zusammenhang mit der Handlung und in genauester Uebereinstimmung mit den handelnden Charakteren.

Da im Drama die Handlung und das Wort offenbar die Hauptsache ist und eine wirkliche Einheit von Wort und Ton, Handlung und Musik nur dann möglich ist, wenn eines im andern aufgeht, so setzt Wagner die Musik zum bloßen **Mittel** herunter. In der Consequenz des dramatischen Princips zerschlägt er — wohl gemerkt für das **Drama** und nur im Interesse desselben — die selbständig gegliederten organischen Musikformen und weist der Musik die Aufgabe zu: auf den Tonwellen das Wort in weitere Räume hinauszutragen, als es dem bloßen Sprachorgan möglich wäre, das die Handlung und die Rede beseelende Pathos voll und gewichtig auszudrücken und dadurch das „Gefühlsverständniß" unmittelbar dem Hörer zu vermitteln. Die Musik versetzt den Zuschauer sofort in die Stimmung und Gemütslage der handelnden Personen, accentuirt die Rede und verschärft den Ausdruck der Leidenschaft, welche die Worte trägt („gefühlvolle Rede", „Sprachmelodie" ꝛc. ꝛc.).

Sowohl die Dichtung als die sie tragende und interpretirende Musik bedarf in erster Linie einer großartigen Popularität d. i. Klarheit und unmittelbaren Verständlichkeit.

Dichtung und Musik muß auf alles verzichten, was nur dem Kenner der Literaturgeschichte und dem an der Kunstmusik geübten Ohre verständlich ist, die Musik also auf die Feinheiten der Stimmenverflechtung, auf specifisch musikalische Künsteleien und Reize —; wie die Dichtung in erster Linie nach Einfachheit, Kräftigkeit und Concision, weniger nach Feinheit und Zierlichkeit der Form streben muß, so muß auch die

Musik mit gröberen Strichen zeichnen, stärkere Farben auftragen, prägnanter Wendungen, leicht faßlicher, typischer Motive sich bedienen, um sofort auch das ungeübte Ohr erkennen zu lassen, was sie will. Der ganze Reichtum der von den älteren Romantikern und von den französischen Neuromantikern angesammelten Effecte in grellen Modulationen, Klangcombinationen, Rhythmen ꝛc. kommt hier zur vollen Entfaltung im Interesse des Dramas. Aber während bei den Neuromantikern die Dichtung nur gleichsam die Tableaus schuf, auf welchen der Effect als Selbstzweck sich entfalten konnte, und während bei ihnen die künstlerische Einheit fehlte — ist letztre hier durch die Dichtung hergestellt und der Effect herabgesetzt zum bloßen Mittel.

Das „Drama" gliedert sich nach Handlungen und Scenen, nicht nach Arien, Chören und Ensembles. —

Das unbestreitbare Verdienst Wagner's ist es, die „Oper" dadurch dem Drama genähert und auf eine höhere Stufe erhoben zu haben, daß er mit eiserner Consequenz auf die Uebereinstimmung der die Handlung constituirenden Künste dringt: die Oper wird aus einem bloßen Tableau mit Musik zu einem geschlossenen, einheitlichen Kunstwerk, das auf den ganzen Menschen hereindringt und nicht bloß das musikalische Interesse fesselt. Der großartige Erfolg und die tiefgehende Wirkung der Wagner'schen Tondramen beweisen das Recht der Forderungen, die Wagner an den dramatischen Musiker stellt. Er schließt sich mit denselben unmittelbar an Gluck an, während ihn der deutsch=nationale Zug seines Strebens, die Richtung auf ein nationales Kunstwerk auf's Engste mit Karl Maria von Weber verbindet.

Verhängnißvoll aber für die Tonkunst wird die Forderung, daß die Künste im Drama in einander aufgehen sollen, daß also die Musik, beziehungsweise der Gesang, sich in musikalisch accentuirte Rede aufzulösen habe. Denn diese Forderung, welche auf der irrigen Voraussetzung beruht, als ob die Musik als solche den Beruf hätte oder auch nur im Stande wäre, das in der Rede wogende Gefühl, die der Handlung zu Grund liegende und sie begleitende Stimmung auszudrücken und darzustellen, führt leicht dahin, daß die Musik in ihre Elemente aufgelöst wird, daß an die Stelle der musikalisch-künstlerischen Wirkung, welche nur dem, wenn auch noch so frei geschaffenen, doch architektonisch abgeschlossenen Tonbild eignet, die rein pathologische Wirkung, der sinnliche Reiz des Klangwechsels, der Klangfarben, der energischen rhythmischen Figur gesetzt wird.

Es kann demgegenüber nicht nachdrücklich genug betont werden, daß die Tonkunst nicht die „Sprache des Gefühl's" ist, so mächtig sie auf das Gefühl, auf die Stimmung, auf die Phantasie wirkt. Es ist daher im Musikdrama nicht ihre Aufgabe, das „Gefühlsverständniß" zu vermitteln, sondern sie hat durch die ihr eigene ästhetische Wirkung, durch die ihren Schöpfungen innewohnende idealisirende, das Stimmungsleben energisch anfassende und die Phantasie entbindende und befruchtende Kraft die Wirkung des poetischen Wort's und der dramatischen Handlung zu verstärken. Sie kann das nur, wenn sie Musik bleibt, wenn sie geschlossene Tonbilder mit musikalisch ausgeprägter Physiognomie darbietet. Denn von einem musikalisch-künstlerischen Eindruck kann nur da die Rede sein, wo das Musikalisch-Schöne zur Erscheinung kommt: dieses aber kann nur erscheinen im musikalisch-geformten Tonkörper. Die Tonkunst wirkt nur poetisch durch geschlossene Tonganze, nicht durch die bloßen elementaren Klänge und Klangfarben, Rhythmen und Melismen. Eben, weil die Musik nur „Mittel" ist zum Zweck erhöhten Ausdrucks, soll sie nicht mehr anstreben, als sie ihrer Natur nach kann: sie soll nicht dichten wollen, sondern sich darauf beschränken, musikalisch zu wirken und durch ihre musikalische Wirkung die Gesammtwirkung zu idealisiren und zu verstärken. —

Nicht immer ist Wagner's Musik, an sich betrachtet, von

der Verirrung freigeblieben, welche die Verkennung der eigentümlichen Wirkungssphäre der Tonkunst zur Folge hat: er theilt darin das Schicksal der Neuromantiker, aber der Fehler, besonders verhängnißvoll für die reine Musik, schadet der Wirkung der Wagner'schen Dramen deßhalb weniger, weil hier der Hörer zugleich Zuschauer ist, weil der durch sich selbst oft nicht mehr verständlichen, weil nur noch pathologisch durch den Klangeffect wirkenden, Musik Wort und Handlung erklärend zur Seite steht. — Nichtsdestoweniger bleibt es ein Fehler, der freilich mit Wagner's Grundanschauung vom Wesen der Musik so verwachsen ist, daß er sich kaum mehr desselben wird entschlagen können. —

Von Wagner's die Zeitgenossen überragender Künstlerindividualität sind die meisten dramatischen Musiker der Gegenwart mehr oder weniger beeinflußt, auch wenn sie seine Principien verwerfen: die Forderung engen Anschlusses der Musik an die Dichtung ist unabweisbar geworden.

So ist die moderne historische Oper der Gegenwart, welcher sich Abert („Astorga", „Enzio", „Ekkehard"), Raff („König Alfred", „Samson"), Goldmark („Königin von Saba"), Weißheimer („Theodor Körner"), Gottfried Linder („Konradin von Hohenstaufen") zugewendet haben, doch etwas anderes, als die Meyerbeer'sche, Vor-Wagner'sche historische Oper. Wagner gegenüber verrathen die meisten Vertreter der Oper ein bedeutsames Zurückgreifen zur abgerundeten Tonform, zur Melodik.

Dies ist noch mehr der Fall bei den Vertretern der romantischen Oper, welche zwar Wagner's Oper nicht ignorirt, aber im Großen und Ganzen sich mehr oder weniger an Weber und Marschner angeschlossen haben, wie O. Bach („Lenore"), von Holstein („Haideschacht", „Hochländer"), Kretschmer („Die Folkunger"), Ivar von Hallström („Der Bergkönig"), Robert Emmerich („Der Schwedensee", „Van Dyk"), während Rubinstein („Ferramors", „Kinder der Haide", „Maccabäer"), Dalwitz („Galileo Galilei"), Scholz („Golo", „Trompeter von Säckingen") näher bei der neuromantischen Oper von Paris stehen dürften.

Je schwerlastender die ernste Oper durch die Häufung der Effecte wird, desto willkommener scheint vielen die frische geistreiche Melodie der von Ignaz Brüll („Das goldene Kreuz", „Der Landfriede"), Hermann Götz („Der Widerspänstigen Zähmung"), Starke, Götze u. a. in erneutem Gewande vorgeführten Spieloper oder komischen Oper. Mit richtigem Tacte haben diese Meister es verschmäht, in der „Worttonsprache" Witze zu machen oder Wortwitze in Musik zu setzen; denn der heitere Humor fordert das leichtgeschürzte Gewand frischer, perlender Melodie.

Anhang.

Oratorium und Cantate.

Auch die dramatische Musik, die von der Scene losgelöst ist, Oratorium und Cantate, ist nicht unberührt geblieben von der neuesten Richtung.

Zunächst wirkten Mendelssohn's monumentale Schöpfungen auf dem Gebiet des biblischen Oratoriums („Paulus" „Elias") anregend auf diesem Gebiete. Es folgte Spohr's „Fall Babylons", „Letzte Dinge", Ferdinand Hiller's „Zerstörung Jerusalems", „Saul", „Rebekka"; Bernhard Marx' „Moses", Reinthaler's „Jephta und seine Tochter", Eckert's „Judith", „Ruth", Reinecke's „Belsazar", Weinligs „Versöhnungstod Jesu".

Wagner's „Liebesmahl der Apostel" und Liszt's „Heilige Elisabeth", „Christus" entfernen sich von dem strengen Style vollständig und leiten zur Concertcantate hinüber. Von der neuen Richtung, die statt des architektonischen, polyphonen Aufbau's in erster Linie die Klangwirkung in's Auge faßt, und damit den Bühneneffect in die Kirche trägt, ist auch die für die Kirche bestimmte Musik ergriffen worden (Volkmann's

Erste Messe; Liszt's Graner Messe u. a.). Doch hat auf diesem Gebiete die Musik der neuesten Zeit hochbedeutende Leistungen aufzuweisen in Brahms' „Deutschem Requiem" und Friedrich Kiel's (geb. 7. Oct. 1821) in Bach'sche Tiefe eingetauchtem „Requiem", welch' letzterer in seinem „Christus" ein Meisterwerk oratorischen Styls geschaffen hat, auch Wüllner („Offertorium"), Reinthaler („Ps. 126"), Ludwig Stark, Creith, Witt u. a. bemühen sich, der Kirche zu geben, was der Kirche ist. Unverkennbar ist der Einfluß eines Moritz Hauptmann auch auf diesem Gebiete.

Auch in der Concertcantate, dem weltlichen musikalischen Epos, hat Mendelssohn bahnbrechend gewirkt durch seine „Walpurgisnacht". Schumann stellte diesem herrlichen Werke ein ebenbürtiges zur Seite in „Das Paradies und die Peri", und schuf überhaupt eine Reihe von Cantaten und kleineren epischen Chorwerken („Der Rose Pilgerfahrt", „Manfred", „Der Königssohn", „Das Glück von Edenhall", „Vom Pagen und der Königstochter u. a.). Besonders thätig erwies sich auf diesem Gebiet N. W. Gade („Comala", „Erlkönigs Tochter", „Frühlingsphantasie", „Die Kreuzfahrer" u. a.); Hiller's Idyll: „Rebekka" und seine „Christnacht" wäre hier gleichfalls einzureihen, ferner Bruch's „Flucht der hl. Familie", „Scenen aus der Frietjof-Sage", „Schön Ellen", „Salamis", "Odysseus"; Wilhelm Speidel's „König Helge", Seyfritz' („Ariadne auf Naxos" und viele andre.

Die Concertcantate wird nie in der Weise volkstümlich werden, wie das Oratorium, denn sie setzt die Bekanntschaft mit dem Stoffe voraus, sie wendet sich ebendamit zu ausschließlich an die „Gebildeten", und die große Menge des Volks ist davon ausgeschlossen. Denn wenn es auch immerhin die allgemein menschliche Seite des Stoffes ist, welche den Tondichter zum Schaffen anregt und welche er zu gestalten strebt, so ist das allgemein Menschliche in dieser speciellen Form und Gestalt doch nur dem literarisch Gebildeten vertraut und verständlich. Die Gestalten der heiligen Schrift aber sind dem ganzen Volke von Jugend auf vertraut; das sind Typen und Gestalten, zu deren Verständniß der Laie nicht erst nach einem Textbuch oder einer literarischen Einleitung greifen muß. Das biblische Oratorium wendet sich an das große Volk selbst und setzt nur einen gewissen Grad von Herzensbildung voraus, um, wenn auch nicht musikalisch durchweg verstanden, so doch künstlerisch genossen zu werden. Dies ist wohl der Grund, warum die nicht biblischen Oratorien der Neuzeit mehr oder weniger Kabinetsstücke geblieben sind, an denen die Kenner sich erfreuen; während die großartige Popularität auf Händel und Mendelssohn (Spohr's „letzte Dinge" bilden eine Ausnahme) beschränkt geblieben ist.

Hiezu kommt noch das weitere Moment, daß die Musik bei dem weltlich-romantischen Oratorium mit dem speciellen Colorit, der detaillirten Local- und Personal-Charakteristik, wie sie der Stoff fordert, zu viel zu thun hat, so daß darüber jene plastische Durchsichtigkeit und Faßlichkeit, welche dem biblischen Oratorium Händels und Mendelssohns eignet, verloren geht und die Musik zu schwer und zu concertmäßig wird. Der biblische Stoff verlangt nur im allgemeinen ernste Haltung und gebundenen Styl: innerhalb derselben ist der musikalischen Charakteristik voller Raum gelassen, die, weil sie hier nur das rein Menschliche der Situation zum Gegenstand hat, mit voller Kraft und, ausschließlich auf Eines gerichtet, mit voller Wirkung sich entfalten kann.

B. Geschichte des Liedes.

Quellen: A. Reißmann, die Geschichte des deutschen Liedes. Berlin 1874.

O. Lindner, Geschichte des deutschen Liedes (Nachgelassenes Werk ed. Ludwig Erck 1871).

Dr. O. Elben, der volkstümliche deutsche Männergesang. Tübingen 1855.

Hoffmann von Fallersleben, Unsere volkstümlichen Lieder. Leipzig 1859.

Riehl, Freie Vorträge. Stuttgart 1873 (S. 197 ff.).

Das Lied gelangt erst im neunzehnten Jahrhundert zur vollen Bedeutung und Ausbildung. Denn diesem Jahrhundert, das mit seinen Bewegungen, Kämpfen und Bestrebungen eine so wunderbare Parallele mit dem 16. Jahrhundert bildet, war es vorbehalten, auch nach der Seite hin das Werk der Reformation weiter zu führen, daß es eine Volkskunst begründete. Der Träger und Vermittler dabei ist das Lied.

Zwar war das naive Volkslied unter den schweren Bedrängnissen des 17. Jahrhunderts nahezu verstummt; an seine Stelle war das giftige Bummel- und Zotenlied getreten. Im 18. Jahrhundert war es dadurch entbehrlich geworden, daß der Kunstgesang durch die Kirche, das Theater und das Concert mehr und mehr auch beim Volke Eingang gefunden hatte.

Aber die Verkünstelung und Verschnörkelung des Kunstgesangs selbst weckte das Bedürfniß eines einfacheren, dem dilettantischen Kunststandpunkt entsprechenden Gesellschafts- und Salongesangs, der um seiner eigentümlichen Bestimmung willen den Volksgesang in Einfachheit der Melodie und des Satzes zum Vorbilde nehmen mußte.

Es entstand so, in Opposition gegen den welschen Ariengesang, ein volkstümlicher, dem Dilettantenbedürfniß entgegenkommender Kunstgesang, der nicht blos eine Reihe von frischen Liedern ins Volk brachte, sondern auch die Brücke bildete zu einer neuen Form des Volksgesangs, die am besten als die eines kunstmäßigen Volksgesangs bezeichnet werden kann. Es drang nemlich mit dem Kunstgesang eine gewisse Kunstübung und Kunstbildung zunächst in die Gesellschaft überhaupt, dann aber auch im Zusammenhang mit den das Volk hebenden und bildenden Bestrebungen des Jahrhunderts in alle Schichten des Volks ein, so daß mit Hülfe der hiebei stark ins Interesse gezogenen Volksschule allen Ernstes zur Organisation eines kunstmäßigen, vielstimmigen Volksgesanges geschritten werden konnte; es erstand damit eine Volkskunst, die nicht bloß wie das naive Volkslied in seiner drängenden Ursprünglichkeit dazu bestimmt ist, Freud und Leid des Volkslebens auszutönen, sondern die Aufgabe hat, als eine, wenn auch auf möglichste Einfachheit und Faßlichkeit eingeschränkte, wirkliche Kunst eine ideale Volksmacht zu werden, indem das Volk dadurch zu ernst gemeinter, geistbildender Kunstübung herangezogen und durch diese wiederum dem Volk der ganze Reichtum der durch unsre großen Dichter erschlossenen idealen Welt vermittelt, ja diese ganze Gedanken= und Vorstellungs=Welt als lebenzeugendes Element ins Volksbewußtsein selbst übergeführt werden soll.

Auf dem Grunde des kunstmäßigen Volksgesangs und unter dem bildenden Einflusse desselben wird auch der naive Volksgesang, wenn seine Zeit gekommen ist, neue Blüten zeugen. Jedenfalls hat die Volksmusik im Zusammenhang mit der fortschreitenden musikalischen Bildung des Volkes bedeutend gewonnen.

Wir beschränken uns hier auf das deutsche Gebiet, da eine weitere Ausdehnung nicht im Interesse der Darstellung liegt. Ueberdies besitzt Frankreich zwar den Chanson, Italien die Cantilene, aber Deutschland — wenn auch nicht allein das Volkslied, so doch allein Volksgesang.

1. Das Kunstlied.

Die Meister des Kirchenliedes im 16. Jahrhundert hatten auch dem weltlichen Volksliede ihre Liebe und Sorgfalt angedeihen lassen, indem sie es zu Nutz und Frommen geselliger Kreise mehrstimmig bearbeiteten.

Mit dem Eindringen des italienischen Sologesangs im 17. und 18. Jahrhundert kam der mehrstimmige Gesang auch in geselligen Kreisen ab und räumte dem einstimmigen, accompagnirten Liede den Platz. Es begreift sich leicht, daß auch auf die Form des Liedes der italienische Gesang einwirkte, daß das Lied wesentlich den Charakter der italienischen Arie oder des Arioso annahm. In dieser Art verfuhr Johann Seb. Bach bei seinen Liedern oder liedartigen Gesängen.

Gerade im Gegensatz jedoch gegen den Ariengesang entstand eine Liedercomposition, welche sich ausdrücklich die Aufgabe stellte, deutsche Lieder einfach und schlicht in Musik zu kleiden. „Das ist doch der Endzweck des Liedercomponisten, gute Liedertexte allgemein bekannt zu machen" meint Schulz (1747—1800). Die Arie genügte insbesondre dem geselligen Bedürfniß nicht, weil sie zu hohe Anforderungen an die Sänger stellte. Freilich der Musiker vom Fach sah mit tiefer Verachtung auf diese Bestrebungen herab, einen geselligen, leichteren deutschen Liedergesang zu begründen; in jene Liedersammlungen, welche den angeregten Gedanken zu realisiren suchten, etwas zu stiften, ließen nur wenige Meister von Bedeutung sich herbei, wie Graun, Philipp Emanuel Bach, Telemann, Agricola, Marpurg, man überließ diese Art Compositionen in vornehmer Zurückhaltung Meistern zweiten Ranges aber ehrlichen Schlags, wie Sack, Nichelmann, Herbing, Görner u. a., deren trockene Compositionen nur den Gedichten und der Einfachheit ihre Verbreitung verdankten.

Epochemachend für die Liedercomposition ist das Genie der Hamburger Oper Reinhold Keiser und noch mehr der Vater des deutschen Singspiels Johann Adam Hiller geworden; an diesen frischen Weisen nahmen jene Liedercomponisten die Muster ab, die von dem aufkeimenden Liederfrühling der Literatur berührt waren, wie Neefe, Hillers Schüler (1749—1798), Johann Abraham Peter Schulz, der mit großem Erfolge Prägnanz der Melodie und volksthümliche Faßlichkeit anstrebte und von dem manche Lieder noch jetzt im Volks- und Kindermund leben. („Ich will einst bei Ja und Nein", „Bekränzt mit Laub 2c.")

Es lag für die Liedcomposition, wie für alle angewandte Musik die doppelte Aufgabe vor: ebensowohl den Gehalt der

Dichtung möglichst genau in der Composition auszuprägen¹), als das Princip der musikalischen Einheit und Geschlossenheit festzuhalten. Je nach der Individualität des Componisten oder nach dem Charakter der Dichtung kann der Nachdruck auf die Architektonik der Liedform oder auf die detaillirte musikalische Nachdichtung, beziehungsweise Ausgestaltung der musikalischen Elemente des Textes fallen. Das Ideal ist, beide Seiten der Aufgabe zu vereinigen: die Einheit der Form mit dem detaillirten Ausdruck der einzelnen Stimmungszüge und Gefühlsmomente, in welche sich die Eine Stimmung des Liedes auseinanderlegt.

Beiden Forderungen, die er sich schon mit Bewußtsein gestellt hat, suchte Johann Friedrich Reichardt²) (1751 bis 1814) gerecht zu werden; in erster Linie bemüht, die Grundstimmung im Ganzen zu treffen, strebt er daneben nach fein abgestufter Accentuirung des Textes mittelst der Harmonie; aber der Mangel an genialer Conception gibt seinen Compositionen bei aller Gediegenheit und Sanglichkeit zuweilen den Charakter der Trockenheit und Dürftigkeit. Einzelne sind jedoch als durchaus frisch, kräftig und tüchtig zu bezeichnen, wie sie sich denn auch bis heute erhalten haben („Freudvoll und leidvoll", „Der Eichwald brauset", „Im Windgeräusch"). Die das Gedicht durchziehende lyrische Grundstimmung, nur leicht accentuirt, gibt Karl Friedrich Zelter (1758—1832), der Freund Göthes, dessen Weisen dem Dichterfürsten so eigentümlich sympathisch waren, daß er gegen Schubert's und Beethoven's Compositionen seiner Lieder nahezu gleichgültig blieb. Reichardt sowohl, als Zelter sind an Göthe's Lyrik gewachsen und von ihr emporgehoben worden. Zelter's „König in Thule", „Ich denke Dein", gehören zum Besten auf dem Gebiet des einfachen strophischen Liedes.

---

1) Vgl. Gluck's Composition von 7 Oden Klopstocks.
2) Schletterer, H. M., Johann Friedrich Reichardt, sein Leben und seine musikalische Thätigkeit. Augsburg 1865.

An Reichardt schloß sich der fein declamirende, aber fast etwas lederne Berger an, an Zelter der feinsinnige Bernhard Klein („Ueber allen Gipfeln ist Ruh"). Mit beiden hat Verwandtschaft die Weise der gemütvollen Emilie Zumsteeg („Vom Thurme, wo ich oft gesehen"). Die sämmtlichen bisher genannten haben vor allem des genialen Funkens entbehrt, der auch dem Liede allein die zündende, packende Kraft verleiht.

Die Wiener Meister hatten wohl die musikalische Genialität, aber es fehlte ihnen, um auf dem Gebiete des Kunstlieds ebenso Mustergültiges zu schaffen, wie auf den übrigen Gebieten der Musik, die berechnende Intelligenz der obengenannten Berliner Meister und deren weise Oekonomie. Haydn componirte zwar durchweg melodisch und liedhaft (vgl. die süße „Sympathie"); aber seine eigentlichen Lieder verrathen doch allzusehr den Instrumentalcomponisten; der Text erscheint in einem fast ganz äußerlichen Verhältniß zur Musik. Das freilich ist keine Frage, daß Haydn, wenn er auch kein mustergültiges Lied hinterlassen hat, im allgemeinen durch seinen Styl (namentlich durch den liedmäßigen Melodienstrom in allen seinen Werken) wie auf das Gebiet der Composition überhaupt, so insbesondre auch auf das der Liedcomposition eingewirkt hat, indem man von ihm die Verbindung leichtbeschwingter Melodik mit gründlicher Thematik lernte, die auch im kleinen Rahmen des Liedes von hoher Wichtigkeit ist.

Aehnlich verhält es sich mit Mozart; sein Einfluß auch auf die Liedcomposition wird offenbar, wenn man nur beobachten will, wie z. B. Reichardt trotz seines Eiferns gegen das „Ge-Mozarte" von Mozart gelernt hat. Keiner hatte ja diese süße, herzbewegende Cantilene, diese sinnliche Reife bei aller Ursprünglichkeit, Kraft und Tiefe der Melodie, wie der Sänger der Zauberflöte, des Figaro und Don Juan. Was er auf dem Gebiete des eigentlichen Liedes schuf, ist zwar wenig, im Vergleich mit der großen Zahl von Reichardt's und Zelters Liedern, aber, musikalisch betrachtet, zehnmal so viel wert. Zwar hat Mozart in den meisten Liedern die Form des Arioso angewandt oder die Liedform zur Gesangsscene erweitert („Abendempfindung" „Veilchen"), indem die Grundstimmung in die einzelnen Stimmungsglieder zerlegt und deren jedes mit feinster Nuancirung in Melos und Harmonie durchgeführt wird, so daß der Unterschied zwischen Arie und Lied fast verschwindet. Aber z. B. in der „Zauberflöte" hat er andrerseits die Arienform so im Geiste des deutschen Liedes umgebildet („Dies Bildniß ist bezaubernd schön", „Der Vogelfänger bin ich ja", „Ein Mädchen oder Weibchen", „Das klinget so herrlich", „Bald prangt der Morgen", „Zum Ziele führt", „Seit uns zum zweitenmal willkommen"), daß ihm schon darum auch in der Liedcomposition eine sehr hohe Bedeutung zukommt. Denn diese, bei aller künstlerischen Reife und Fertigkeit so außerordentlich faßlichen und populären Weisen haben ungeheuren Einfluß auf die Melodiebildung überhaupt und auf die Melodien-Auffassung des Volksohr's gehabt, mehr als Reichardt's und Zelter's trockene Weisen alle zusammen. Von Mozart stammen überdieß reizende, wenigstens in Süddeutschland vielgesungene Kinderlieder („Komm' lieber Mai und mache") und Chorlieder von der ächtesten, prägnantesten Form und vom volksthümlichsten Charakter („Brüder reicht die Hand") u. a.

Mozarts titanischer Erbe Beethoven schien zu gewaltig angelegt, als daß er seine Vollkraft in den engen Rahmen des Liedes hätte zwängen können; gleichwohl gibt er in den „Liedern an die ferne Geliebte" geradezu Muster für alle folgenden Zeiten: denn die Lieder des „Liederkreises" athmen bei absoluter Vollendung der Form eine Gluth und Tiefe keuscher Empfindung, wie sie nur aus einem gewaltigen, deutschen Geiste strömen kann. In den meisten seiner bedeutenderen („Kennst Du das Land", „Adelaide") übrigen Liedern erweitert Beethoven das Lied gleichfalls wie Mozart zur Gesangsscene. Je mehr dies geschieht, desto mehr entfernt sich das Lied naturgemäß von dem Volkslied und nähert sich dem Gebiet, wenn wir so sagen dürfen, der esoterischen Kunst. In den religiösen Liedern von Gellert („Die Himmel rühmen", „Gott ist mein Lied", „An Dir hab' ich gesündigt" u. s. w.) nähert sich Beethoven der Reichardt'schen mehr nur die Grundstimmung accentuirenden und leichtfaßlich declamirenden Weise.

Zur vollen Blüte freilich kam, wie oben angedeutet wurde, die Liedcomposition erst im neunzehnten Jahrhundert: war doch das „Lied" die eigentliche Domäne des romantischen Geistes. Der realistische Farbenreichtum, die scharfe Zeichnung, der detaillirte Ausdruck, die schroff contrastirenden Effecte, — alles das kam zur vollen Wirkung erst auf der Bühne und im engen Rahmen des Liedes. Entschiedener freilich als bisher, da die Musik absolute Herrschaft über den Text geübt hatte, mußten nun die beiden Richtungen auseinandertreten, deren Eine das Wort nur als Grundlage für die selbständige Entfaltung der Melodie ansieht, deren andre aber der Musik die Aufgabe zuweist, das Gedicht nicht blos nach seiner allgemeinen Grundstimmung wiederzugeben, sondern bis in die kleinsten Stimmungsnüancen musikalisch nachzubilden. Die Producte der ersteren Richtung werden in erster Linie geschlossene Architektonik verrathen, die der letzteren mehr durch Kraft und Gewalt des Ausdrucks sich auszeichnen. Die erstere Richtung wird ferner am liebsten die Form des strophischen Liedes wählen und höchstens zur Charakterisirung der einzelnen Nüancen durch verschiedene Begleitung der Hauptmelodie sich verstehen; die letztere Richtung wird zwar, wo es durch den Text angezeigt scheint, auch die strophische Form festhalten, aber weitaus in den meisten Fällen die des scenisch erweiterten Liedes wählen; die erstere wird endlich mehr auf Melodik halten, die letztere auf richtige Declamation. Es erhellt von selbst und leuchtet jedem vernünftigen Menschen ein, daß an sich beide Richtungen berechtigt sind; der Beweis dafür liegt in der Thatsache, daß unsre großen Liedmeister je nach der Beschaffenheit des Textes in beiden Richtungen gleich sehr Vollendetes geschaffen haben. Daß der Componist im einzelnen Falle die richtige Form wähle, ist Sache seiner allgemeinen Bildung und seines Geschmacks.-

Mehr Lyriker, als Dramatiker, im Großen und Ganzen der ersten von den eben gezeichneten Richtungen zugethan, ist Franz Schubert, im Liede Beethovens größter Erbe. Mit feinster Empfindung, lyrischem Schwung und hinreißender Melodik verbindet er leuchtendes Colorit und treffende Charakteristik, die nicht bloß die Empfindung, sondern wo es darauf ankommt („Müllerlieder", „Winterreise"; „Fischer", „Erlkönig" ꝛc.) auch den Naturgrund, den landschaftlichen und scenischen Hintergrund derselben mit realistischer Treue wiederzugeben im Stande ist.

Schumann, der geborne Charaktermaler, schlägt die zweite Richtung auf Wahrheit und detaillirte Textwiedergabe ein: seine Lieder sind förmliche Nachdichtungen des Textes, großartige Ton-Gedichte, die von den Worten nicht abgelöst werden können; gleichwohl eignet ihnen mit wenigen Ausnahmen die volle Einheit der Grundstimmung; trotz des Eingehens auf die feinsten Detailzüge des Gedichtes sind Schumann's Lieder musikalische Kunstwerke.

Mendelssohn hat auch auf diesem Gebiete vor allem das Verdienst, die künstlerische Oekonomie und die Schönheitslinie festgestellt zu haben: seine Lieder stehen an Schwung und Gluth der Empfindung den Schumann'schen weit nach; auch seine feurigsten Lieder (op. 34.) erreichen hierin nicht Schumanns „Frauenliebe und Leben", „Liederkreis" ꝛc. Aber durch ihre musikalische Bündigkeit und Faßlichkeit, ja gerade durch eine gewisse Zurückhaltung des Pathos, eine gewisse Allgemeinheit desselben, durch die Einfachheit der harmonischen und melodischen Structur bezeichnen sie die Rückkehr zur Volksthümlichkeit; Naturfrische und Kräftigkeit bis in die kleinste Note hinein ist auch hier Mendelssohn's Vorzug. Schumann ist für die Gebildeten und für die Kenner, ihnen der größte; Mendelssohn ist für Alle.

An Mendelssohn haben sich angeschlossen: der fein charakterisirende, im Liede vielleicht allzu reservirte Ferdinand Hiller, die schwungvolle in die glatten Formen die Seele einer tief empfindenden durch schwere Leiden geläuterten Weiblichkeit hineingießende Josefine Lang („Sie liebt mich", „Gib Dich dahin", „Das ist im Leben häßlich eingerichtet"), der liebenswürdige Taubert, dessen Kinderlieder in jede Kinderstube gehören, Julius Rietz, Eckert, Reinecke, Kaufmann, Ludwig Stark, August Walter u. a.

Mehr an Schumann schlossen sich an: Adolf Jensen, Johannes Brahms, Theodor Kirchner, Raff, Volkmann, und mit besonders selbständigem Charakter der volkstümliche und poetische Rubinstein und der pointenreiche R. Franz.

Mehr in der Schule des alten Sebastian Bach und der Classiker im engeren Sinne wurzeln die in erster Linie auf musikalische Solidität dringenden und durch Gediegenheit sich auszeichnenden Meister Franz Lachner, Moritz Hauptmann, Otto Scherzer, die auf dem Gebiet des Liedes überaus Tüchtiges, auf die Zukunft angelegtes geleistet haben.

Endlich erwähnen wir die Namen einer Gruppe von Liedercomponisten, die uns mit ihren Liedern dem einfachen, anspruchslosen Gesang, der eben nur gesungen werden will, d. h. dem Volksgesang, näher bringt: Proch, Reisiger, Speier, Kücken, Abt, Gumpert u. a. Sie können zwar vor dem Forum der strengen Kunst keine höhere Bedeutung ansprechen, aber es ist doch immerhin ein Verdienst, das Volk mit sanglichen Weisen versehen zu haben, die, wenn sie auch auf große Gediegenheit und musikalischen Gehalt eben keinen Anspruch machen dürfen, ja zum Theil den abgeschmackten Neigungen des spießbürgerlichen Sängertum's oder der schmachtenden Sentimentalität der Zeit etwas gar zu stark huldigen, doch die Lust zur Sache wach erhalten und so der Musik überhaupt erhebliche Dienste geleistet haben.

2. Das Volkslied.

a. Das weltliche Volkslied.

1. Die Volksweise.

Das Volk bringt zwar auch heute noch Lieder hervor; der feinsinnige Beobachter des Kasernenlebens, der Wirthshausfröhlichkeit, des Bivouak- und Marschtreibens im Felde und der dörflichen Geselligkeit am Sommerabend kann sich davon überzeugen: Lieder, die an Urkräftigkeit, Naturwüchsigkeit Ungenirtheit und jener reizenden Formlosigkeit den älteren nichts nachgeben und bei aller Derbheit auch jene Treusinnigkeit verrathen, welche an den alten Volksliedern so sehr entzückt; aber diese naive Liederdichtung ist bedeutend eingeschränkt und beeinflußt worden durch den Kunstgesang, der durch Kirche und Schule, Theater, Concert und Musikbanden mehr und mehr auch im Volke Eingang gefunden hat. Freilich modelt und formt das Volk an einem solchen volkstümlich gewordenen Kunstlied so lange, bis auch keine Spur mehr von dem Lampengeruch und kein Stück mehr von der salonmäßigen Coloraturzierade daran ist; denn das Volkslied verlangt Gedrungenheit und einfachen, architektonisch festgefügten Bau der Melodie. Auf diese Weise sind Lieder fast von allen Meistern wahrhafte Volkslieder d. i. wirkliches Eigentum des Volks, der Wirths-, Spinn- und Kinderstube geworden. Schon die „Liederchen" Reinhold Keisers giengen von der Hamburger Bühne aus von Mund zu Mund; J. A. Hiller's Lieder ebenfalls. Eine Reihe unverwelklicher Liederchen stammt von dem trefflichen, so liebenswürdig leichtsinnig schaffenden Componisten des „Sonntagskinds" (Wenzel Müller), dem Wiener „Bänkelsänger" (1767—1835) („Ich bin der Schneider Cacadu", „Wer niemals einen Rausch gehabt", „Kommt' a Vogerl geflogen" „So leb' denn wohl, du stilles Haus" u. a.). Das Volk nahm sie förmlich vom Theater mit nach Hause und der göttliche Bänkelsänger in Wien wurde nicht müde, neue zu erfinden. Friedrich Heinrich Himmel, der Vorgänger der Kücken, Abt u. a. gab in „An Alexis send ich Dich" in seiner Art Treffliches, er vertritt den Weltschmerz des Spießbürgers, während Glück mit „In einem kühlen Grunde" die ächten deutschen Herztöne anschlägt. Die Berliner Meister Reichardt und Zelter („Es war ein König in Thule", „S' war einer, dems zu Herzen gieng", „Ein Musikant wollt' fröhlich sein") geben köstliche Beiträge; Zelter insbesondre gab jene frischen, frohen Tafellieder voll himmlischen Behagens, wie sie nur Deutschlands Jugend kennt und von denen in ganz besonderem Sinne gilt, was Göthe von Zelters Liedern überhaupt sagte: „es ist gleich, als ob Jedermann den Staub und die Asche vom Haupte schüttelte". Von dem guten Anselm Weber singen unsre Kleinen: „Mit dem Pfeil dem Bogen", von Haydn „Gott erhalte Franz den Kaiser" („Deutschland, Deutschland über alles"), von Mozart „Das klinget so herrlich" u. a.; Beethoven gab neben manch' jovialem Lied das schöne „In allen guten Stunden". Am meisten freilich sangen unsre Romantiker dem Volke nach dem Herzen. Von Schubert ist zwar nur Ein Lied wirklich in's Volk gedrungen („Am Brunnen vor dem Thore"), aber seine Lieder sind aus dem Quell des Volkslieds entsprungen, aus der zauberischen Naivetät, und manches derselben wird noch mit der Zeit auch in den Volksmund übergehen. Um so mehr ist es Weber gelungen, im Volksmund heimisch zu werden („Schlaf Herzens Söhnchen", „Mein Schatz, der ist auf die Wanderschaft hin"; „Leyer und Schwert"); bilden doch die Preciosa („Einsam bin ich nicht alleine") und der Freischütz eine ganze Perlenschnur von volksthümlichen Weisen. Aus Konradin Kreutzer's „Verschwender", „Nachtlager in Granada" ist gleichfalls die eine und andre Weise volksthümlich geworden; der Franzose Boildieu brachte zu dem Schatze ächter Volkslieder eine der köstlichsten Perlen „Robin Adair".

An Stoff fehlte es hiemit dem Volksgesange nicht; aber dieser Stoff bildete doch ein allzubuntes Durcheinander; wenn das Volk auch an den Liedern seinerseits modelte und formte, waren diese doch auf den ersten Blick von den Produkten der alten Volksliederdichtung verschieden: sie rochen nach den Lampen und nach dem Salon.

Um den ungleichartigen Stoff zu sichten und im Geiste des naiven, ursprünglichen Volksliedes umzubilden, dazu beburfte es einer fleißigen Erforschung des alten Volksliedes, eines ernstlichen Zurückgehen's auf die alte Zeit und eines redlichen Eingehen's auf den Volksgeist. Es galt, zu sammeln, aus dem Gesammelten mit feinem Sinne das Aechte, Gute, Gediegene herauszufinden, nach den gefundenen Mustern das neuerdings volkstümlich Gewordene umzubilden, theils zu bereichern, theils zu vereinfachen, und so nicht bloß volkstümliche Lieder zu schaffen, sondern durch Wiederherstellung des treusinnigen deutschen Volksliedes in seiner Keuschheit, Schlichtheit und Einfachheit dem Volksgesang erst das rechte Kunstobject zu geben, ihn zu heben, zu läutern und zum wirklichen Organ des Volksgeistes zu machen. Das alles hat mit ebenso feinsinnigem Tact als glücklichem Verständniß **Friedrich Silcher**[1]) geleistet (geb. zu Schnaidt im Remsthal (Württemberg), † 1860 zu Tübingen, als Universitäts=Musikdirector). Er sammelte unermüdlich, was er irgend von Volksliedern aufbringen konnte, sichtete im rechten Geist und modelte mit dem rechten, feinen Geschmack, so daß mit voller Wahrheit gesagt werden kann: seine Volkslieder sind realistisch im vollen Sinne des Wortes, sind dem Volke wirklich abgelauscht und doch idealisirt: der ideale Volksgeist blickt mit seinen treuen

---

[1] **Köstlin**, H. A., C. M. v. Weber und Friedrich Silcher. Stuttgart. 1877.

blauen Augen uns daraus an, nicht der Zeit- und Modegeist. So hat er denn auch den Volksliederschatz durch eine Reihe lieblicher, im Volksgeist neu erfundener Lieder bereichert, die von unvergänglicher Jugendfrische sind, weil sie von Haus aus nur Eines sein wollen, ohne jeden Nebenzweck und Modegedanken, nemlich treuherzige **Volkslieder** („Loreley", „Jetzt gang i an's Brünnele", „Aennchen von Tharau", „Zu Straßburg auf der Schanz", „Es geht bei gedämpfter Trommel Klang", „Ich hatt' einen Kameraden", „Morgenroth", „O mein Deutschland, ich muß marschiren", „Es zogen drei Bursche", „Zu Augsburg steht ein hohes Haus", „Morgen muß ich fort von hier", „Nun leb wohl, du kleine Gasse", „Ach du klar blauer Himmel", „O Maible du bist mein Morgenstern" u. a.).

Der ungeheure Erfolg dieser Lieder, die Liebe und Freude, mit der sie aufgenommen wurden, beweist am schlagendsten, wie der bescheidene Meister damit ins Schwarze getroffen hat und wie das Volk in seinen Liedern den eigenen Geist wieder erkannt hat.

Nach Silcher's Vorgang und zum Theil in Gemeinschaft mit ihm versuchten sich auch andre bedeutendere Meister im Volkslied. Voran steht der treue und glückliche Mitarbeiter Silchers Ludwig **Erk** als Sammler und Componist („Zu Mantua in Banden" 2c.). Freilich, die großen Musiker besaßen selten jene Naivetät und Schlichtheit, welche allein zur glücklichen Erfindung des Volkslieds befähigt. **Mendelssohn** („Es ist bestimmt in Gottes Rath") ist der einzige, der mit Absicht Volkslieder hat schaffen wollen und können. Die kleineren Meister aber konnten sich nicht immer der modernen Sentimentalität erwehren, die dem Volksliede am wenigsten ansteht, da das Volk wohl gemütvoll, schwermüthig, auch traurig, aber nie sentimental ist. Doch glückte noch manchem ein gutes Lied; so **Kreutzer** („So hab ich nun die Stadt verlassen"), **Fesca** („Heute scheid' ich, morgen wandr' ich"); J. **Rietz** („Das Lieben bringt groß Freud"); G. **Pressel**

(„Mei Mutter mag mi net", „Wenn sich zwei Herzen scheiden");
C. Wilhelm („So will ich frisch und fröhlich sein", „Mag
auch heiß das Scheiden brennen", „Die Rosen und die Nelken").

Es kann aber bei der Betrachtung der unter dem Titel
des „Volksliedes" auftretenden modernen Lieder nie scharf ge=
nug ausgesprochen werden, daß ein „volksmäßiges" Lied noch
lange kein volkstümliches Lied ist; leider findet das Liederliche
ja ebenso schnell und noch schneller Popularität als das Gute;
das ächte Volkslied aber ist allein das, welches nicht bloß die
Luft und den Duft der Landschaft ausathmet, die es erzeugt
hat, sondern den idealen Geist des Volkes trägt, dem Ge=
nius der Nation entsprungen ist. Einfachheit und Schlichtheit
machen es noch nicht aus: idealer Gehalt, Kräftigkeit, Ur=
sprünglichkeit, Gesundheit und Reinheit sind ihm noch wesent=
licher. Ebenso scharf unterscheiden wir von dem Volkslied das
Zeitlied („Wacht am Rhein"), welches eine große Zeit in
den Volksmund legt und, obgleich es vielleicht ursprünglich ein
schweres Kunstlied sein mag, um des poetischen Gehalts willen
als Volkslied acceptirt wird.

Silcher's und Erk's Bemühungen, den Volksgesang durch
die Kunst zu heben, führen uns zu einem Worte über den
kunstmäßigen Volksgesang.

2. der kunstmäßige Volksgesang.

Es war nicht genug, dem Volke gute Volkslieder zu geben;
man mußte, sollte der Gesang eine bildende Macht im
Volke werden, das Volk seine Lieder auch singen lehren.
Zwar hat schon die Natur dafür gesorgt, daß auch das ein=
fachste Bauernkind nicht ohne musikalische Anregung bleibe:
singen doch die Vögel in Wald und Flur und entlocken schon
frühe dem Kind die Töne der Freude und der Lust an Sonnen=
schein und Leben. Auch sind die Gelegenheiten zahlreich, die
dem Volke Musik vermitteln (Kirche, Festlichkeiten, Tanz,
Gauklergesellschaften u. s. w.). Aber eine kunstmäßige schöne

Tonerzeugung und einen Gesangsvortrag, der auch den Singenden selbst einigermaßen befriedigt, lernt kein Kind von selbst: es lernt ihn den Alten ab.

Sollte ein tüchtiger Volksgesang erzeugt und in dieser Richtung auf dem Grunde, den Luther gelegt hatte, endlich weitergebaut werden, so mußten die Hebel zuerst in der Schule eingesetzt und ein methodischer Schulgesang gepflegt werden: die bescheidenen Meister, welche ihr Leben dieser wenig äußeren Dank und Ruhm eintragenden Aufgabe, die Jugend singen zu lehren, mit selbstverläugnender Beschränkung gewidmet haben, wie neben Silcher L. Hentschel, J. Chr. Weeber, Auberlen, Sering, Flügel u. a. verdienen um so mehr in der Musikgeschichte Erwähnung, als ihr Wirken, so still und ungekannt es bleibt und so wenig die Koryphäen der Kunstwelt darauf achten, für die gesammte musikalische Volksbildung und damit für die culturgeschichtliche Seite der Kunst selbst von unberechenbarer Bedeutung ist. Von dem Stande der Musikbildung hängt ja das allgemeine Musikverständniß und damit sicher auch der Fortschritt auf dem Gebiet der eigentlichen Kunst ab.

Dieselben Bestrebungen, einen kunstmäßigen Volksgesang zu erzeugen und dadurch auf den naiven Volksgesang bildenden Einfluß zu üben, gaben dem vierstimmigen Männerchor die Entstehung. Zunächst war es ein gesellig-musikalisches Bedürfniß, welches zur Gründung eines Gesangvereines führte.

Schon 1620 wurde von einer Anzahl Jünglingen, die „zu der Musik eine sonderbare Anmuthung getragen haben" die Singgesellschaft „zum Antlitz" in St. Gallen gestiftet, die bis in die neuere Zeit bestanden hat und die Brücke bildet von den unter Luthers Einfluß entstandenen Kirchengesangvereinen zu den modernen Männergesangvereinen.

Das Zusammentreten von Dilettanten zum Zwecke größerer Aufführungen war schon durch Händel's Oratorien nöthig geworden, da in diesen die Massenchöre unmöglich von den immerhin wenig zahlreichen Kunstsängern gemacht werden konnten. Unter Mendelssohn's Einfluß bildeten sich sodann stehende Oratorienvereine, der eine, hochwichtige, in nächster Berührung mit der Künstlerwelt stehende Zweig der Dilettantenmusik.

Mehr das Bedürfniß einer durch Kunstübung verfeinerten Geselligkeit gab der Berliner Singakademie (gegründet 1791 durch Fasch), ihre Entstehung. Die Freiheitskriege, die in denselben aufflammende, nationale Begeisterung, schuf für diese Art von Vereinigungen einen national=politischen Boden. Die von Berger gestiftete Berliner Liedertafel war wesentlich von dem Geiste jugendlicher, nationaler Begeisterung getragen und geleitet, so sehr, daß das künstlerische Element wesentlich dadurch beschränkt wurde und davor zurücktrat, indem von einem eigentlichen Chorgesang hier so wenig wie in den nach dem Muster der Berliner Liedertafel entstandenen Vereinen zu Frankfurt a. O., Leipzig ꝛc. zunächst die Rede war. Erst später drang der eigentliche Chorgesang hier ein, dessen Begründer der treffliche Schweizer Hans Georg Nägeli ist; er selbst bezeichnet das Jahr 1810 als das der Gründung des Männerchors. Nach dem Vorbilde der unter Nägeli's Einfluß entstandenen Männergesangvereine, welche sich die Aufgabe stellten: „Ausbildung und Veredlung des Volksgesangs, Erweckung höherer Gefühle für Gott, Freiheit und Vaterland" und „Vereinigung und Verbrüderung der Freunde der Kunst und des Vaterlands" bildeten sich zuerst in Schwaben ähnliche Vereinigungen, (zuerst der Stuttgarter Liederkranz 1824), dem verschiedene nachfolgten, (akademische Liedertafel in Tübingen, Vereine in Reutlingen, Eßlingen, Heilbronn, Ulm ꝛc.). Hier in Süddeutschland wurden die Männergesang= vereine die Zuflucht und der Herd der nationalen Begeisterung, die auf allen andern Punkten gewaltsam niedergehalten wurde. Aber neben der Aufgabe, die Vaterlandsliebe und das in den

Freiheitskriegen erwachte Einheits- und Zusammengehörigkeitsbewußtsein in allen Volkskreisen wach zu erhalten und die trennenden Schranken der Stände möglichst zu überwinden, vergaß man hier der specifisch künstlerischen Aufgabe nicht und die Sängerfeste, so sehr freilich in jener trüben Zeit das politisch-nationale Element in den Vordergrund treten **mußte**, da es jedem deutschen Herzen das Wichtigste und Nächste war, haben doch auch in künstlerischer Hinsicht recht schöne Erfolge zu verzeichnen gehabt.

Die schwäbischen Sängervereine verbanden sich zum **Schwäbischen Sängerbund** und bald entstanden weithin durch Deutschland Sängervereine und Sängerbünde, deren größere Mehrzahl sich zum **deutschen Sängerbund** vereinigte.

Der politisch-nationale Charakter dieser Bestrebungen liegt am Tage. Das Lied ist durch die Männergesangvereine eine **nationale Macht** geworden, die zur Niederreißung der die deutschen Stämme trennenden Schranken und zur Wiederherstellung der **deutschen Nation** redlich das ihre beigetragen hat.

Seit 1870/71 tritt das agitatorische Element naturgemäß hinter dem allgemeinen socialen und künstlerischen zurück; die Nothzeit ist vorüber, das Vaterland ist errungen. Der Männergesang hat seinen Beruf nunmehr als einer der bedeutendsten Träger der **Volksbildung** und als bedeutsame den Gemeingeist und Vaterlandsgeist weckende und erhaltende **sociale Macht** überhaupt zu erfüllen.

Schon um des vaterländischen Geistes willen, welcher die Männer-Gesangvereine von Anfang an beseelte, wandten Dichter und Componisten zum Theil ihr Bestes dem Männerchor zu, so undankbar dieses Genre im Grunde für den Musiker ist. Obenan steht auch hier Mendelssohn (indirect mit seinen herrlichen Quartetten für gemischten Chor, direct mit seinen herrlichen Männerchören: „Wer hat Dich, Du schöner Wald", „Wem Gott will rechte Gunst erweisen", den Chören zu „Antigone, Oedipus"). Schon die „Priesterchöre" in Mozarts Zauberflöte, der „Jägerchor" im Freischütz und noch so manche ähnliche musikalische Perle hatten die feinen Nuancen und Klangkräfte des Männerchors zur Geltung gebracht. Die besten Meister Beethoven, Schubert, Weber, Marschner ꝛc. hatten es nicht verschmäht, für den Männerchor zu schreiben. Aus der Legion von Componisten heben wir hervor als den Classiker des Männerchors neben Mendelssohn: Konradin Kreutzer („Droben stehet die Kapelle", „Siegesbotschaft" u. s. w.); F. Hiller, Gade, den gediegenen Moritz Hauptmann, Lindpaintner, Herbeck, Schletterer, Silcher, Erk, Calliwoda, Wilhelm, Klein, Abt; unter den jüngeren Speidel, Faißt, Möhring, Stark, Dürrner, Markull, sowie die mehr dem humoristisch-geselligen Bedürfniß Rechnung tragenden Zöllner, Schäffer ꝛc. ꝛc.

Je weniger selbständigen Wert wir vom eigentlich musikalischen Standpunkte aus dem Männergesang zuzuerkennen vermögen, desto mehr erscheint es nothwendig, demselben eine feste Grundlage im allgemeinen Volksgesang zu geben, ihn hauptsächlich als Mittel zur Hebung und Läuterung desselben zu betrachten und demgemäß hauptsächlich das gute Volkslied, nicht aber jene oben, nach der Schablone gefertigten, „Kraftlieder und Prunklieder" zu pflegen.

Je mehr aber das Volksleben seine Stütze, seinen Schwerpunkt und seine ideale Erhebung allezeit in der Religion wird suchen müssen, desto wichtiger erscheint uns auch auf unsrem Gebiete die Pflege des religiösen Volksgesangs. Die Männergesangvereine, sollen sie anders nicht in ideallofer Bummelei versanden, werden ihre ideale Weihe neben ihrer Bestimmung, den vaterländischen Geist zu wecken, in der Pflege des Kirchengesangs oder in der Theilnahme an einem beide Geschlechter umfassenden, alle jeweilig vorhandenen Musikkräfte in Anspruch nehmenden Kirchengesang suchen müssen.

b. Das kirchliche Volkslied.

Die große Erhebung von 1813 und 1815 hat nicht blos neues nationales Leben gebracht, sondern auch das religiöse Leben neu geweckt; mit warmem Interesse wandte sich, zumal aus Anlaß des Reformationsjubiläum's 1817, das Volk wieder der Kirche zu und diese selbst erinnerte sich wieder ihres idealen praktischen Berufs, den sie in den Jahrhunderten des theologischen Gezänks vergessen hatte.

Damit hängt es zusammen, daß auch der musikalischen Ausschmückung des Cultus neues Interesse zugewandt wurde. Theoretisch und praktisch wurde an der Verbesserung, beziehungsweise Wiederherstellung des kirchlichen Volksgesangs gearbeitet und es haben sich auf diesem Gebiete Männer, die im Geist und Sinne eines von Winterfeld gearbeitet haben und noch arbeiten, wie auf evangelischer Seite von Tucher, Franz Magnus Böhme, Immanuel Faißt, Ludwig Schöberlein, Riegel, Lützel, Sering; auf katholischer: Kaim, F. von Commer, Witt, Creith und viele andere ein unvergängliches Verdienst um die Kirche erworben. Die katholische und die evangelische Kirche wetteifern hierin miteinander (Cäcilienverein, Kirchengesangvereine ꝛc., Zeitschriften »Siona« »Musica sacra« „Euterpe" u. a.). Die erstere hat bis jetzt um so mehr Erfolg aufzuweisen, als auf evangelischer Seite sowohl von den maßgebenden Autoritäten als von den Lehrern selbst die musikalische Seite des Lehrerberufs in einseitiger Ueberschätzung der intellectuellen Bildung vielfach zu stiefmütterlich behandelt wurde. So ist trotz aller Bemühungen, wie sie sich in der Composition volksthümlicher Chorale (Silcher, Frech, Kocher u. a.) und in der sorgfältigen Bearbeitung der Choralbücher, in der Gründung von Orgelschulen, Lehrergesangvereinen ꝛc. äußern, der Erfolg auf dieser Seite noch ein verhältnißmäßig geringer und es liegt hier noch eine ungelöste,

große, aber für das religiöse, wie für das allgemeine Volks=
leben überaus wichtige Aufgabe vor uns.

Auf allen Seiten herrscht so in der Gegenwart das Be=
streben vor, die Kunst zu popularisiren und das Volk zu einer
gewissen Höhe des Kunstgeschmacks heranzubilden; selbst die
„städtischen Musiken", die sonst nur dem Bedürfniß der Tanz=
lustigen haben dienen müssen, erhalten da und dort die Be=
stimmung, höhere Kunsterzeugnisse dem Volk zu vermitteln.

Dem allem liegt der unanfechtbare Gedanke zu Grunde,
der auch in der Künstlerwelt sich immer mehr Bahn brechen
wird, daß eine Kunst nur dann ihre Aufgabe wirklich erfüllt,
wenn das durch sie erzeugte und in ihr pulsirende ideale Leben
alle Adern der Nation durchdringt. —

Namenverzeichniß.

A.

Abbatini 148.
Abert 435.
Abingdon 130.
Abt 456. 447.
Adam 420.
Agathokles 149.
Aeschylos 50. 53.
Agricola 128.
Agostini 148.
Agazari 163.
Ahle, J. R., 209.
—, J. G. 209.
Alard 384.
Alberti 206.
Albinoni 173. 179.
Albrechtsberger 312.
Alkäos 48.
Alkman 48.
Allegri 148.
Altenburg 206.
Amati 172.
Ambrosius 63. 64.
Ammerbach 197.
Anerio 148.
Animuccia 157.
Antagenibes 55.
Arcadelt 128. 129. 153.
Archilochus 47.
Arion 48.
Aristophanes 54.
Aristoteles 50.
Aristogenos 55.
Aron 77.
Assisi, Franz von, 96.
Astorga 168.
Auber 418.
Auberlen 453.
Auvergne 265.

B.

Bach, J. S. 186. 182. 205. 232.
—, J. C. 280.
—, J. L. 280.
—, K. Phil. Em. 254. 276. 279. 280.
—, C. 435.
—, Friedemann 280.
Bärmann, 384.
Baillot 384.
Banister 130.
Barbesanes 64.
Bardi 154.
Basilius, D. G., 65.
Bassani 173.
Becker 384.
Beethoven 137. 252. 279. 314. 456.
Bellaver 174.
Bellini 411.
Benda 262. 217.
Benedict 417.

Benevoli 148.
Bennet Sterndale 383.
Bennet 153.
Berger 350.
Beriot 384.
Berlioz 396.
Bernabei 148.
Bernachi 172.
Bernhard der Teutsche 126. 174. 196.
Beuerlein 255.
Binchois 117.
Biterolf 97.
Bizet 421.
Blankenmüller 195.
Blow 201.
Bodenschatz 205.
Böhm 217.
Böhme 457.
Bohrer 384.
Boildieu 417. 449.
Bonaventura 96.
Brahms 396. 447. 437.
Brassart 117.
Breitengrasser 195.
Briegel 209.
Bruch 396. 437.
Brugg, A. von, 195.
Brüll, J., 436.
Brumel, A., 127.
Bull 384.
Bull, John 153. 201.
Bülow 394.
Burgk, Joachim, 203.
Buttstett 254.
Byrd 153. 201.

C.

Cabisius 384.
Caccini 155.

Calbara 179.
Calliwoda 456.
Calvisius 203.
Cannabich 217.
Cappel 195.
Carissimi 163.
Carmen 114.
Caron 119.
Carpentras 128.
Cavaliere, dei 155. 157.
Cavalli 159. 178.
Celtes 194.
Cesaris 114.
Cesti 159. 178.
Cherubini 351. 409.
Chopin 395.
Christian 217.
Christmann 254.
Christofori 173.
Cifra 148.
Cimarosa 177. 408.
Clasner 217.
Clemens von Papa 148.
Clementi 349.
Coclicus 128.
Commer 457.
Compere Loyset 127.
Corelli 149.
Corsi 149.
Corniske 130.
Constanzo Festa 129.
Contractus, Hermanus 87.
Cottonius, Joh. 87.
Couperin 217.
Cramer, J. B. 350.
Creith 457. 437.
Crespel 128.
Croft 201.
Croix, de la, 115.
Cypriano de Rore 128. 153.
Czerny 349.

D.

Dachstein 195.
Dalwitz 435.
Damrosch 401.
David, Felicien 401.
—, Ferdinand 383.
Decius 195.
Dionysius von Theben 55.
Dittersdorf 263. 294.
Doles 252.
Domarto 117.
Donati 178.
Donizetti 411.
Dorn 390.
Dotzauer 384.
Dowland 153. 201.
Dräsele 401.
Traghi 178.
Drese 209.
Ducis 195.
Duni 167. 265.
Dunstable 119.
Durante 149. 167.
Dürrner 456.
Dussek 349.

E.

Ebeling 207.
Eberl 324.
Eccard 186. 203.
Eckert 383. 447. 436.
Eeden, van der 316.
Egidius Zamorensis 88.
Eibler 253.
Eist, Ditmar von 98.
Eloy 117.
Emmerich 435.
Engelbertus Admonlensis 89.
Ephräm 64.
Erl 456.

Ernst 384.
Eschenbach, W. van 97.
Escobedo 129.
Eumolpiden 44.
Eunomiden 44.
Euripides 53. 54.
Eyken, van 385.

F.

Faidits 95.
Fairfax 130. 200.
Faißt 385. 456. 457.
Farinelli 171.
Farrantua 153.
Fasch 252.
Faugues 117.
Feo 149. 168.
Ferdinand von Arragonien 152.
Ferrant 115.
Ferri 171.
Fesca 313. 451.
Festa 129.
Field 350.
Fink, H. 126.
Fink 385.
Fioravanti 409.
Flohr 209.
Flotow, 420.
Flügel 384. 453.
Fohmann 384.
Förster 324.
Francischetti 173.
Franco von Cöln 87.
— — Paris 88. 115.
Frank, Melchior 205.
Franz, Robert 447.
Frauenlob 99.
Frech 457.
Frescobaldi 149. 174.
Frohberger 216.
Fulda, Adam von, 89.

Fürstenau 384.
Fux 179. 218. 282.

G.

Gabrieli, A., 174. 177.
—, G. 174. 177.
Gade 382. 456. 437.
Gafurius 89. 117.
Galilei 155.
Gallus 203.
Gasparini 178.
Gaßmann 263.
Geminiani 173.
Gesualdo da Venosa 152.
Gesius 203.
Ghizeghem 119.
Giles 201. 153.
Gläser 412.
Giulio Romano (Caccini) 155. 157.
Glinka 401.
Gluck 266 ff.
Glück 449.
Görner 441.
Goldmark 396. 435.
Goltermann 384.
Gombert 128.
Gottfried von Straßburg 98.
Götz, Hermann, 436.
Götze 401. 436.
Goudimel 129. 140. 200.
Gounod 421.
Graun 252. 251. 261.
Greco 167.
Gregor der Große 67.
Gretry 265.
Grimm
Grützmacher 384.
Guami 174.
Guarneri 89. 172.
Guerrero 129.
Gubetti 148.

Guido von Arezzo 81.
Gumpert 447.
Gyrowetz 295.

H.

Hale de la, 95. 117.
Halevy 420.
Hallström 435.
Hanboys 89.
Hand 1.
Handel
Händel, G. F., 149. 182. 214. 220.
Hammerschmidt 209.
Hanslick 1.
Harmonius 64.
Haßler, H. L., 178. 197. 203.
Hasse 168. 261.
Hauptmann 456. 447.
Haydn 137. 252. 279. 449.
Heinlein 209.
Herzog 385.
Heermann 206.
Herbing 441.
Hermann 203.
Heinemeyer 384.
Helber 206.
Heller 395.
Henselt 396.
Hentschel 453.
Herbeck 456.
Herold 420.
Herzog 385.
Hiller, Ferdinand, 384. 382. 456.
   437. 436. 447.
Hiller, Johann Adam, 252. 254.
   441. 448.
Himmel 449.
Hinze 207.
Hofhaymer 194. 196.
Hoffmann, Heinrich, 396.
Hofmeister 295.

Holstein, v., 435.
Homeriden 44.
Homilius 252.
Huber 401.
Hucbald 60. 78.
Hummel 318. 348.

J.

Jacchet 128.
Jacopone da Tobi 96.
Jannequin 128.
Jensen, Ad., 447.
Joachim a Burgt 203.
Joachim 384.
Johannes de Muris 88.
Jomelli 176.
Josquin de Prés 124. 126.
Isaac 126.

K.

Kaim 457.
Kalkbrenner 350. 394.
Kalliwoda 456.
Kaltenbach 206.
Kauer 263.
Kauffmann 447.
Kauffmann, Emil, 447.
Keerl 216.
Keiser 214. 441. 448.
Kiel 380. 437.
Kindermann 209.
Kirchner 447.
Kirnberger 218. 254.
Kittel 243.
Klein 253. 456.
Klengel 350.
Klotz 172.
Knecht, H. J., 254.
Koch 197.
Kocher 457.
Kortkamp 208.

Kotzeluch 324.
Krebs 243.
Kretzschmer 435.
Kreutzer, Conradin, 417. 449. 451. 456.
Kreutzer, Rudolf, 381.
Krüger 207.
Krumbholtz 384.
Kücken 447.
Kugelmann 195.
Kuhnau 218. 254.
Kürenberger 98.
Kummer 384.

L.

Lachner, Franz, 352. 412. 447.
—, Ignaz 414.
—, Vincenz 414.
Lamprolles 49.
Lang, Josefine 447.
Lassen 401.
Lassus, Orlandus, 130.
Lasus von Hermione 49.
Laub 384.
Lauterbach 384.
Le Maistre 203.
Leo 149. 167.
Liberati 148. 164.
Linder 401. 435.
Lindner 381.
Lindpaintner 412. 456.
Liszt 400. 394. 436.
Lobe 385.
Locatelli 173.
Lolli 173.
Loritus 89.
Lortzing 413.
Lotti 173.
Löwenstern 206.
Lübeck 217.
Lully 160. 264.

Luther 126. 187.
Lützel 457.

M.

Machaud 96.
Maistrele 203.
Mahu 126. 195.
Malvezzi 155.
Marbeck 201.
Marcello 179.
Marchand 241.
Marchettus von Padua 88.
Marenzio 153. 155.
Markull 385. 451.
Marpurg 218.
Marschall 203.
Marschner 416. 456.
Marsyas 44.
Martini 218.
Marx 436. 420.
Massenet 431.
Mattheson 215.
Mayer, Simon 409.
Mayseder 384.
Mazzochi 148.
Mehul 407.
Mei 155.
Meier 208.
Meiland 203.
Mendelssohn 373. 384. 451. 454.
    455. 436. 446.
Menter 384.
Mercadante 411.
Merulo 174.
Metellus 49.
Meyerbeer 420.
Midas 49.
Möhring 456.
Molique 381.
Moniot de Paris 115.
Monteverde 158. 178.

Morales 129.
Morley 153. 201.
Monsigny 265.
Monteverde 158.
Montfort, von H., 99.
Mortier, de la Fontaine 384.
Moscheles 348. 384.
Mouton 128.
Mozart 137. 252. 279. **296**. 449.
    456.
Muffat, G., 217.
Müller, Wenzel, 263. 448.
—, Gebrüder, 384.
—, Ivan, 384.
Muris, J. de, 88.
Musäus 44.

N.

Nägeli 454.
Nanini, M., 148.
—, B., 148.
Naldini 149.
Nardini 173.
Naumann, B., 252. 261.
Navarra, Thibaut von, 94.
Neander 209.
Neefe 263. 316. 441.
Neidhard von Rauenthal 98.
Neubauer 205.
Neumark 209.
Neuß 209.
Nichelmann 441.
Nicolai 205.
Notker, Balbulus 74.
—, Labeo 74.

O.

Obrecht 126.
Odenheim 125.
Odington, Walter, 88.
Offenbach, J. J., 413.
Osterdingen, Heinrich von, 97.

Olympos 44. 47.
Onslow 313.
Orpheus 44.
Osiander, Lucas, 203.

P.

Pachelbl 209.
Paer 409.
Paesiello 167. 175.
Paganini 384.
Pallavicini 178.
Palestrina 59. 135. 139.
Parabosco 174.
Parson 200.
Pasquini 149. 174.
Paumann 197.
Pamphos 44.
Pape 208.
Pergolese 176.
Peri 155.
Perrotin 115.
Petrus de cruce 88.
— Piccardus 88.
Petrucci 126.
Phelyppes 201.
Philammon 44.
Philidor 265.
Philipp de Vitry 88.
Philolaos 55.
Philoxenos 55.
Pitoni 149.
Plato 49.
Piccini 167. 175.
Pierre de la Rue 127.
Pindar 48.
Pistochi 172.
Pleyel 295.
Polymnastos 47.
Porpora 167.
Porta 129.
Postel 214.

Pratinas 49.
Prätorius, Hier., 203.
—, Jacob 203.
—, Michael 207.
—, Jacob 211. 217.
Pressel 151.
Primavera 153.
Prinz 219.
Prioris 128.
Proch 447.
Pronomos 49.
Prudner 394.
Pugnani 173.
Purcell 201.
Pythagoras 49.
Pythokles 49.

Q.

Quantz 217.

R.

Raff 447. 435.
Rameau 218. 264.
Ratpert 74.
Regis 119.
Reicha 319.
Reichardt 149. 413.
Reinberger 383.
Reinken 212. 216.
Reinecke 383. 447. 436.
Reinthaler 383. 436. 437.
Reissiger 447.
Rhaw 105.
Richter 385.
Riegel 457.
Rietz 383. 451. 447.
Righini 370. 409.
Rink 385.
Rinuccini 155.
Ritter 385.
Rode 384.
Rolle 252.

Romberg, A., 313. 319.
Rosetti 295.
Rosenmüller 209.
Rossini 347. 346. 409.
Rubinstein 447. 435.
Rue de la 127.
Rupff 190.

S.

Sacchini 167. 175.
Sack 441.
Saint Saens 401.
Salabas 48.
Salieri 407.
Salinas 129.
Salomo, Elias, 88.
Sappho 48.
Sarasate 384.
Scandellus 203.
Scarlatti, Alessandro 159. 165.
— , Domenico 174. 276.
— , Giuseppe 174.
Schäffer 456.
Scheidemann 197. 203. 216.
Scheidl 318.
Scheidt 197. 216.
Schein 206.
Schenk 263.
Scherzer, O., 386. 447.
Schicht 254.
Schletterer 456.
Schlick 197.
Schmid, B., 197.
Schneesing 195.
Schneider 253.
Schöberlein 457.
Scholz 435.
Schop 207.
Schott 212.
Schröter Ch. 173. 219.
Schubert 356. 449. 456. 446.

Schulz 441.
Schumann, Robert, 389. 437. 448.
— , Clara, 394.
Schunke 384. 395.
Schütz 160. 178. 207.
Schwemmer 209.
Seifriz 401. 437.
Selle 207.
Senfl 196.
Sering 453. 457.
Sguarcialupo 126. 174.
Silcher 450. 456.
Simonides 49.
Singer 384.
Sivori 384.
Sohr 209.
Sophokles 49. 53.
Speidel 456. 437.
Speier 447.
Spohr 361. 384. 415. 436. 438.
Spontini 407.
Stade 208.
Staden 219.
Stabler 252.
Stahl 195.
Stark 447. 456.
Steffani 148. 149. 213.
Steegmann 203.
Steibelt
Steiner 172.
Stesichoros 48.
Steuerlein 203.
Stobäus 206.
Stolze 385.
Stolzer 194.
Störl
Strabella 164.
Stradivari 172.
Stratonikos 55.
Strauß 414.
Strattner 209.

Striggio 155.
Struttius 206.
Sulpicius 73.
Suppé 441.
Sweelind 197. 216.

T.

Talles 153.
Tapissier 114.
Tartini 173.
Taubert 382.
Tausch 384.
Tausig 384.
Taverner 447. 130. 201.
Telemann 216.
Telephanes 55.
Telestes 55.
Terrabeglias, Terrabellas 167. 175.
Terpander 46.
Testori 173.
Thalberg 350. 284.
Theile 217.
Thespis 50.
Thibaut von Navarra 94.
Thomas 421.
Thomaschel 252.
Tinctoris 89.
Traetta 167. 175.
Tucher, v., 457.
Tuotilo 74.

U.

Ugolini 148.

V.

Vanhall 325.
Veraccini 173.
Verdelot 153.
Verdi 420.
Verhulst 383.
Viadana 162.

Vicentino 129.
Vierling 385.
Vieuxtemps 384.
Vinci 167. 175.
Viola 129. 153.
Viotti 173. 384.
Vivaldi 173.
Vittoria, Lodovico, 148.
Vogelweide, W. v. d., 97.
Vogler 255. 369.
Volkmar 385.
Volkmann 396. 437. 447.
Vulpius 203.

W.

Wagner, R., 421. 436.
Wallifer 205.
Walter 447.
Walther 190. 196.
Ward 153.
Weber, A., 449.
Weber, C. M. v., 355. 365. 415. 449. 456.
Weeber, J. Chr., 453.
Weelkes 153.
Weißheimer 401. 435.
Weigl 411.
Weinlig 436.
Werkmeister 219.
Wien 384.
Willaert 128. 153.
Wilhelmj 384.
Wilhelm, C., 452. 456.
—, von Hirschau, 87.
Winter, Peter von, 411.
Winterfeld 457.
Witt 457.
Wolf 414.
Wolkenstainer, O. b., 99.
Wranitzky 295.
Wüllner 437.

X.

Xenodamos 47.
Xenokritos 47.

Z.

Zachau 217.

Zarlino 89.
Zelter 370. 449.
Zeuner 205.
Zöllner 156.
Zumsteeg, E. 447.
—, J. R., 412.
Zwetschin 97.

Berichtigungen.

S. 6. Z. 25 lautet der Titel genau: Busby, Allgemeine Geschichte der Musik von Michaelis. Leipzig 1821.

S. 6. unten setze bei: W. Langhans, Die Musikgeschichte in 12 Vorträgen. 2. A. Berlin 1879.

S. 8. Z. 5 tilge: (das Beste).

S. 11 Z. 15 setze bei: Bonn und Leipzig 1845 ff.

S. 9 Z. 7: genauer: Traité de musique par un anonyme.

„ 9 „ 9: Introduction à l'art musical.

„ 9 „ 10: Traité d'harmonique.

„ 9 „ 29 ff.: (Vitruveus etc.) bis S. 10 Z. 4 gehört in [ ].

S. 10 Z. 33 einzusetzen: Westphal, Harmonik und Melopöie der Griechen. Leipzig 1863 ¹).

S. 42 unten st. A. Ueberblick ꝛc. lies B. Ueberblick über die Geschichte.

S. 48. p. 532 l. 522.

---

¹) Durch ein Versehen entging Bogen 1 der Revision, weßhalb man bittet, die obigen Berichtigungen zu entschuldigen.

www.ingramcontent.com/pod-product-compliance
Lightning Source LLC
Chambersburg PA
CBHW030321020526
44117CB00030B/320